중국의
토지정책과
북한

이 도서의 국립중앙도서관 출판예정도서목록(CIP)은 서지정보유통지원시스템 홈페이지(http://seoji.nl.go.kr)
와 국가자료공동목록시스템(http://www.nl.go.kr/kolisnet)에서 이용하실 수 있습니다.
CIP제어번호: CIP2018020052(양장), CIP2018020051(학생판)

중국의 토지정책과 북한

China's Land Policy
and North Korea

| 박인성 · 조성찬 지음

한울
아카데미

일러두기

• 이 책은 2011년에 출간된 『중국의 토지개혁 경험: 북한 토지개혁의 거울』의 개정판입니다.

• 지명, 인명 등의 표기는 해당 단어가 처음 나올 때는 ① 중국어 발음에 준하는 한글 표기 후 괄호 안에 원어 중국어(한자)를 병기하는 것을 원칙으로 했으나, ② 우리말의 관습과 환경을 고려해, 독자의 이해를 도모하고 서술의 편의를 위해 필요하다고 판단될 경우 우리식 한자 독음으로 표기했습니다.

①의 예: 베이징(北京), 저장(浙江), 덩샤오핑(邓小平) 등

②의 예: 향(乡), 진(镇), 현(县), 시(市), 장강(长江), 한조(汉朝), 청조(清朝) 등

• 필요 시 괄호 안에 중국어 원문 한자를 병기했습니다.

예: 도시(城市), 토지임대(土地租赁), 저당(抵押), 재양도(转让), 지대(地租), 복지주택(福利房), 염가임대주택(廉租房), 상품주택(商品房) 등

• 도표 안의 지명이나 인명, 기타 고유명사는 중국어(한자)로 직접 표기했습니다.

• 법률명 앞의 '중화인민공화국'은 처음 소개될 때 이외에는 생략했습니다.

예: 처음 표기 시에는 '중화인민공화국 도시부동산관리법(城市房地产管理法)', 그다음부터는 '도시부동산관리법'으로 표기

개정판 서문

2011년에 『중국의 토지개혁 경험: 북한 토지개혁의 거울』이라는 제목으로 이 책의 초판을 출간한 후 여러 분들에게 과분한 평가를 받았다. 이는 저자들에게 매우 큰 격려와 용기를 준 동시에 더욱 무거운 사명감을 인식토록 했다. 초판 출간 이듬해에 '2012년 대한민국학술원 우수학술도서'로 선정되었고, 그 후에도 중국학 분야는 물론 북한 및 통일 관련 학계와 정부 관련 부처 등에서 이 책의 내용과 의미를 높이 평가하고 격려해주신 분들이 적지 않았다. 그때마다 우리는 초판에 제대로 반영하지 못한 부분과 출간 이후 중국과 북한의 토지정책 관련 변화 동향 등을 반영해 개정판 작업을 하자고 의논했으나, 이런저런 사정으로 미루어왔다. 그리고 초판 발간 약 7년 만인 2018년에야 개정판을 내놓게 되었다.

이번 개정판에서는 우선 책 제목을 『중국의 토지정책과 북한』으로 바꾸었다. 이는 출간 이후 격려와 조언을 해주신 분들의 관심과 의견을 반영한 것이고, 저자들 스스로도 중국 토지정책과 제도에 대한 연구의 목적과 방향이 남북통일로 가는 과정에서 북한 지역 토지정책에 대한 사회주의 비교방법론적 이해와 그 함의를 구하는 것임을 명확히 해두기 위함이다. 마침 개정판 마무리 작업 중에 4·27 판문점 남북 공동선언과 이어서 싱가포르 북미 회담이 진행되면서 그러한 연구 목적 및 관점의 필요성과 현실적 적실성도 더욱 강화되었다.

이와 함께 초판의 내용 중 부족하거나 어색한 표현을 전반적으로 보완·

수정했다. 특히 제2장의 중국공산당 창당 이후 개혁·개방 이전까지의 토지혁명과 토지개혁 과정, 그리고 제10장의 중국의 토지개혁 및 정책 경험이 북한 토지개혁에 주는 함의 관련 내용을 대폭 수정 및 보완했다. 이로써 초판 발간 이후 마음속에 담아두었던 짐을 일부분이나마 덜기는 했지만, 여전히 부족한 부분이 적지 않을 것이다. 강호의 선배와 동학들의 지적과 의견을 기다리고, 급속하게 변하고 있는 중국과 북한, 그리고 남한의 토지 및 부동산 관련 정책과 제도의 변화 동향 등을 반영하여 보완 작업을 지속해나갈 것이다.

2018년 7월
한성대학교 연구관 832호실에서
박인성, 조성찬

초판 서문

중국에서 토지사유제는 진(秦)·한(汉) 시기에 이미 출현한 토지소작제의 전제 조건이었다. 토지의 사유와 자유매매가 성행하게 되면서, 토지겸병으로 인한 대지주와 소작농민 간의 경제 및 사회적 양극 분화가 심화되었다. 이에 따라 유랑농민(流民)이 증가하고 농민 봉기가 빈발하면서, 국가권력은 쇠락하고 혁명에 대한 요구와 기초 동력이 증대하게 된다. 1921년에 창당한 중국공산당(이하 중공)은 이 같은 농민의 토지에 대한 한(恨)과 갈망을 혁명 동력으로 견인하기 위해 '무상몰수, 평균분배'에 의한 '경자유전(耕者有其田)'을 핵심으로 하는 토지혁명책략을 성공적으로 추진해, 국민당 정권을 타이완으로 내쫓고 대륙의 정권을 차지할 수 있었다.

역사상 어느 국가의 경우든 토지사용제도를 포함하는 토지제도는 전체 정치경제제도의 핵심 구성 부분이고, 역사적 산물의 하나로 장구한 역사 변천을 겪고 형성된 것이다. 고대에서 근현대에 이르기까지 중국 대륙에서 명멸한 왕조와 국가의 권력은 토지의 사유화(私有化)를 통제해왔으며, 국가 개입은 성공과 실패, 재개입과 재실패 과정을 반복해왔다. 국가의 개입과 통제가 성공적으로 강화되면 토지사유권은 타격을 받고 위축되지만, 다시 일정 기간이 지나면 사회경제적 조건 변화에 따라 국가권력의 성격과 권력관계가 바뀌고, (토지사유에 대한) 국가의 개입과 통제 정도가 느슨해지고 이완되면서 토지사유권이 다시 강화되는 과정이 되풀이되었다.

또한 토지제도는 국가와 사회의 구성원 각 개인들의 토지사용으로 인해 건립된 각종 권리관계를 확정한 것이며, 그 주요 내용은 토지소유권을 둘러싼 각종 권리 간의 관계라고 할 수 있다. 따라서 토지제도와 그 개혁 대상은 응당 토지를 둘러싸고 발생하는 인간과 토지의 관계 및 인간과 인간 간의 관계가 되어야 하고, 이 같은 관계에 대한 분석은 토지소유제(土地所有制)에 초점을 맞추어야 할 것이다. 중국의 토지제도 및 사상의 역사적 전개 과정도, 토지사유제에 대한 국가개입 강도와 방식의 변화 과정, 그리고 그에 따른 토지사유제와 국유제의 관계 변화가 핵심이라고 할 수 있다. 한편, 이러한 역사적 과정은 국가재정수입의 근간이 되는 토지조세제도와 밀접하게 연관되어 있다. 즉, 토지분배의 균형 정도, 노동력의 다과(多寡) 및 농업생산기술 등의 요인과 밀접한 관계가 있으며, 상업과 시장의 발전에 따른 교역비용의 감소로 토지수익이 증가한 것도 중요한 요인이었다.

1978년 말부터 중공과 중국 정부가 추진하고 있는 개혁·개방 과정에서도 가장 중요한 개혁 과제 중의 하나가 토지사용제도 개혁이었다. 즉, 점진적 체제 전환과 개혁의 관건은 '어떻게 시장과 경쟁기제를 도입하느냐' 하는 문제로 초점이 모아졌으며, 그 핵심 대상은 국공유제를 기초로 하고 있는 토지와 기업 분야였다. 토지 분야에서는 토지의 소유권과 사용권의 분리, 그리고 분리된 토지사용권을 상품화해 시장에 진입·유통시킨다는 정책이 채택되었다. 개혁·개방 이후 소생된 중국 토지사용권시장의 역사는 아직 일천하므로,[1] 중국의 토지개혁 과정은 향후에도 무수한 시행착오와 우여곡절을 겪을 것이다. 따라서 중국의 현 토지사용권시장을 올바로 파악하기 위해서는, 개혁·개방 전후로 진행된 체제 전환 과정에서 돌출되었던 토지의 소유 및 사용과 관련한 권리관계의 변화 과정과 그 배경의 맥락에 대한 이해가 필요하다.

중국의 토지정책 및 제도 관련 경험이 우리에게 주는 함의는 크게 두 가

---

[1]   1987년에 광둥성 선전(深圳)경제특구에서 최초로 국유토지사용권 유상양도가 시행되었고, 이후에 공개적이고 합법적인 토지사용권시장이 형성되기 시작했다.

지 측면에서 정리할 수 있을 것이다. 우선, 중국 시장의 구조와 실태 파악을 위해서는 중국의 토지제도와 정책에 대한 올바른 이해가 선행되어야 한다. 최근에는 한중 양국 간에 자유무역협정(FTA)도 체결되었다. 따라서 중국의 건설 및 부동산시장의 구조는 물론 전반적인 투자 환경을 올바로 이해하기 위해서도, 중국의 토지제도와 관련 정책의 맥락과 성격을 올바로 파악해야 할 필요성이 증대되고 있다. 급속하게 성장과 발전을 하고 있는 중국 부동산개발시장은 지리적·역사적·문화적으로 근거리에 위치한 우리 기업에, 여타 외국 기업에 비해 특히 유리한 위치와 기회를 제공하고 있다. 또한 중국의 체제 전환과 토지개혁 경험으로부터 북한 및 베트남, 몽골 등 아시아 사회주의권 국가의 토지개혁 방향과 정책적 함의를 도출할 수 있을 것이다.

이 책의 내용 구성과 각 장의 주요 내용은 다음과 같다. 먼저 제1부(제1~2장)에서는 중국 토지제도에 대한 역사적 맥락을 개괄했다. 제1장에서는 고대 시기부터 국민당 통치하의 민국(民國) 시기까지, 제2장에서는 중공 창당 이후부터 개혁·개방 이전까지의 토지소유권과 사용권 관계의 변화 연혁 및 토지혁명 전략을 고찰·개괄했다. 제2부(제3~10장)에서는 개혁·개방 이후 중공이 추진해온 토지개혁 경험에 초점을 맞추었다. 제3장에서는 토지사용제도 개혁 과정을 토지유상사용의 필요성 대두 및 이론적 배경, 실험지구에서의 개혁 실험 단계를 거쳐서 전국적으로 확산되는 과정과 도시토지 개혁 과정 중의 주요 문제들을 고찰·정리했다. 제4장에서는 토지시장의 형성 및 발전 과정을 토지사용권시장의 유형별로 고찰했다. 제5장에서는 국토, 지역, 도시 등 공간계획체계와 토지이용제도 간의 관계와 문제점을, 제6장에서는 지가관리체계와 토지 관련 세제를, 제7장에서는 토지비축 및 부동산금융제도를 고찰·정리했다. 제8장에서는 '토지관리법', '도시국유토지사용권 출양 및 재양도 임시조례', '도시부동산관리법', '국유토지자원 관리 강화에 관한 통지', '물권법' 등 토지관리 관련 정책 및 제도의 주요 내용을 고찰·정리했다. 제9장에서는 중앙과 지방정부 관계의 변화를 재정개혁과 지방정부의 실적주의와 제후주의 등과 같은 지방주의의 문제점, 그리고 이에 대응한 국토자원관리체계의 개혁 방향 측면에서 고찰했다. 제10장에서는 중국의 토지개혁과 정책 경험을 총결하고, 이것이 북한 토지정책에 주는 함의를 정리했다.

중국의 토지소유 및 사용제도, 그리고 제도 개혁의 역사와 경험은 필자가 1990년대에 중국인민대학(中国人民大学)에서 박사학위 논문 주제로 중국과 한국의 토지정책 비교 연구를 수행하면서부터 지속적으로 관심을 가져온 주제였고, 중국 유학 생활을 마치고 국토연구원에 복귀해 근무한 기간과, 다시 2003년 이후 중국인민대학과 저장대학(浙江大学)에서 근무하는 기간 중에도 꾸준히 정리해왔다. 이같이 진행되던 작업 과정 중에, 2008년 하반기부터 당시 중국인민대학 토지관리학과에 유학 중이었던 조성찬 박사가 공동 저자로 참여하면서 출간 작업이 보다 활기차고 본격적으로 진행될 수 있었다. 조성찬 박사와 토지연구 분야의 학문적 도반(道伴)의 인연을 맺고, 또한 토지문제의 근본적 해결 방안을 위한 연구를 추구하고 있는 토지+자유연구소의 일원으로 참여할 수 있게 된 것을 매우 기쁘게 생각한다.

끝으로, 이 책이 나오기까지 도움을 주신 분들께 감사를 표하고자 한다. 우선 2001년부터 약 10년간 필자가 근무했던 국토연구원과 중국 저장대학 동남토지관리학원 사이를 매년 상호 방문하며 한중 양국에서 토지정책 세미나와 합작 연구를 진행하며 도와주신 국토연구원의 류해웅, 박헌주, 채미옥, 정희남, 최수 박사님께 감사드린다. 또한 연구 과제로 이 책의 주요 내용을 보완, 정리할 수 있는 여건과 계기를 제공해주신 전 토지공사 국토도시연구원 이태일 원장님께 깊이 감사드린다. 그리고 늘 따뜻한 도움과 격려를 주시는 저장대학 토지자원관리학과의 우츠팡(吴次芳) 교수를 포함한 동료 교수분들, 런리엔(任丽燕) 닝보대학(宁波大学) 교수와 항저우시 국토자원국의 정지엔얼(郑娟尔) 박사께도 감사드린다. 또한 이 책의 출간 작업과 필자들의 중국 연구를 격려 및 지원해주신 토지+자유연구소와 한반도발전연구원, 그리고 (주)삼호기술공사의 임영진 사장님, 그리고 상하이에서 격려와 지원을 해준 벗, 롯데 중국사업본부 서재윤 대표와 LOOK CHINA 유한공사의 정재성 대표께 감사드린다.

2011년 5월
중국 항저우시 저장대학 즈진강(紫金港)캠퍼스 연구실에서
저자를 대표해
박인성

차례

표

그림

사진

중국의

토지정책과

북한

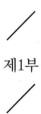

제1부

중국 토지제도의
역사적 맥락

제1장

고대 및 근대 중국의 토지소유 및 사용제도

시대 배경의 차이 및 정치, 경제, 사회, 문화 등의 변화와 진전으로 인해 서로 다른 각종 토지제도가 존재한다고 할 때, 광활한 토지와 장구한 역사적 경험을 축적한 중국을 대상으로 역사와 시대별로 토지의 소유와 사용을 둘러싼 국가권력과 인민 간의 관계를 개괄하는 것은 매우 중요한 의미가 있다. 이 장에서는 이 같은 관심하에, 중국 고대부터 중국공산당 창당 이전까지의 각 대(代), 각 조(朝), 그리고 민국(民国) 시대와 항일전쟁 및 공산혁명전쟁 시기의 토지제도와 사상을 국유제 쇠락과 사유제 확대, 그리고 토지사용권의 분화 및 사유화 과정에 초점을 맞추어 고찰하고자 한다.

1. 중국의 고대 및 근대 토지제도 개괄과 시대 구분

토지제도는 인류의 군집 거주 형태인 씨족이나 국가가 공동 생존을 유지하기 위해 구성원 각자의 토지사용으로 인해 건립된 각종 권리관계를 확정한 것이며, '각종 권리관계'의 주요 내용은 토지소유권을 둘러싼 각종 권리와 그들 간의 관계라고 할 수 있다. 또한 토지제도는 토지사용 중에 건립된 종종의 권리관계를 주요 내용으로 하므로, 토지제도사는 응당 권리관계의

※ 이 장의 내용 중 근대 이전 시기의 내용은 박인성(2011)의 내용을 기초로 보완·정리했다.

연혁을 근거로 구분되어야 할 것이다. 자오리성(赵俪生, 1984: 10~14)은 이러한 맥락을 강조하면서 일체의 토지제도 중에서 가장 중요하고 기본적인 제도는 토지소유제라고 할 수 있고, 그러므로 토지제도사는 토지소유제와 생산관계의 역사를 중심으로 해야 할 것이라고 주장했다.

중국의 고대 및 근대의 역사적 발전 과정은 대략 아래와 같이 구분할 수 있다. 첫째는 씨족부락(氏族部落) 시기로, 이는 다시 전기와 후기로 나눌 수 있다. 전기는 씨족부락이 각지에 분산 거주하던 시기이고, 후기는 대규모 씨족부락이 점차 발전해 제왕(帝王)이 출현하면서 인민들 간에 일종의 종속관계가 발생한 시기이다. 둘째는 봉건 시기로, 주로 주대(周代)에 시작해 춘추전국 시기(春秋战国时期)에 끝났다. 셋째는 관료정치 시대로, 진조(秦朝)부터 민국(民国) 시기까지, 그리고 민국 이후의 시기를 포함한다. 토지소유제의 관점으로 신중국 성립 이전까지의 시대 범위 안에서 보자면, 중국의 고대와 근대의 전체 시기를 다음과 같이 다섯 개의 시기로 구분할 수 있다(赵淑德, 1988).

첫째는 토지 공동소유(共有) 시기로, 원고(远古) 시대인 하(夏)대 이전의 시기이다. 이 시기에는 수렵과 유목 생활의 필요에 따라서 물과 풀을 따라 옮겨 다니며 살았고, 토지는 전체 인민이 공동으로 소유했다.

둘째는 토지의 국가 소유, 즉 공유(公有) 시기로, 하·상(商)·주(周) 3대(三代)부터 시작해 춘추전국 시기 말기까지 1700여 년의 기간이다. 이 시기에는 이미 국가가 건립되었고, 국가로부터 정전제(井田制)에 따라 농토를 분배받고, 경작에 종사하고, 사후에 관부에 반환하는 제도에 익숙해졌다.

셋째는 토지사유제의 맹아(萌芽) 시기로, 춘추전국 시기부터 시작해 진(秦)·한(汉)을 거쳐 위진남북조(魏晋南北朝) 시기까지의 전후로 약 830년간이다. 이 시기에는 국가가 농지를 분배하고 반환하는 방식의 제도는 이미 붕괴되었고, 개인이 토지를 자유롭게 매매할 수 있었다. 따라서 "부자의 밭은 천백 리를 이어지나, 가난한 자는 송곳으로 찌를 땅도 없다"[1]는 상황이 조성되었다.

넷째는 토지공유제 회복 시기로, 남북조(南北朝)부터 수(隋)·당(唐) 시기 까지이다. 북위(北魏)의 효문제(孝文帝)부터 시작해 북제(北齊)와 북주(北周) 를 거쳐서 당(唐) 중엽까지는 주대 이전의 체제를 모방해 시행했고, 약간의 수정을 거친 후에 농지의 지급과 환수에서 균전제(均田制)까지 약 260여 년 간 시행되었다.

다섯째는 토지사유제 확립 시기로, 당 현종 천보(天寶) 때부터 안사(安史) 의 난 이후 균전제가 붕괴되었고, 송(宋), 원(元), 명(明), 청(淸)을 거쳐 민국 이 설립될 때까지의 1200여 년의 기간이다.

한편, 농촌과 달리 도시에서는 토지가 경작만을 위한 것은 아니다. 중국 봉건사회의 도시는 주로 당시의 봉건통치계급의 통치행위의 중심지 역할을 수행하면서, 수공업의 발전에 따라 경제, 상업, 문화와 교통의 중심이 되었 고, 주로 황실, 귀족, 사병 등 봉건통치와 관련된 자들과 공상업자와 일반 평 민들이 거주하고 있었다.[2] 봉건국가의 도시토지는 주로 세 가지 유형으로 구분할 수 있다. 첫째는 국가 소유 토지로, 궁전, 궁묘, 병영(兵營) 등의 건축 용지를 포함한다. 둘째는 공상업자 및 개인 소유의 토지로, 공방(工房), 상점 및 공상업자의 가족, 노동자들의 거주용지를 포함한다. 도시의 공상업은 농 촌의 기초 위에서 발전했기 때문에, 도시의 공상업과 농촌의 농업은 내생적 으로 연결되었다. 도시의 많은 공상업자는 동시에 농촌의 지주였으며, 농촌 의 지주가 방대한 도시토지와 공방과 상점도 소유하고 있었다. 셋째는 공공

---

1 "富者田連阡陌, 貧者無立錐之地", 『한서(汉书)』 「식화지(食货志)」에서 동중서(董仲舒) 가 진대(秦代)의 토지제도를 표현한 구절로, 토지문제 제기 시 자주 인용되는 구절이다.

2 하대(夏代)에 이미 '읍(邑)'이라고 부른 성곽이 있었고, 전국 시기 제나라(齐国)의 도성 임치(临淄)는 인구가 30여만 명에 이른 것으로 추측된다. 또한 북송(北宋) 때는 도시가 40여 개로 증가했고, 그중 개봉(开封)의 인구는 150~170만 명에 이르러 당시 세계에서 가장 큰 도시였다. 명대(明代)에는 전국에 모두 100개의 중대형 도시가 있었고, 소성진 (小城镇)은 2000여 개, 농촌집진(农村集镇)은 4000~6000개가 있었다(『中国城市手册』, 1987: 10, 21).

용지로, 예를 들면 도로, 사찰, 교회 및 기타 공공건축용지가 이에 해당한다.

1840년 아편전쟁이 발발하고 제국주의가 중국을 침략해 대량의 토지를 강점하면서 몇몇 도시는 통상항구로 개방되었고, 시구(市区) 내에 외국 조계(租界)가 설립되었다. 그 결과는 다음과 같다. 첫째는 도시의 발전으로, 특히 도시 공상업의 발전을 촉진했고, 비농업용 도시토지의 확대를 촉진했다. 둘째, 농촌경제의 파산과 농민의 분화를 가속시켰다. 일부 농민은 토지를 방치하고 도시의 산업노동자가 되었으며, 그중 일부는 도시의 빈민계층이 되었다. 셋째, 도시는 외국의 침략세력이 경제 약탈과 문화 침략을 진행하는 거점이 되었다. 제국주의자는 약탈 수단을 통해 도시토지의 일부를 장악하거나, 혹은 외국 자본 세력을 내세워 저가 수매 등의 방식을 통해 도시토지를 점유했다.

2. 중국 고대의 토지제도와 사상

1) 토지 공동소유제 시기

원고(远古) 시기에는 땅은 넓고, 사람은 희소했으며, 생산력 수준이 매우 낮았다. 따라서 사람들이 서로 협력해 공동 노동을 해야만 생존을 유지할 수 있었다. 이처럼 낙후한 집체노동 방식에 따른 낮은 생산력과 생산품의 평균분배 방식 등의 특성으로 인해 토지는 필연적으로 사회성원의 공동소유가 되었다. 즉, 원시사회 공동소유제(原始社会共有制)가 토지제도에 반영되었다(岳琛, 1990: 1~2). 생산력의 발전, 특히 생산도구의 개량에 따라서 원시농업은 도경화종(刀耕火种)[3] 방식으로부터 돌호미(石锄)를 사용해 경작하

---

3   산에 불을 내어 태운 후에 긴 칼로 구덩이를 파서 씨를 심는 경작법.

는 방식으로 발전했고, 농업노동은 씨족 내 각 가족을 단위로 진행하는 방식으로 변했다. 한편, 농경지도 1년 경작 후 방치하는 황무지경작(生荒耕作)으로부터 비교적 장시간 연속해 경작할 수 있는 숙황경작(熟荒耕种) 방식으로 바뀌었다. 이 같은 경작 방식하에서, 씨족 간에 경지를 평균분배하고 토지의 경계를 정하는 행위가 시작되었다. 원시사회 말기에 이르러 원시 금속 도구가 사용되기 시작했고, 종식업(种植业)과 목축업, 그리고 이후의 수공업의 분업(사회 제1차 대분업과 제2차 대분업)이 시작·출현했고, 잉여생산품의 증가와 교환이 빈번해지고 일상화되면서 사유제(私有制)가 출현했다. 또한 이에 상응해 씨족부락이 점차 발전해 강자가 주변의 약자를 정복하고, 중앙 세력을 조성하면서 국가가 출현하기 시작했다. 대략 기원전 21세기의 하조(夏朝)부터 노예사회에 진입했고, 씨족공사(氏族公社)에서 점진적으로 촌락공사(村落公社)가 형성되었으며, 정전제가 발전하기 시작했다.

2) 토지의 공유제 시기

(1) 정전제 사상의 주요 내용과 특징

정전제라는 명칭은 경지를 도랑(沟, 渠)과 도로 등에 의해 면적이 같은 사각형 논으로 획분한 '井'자 모양 내에, 정방형으로 구분된 9개의 단위농지 중 '井'자 중간에 위치한 농지는 공전(公田)으로 하고, 나머지 8개 단위농지를 8호의 농가에 배분하며, 가운데 공전은 8호의 농가가 공동으로 경작한다는 의미를 포함한다(樊树志, 1988: 30).

하조 건국부터 춘추 말년까지의 1700여 년간 중국 각 대(代), 각 조(朝)의 주요 토지제도는 토지공유를 전제로 한 정전제였다.[4] 즉, 토지를 노예에게 경작하게 하고, 노역지대(劳役地租) 형태로 착취했다. 정전제는 중국 고대

---

4 각 방면의 학자들 간에 견해 차이는 있으나, 정전제가 하조에 시작되었고, 춘추전국 시기에 와해되기 시작했으며, 진(秦)대에 이르러 붕괴되었다는 점은 일치한다.

농촌공사(農村公社)의 토지공유와 평균분배 사상을 기초로 하는 토지제도로, 중국은 물론 세계 역사상 토지공유제 형식의 중요한 범례(范例)이다. 고대 중국에서 노예제 사회 이전의 씨족사회 농촌공사 시기에는 토지소유권이 구분되지 않은 씨족사회 공동소유(共有)였으나, 노예제 국가로 넘어가면서 국유(国有) 혹은 '왕유(王有)'로 변했다. 단, 노예제 국가에서도 국왕은 명의상 전국 토지의 소유자였을 뿐이고, 실제 토지관리는 등급별 토지점유제도를 시행했다. 즉, 국왕은 토지를 그 토지상의 농노와 함께 제후와 신하에게 분배해주었고, 제후와 신하는 분배받은 토지의 점유·사용·수익권을 향유했으나 처분권은 없었다. 정전제는 이같이 토지공유 원칙을 전제로 중국 고대 씨족사회 말기부터 시행되었던 토지제도이다.

정전제의 기본 기능은 농토를 분배하고 관리의 녹봉(禄俸)을 통제하는 데에 있었다. 농민에게 농지를 분할해 분배하는 분전(分田)의 대상은 개체농민이고, '부(夫)' 또는 '가(家)'라고 칭한 남성 가장(家长)을 대표로 했다. 단위 분할 토지는 100무(亩)⁵를 기준으로 하고, 서로 다른 토지등급에 따라 서로 다른 수량의 휴경농지(休闲田)가 부가되었다. 상급 농지(上田)는 1년간 1회 경작하고 호(户)당 100무(또는 3년간 2회 경작하고 호당 50~100무), 중급 농지(中田)는 2년간 1회 경작하고 호당 200무, 하급 농지(下田)는 3년간 1회 경작하고 호당 300무였다. 성인 남자는 가정을 이룬 후에 농지를 분배받고(授田), 늙거나 병들었을 때 농지를 반환했다(还田). 농지를 분배받은 농민은 토지에 속박되어 평생 농촌을 벗어날 수 없었으며, 분배받은 토지에 대한 사용권만 있고 소유권은 없었다. 매년 봄에 농지 간의 도로와 도랑을 검사 및 수리했고, 3년에 한 번씩 농지를 재분배·조정했다.

이와 같이 토지와 노동력이 상호 결합된 정전(井田)은 상급 귀족이 하급 귀족에게 봉록을 주고 통제하는 단위이기도 했다. 각급 귀족에게 지급된 농

---

5   1무(亩)는 666.66……m²(약 200평)이다.

지 주위를 파고, 도랑을 만들고, 흙을 도랑 변에 쌓고, 나무를 심은 것을 봉구(封沟) 또는 봉강(封疆)이라 불렀다. 이는 관개(灌溉)와 경작을 위한 일종의 토지사용권의 경계표지(标志)였다. 편리하게 통제하기 위해 귀족들은 농지분배의 기초 위에 농민들을 편제(编制)했으므로, '정(井)'은 당시 민호(民户) 편제상 기본 단위의 명칭이기도 했다.

정전제는 세 가지 특징이 있다. 우선, 정전제는 일종의 토지분배제도의 역할을 했으며, 토지공유제의 기초 위에서 개별 가정의 독립경영을 표현했다. 다음으로, 정전제는 토지의 평균분배를 강조했다. 토지 분할은 평균분배를 실현하는 가장 확실한 방법이기 때문이다. 마지막으로, 정전제는 공동사회 구성원의 집체노동에 의한 경영 방식으로, 공동경작(共耕)과 사유경작(私耕)의 결합을 강조했다.

(2) 정전제 존속과 와해의 원인

정전제는 중국 역사상 매우 긴 기간(약 2000년) 실시되었는바, 이는 정전제가 당시의 사회·경제 조건에 의해 결정된 것임을 설명해준다. 즉, 당시 생산력이 비교적 낮고, 과학기술이 발달하지 않았으며, 또한 비교적 단순한 농업경제하에서 기본적으로 평균주의제도를 실행했기 때문에, 이 제도를 돌파하는 상황도 그만큼 늦게 출현했다고 할 수 있다. 그러나 하조에 이르러 생산력 발전과 인구 증가와 함께 사유제가 확대되면서 정전제가 와해되기 시작했는데, 주요 원인은 다음과 같다(曹毓英, 2005: 213~220).

① 생산력의 발전과 상품 교환의 활성화

생산기술과 생산도구의 발전은 정전제 와해의 중요한 요인이다. 춘추 시기에 중국은 철기시대에 진입했고, 철 제련업(炼铁业)이 출현함에 따라 철제 쟁기와 소를 이용한 경작 기술과 농업생산력이 급속하게 발전했다. 이 같은 상황에서 정전제에 의해 경지를 분배하는 방식을 적용하기가 갈수록 어려워졌다.

춘추 시기의 진(晉)국과 전국 시기의 진(秦)국, 그리고 이후의 진한(秦汉) 시기의 농지분배제도(田制)를 근거로 보면, 장정 한 사람당 분배되는 토지가 50무에서 70무로 확대되었고, 후에 다시 (70무에서) 100무로 확대되었으며, 1무당 장정 12인에서 5인으로 개정되었다. 또한 단위면적당 생산력이 제고 되면서 개체소농(个体小农) 경영이 가능해졌고, 공사(公社)에 속한 농민이 공전(公田)의 공동경작(共耕) 경영 방식에 대한 개선을 요구했으며, 사전(私 田)이 확대되기 시작했다. 사회생산력의 발전은 한편에서는 공동경작제도 의 붕괴를 가속화하고, 또 다른 한편에서는 사회 분업과 상품경제의 발전을 촉진했다. 춘추 시기에 상업이 활발해지기 시작했으며, 식량뿐만 아니라 섬 유, 비단, 철, 도자기 등 물품의 교환이 가능했고, 노동력과 토지도 상품이 되었다. 이에 따라서 정전제의 유지는 갈수록 곤란해졌다.

② 인구의 증가

춘추전국 시기에 인구와 노동력이 증가하면서, (새로 개간하는 경지면적이 늘어났음에도 불구하고) 토지가 갈수록 부족해졌고, 이로 인해 정전제에 대한 개혁 요구가 갈수록 빈번하게 제기되었다. 인구와 노동력 증가는 인구수 증 가라는 양적 측면과 함께 생산기술 발전에 따른 노동생산성 증가라는 질적 측면에서 동시에 진행되었다. 이에 따라서 농노제 집체노동과 목재, 석기, 조개, 그리고 소량의 청동제 농기구 등에 의존해온 '정전제'를 유지하기가 갈수록 곤란해졌다.

③ 농민 봉기와 신흥 지주의 정권투쟁

노예와 공사농민(公社农民)이 노예주 귀족에 반항하는 계급투쟁과, 신흥 지주계급 간의 정권투쟁도 정전제를 동요시켰다. 노예사회 시기에 공사농 민과 노예에 대한 노예주 귀족의 잔혹한 착취와 압박은 공사농민과 노예들의 반항을 야기했고, 이들이 태업과 도망 등의 방식으로 투쟁하는 일이 빈번해졌다. 춘추전국 시기에는 전쟁이 매년 그치지 않고 일어나 농민의 부담이 가중되었고, 농민의 무장 반항과 대규모 봉기가 노예주 귀족의 통치에 심각한 타격을 줌에 따라 정전제의 와해를 더욱 촉진했다. 이와 동시에 귀족 간의 상호 토지 약탈로 인해 상황이 갈수록 문란해졌다. 대표적인 사건이 진(晉)의 대부(大夫) 극지(郤至)와 주간왕(周簡王) 사이에 발생한 농지 분쟁 사건이다. 이러한 실정들은 『좌전(左传)』과 『시경(诗经)』에 모두 기재되어 있는바, 이는 국유제를 기초로 한 정전제가 이미 와해되기 시작했고, 토지국유제가 토지사유제로 전환되고 있음을 설명해준다. 정전제의 붕괴는 사회생산력의 제고, 잉여노동산품 제공 가능성의 증대, 교환행위의 빈번화, 그리고 일부 귀족과 평민의 빈부 분화(贫富分化)의 가속화에 수반되어 진행되었다.

(3) 과세제도

① 3대 시기의 과세제도

과세제도(赋税制度)는 국가의 탄생과 함께 탄생했으며, 국가의 존재 기초이고, 토지제도의 중요한 내용을 구성한다. 하·상·서주(西周) 3대 시기에 정전제의 기초 위에서 세 종류의 서로 다른 과세제도가 채택되었다(赵俪生, 1984: 45~48). 첫째, 원시사회 말기에 공사 구성원이 공사집체(公社集体) 또는 그 대표자에게 납부하는 공납(贡纳)으로, 이는 계급사회의 전화물로서 '공(贡)'이라 불렀다. 이는 실물지대로, 세율은 수확량의 10분의 1이다. 단, 이 10분의 1은 과거 수년간의 평균 수확량을 기준으로 했다. 둘째, 노동지대(劳动地租)인 '조(助)'로, 농부가 70무의 사전을 취득해 스스로 경작할 경우에는 10분의 1의 노동량(劳动量)을 공전을 경작하는 데 제공해야 한다. 즉, 노예주를 위해 노역을 제공해야 한다. 셋째, 주대 사람들이 채택 및 시행한 것으로, 쌍궤제(双轨制)인 '철법(彻法)'이라고 해석되는 '철(彻)'이다. 즉, 도시(城邑)에 거주하는 자에게는 '공법(贡法)'을 채택 및 적용했고, 교외지구(郊区)에 거주하는 자에게는 '조법(助法)'을 채택 및 적용했다. 즉, '공(贡)', '조(助)', '철(彻)' 3법(三法)은 결국 예외 없이 양대 유형인 노동력과 곡물지대 착취이며, 그 착취 비율은 총체적으로 10분의 1 범위 안에서 정해졌다.

② 춘추전국 시기의 과세제도

춘추전국 시기에는 정전제가 와해되고 봉건생산관계가 발생했으며, 이와 함께 각국의 통치계급은 각각 과세제도 개혁을 추진했다. 전체적으로 보면, 이 시기에는 각국이 토지사유를 승인하고, 농지면적에 따라 납세했으며, 동시에 전쟁 수요에 부응해 농지세(田赋)·병역(军赋)·노역(力役) 징수의 정도가 보편적으로 증가했다. 이 같은 과세제도의 실시는 인민의 부담을 극심하게 가중시켰다.

(4) 토지국유제하에서 사용권의 분리와 사유화

전제 왕조 국가의 토지국유제하에서, 토지사용권은 공유지와 사유지를 막론하고 강력한 국가소유권의 제한과 통제를 받았다. 국가가 모든 경제요소의 우선적인 결정자, 지배자, 수익자였으므로, 농민의 토지사용권은 국가 토지소유권의 부속된 권리일 수밖에 없었다.[6] 그러나 서주 시기에는 농업공사의 토지가 점진적으로 공사 구성원의 주요한 생산자료가 되었고, 갈수록 그 사용 기간이 길어지면서, 농민들이 매우 단순한 형태로나마 농지의 사용권과 사유화 개념을, 그리고 그것이 자신에게 유리할 것이라는 개념을 인식하게 되었다(恩格斯, 1956: 166; 王昉, 2005: 79). 이 같은 개념을 맹아로 (토지국유제하에서의) 농민의 토지사용권의 분리와 사유화가 진행되었고, 다시 토

---

6   한편으로는 공유의 성격을 지닌 토지사용권이 당시의 생산력 수준과 감독비용 절약 원칙에 부합한다는 측면도 있었다.

지소유권의 사유화가 진행됨에 따라서, 토지의 소유권과 사용권의 관계에도 더욱 큰 폭의 변화가 발생했다. 즉, 토지사용권에 대한 보장이 더욱 장기화·안정화되는 방향으로 발전했다. 또한 소유권의 사유화가 진행되면서 공유 성격의 토지사용권도 점진적으로 사유화되었다.

한편, 서주의 분봉제(分封制)는 국가소유권의 절대적이고 주도적인 지위를 의미한다. 즉, 제후의 점유권을 통해 국가토지소유제와 농민의 경작행위 간의 권리관계가 연결 및 체현되었다. 제후는 자신의 영지 내의 토지를 수하 관리인 '경(卿)'이나 '대부(大夫)'에게 분배해주는 '준처분권'을 행사했지만, 토지에 대한 최종 지배권이 국가에 귀속된 상황은 바꿀 수 없었다. 즉, 제후는 국가의 대리인 역할을 했을 뿐이며, 분봉행위는 소유권 행사주체의 등급을 구분한 것에 불과했다(王昉, 2005: 91, 94, 109).

3) 토지사유제 맹아 시기

춘추전국 말기부터 시작해 위진남북조 시기까지, 약 600여 년간을 일반적으로 토지사유 시기라고 부른다(岳琛, 1990: 91~93). 전국 시기의 토지제도는 앞에서 소개했으므로, 이하에서는 진·한, 삼국, 그리고 양진(兩晋) 시기의 토지제도에 초점을 맞추고자 한다.

(1) 진·한 시기의 토지제도

진·한 시기는 중국 봉건사회의 형성 시기로, 이 시기에 토지사유제가 확립되고 공고히 다져졌다. 봉건토지소유제 구조의 세 가지 기본 형식은 봉건국가토지소유제, 지주 토지소유제, 그리고 자경농 토지소유제이다. 지주계급과 농민계급은 봉건사회의 양대 대항 계급을 구성했다. 봉건국가의 정치권리와 토지소유권은 분리되어 있었으며, 지대(地租)와 국세(国税)도 분리되어 있었다. 토지사유화 및 토지매매와 함께 토지겸병(土地兼并)이 갈수록 심각해지자, 봉건국가는 토지겸병을 억제하는 정책을 시행했다.

① 토지사유제의 확립

춘추전국 시기 말기에 토지매매가 출현하기 시작했다. 날로 흥성하는 상품화폐 관계는 정전제를 와해시키고, 토지겸병과 토지사유제를 탄생시켰다. 진시황이 중국을 통일한 후에는 이미 각 계층이 실제 점유한 토지를 몰수할 수 없는 상황이었다. 따라서 기원전 216년에 진조(秦朝)는 법령을 공포해 지주 스스로 자신이 소유한 토지면적을 보고하도록 하고, 규정에 따라 세금을 납부하도록 했다. 이는 토지소유권 취득이 가능하고, 그 소유권은 국가 법률의 승인과 보장을 받았음을 의미한다. 서한(西汉) 초기에 이르러서는 토지사유제가 광범위하게 확산·발전했다. 국가가 대량의 국유토지를 각 계층에게 분배하고, 국가정권 역량을 통해 토지사유화를 촉진했으며, 이에 따라 토지매매가 보편화되었다.

② 공전과 사전의 병존

진대(秦代)의 토지제도는 국유토지와 사유토지 두 부분으로 구성되었다. 소위 '국유토지'는 봉건국가의 정부가 직접 경영하는 토지로, 일반적으로 관전(官田) 혹은 공전(公田)이라 불렸다. 이 밖에 아직 개인(私人)에 의해 개발 또는 점유되지 않은 산림, 하천, 호소, 개간되지 않은 초지(草地)와 황무지도 모두 봉건관부(封建官府)의 소유였다. 사유토지는 민전(民田) 또는 사전(私田)이라고도 불렸다. 사유토지는 다시 지주 사유와 소토지 소유(小土地所有)의 두 형식으로 구분할 수 있다. 양한(兩汉)의 봉건토지제도는 기본적으로 진의 토지제도를 계승·발전시킨 것이었다.

③ 토지겸병과 한전(限田)의 출현

계층의 분화와 자유매매 토지제도는 결국 토지분배의 불균형과 토지겸병을 야기했다. 한대(汉代)에 이르면 토지겸병은 갈수록 극심해져서, 농민과 지주의 모순이 더욱 심화되었고, 많은 농민들이 과중한 조세 부담 등 수탈로 인해 파산해 토지를 포기하고 도망했으며, 이들 굶주린 유민(流民)들이 봉기해 정부를 공격하고 약탈하는 일이 빈발했다.

농민 봉기(农民起义)의 원인은 전국시대까지로 거슬러 올라간다. 전국시대부터 한조까지 토지의 자유매매가 가능했고, 농민은 세금을 내야 했다. 이 같은 상황 속에 토지겸병이 성행하면서 지주가 소유하는 토지는 갈수록 늘어나고, 토지를 잃고 유랑하는 유민은 갈수록 증가하는 양극 분화(两极分化)가 진행되었다. 굶주린 유민들은 봉기해 정부를 공격하고 약탈했다. 이 같은 상황이 극심했던 때가 동한(东汉) 시기이다. 동한 안제(安帝) 때부터 농민 봉기가 빈발해, 역사에 기록된 대규모 봉기만 40여 회 일어났으며, 초기의 4000~5000명에서 영제(灵帝) 시기 황건적 봉기(黄巾起义) 때는 봉기군의 수가 100만 명에 달했다. 동한 말기에는 황건 봉기군 외에도 백파(白波), 흑산(黑山) 등 수많은 유랑민 봉기군 단체가 허베이(河北), 중원(中塬) 등지에 분포하고 있었다.

유민과 농민 봉기가 빈번하게 발생할수록 농민에 대한 조세 압력은 더욱 가중되었고, 이는 다시 유민의 증가를 초래했다. 식량 생산이 줄어들면 굶주린 유민들의 봉기 횟수와 규모가 다시 증가하는 악순환이 반복되었다. 한편, 유민 중 일부는 생존을 위해 지방 호족의 가노(家奴)나 병졸이 되기를 자청했다. 지방 호족의 세력이 커지면서 정부 관할을 거부하고, 스스로 토지를 차지하고서 무장하며 왕이라 칭하는 지방 호족이 늘어났고, 이들이 할거하는 국면이 형성되었다. 이렇게 되면 결국 왕조의 경제 기반인 조세수입이 줄어들면서 왕조는 쇠망할 수밖에 없었다.

토지사유화와 토지겸병이 야기하는 문제에 대응하고자, 동중서(董仲舒)는 한무제(武帝)에게 "개인이 점유하는 토지 수량을 제한하자(限民名田)"고 상소했으나, 구체적인 제한 면적 기준 등을 함께 제시하지 못했고, 그 결과 채택되지 않았다. 이후 한경제(哀帝)의 스승인 사단(師丹)이 정전제를 모델로 해 토지를 재분배하자는 한전(限田) 건의를 수차례 올려 채택되었다. 『한서(汉书)』「식화지(食货志)」에는 제후, 열후(列侯), 공주 등을 대상으로 한 구체적인 토지면적 제한 방법도 기록되어 있다. 그러나 이 같은 농지 제한 방법은 귀족들의 강력한 반대에 부딪혀 결국에는 실현될 수 없었고, 토지겸병은 더욱 극심해졌다. 왕망(王莽) 시기에도 지주와 농민 간의 모순을 완화하기 위한 구상과 건의가 제출되었으나, 역시 귀족과 부호들의 반대로 실현될 수 없었다.

(2) 삼국·양진 시기의 토지제도

중국 대륙이 대분열 상태에 있었던 삼국(三国)·양진(两晋) 시기에 각각의 할거국가 내부의 통치계급들은 자신의 통치 지위를 확보하고 경제 역량을 증대시키기 위해 토지의 소유와 분배 문제를 매우 중시했다. 이 시기의 토지제도는 사유제를 기초로 했다. 한편으로는 자경농(自耕农)이 다수를 점했고, 다른 한편으로는 부호지주(富豪地主) 장원제(庄园制)와 사원지주(寺院地主) 장원제라는 대토지소유제가 존재했다. 이 시기에는 군벌 할거와 매년 이어지는 전쟁으로 인해 주인 없는 황무지가 대량으로 출현했고, 일부 국가는 이러한 황무지에 토지국유제를 시행했다. 예를 들면, 조위(曹魏)의 둔전제(屯田制)와 양진의 점전제(占田制) 등이다.

① 조위의 둔전제

고대 중국의 국유토지 유형 중 하나가 둔전(屯田)이다. 조위 이전에 한무제가 흉노 등 북방 소수민족에 대한 군사 방어에 소요되는 대량의 군사와 군량 운수 비용을 줄이기 위해 변방 지역에 둔전을 설치한 바 있다.[7] 이와 같

---

7   인근 지역의 평민 또는 죄수들을 징발해 군사 방위와 경작에 종사하도록 했다(赵俪生, 1984: 62).

이 군사적 목적과 동기에서 시작되었고, 토지국유제와 강제 노역 동원의 특성을 갖고 시작된 둔전제는 후한 광무(光武), 건무(建武) 말기까지 약 1세기가량 실시되었다.

황건적의 봉기가 실패한 후에, 중원은 장기간 군벌혼전(軍閥混战)의 상태에 빠졌다. 당시에 장정이 희소하고 황무지는 많은 상황에서, 조조(曹操)가 군인의 양식 문제를 해결하고 국가의 경제 역량을 증대시키기 위해 둔전제도를 시행했다. 조위의 둔전이 중국 토지제도사상 중요한 의미를 갖는 이유는 주로 두 가지를 들 수 있다. 첫째, 토지국유제와 토지사유권에 대한 국가 개입 역량이 상앙(商鞅)[8]의 '정전제 폐지와 논두렁 개방(废井田, 开阡陌)'에 이르고, 고대 공동체(古代共同体) 해체 이래 가장 강했다. 둘째, 고대 자유소농(古代自由小农)의 신상예속제도를 강화하는 활동이 부분적인 실험을 통해서 제도로 완성되었다(赵俪生, 1984: 87~90).

조위의 둔전제는 군둔(军屯)과 민둔(民屯)으로 대별된다. 군둔은 병사와 그 가족에게 분배한 둔전이다. 그 편제(编制)는 군대의 영(营)을 단위로 하고, 영마다 60인의 둔전병[둔졸(屯卒) 또는 전졸(田卒)]이 있었다. 민둔은 불러모은 유민과 가족을 군사제도에 의해 편제한 후 농업생산에 종사하게 한 것이다. 예를 들면, 조조는 황건적 봉기 유민 30만 명을 청주병(青州兵)으로 조직해 둔전을 경작하게 했다. 관부(官府)는 둔전을 분배해주고, 토지와 경작용 소(耕牛)를 유민에게 임대해주며 수확물을 관부 4, 유민 6으로 배분했다.

민둔의 지대 수취 방식은 일정 기준에 따라 관부와 둔전객 사이에 수확물

---

8 상앙(商鞅, BC 390년~338)은 위국[卫国, 현재의 허난성(河南省) 안양시(安阳市) 황량좡진(黄粱庄镇) 일대] 사람이다. 전국 시기 법가(法家)의 대표적 인물이며, 정치가이자 사상가이다. 본명은 공손앙(公孙鞅)이고, 위앙(卫鞅)이라고도 불렸는데, 산시성(陕西省) 상현(商县)을 봉토로 받은 후 상앙이라 불렸다. 진(秦)나라 효공(孝公)을 설득해 변법(商鞅变法)의 책임자로 발탁되어, 보수파인 유가(儒家)와 투쟁하면서 형법과 토지법 등 방면에서 개혁을 추진했고, 진제국(秦帝国) 성립의 기초를 다졌으나, 효공이 죽은 후에 귀족들의 모함을 받고 자신이 만든 거열형(车裂刑)에 처해졌다.

의 분배 비율을 결정하는 분성지대제(分成地租制)의 일종이다. 그 구체적 규정은, 만일 둔전객(屯田客)이 관의 경작용 소를 빌려서 토지를 경작했다면 수확물의 60%를 관부에 지대로 납부해야 하고, 자신이 소유한 소를 부려서 경작했다면 수확물의 50%를 지대로 납부해야 한다. 이 같은 지대 착취 방식은 양한 시기의 강력한 지주가 그 소작인에게 지대를 착취한 방식을 국유 토지제에까지 응용한 것이었다. 따라서 둔전객이 감수해야 했던 지대 부담이 매우 컸다. 군둔에서의 실물지대 착취 정도도 민둔과 같은 상황이었다.

둔전제의 성공은 당시 중원 사회의 경제 회복과 발전에 중요한 역할을 했다. 조위를 이은 서진이 삼국을 통일할 수 있었던 것도, 재정적으로 둔전에 힘입은 바가 컸다는 해석도 있다(김성한, 1998: 14). 그러나 이 제도는 농민의 부담을 경감시켜주지 못했을 뿐만 아니라, 오히려 농민에 대한 착취와 노역을 가중시켰고, 둔전 농민의 인신(人身)상의 종속 관계(依附关系)를 강화했으므로, 그로 인한 영향 또한 크고 깊었다.

② 서진의 점전제와 토지사상

조조가 죽은 후에 둔전제가 붕괴되었고, 서진 왕조 건설 후에 점전제(占田制)가 실행되었다. 점전제는 과전제(课田制)라고도 부르며, 국가가 개인이 점유한 토지 수량을 승인하는 것을 가리킨다. 점전제는 주로 두 가지 방면의 내용을 포함한다. 첫째, 백성의 농지 점유에 대한 규정으로, 보통 남자는 70무, 여자는 50무이다. 둘째, 관원의 농지점유에 대한 규정으로, 품관(品官) 1품에서 9품까지는 50경(顷)에서 10경까지 농지를 점용할 수 있다. 점전제는 봉건지주의 이익을 보호하는 토지제도의 일종으로, 그것이 체현하는 토지사상은 특별한 역사적 의의가 있다. 우선 토지사유제에 대한 승인이다. 점전제에는 토지를 회수해 국유로 귀속시킨다는 말이 없으며, 오직 백성과 관원의 토지점유 수량에 대해 제한할 뿐이다. 이 점이 이전의 정전 사상과 다르다. 둘째, 점전제는 일종의 토지겸병 억제와 토지사유제를 조절하는 사상을 체현하고 있으며, 개인 소유의 농지면적을 제한하는 한전의 성격을 어느 정도 갖고 있다. 끝으로, 점전제는 일종의 사회 등급에 의해 토지를 분배하는 관념을 체현하고 있다는 점에서 선진(先秦) 시기와 같으며, 또한 이후의 균전제 사상에 역사적 전제를 만들어주었다(钟祥材, 1995: 53~55).

③ 동진·남조의 토지제도

동진(東晉)·남조(南朝) 시기에는 점전제도 균전제도 실시하지 않았다. 이 시기에는 지방 호족인 사족지주(土族地主)가 정치적·경제적 특권에 기대어 공전(公田)을 점유하고 국유토지를 침식하면서, 새로이 토지사유화 바람을 일으켰다. 그 외에 지주는 자신의 소유 토지 내에서 자급자족식으로 운영하는 전장경영(田庄经营) 방식을 채택했다. 과세제도는 동진 전기(330년)에 농지면적 기준으로 지대를 징수하는 도전수조제(度田收租制)를 시행했으나, 귀족들의 반대로 중후기에 구세(口税)를 징수하는 것으로 바뀌었다. 남조(南朝) 시기의 토지 과세는 정징수조조(丁徵收租调)와 요역(徭役)의 방법을 채택했다.

4) 토지공유제 회복 시기

(1) 북위의 균전제 및 그 주요 사상

북위(北魏)의 균전제 실시는 토지공유제의 회복을 의미한다. 균전제란 국가가 조세 부담을 지울 수 있는 연령에 달한 농민에게 농지를 분배·지급하고, 조세를 징수하며, 농민이 노동력을 상실해 조세 부담 면제를 받는 연령에 이르거나 사망하면 농지를 환수하는 토지제도이다. 따라서 균전제는 토지공유제를 전제로 한다.

춘추전국 시기 말기부터 시작된 국유토지의 사유화 추세에 따라 토지매매와 토지겸병이 성행하고, 동시에 농민에 대한 지대 수탈이 극심해지면서,

착취의 압박을 피해 도망해 떠도는 유민이 증가했다. 중원의 한족 왕조는 사회 혼란이 가중되고 재정 기반이 약해지며 쇠락해갔다. 이러한 상황에서 소수민족으로 중국 북방을 점령하고 왕조를 세운 북위가 한족 토호의 토지를 몰수하고, 곤궁한 소농(小农)들의 참상에 대한 해결책으로 자신들의 토지 분배 사상인 '가족 수에 따른 농지분배(计口授田)', '선빈후부(先贫后富)'9 사상을 (이전에 중원에서 실시되었던) 정전제와 점전제 등의 국유제 토지제도에 접목한 균전제를 시행했다. 효문제(孝文帝)가 태화(太和) 9년(485년)에 균전 령(均田令)을 공포하고, 국가가 지급(授) 및 환수(还)하는 방식으로 농지를 평균분배했다. 이와 같이 균전제의 핵심 사상은 토지국유제를 기초로 토지와 노동력의 합리적 배치를 통해 생산을 최대화한다는 것이다.

북위가 시작한 균전제는 북조, 북제 및 그 후의 수·당까지 300여 년간 실시되었다. 균전제가 시행되면서, 토지제도의 중점은 국가소유권과 개인소유권 간의 관계 조절에서 국가소유권과 농민의 토지사용권 간의 관계 조절로 이동했다. '균전' 사상이 중국 사회에 미친 영향은 지대했다. 이후 발생한 역사상의 수많은 농민 봉기가 모두 '균전'을 구호로 내걸었으며, 근대에 홍수전(洪秀全)의 천조전무제(天朝田亩制)와 경자유전(耕者有其田), 그리고 쑨원(孙文)의 평균지권(平均地权) 사상의 기초도 '균전' 사상이었다(王昉, 2005: 105). 북위 시기 균전제의 주요 내용은 다음과 같다.

① 15세 이상 남자에게 노전(露田, 일반 농지) 40무, 뽕밭(桑田) 20무를 지급하고, 부녀자에게 노전 20무를 지급한다. 휴경(休耕)용으로 노전을 배로 지급한다. 노전은 70세에 관에 반환하고, 뽕밭은 사전(私田)으로 할 수 있으며 반환할 필요가 없다.

---

9   이러한 토지분배 사상은 사유제가 확립된 당시 중원 한족사회의 봉건영주제 아래서는 상상조차 할 수 없었던 개념이었다. 자오리성(赵俪生, 1984: 95~97)은 이를 "변방 소수민족이 한족 봉건토지제도에 새로운 혈액을 공급했다"고 표현했다.

② 노전과 뽕밭 모두 매매할 수 없다. 단, 뽕밭 면적이 20무를 초과하면 그 초과한 부분을 매매할 수 있다.

③ 지주는 그가 보유하거나 사용하고 있는 노비와 경작용 소의 정황에 따라 별도의 토지를 획득할 수 있다. 노비에게 지급하는 농지 기준은 농민과 같고, 경작용 소 1마리당 지급 농지는 30무이며, 경작용 소는 4마리로 제한한다.

④ 지방관(地方官)은 관직의 대소에 따라 공전(公田)을 지급하며, 자사(刺史)는 15경, 현령(县令)은 6경이다.

과세제도의 경우, 균전제 실시 이전에는 주로 '9품혼통(九品混通)' 방법을 채택해, 농민 한 호를 여러 농민이 종속되어 있는 지주 한 호와 동등하게 보고, 조세 부담 단위로 삼았다. 이는 농민에게 매우 불리했다. 균전제 실시 이후에는 성인 남녀 1인을 과세 징수 단위로 했으므로 농민의 세수 부담이 대폭 줄었다.

(2) 수·당 시기의 토지제도와 균전제 사상의 소멸

① 수의 토지제도

수조(隋朝) 정부는 균전, 둔전, 직전(职田), 영업전(永业田) 등의 형식을 통해 대량의 토지를 국가와 관료의 수중에 집중시켰다. 수의 균전제는 장정 수에 따라 농지를 분배하는 제도로, 기본적으로 농민이 받는 토지는 노전과 영업전 두 종류로 구분한다. 성인 남자 1인당 노전 80무를 주고, 부녀자는 1인당 40무를 주었다. 노비에 대한 농지 지급 기준도 일반 성인과 같았으나, 인원수를 제한했다. 건강한 소(壮牛) 1마리당 농지 60무를 주고, 한 집에 4마리로 제한했다. 또한 장정 1인당 영업전 20무를 지급했고, 뽕밭과 삼밭(麻田) 중 선택하게 했다. 뽕밭과 삼밭은 환수할 필요가 없었으나, 노전은 규정에 의해 환수했다. 그 외에 채소를 심는 텃밭(园田宅)도 있었는데, 일반적으로 농민에게는 3인당 1무를 지급했고, 노비는 5인당 1무를 지급했다.

균전제를 실시하기는 했지만, 관료지주에게 농민보다 훨씬 많은 농지를 지급했으며, 또한 관직이 높을수록 지급 농지도 더욱 많았다. 총괄하면, 수의 균전제는 모든 토지를 분배 대상으로 한 것은 아니었으며, 지주계급이 점유한 토지의 점유권을 보장해주는 기초 위에서 진행되었다.

② 당 전기의 토지제도와 균전제 사상의 변화

당조(唐朝) 전기(前期)의 가장 중요한 토지제도도 균전제였다. 그 기본 내용은 주로 세 가지 방면을 포함했다. 첫째, 18세 이상의 중남(中男)[10]과 성년 남자(丁男), 노년 남자(老男), 불구자(废疾), 잡호(杂户), 도사(道士), 여승(尼姑)에게 주는 농토의 수량을 규정했다. 둘째, 귀족 관료에게 주는 농토에 대해 규정했다. 셋째, 토지매매에 대한 규정은 이전에 비해 느슨했다. 구분전(口分田)[11]은 법률로 매매를 금지했으나, 토지자원이 부족한 지구에서 풍부한 지구로 이전하는 자는 (토지를) 팔 수 있었다. 영업전도 상황에 따라서는 매매가 가능했다.

당(唐)대의 균전제에는 매우 큰 변화가 발생했다. 첫째, 농토 분배의 대상이 남녀 승려, 남녀 도사, 그리고 공상업자로까지 확대되었다. 둘째, 관리(官吏)에게 지급하는 농토에 관한 규정이 이전 왕조에 비해 더욱 완벽하게 정비되었다. 셋째, 토지매매에 대한 규정이 완화되었다. 마지막으로, 관병(官兵)을 우대했다. 이러한 변화는 대부분 수대에 시작되어 당대에 완성되었다. 특히 관리에게 농토를 지급하는 방법의 정비와 토지매매 규제의 완화는

---

10 당대에 18세에서 20세 사이의 미성년 남자를 지칭한다.

11 중국의 수·당 시대에 실시된 균전제에서 매매나 세습이 허용되지 않고, 국가에 반환하도록 정해진 토지를 가리킨다. 하지만 고려에서는 군인이나 하급 관리의 유가족, 퇴역 군인 등에게 지급되던 토지를 구분전이라고 했다.

대토지사유제가 갈수록 우세를 점하고 있었음을 나타낸다.

납세제도에서는, 당조 초기에는 조용조(租庸调)제도를 시행했다. 그 주요 내용은 다음과 같다.

㉠ 장정에게 징세한다.

㉡ 장정 1인당 매년 납부하는 세는 곡식(粟) 2석(石)이고, 지방의 형편과 생산량에 따라 조정한다. 그 외에 매 장정은 매년 20일간 부역(徭役)을 제공해야 하며, 만일 부역을 피하려면 부역 일수 1일당 비단 3척(尺) 또는 포(布) 3척 7촌(寸) 5분(分)을 납부해야 한다.

㉢ 관리와 귀족은 부역을 면제한다.

㉣ 수해, 한해, 병충해, 냉해 등의 손실을 입을 경우에는, 손실의 4할 이상의 세금과 7할 이상에 해당하는 노역 부과를 면제한다.

조용조제도는 중국 역사상 중요한 부역제도(赋役制度) 중의 하나이며, 부역량 측면에서 비교하면 전대(前代)보다 가벼워져서, 농업생산력을 개선하고 회복 및 발전시키는 데 유리했다. 다른 한편으로 조용조제도는 상품 교환을 제한해서 사회경제 발전에는 일정 정도 소극적 영향을 미쳤다.

(3) 균전제의 붕괴

균전제는 당 중엽 이후에 붕괴되었다. 균전제 붕괴의 원인은 세 가지 측면에서 귀납할 수 있다. 첫째, 정치의 부패이다. 당 초기에도 균전제는 많은 문제들에 직면하고 있기는 했으나, 군주가 비교적 영명(英明)했으므로 그래도 순리적으로 실시할 수 있었다. 중종(中宗) 이후에 정치가 부패하고, 인구수와 농토면적 수량이 불명확해지면서 균전제는 전반적으로 문란해졌다. 둘째, 주도면밀하지 못한 입법(立法)으로 인해 토지매매와 토지겸병이 갈수록 증가했다. 당 초기의 입법이 주도면밀하지 못했고, 특히 토지매매 문제에 대해 입법이 엄격하지 못했으므로, 불법 이주와 토지매매가 나날이 증가했다. 부호(富豪)들도 기회를 타고 대량의 토지를 겸병했다. 셋째, 인구 증가와 국유토지의 고갈로 균전제 유지를 위한 가장 기본적인 물적 조건을 상실했다. 안사의 난(安史之乱) 이후 균전제도는 전면 철폐되었고, 청조 말년까지 각 왕조는 토지사유제도를 시행했다.

5) 토지사유제 확립 시기

(1) 당 후기에서 양송 시기까지의 토지제도

당 후기부터 양송 시기까지 국유토지소유제가 쇠락하고 토지사유화 경향이 갈수록 현저해졌다. 단, 여전히 국가와 황실이 보유한 대량의 토지가 있었다. 이 같은 토지는 황장(皇庄), 관장(官庄)이라는 형태를 유지했고, 경영 방식은 지주경영과 별 다른 차이가 없었다.

① '국가 불개입' 토지사상과 정책

균전제 붕괴 이후, 당 후기와 양송 시기에 봉건국가는 국가가 경지 재분배에 간여하지 않고, 토지매매와 토지겸병을 허용하는 토지정책을 시행했다. 그 결과 토지겸병과 토지권(地权)의 집중을 더욱 촉진했다. 더 나아가 지주계급의 대토지사유제는 더욱 확대되었다. 이 같은 토지정책은 그 이전의 각 조(朝) 정부에서 토지의 사유와 겸병 문제에 대해 장기간 진행된 한전과 반(反)한전 사상 간의 힘겨루기의 결과, 토지사유제와 토지겸병을 허용하는 방향으로 진행된 것이라고 할 수 있다.

② 다종 경영 방식 병존

당 후기에서 양송 시기까지, 봉건소작제 경영 방식은 지주의 사유토지와 국유토지의 경영 과정 중에 모두 보편적으로 존재했으며, 주도적인 지위를 점했다. 이 같은 경영 방식하에서 토지소유자와 소작농민 간의 관계는 일종의 경제 관계인 계약소작관계였다. 이 같은 경영 방식하에서, 토지소유자의 소작농민에 대한 착취 방식은 주로 지대를 수취하는 것이었다. 이 시기의 지대 형식은 주로 실물지대였으나, 화폐지대도 이미 출현했다. 실물지대는 다시 분성조(分成租)와 정액조(定额租) 두 종류로 구분된다(岳琛, 1990: 166).

소작농제도 이외에도 송대에는 농노제경영, 고용경영(雇工经营), 그리고 자경농경영(自耕农经营) 3종 형식이 존재했다. 농노제경영 방식은 주로 수도로부터 멀고 외진 지구에서 출현했으며, 고용경영은 당 후기의 국유토지와 사유토지에서 출현했다. 한편, 자경농은 토지면적은 작고 부과되는 세금의 압력이 무거웠으므로, 평생 강도 높은 노동을 해도 빈곤하고 고된 삶에서 벗어날 수 없었다.

③ 토지과세제도

당 후기에는 '양세법(两税法)'을 시행했는데, 이는 균전제와 조용조제도 붕괴의 결과였다. '양세법'의 전신은 호세(户税)와 지세(地税)인데, 주요 원칙은 오직 당지(当地)에 자산과 토지가 있으면 당지인(当地人)으로 간주하고, 호적에 올려 세금을 징수하는 것이었다. 동시에 장정(丁) 등의 기준에 따라 세금(租庸调) 징수를 하지 않고, 빈부(贫富) 등급을 기준으로 재산세와 토지세를 징수했다. 이는 중국 토지제도와 과세제도상의 큰 변화 중의 하나이다. 이 시기 이후에는 국가 규정에 의해 토지겸병을 제한하는 일이 다시는 없었다. 동시에 징세 대상도 장정 위주가 아닌 재산과 토지 위주로 되었으며, 갈수록 토지가 중심이 되었다. 즉, '양세법'은 세수 기반 확대, 세종(税种) 감소, 과세 및 징수 절차의 간소화, 실물 징수에서 화폐 징수로의 발전 규율에 부합했다. 단, '양세법'은 생산량을 징수 표준으로 삼았으므로, 일정한 편면성(片面性)이 존재했다. 그 밖에 '양세법'은 화폐로 세액을 계산한다고 규정했으나, 징수 시에는 다시 농민에게 실물로 납부할 것을 요구했으므로,

농산품의 증가에 따라 가격이 하락하면 농민은 더욱더 많은 실물을 납부해 과세 화폐액을 충족시켜야 했다.

송대의 토지 과세는 당 후기의 양세법과 비교해 매우 큰 변화가 있었다. 즉, 양세(兩稅)를 위주로 하되 더욱 다양한 종류의 과세를 시행했다. 그중 중요한 것은 양세(田賦)를 포함한 '신정전(身丁钱)'과 '잡변지부(杂变之賦)'이다. '신정전'은 20세 이상 60세 이하의 정착 인구는 균일하게 납세해야 한다고 규정했다. '잡변지부'는 양세와 신정전 이외에 부가하는 재산세이다. 과세 이외에 또한 차역(差役)이 있었는데, 주로 직역(职役)과 잡요(杂徭)의 두 종류로 구분된다. 이처럼 송대의 부역(赋役)은 매우 무거웠으나, 주로 다수의 농민 신상에 지워져 있었고, 관호(官戶)나 세력가는 면세 및 면역(免役)의 특권을 향유했다(岳琛, 1990: 170~171).

(2) 요·금·원의 토지제도와 토지사상

901년에 야율아보기(耶律阿保机)가 요국(辽国)을 건립했는데, 이는 거란족(契丹族)이 주체가 되어 건립된 왕조로, 도성은 상경[上京, 현재의 네이멍구 바린좌기(巴林左旗) 남쪽]이었다. 요의 토지소유제는 봉건영주토지소유제이며, 그 외에 둔전과 약간의 국유토지가 있었다. 황제와 황족은 모두 자신의 세습영지(世袭领地)를 가지고 있었으며, 봉건농노제 경영과 착취 방식을 실행했다.

1115년에는 여진족 수령 완안아골타(完颜阿骨打)가 금국(金国)을 건립했고, 1125년에는 요를 멸하고 요의 관할 지역을 차지했으며, 1127년에는 북송(北宋)을 멸하고 황허(黄河) 중하류 유역과 화이허(淮河) 유역 이북을 점령하고 남송(南宋)과 100여 년간 대치했다. 원래 여진족의 토지점유 관계는 일종의 원시사회에서 노예사회로 가는 과도기에 형성된 우구세 토지제도(牛具税地制)로, 이는 국가가 토지를 점유한 자에게 우구세(牛具税) 또는 우두세(牛头税)를 거둔데서 유래된 명칭이다. 단, 그들이 중원으로 이전해 온 후에는 전국이 점진적으로 봉건화되었고, 원래의 노예제 경제 관계가 봉건적 소작관계로 대체되었다(岳琛, 1990: 174~176).

원(元)은 몽골족의 테무진(铁木真)이 건립한 국가이다. 1279년에 몽골이 남송을 멸하고 중국을 통일했다. 원조(元朝)의 토지관계는 금·송의 봉건 관계를 이어받았으며, 주로 관전과 민전 두 종류가 있었다. 관전은 금·남송의 관전과 양조(兩朝)의 황실, 귀족, 고관 등으로부터 몰수한 개인 토지재산(私人地产)으로부터 물려받고 계승되어온 것이다. 민전은 바로 개인 소유 토지이다. 원대(元代)의 농지 과세(田賦)에는 세량(税粮)과 과차(科差)가 있다. 세량은 장강 이북인 강북(江北)지구에서 시행되었고 주정세(做丁税)라고 불렸으며, 지세(地税)는 장강 이남인 강남(江南)지구에서 시행되었고 하세(夏税) 또는 추세(秋税)라고 불렸다. 과차(科差)는 장강 이북 지방에는 사료(丝料), 포은(包银), 봉초(俸钞)가 있었고, 장강 이남 지방에는 포은과 호초(户钞)가 있었다.

원대까지는 토지겸병 현상이 여전히 존재했으므로, 급하게 정전제와 농지 제한을 추진하면 혼란과 소동이 야기되는 것이 불가피했을 것이다. 따라서 건국 초기에 농지 제한(限田)을 주장했으나, 사유제가 존재하고 있었기에 그 주장에는 이론상 빈틈이 있었다. 이 외에도 농지 제한 주장과 그에 대응한 정전제 부활 반대, 그리고 토지 개간에 관한 주장 등도 있었다(岳琛, 1990: 179~181).

(3) 명·청 시기의 토지제도와 사상

명·청 시기에는 봉건사회의 후기에 진입했다. 토지관계에서 국유토지의 민전화(民田化), 지주소작제의 발전, 자유고용의 증가, 경영지주(经营地主)와 부농경영(富农经营)의 출현, 지대 형태의 변화 및 과세제도(赋税制度)의 개혁 등 모두 봉건사회 후기에 속한다.

① 명·청 시기의 토지소유제

명·청 시기의 토지소유제 형식도 이전의 봉건황조(封建皇朝)와 같이 관전과 민전을 포함했다. 소유제 측면에서 보면, 관전은 봉건국가의 소유이고, 민전은 지주와 자경농 소유이다. 명대 1578년(万历六年)에 전국 경지 총면적 중 관전의 면적 비율이 약 11%였으나, 청대 순치(順治) 18년에는 그 비율이 약 4.6%로 감소했다(岳琛, 1990: 183). 명·청 시기에 국유토지가 전대(前代)에 비해서 대폭 감소했고, 명 말기에는 국유토지소유제는 이미 붕괴하는 추세였으며, 청대에 이르러 거의 종료되었다. 명대의 관전은 둔전, 황장(黄庄) 이외에도 수많은 명목으로 학전(学田), 사원전(寺院田), 공신양렴전(功臣養廉田) 등이 있었다. 청조의 관전은 수량이 감소했을 뿐만 아니라 명목도 간단해져서, 주로 관장, 기지(旗地), 둔전의 3종 형식이 있었다.

토지매매 측면에서, 명대에 황책제도(黄册制度)[12]를 폐지한 후에 조정은 토지겸병에 다시 간여하지 않았으므로 토지매매가 빈번해졌고, 장강 이남 지방이 더욱 심했다. 청대에 이르러서는 토지매매가 명대보다 더욱 빈번해졌다. 토지매매가 빈번해지면서 중소지주 수가 증가했다. 이는 토지사유제 성숙 단계와 봉건사회 후기 단계에 진입했음을 의미한다.

② 명·청 시기의 토지경영 방식

명·청 시기의 토지경영 방식은 주로 지주소작경영이었고, 농노제(农奴佃制)와 고용경영 방식이 그것을 뒷받침했다. 농노제는 명·청 시기에 황제 일

---

12 명(明) 태조 주원장(朱元璋)이 1381년(洪武十四年)에 건립한 인구등기제도이다. 1370년(洪武三年)에 주원장이 전국 범위의 인구조사를 명하고, 1381년에 '리갑제(里甲制)'를 추진하면서 이를 기초로 전국 인구를 종사 직업에 따라서 민(民), 군(军), 장(匠) 세 종류로 구분하고, 등기했다. 호를 단위로 향관(乡贯), 성명, 연령, 장정 수, 토지(田宅), 자산 등을 책에 기록했는데, 표지가 황색이어서 황책(黄册)이라 불렸다. 규정에 의해 황책은 1식4분(一式四份)으로 10년마다 제작하고, 중앙의 호부(户部) 및 성(省), 부(府), 현(县) 등 유관 기구에 보고했다.

가와 8기(八旗) 왕족에게 분배한 황장과 왕장(王庄)에서 출현했다. 이 같은 장전(庄田) 안에서 농노는 엄격한 봉건적 예속관계 속에 있었다. 농노에 대한 지주의 착취가 심했으므로 농노가 종종 도망했고, 이 같은 압박하에 청대 황조(皇朝)는 일련의 농노해방정책을 공포했다. 지주소작경영 과정에서 명·청 시기의 소작농민은 이미 송대 이전과 같은 양태는 아니었다. 일반 농민과 소작농민과의 관계는 주인과 주종 관계(主仆关系)였으나, 소작농민은 소작농지의 상속(承佃), 반환, 이주 등의 자유를 가졌다. 단, 이러한 자유는 법률상 그렇다는 것일 뿐이었고, 실제로는 경제 조건과 가부장제 중심의 종법 관계(宗法关系), 그리고 관습상의 제약을 받았다. 고용경영 방식에서는 고용인 수가 증가했을 뿐만 아니라, 인신상의 자유가 상당한 정도 보장되는 고용 형태가 출현했다.

③ 명·청 시기의 토지 과세와 지대 형태

명조의 개국 황제 주원장(朱元璋)은 하층민 출신이어서 농민의 고통을 잘 알고 있었기에, 원대의 각종 잡세를 폐지하고 토지와 인구를 조사해 '어린책(鱼鳞册)'과 '황책(黄册)'을 제정해 부역(赋役) 제정의 근거자료로 삼았다. '어린책'은 토지대장(土地清册)이며 과세 징수의 근거였다. '황책'은 호구 기록 장부(户口簿)이며, 노역 부과의 근거였다. 명 초기의 농지 과세는 주로 하세(夏税)와 추량(秋糧)이 있었고, 징수 형식은 실물 납부에서 화폐 납부 형식으로 바뀌었다. 1581년(明万历九年)에는 전국에서 일조편법(一条鞭法)을 시행했다. 그 주요 내용은 첫째, 부(赋), 역(役), 방물(方物), 토공(土贡) 등 일체 항을 일조(一条)에 귀속시켜서 간편화했다. 둘째, 각 항의 부역(差徭)과 잡다한 세를 하나로 하고, 은량(银两)으로 통일 환산하며, 양식과 장정을 서로 다른 비례에 따라 할당했다. 셋째, 노역 부과를 은량으로 징수하는 것 외에도 3등 9칙(三等九则)의 규정을 취소했다. 넷째, 각종 부역 항목을 합병하고 고역(雇役)으로 대체해 농민의 노역 고통을 덜어주었다. 일조편법은 중국 봉건부역제도의 역사상 중대한 변혁으로, 당시의 사회경제 발전을 촉진했으나, 실시 10여 년 후부터 문란해졌다.

청대 초기의 농지과세제도는 기본적으로 명조로부터 이어받아, 농지 과세와 장정에게 부과하는 부역(丁役)을 국가의 주요 과세 방식으로 삼았다. 징수 강도는 전반적으로 가벼워졌다. 청대 중·후기에는 '장정을 토지면적에 할당 산입시키고(攤丁入畝), 토지와 장정을 통합 단일화하는(地丁合一)' 과세제도가 실시되었다. 이는 농지 과세와 장정 부역의 은량 납부가 합병된 단일세로, 청대 농업부역제도상의 중요한 개혁이다. 이 제도는 빈민에게 유리하고, 부자(富室)에게 불리했다. 부자는 토지는 많으나 장정이 적었고, 빈민은 토지는 적지만 장정이 많았으므로, 이러한 과세제도를 채택해 부역 부담의 불균형 문제를 해결할 수 있었고, 농민이 향리(乡里)에 안주하고 생산에 진력할 수 있도록 할 수 있었다.

6) 토지사유제의 확립과 농지시장의 발전 과정

춘추전국 시기 말기부터 국유토지가 사유화되기 시작했으나, 그때까지는 토지사유제가 제도로 확립되지는 않았고, 진(秦) 효공(孝公) 상앙의 변법에 의해 정전제가 폐지되고 사유토지가 합법화된 후에, 개인이 정부가 인정한 토지소유권을 취득할 수 있게 되었다. 이때부터 사유토지가 가장 중요한 토지재산권이 되었다. 비록 각 조 각 대에 각종 형식의 국유토지가 있었지만, 수량상 사유토지의 비중이 압도적으로 컸다. 단, 앞에서 고찰한 바와 같이 균전법이 실시된 약 300년의 기간(485~780)에는 국유제가 부활하고 사유토지에 대한 제한과 통제가 다시 강화되었으나, 당 중엽에 이르러 균전제가 철폐되고 난 후에는 다시 토지사유제가 회복되었다. 이와 같이 토지사유와 토지매매, 그리고 토지겸병이 출현하고 제도화되면서, 토지소유에 대한 관념도 종전의 토지국유 위주의 일원적 관념에서 국유와 사유 관념이 병존하는 이원적 관념으로 변했고, 갈수록 사유제의 비중이 커지는 방향으로 진행되었다.

중국에 봉건토지제도가 형성되기 시작한 때는 2000년 전인 전국시대부터였으며, 그 후 한조(汉朝) 이후 주도적인 지위를 유지했다. 진·한 이후 중국 봉건사회에는 세 가지 기본적인 토지소유제 형식이 존재했다. 즉, 봉건국가토지소유제, 봉건지주토지소유제와 자경농의 소토지소유제이다. 그중에서 봉건지주토지소유제는 주도적인 위치를 차지하고 봉건토지관계 발전을 제약했던 토지소유제 형식이다. 국가토지소유제는 사회경제 생활 중 주도적인 위치를 차지하지 못하고, 또한 끊임없이 지주토지소유제에 의해 배척되고 침식되었다. 진·한에서 청말(清末) 시기까지 중국 봉건경제와 토지사유제를 지주제 경제의 발전이라는 관점에서 개괄하면 다음과 같다(李文治 等, 2005: 3). 진에서 서한까지는 토지사유를 전제로 하는 지주제 경제가 초보적으로 발전한 시기이며, 동한에서 남북조까지는 역전 및 후퇴하는 단계였다. 수·당 시기까지는 지주제 경제가 다시 기형적인 상태를 벗어나 정상적인 발전 궤도에 들어섰다. 송대에는 지속적인 경제발전 추세가 유지되었고, 지주제 경제가 고도로 발전했다. 명·청 시대는 토지사유제와 지주제 경제의 제2의 고도 발전기이다. 이같이 중국의 지주제 경제는 고도 발전과 곡절, 역전이 되풀이되는 과정을 거치며 발전해왔다. 지주소유제는 주로 토지재산권과 봉건적 종속 관계라는 두 가지로 이루어졌다. 양자의 변화와 발전, 특히 봉건적 종속 관계의 변화와 발전에 의해 봉건시대의 특징과 사회경제 발전의 단계성 및 그 추세가 가장 두드러지게 드러났다.

중국 봉건사회의 토지사용제도는 다시 세 가지 형식으로 구분할 수 있다. 첫째는 국가 소유의 토지와 일부 지주 소유의 토지를 경작 능력이 있는 농민에게 경작하도록 임대해주는 형식이며, 둘째는 지주가 농민을 고용해 경작하고 농민은 토지소유자(주로 지주)의 고용인이 되는 형식이고, 셋째는 농민이 자기 소유의 토지를 스스로 경작하는 형식이다. 중국 봉건사회에서는 절대다수의 토지가 봉건지주의 소유였기에 지주가 농민을 고용해 경작하는 방법이 토지사용제도의 주요 형식이 되었다. 동시에 전체 봉건사회의 토지 경제 관계는 지주가 토지를 임대해 지대(地代)를 얻고, 농민이 지주의 토지를 임차해 지대를 납부하는 관계였다. 즉, 토지의 임대와 임차, 지대의 징수와 납부의 관계였다. 지대의 종류와 형식은 시기에 따라 달랐다. 중국의 지주경제제(地主经济制)는 지대 형태가 발전·변화해 실물분배임대에서 실물정액임대로 옮겨가고, 다시 실물정액임대에서 화폐임대로 옮겨갔다.

한편, 양송 이후 명·청 시기까지 형성 및 발전해온 농지시장은 다음과 같은 특징을 갖는다(张曙光, 2011: 8; 邓大才, 2010: 27~28).

첫째, 토지사유제가 확립되었다. 양송 시기에 이미 '농지제도를 세우지 않고(不立田制)', '토지겸병을 억제하지 않는다(不抑兼倂)'는 정책을 채택했는바, 이는 이전의 각 왕조와 같이 '정전', '점전', '균전', '둔전' 유의 사상을 제도화하지 않고, 토지겸병에 국가가 개입하지 않고, 토지사유를 승인하겠다는 것이며, 더 나아가 토지소유권의 유전(流转)을 장려하겠다는 의도라고 볼 수 있다. 토지사유권 확립의 가장 유력한 증거는 토지등기제도이다. 예를 들면, 앞에서 설명한 명대의 '어린책'과 '황책'이 있다.

둘째, 국유토지인 관전의 시장진입이다. 양송 이후에도 각 왕조는 토지매매를 용인했지만, 관전의 거래는 엄격히 금지했다. 그러나 사유토지의 거래가 갈수록 광범위하게 확산되고 빈번해지면서, 국유토지도 시장에 진입했다. 즉, 송대의 관전과 학전, 명대의 관장과 둔전, 청대의 기전(旗田)이 모두 매매 금지령을 돌파하고 토지시장에 진입했다.

셋째, 거래 규칙이 형성되고, 거래 절차가 규범화되었다. 거래 규칙은 정식 규칙과 습관법과 같은 비정식 규칙으로 구분되었고, 매입 및 매도자 탐색, 거래 중재, 계약서 날인 등 토지거래 절차도 규범화되었다.

넷째, 지권(地权)이 분화되고 거래가 다양화되었다. 양송 이전 시기에는 주로 토지의 소유권과 경영권이 유전되면서 각각의 시장이 형성되었고, 거래 형식도 비교적 간단했으나, 그 후에 토지재산권(地权)이 토지사용권(田面权) 또는 용익물권(用益物权)인 전피권(田皮权)과 소유권인 전저권(田底权 또는 田骨权)으로 분화 및 다원화되었다. 청조 중·후기와 민국 초기에 농촌토지는 소유권과 사용권이 합일된 청전(清田), 소유권은 보유하나 사용권은 없는 민전, 점유권과 경작권은 있으나 소유권은 보유하지 않는 객전 등으로 세분되었다.[13] 이 세 종류의 토지재산권은 자유거래를 통해서 유전되었다. 민전을 사고팔 때는 객전의 권익인 경작권(소작권)을 침해할 수 없었다. 가격은 일반적으로 청전이 가장 높았고, 객전이 가장 낮았다. 이 같은 토지재산권의 분화에 따라, 소위 '일전이주(一田二主)' 내지 '일전삼주(一田三主)', 또는 단일 필지를 다수의 주주(股东)가 공동 점유하는 형식도 출현했다. 또한 토지의 거래 대상 및 유전 형식도 전세(押租), 소작권의 매매 또는 저당 조건 전세(加押减租), 그리고 토지소유권(田底权 또는 田骨权)의 절대매도(絶卖)와 매도 조건부 저당(典卖, 活卖) 등으로 다원화되었다.

3. 중국 근대 토지제도와 사상

청조 말기인 1840년 아편전쟁 이후, 중국은 봉건사회로부터 점진적으로 반식민지·반봉건사회(半殖民地半封建社会)로 변했다. 도시와 농촌 자본주의는 모종의 발전이 있었으나, 농촌은 여전히 봉건토지소유제를 장기간 유지해왔다. 첫째, 지주계급이 여전히 대부분의 토지를 점유하고 있었고, 둘째, 봉건지대가 여전히 가장 중요한 착취 방식이었다.

---

13 민전을 '대피전(大皮田)', 객전을 '소피전(小皮田)'이라고도 불렀다.

1) 5·4운동 전의 토지제도와 사상

(1) 외국 열강의 중국 토지 점령

1842년 중국과 영국이 맺은 '난징조약(南京条约)'은 중국의 폐관자수(闭关自守)정책이 종결되었음을, 그리고 외국인(外人)이 중국 침점(侵占)을 시작했음을 나타낸다. 1895년 중일 '마관조약(马关条约)'은 중국의 반식민지 정도가 심화되었음을 보여준다. 중국 근대의 외국인의 중국 농촌토지에 대한 침점 과정은 5개 단계로 구분할 수 있다(成汉昌, 1994: 179~226). 첫째, 외국이 중국 농촌토지 침점을 시작한 초보 발전 단계(1842~1894), 둘째, 외국의 중국 농촌토지 침점의 팽창 단계(1895~1911), 셋째, 안정 발전 단계(1911~1931), 넷째, 일본의 중국에 대한 무장 침입으로 인해 중국 내에서 일본의 토지 약탈이 급속히 팽창하고 기타 국가의 토지 침점은 줄어든 단계(1931~1945), 다섯째, 외국의 중국 농촌토지 침점의 쇠락 및 소멸 단계(1945~1949)이다.

1895~1949년의 기간에 외국 열강은 불평등조약을 내세워 임대, 구매, 저당, 배상, 합자, 무력 탈취 등의 방식으로 대량의 토지를 침점했다. 이러한 토지의 일부는 공장 및 주택, 창고, 병원(医院), 철도용지, 광산 등 비농업경영에 이용되었고, 일부는 농업경영에 이용되었는바, 중요한 것은 외국 교회, 외국기업 또는 자본가, 외국 이민자가 점유한 농업용 토지이다. 농업경영 방식 측면에서 보면, 이 세 종류의 주체는 각각 외국 열강의 중국 농촌에서의 소작경영, 자본주의 농장경영, 그리고 농가개체경영 3종 형태를 대표한다. 단, 이 3자는 경계가 분명하게 분리된 것은 아니며, 이 중 한 가지 방식을 채택하거나 여러 종류의 경영 방식을 겸용할 수도 있었다(成汉昌, 1994: 224~226).

(2) 태평천국과 '천조전무제도'

1851년, 홍수전(洪秀全)과 양수청(杨秀清) 등이 주동한 '태평천국(太平天国)'운동이 폭발했다. 1853년, 태평군(太平军)은 난징(南京)을 공략하고 이를 태평천국의 수도로 정해 톈징(天京)으로 개명했으며, 같은 해에 '천조전무제도(天朝田亩制度)'를 공포했다. 천조전무제는 토지문제 해결을 핵심으로 하는 강령성(纲领性) 문건으로, "세계상의 모든 토지와 재산은 모두 하느님(上帝)의 소유로 귀속되므로, 모든 사람은 하느님으로부터 한 조각의 토지를 취득한다", "토지의 분배는 응당 인구와 토지 질량을 기준으로 평균분배해야 한다"고 명확하게 규정했다. 구체적으로는 우선 천지를 9개 등급으로 구분하고, 호를 단위로 해 남녀노소를 불문하고 인구에 따라 분배하며, 각 가정에 분배하는 농지는 우량 농지와 열등 농지를 각 절반씩으로 했다. 또한 토지 평균분배의 기초 위에서, 25개호를 단위로 하는 하나의 사회기층단위와 국고(国库)를 설립했다. 태평군은 점령한 대부분의 지구에서 지주계급에 타격을 가하면서, 또 한편으로는 지주에게 일정한 농지지대를 수취하는 것을 용인했으며, 토지와 재산을 균등분배하여 경작한다고 선전하고, 과거의 생산량을 기준으로 양식으로 납세하는 토지정책을 실시했다.

'천조전무제도'는 사유제를 완전 부정했다. 즉, 중국 봉건시대 중 가장 철저한 토지공유(土地公有) 사상이었고, 중국 역사상 농민이 요구한 토지의 균등분배가 가장 집중적으로 표현된 것이었으며, 또한 광대한 농민의 '봉건지주소유제 타도'라는 혁명적 요구를 대표했다. 그러나 사회와 경제발전 규율을 위배한 완전한 균분제(均分制)는 결국 실패했다. 그렇지만 14년간 실시된 태평천국의 토지정책은 중국의 봉건토지제도에 매우 큰 충격을 주었다.

2) 쑨원과 평균지권 사상

쑨원은 중국 근대 민주혁명의 선구자일 뿐만 아니라, 토지문제를 매우 중시하고 해결하고자 실천한 사람이다. 그가 제출한 평균지권(平均地权) 사상은 민국 시기 국민당 토지정책의 기초를 다졌을 뿐만 아니라, 중국 대륙과 1949년 이후 타이완 토지정책의 강령이 되었다.

(1) 평균지권 사상의 연혁 및 내용

① 평균지권 사상의 기원

1879년, 헨리 조지(Henry George, 1839~1897)는 『진보와 빈곤(Progress and Poverty)』이라는 저명한 책을 출간해, 빈곤의 핵심 원인을 불로소득인 지대를 개인이 향유하는 것으로 파악했다. 즉, 토지재부(土地财富)는 개인의 노동으로 창조된 것이 아니므로, 지대를 징세 방식으로 환수해 공공에 귀속시켜야 한다고 주장했고, 단일 조세인 지대조세제 실시를 제창했다. 이것이 평균지권 사상의 맹아라고 볼 수 있다.

1896년, 쑨원은 청조의 체포 위험을 피해서 출국한 후에 지구의 반 이상을 주유했다. 이 시기에 광범위하고 심도 있는 고찰을 통해, 쑨원은 자본주의 국가에서 사회관계의 긴장을 야기하는 근원은 개인 토지소유자가 사회경제 성장의 조건을 이용해 폭리를 취하려고 하는 데 있다고 인식했다. 그는 헨리 조지 등의 사상을 기초로, 거기에 중국의 국정, 정전제와 균전제 등 전통 토지사상을 결합해 자신의 구상을 정리한 다음, 이를 '평균지권(平均地权)'이라는 네 글자로 귀납했다. 1902년, 쑨원은 베트남 하노이에서 개최된 흥중회(兴中会) 분회 회의에서 '만주족 구축(驱除鞑虏), 회복중화(恢复中华), 창립민국(创立民国), 평균지권(平均地权)'이라는 혁명 강령을 제출했다. 1905년, 쑨원은 동맹회의 강령에 정식으로 '동맹회선언(同盟会宣言)'이라고 기록했다. 그 후에 다시 평균지권과 절제자본(节制资本)을 민생주의를 실현하기 위한 양대 경제원칙으로 제시했다.

② 평균지권 사상의 주요 내용

평균지권의 함의는 (토지를 균분하자는 것이 아니고) 전체 국민이 토지에서 산출된 수익을 균등하게 향유하자는 것이다. 문자의 의미대로 이해하자면, 평균지권의 제1차원의 함의는 '평균(均)'을 강조한다. 제2차원의 함의는 '균권(均权)'으로, 권익과 기회의 '균'을 강조한다. 이는 사유권과 공공규제권의 균형, 사유권 간의 균형, 법률 보장의 공평을 포함한다. 제3차원의 함의는 '지권의 평균'으로, 토지사용 효익의 증진과 토지 권익 분배의 '균'을 강조한다. 평균지권의 출현은 토지이용 및 분배 문제의 해결 혹은 완화 분야에서 '토지이익 극대화와 토지이익의 공동향유(地尽其利, 地利共享)' 실현을 가리킨다.

지가세(地价税)는 평균지권 실시의 주요 방법이다. 이 방법의 구체적 절차는, 지가(地价)를 규정하고, 가격에 따라 과세 및 구매(收买)하며, 가격 상승분은 공공에 귀속시킨다는 것이다. 쑨원은 "지가는 응당 지주 자신이 정하여 지주가 정부에 보고하고, 정부는 그 보고한 가격을 과세기준가격으로 규정하고 승인해야 한다"고 제안했다. 지주가 보고한 그 가격을 기준으로 구매 및 과세하기 때문에, 지주는 실제 시장가격을 보고할 것이다. 다음에 그 가격을 기준으로 세금을 징수한다. 쑨원은 지가를 징세 기준으로 하면 토지투기를 억제할 수 있을 뿐만 아니라, 국가 수익도 증가시킬 수 있다고 주장했다. 세 번째로, 지주가 보고한 가격을 기준으로 수매(收买)하면 (지주가) 지가를 낮게 보고하는 것을 막을 수 있을 뿐만 아니라, 국가가 언제든지 보고받은 가격에 따라 해당 사유토지를 수매해 국유로 할 수 있는 권리를 보유하고 있으므로 이는 토지국유제라 할 수 있다. 마지막으로, 지가 상승분의 공공귀속이다. 쑨원은 지가 확정 이후 그 획지의 가격이 상승하면 그 상승분을 완전히 공유로 귀속시켜야 한다고 주장했다. 이는 토지국유의 원칙과 목표를 체현한 것 외에, 국가가 이 같은 수입을 이용해 점차적으로 필요한 토지를 구입하고 합리적으로 이용하게 할 수 있다. 쑨원은 위의 네 단계를 결합해 하나의 완정(完整)한 법률 절차를 만들고, 상호간에 구별·연계했다.

경제학의 각도에서 보면, 평균지권은 토지 총수익의 최대화를 추구하며, 징세를 통한 투기 억제를 강조함으로써 토지자원을 가장 효율적이고 합리적으로 이용하는 것이다. 법의 각도에서 보면, 평균지권은 토지사유권을 실질적으로 획분(划分)한 곳에 두고, 토지에 대한 최고의 지배권과 관리권을 국가가 취득하도록 해, 개인이 공공이익을 독점하고 침해하는 것을 방지하도록 한다.

(2) 평균지권 사상의 발전 및 실천

1905년 이후 평균지권은 정식으로 확립되고 발전했다. 쑨원은 수차례 평균지권의 중요성을 강조했고, 1912년 중화민국 성립 후 평균지권을 명확하게 제출해 통과시켰으며, 경자유전의 토지정책을 실현했다. 1924년 국민당 1차대회가 개최되었고, '토지법', '토지사용법', '토지징수법(土地征收法)'과 '지가세법(地价税法)' 등의 정책이 제출·통과·제정되어 평균지권을 실현했다. 1926년 국민당은 '2·5 감조안(二五减租案)'을 발표하고, 저장(浙江), 장쑤(江苏) 등의 성에서 시행했다. 1927~1946년 난징 국민당 정부는 '중화민국 토지징수법', '토지법', '각 성시 토지행정 시행 절차 대강(各省市地政施行程序大纲)', '지세 조례', '토지등급 규칙' 등 법률과 법규를 연이어 공포했다. 그 내용은 토지관리, 토지재산권, 토지세수, 토지개발이용 중의 경제 관계 조정 등을 포괄하고 있는 상대적으로 체계적이고 완정된 평균지권정책이었다. 1947년, 국민당 정부는 평균지권 및 그 함의를 '중화민국 헌법'에 삽입했다. 그러나 당시의 토지에 대한 요구가 너무 강렬했으며, 사회가 불안정했고, 개량을 강조한 원인 등으로 인해, 국민당 정부가 제출한 수많은 평균지권 강령과 정책은 구체적으로 실시되지 못했다.

3) 민국 시기의 토지소유제와 소작제도

(1) 토지소유제의 형태

민국 시기의 토지소유제 형식은 복잡하기는 하지만, 여섯 가지 종류로 귀납할 수 있다. 즉, 국가 토지소유, 지주 토지소유, 농민 토지소유, 자본주의 토지소유, 식민주의 토지소유와 소수민족 토지관계로 구분할 수 있다(金德群, 1994: 27~44).

① 국가 토지소유

국가가 직접 관장하는 토지를 가리키며, 중앙과 지방 각급 정부가 점유한 토지, 국가 소유인 토지를 국유토지라 부른다. 이 같은 국유토지 형태는 중국의 봉건사회에 존재했던 군인이 주둔지에서 경작한 둔전, 개간한 간전(垦田), 정부가 관리하는 관장, 몰수한 토지(没入田), 관리에게 녹봉으로 배분해 준 직분전(职分田), 관부가 관장하는 황무지, 산지, 하천용지, 임지, 습지 등을 가리킨다.

신해혁명(辛亥革命, 1911) 후 정치상 봉건황제제가 종료되면서 원래 만주족 통치자 수중의 관공전(官公田)이 신속하게 민전으로 바뀌었고, 큰 덩어리의 황무지와 목장들도 개간되어 사유화되었으며, 심지어는 지방정부에 의해 공개적으로 경매되면서 국유토지가 사유화되었다. 이러한 추세가 지속되면서 1930년대에 이르러서 국유토지는 거의 사라졌다.

② 지주 토지소유

지주가 대량의 토지를 점유하고, 자신은 노동에 참여하지 않으며(혹은 경미한 노동에만 참여), 토지임대와 고용 일꾼(雇工)에 의존해 경작하는 토지점유 방식을 가리킨다. 이러한 방식은 민국 시기 토지사유제의 주된 방식이었고, 봉건-반(半)봉건 생산관계의 핵심이었다. 지주 토지소유가 지닌 특성과 착취 방식은 농업생산 과정상 각종 경제 관계의 발전을 좌우했을 뿐만 아니라, 수공업 부업, 상업, 금융업과 도시(城镇)의 면모에도 영향을 주었으며, 나아가 상층 구조[특히 기층정권(基层政权)] 내부에 불합리한 사회현상을 조성했다.

신해혁명은 봉건지주 토지소유제에 대해 공격한 적이 없으며, 일군의 군벌 대지주 계층이 출현했다. 예를 들면, 허난(河南)의 위안스카이(袁世凯), 후난(湖南)의 자오헝티(赵恒惕), 쓰촨(四川)의 류샹(刘湘), 류원후이(刘文辉) 등, 유명한 대지주 중에 군벌이나 관료 출신이 아닌 자를 찾기가 어려웠다.

동시에 중국의 상인과 고리대금업자가 대량의 화폐를 모은 후, 이들이 군벌 및 관료와 함께 토지를 사들였다. 그들은 첫째, 토지재산이 기타 재산보다 안전하다고 여겼고, 둘째, 지대수입이 높아서 지가를 회수하는 데 10년도 안 걸린다고 보았다. 이 점은 서양에서 상인 자본이 주로 공업 방면에 투자하고 봉건지주와 대립한 것과 다르다. 중국에서는 상업 이윤이 토지재산으로 전화해, 여전히 봉건적 지대 착취를 채택했고, 봉건지주와 연대하거나 또는 상인이 스스로 지주를 겸했다. 이것이 민국 이래 봉건-반봉건 토지관계가 지속되고 쇠퇴하지 않은 주요 원인 중 하나이다. 예를 들면, 1922년 안후이성(安徽省) 우후(芜湖) 36호 지주의 직업을 조사한 결과, 그중 64%인 23호가 상인으로, 이들이 전체 지주 토지면적의 75%를 점했다. 1929년 광둥성 신후이(新会)의 지주 191호 중에는, 상인 겸 지주가 138호로 72%, 이들이 전체 지주 토지면적의 70%를 점했다.

1927년 「중국국민당 중앙집행위원회 농민부 토지위원회 보고」의 기록에 의하면, 당시 전국 인구의 14%를 점한 지주계급이 62%의 토지를 점유하고 있었다. 18%를 점유한 부농(富农) 인구는 19%, 24%를 점유한 중농(中农) 인구는 13%, 44%를 점유한 빈농 인구는 6%의 토지를 점유하고 있었다(梁祖灵, 1996: 394). 또한 1933년에 국민정부 행정원 농촌부흥위원회가 산시(陕西), 허난, 장쑤, 저장, 광둥, 광시(广西) 등 6개 성의 농촌을 대상으로 조사하

표 1-1 **민국 시기 지주와 농민 계층별 토지점유 현황(1934년)**

	호수 (만 호, %)	소유 토지면적 (만 무, %)	호당 평균 토지면적 (무)
전체	6,000 (100%)	140,000 (100%)	23.3
지주	240 (4%)	70,000 (50%)	291.7
부농	360 (6%)	25,200 (18%)	70
중농	1,200 (20%)	21,000 (15%)	17.5
빈고농	4,200 (70%)	23,800 (17%)	5.7

자료: 金德群(1994: 32).

고 추산한 결과, 3.6%의 지주가 45.8%의 경지를 점했고, 6.4%의 부농이 18%, 19.6%의 중농이 17.8%, 70.5%의 빈농이 18.4%의 경지를 점유했던 것으로 나타났다(金德群, 1994: 31).

부농 중 적지 않은 수가 토지를 임대했으므로 반지주의 성격을 가졌다. 이 같은 지주-반지주 식의 부농이 전국 농호(農戶) 중 차지하는 비중은 10%에도 미치지 못했으나, 전국 경지의 약 60%를 점유했으며, 더욱이 해당 경지 대부분이 상급 또는 중급의 좋은 경지와 관개농지(水田)였다. 호당 평균 토지면적을 비교해보면, 지주가 평균 291.7무로 중농의 16배, 빈고농(貧苦農)의 51배였다. 당시의 소작료 수준은 총수확을 지주와 소작인이 6 : 4로 나누어 갖는 식이 보편적이었다.

1949년 타이완 정부의 통계에 의하면, 농촌 인구의 11.7%인 지주가 경지 총면적의 56%(45.7만 ha)를 점유해 절대다수를 임대했고, 지대액은 일반적으로 지주 6, 소작인 4였다. 지주의 통제를 받는 농업인구가 타이완 전체 인구의 반을 넘었다. 이 비중은 당시 대륙의 화난(华南)지구의 정황과 비슷하다(金德群, 1994: 32).

③ 농민 토지소유

농민 토지소유는 주로 자경농과 반(半)자경농의 작은 규모의 토지소유를 가리킨다. 자경농이 점유한 소량의 토지는 생산과 자존(自存)의 기초 조건이고, 자신과 가족의 노동에 의지해 생계를 유지했다. 반자경농은 소량의 토지를 임대하거나 노동력 일부를 팔아서 생계를 유지했다.

자경농은 소작농에 비해 다음과 같은 차이와 특성이 있다. 첫째, 토지가 자기 소유이므로 지력(地力) 유지와 중진을 위해 노력하고, 소작농과 달리 지주의 통제를 받지 않으며, 농지 회수를 걱정할 필요가 없다. 둘째, 국가에 납부하는 세금 외에 지주의 착취가 없으므로, 소작농에 비해서 생활 및 생산 조건을 개선하는 데 유리하다. 셋째, 자경농은 자신의 항산(恒産)이 있고, 항산이 있는 자는 항심(恒心)이 있으며, 그 토지재산을 아끼는 만큼 필히 그 마을을 아끼게 되므로, 소작농보다 잘살고 향촌 건설에 유리하다.

그러나 자경농의 주요 특성인 '소토지사유자'라는 불안정성에서 양극 분화가 출현했다. 자경농 중에는 근면한 노동으로 치부한 후에 부농 지주로 상승하는 자도 있지만, 다수의 자경농은 파산하는 추세였다. 그 원인은 첫째, 과중한 국가 세금과 부역을 더 이상 감당하지 못해 자신의 토지를 포기해야 하는 상황에 내몰리게 된 경우, 둘째, 외국 자본주의의 침입과 매판 및 상업고리대금업자의 착취망이 형성되면서 약탈의 주요 대상이 된 경우, 셋째, 천재(天災)와 인재 발생 시 대항력이 약한 자경농의 토지가 토지겸병의 주요 대상이 되어 소작농이나 고용농으로 전락하거나 타지방을 떠돌게 된 데 있었다.

따라서 물적 조건의 측면에서 말하면 농민의 소규모 토지소유는 지주 토지소유제의 보완이고, 노동조건의 측면에서 말하면 자경농과 반자경농민은 소작농과 고용농 확보를 위한 잠재 예비군이라 할 수 있다. 즉, 농민의 토지소유 상태는 마치 사거리 횡단보도에 서 있는 것과 같이 불안정했다. 민국 시기에는 군벌 관료가 적극적으로 토지를 약탈한 탓에 자경농의 수와 그들이 보유한 토지면적이 점차 감소되었다.

④ 자본주의 토지소유

자본주의 토지소유는 토지소유자가 자본주의적 경영 방식을 채택하고, 자유고용 노동력을 사용해 시장에 팔기 위한 상품을 생산해 이윤을 획득하는 토지소유 방식을 가리킨다. 또는 토지소유자가 대규모 토지를 농업자본가에게 임대하고, 농업자본가가 고용경영해 평균 이익을 초과한 부분의 잉여가치를 취득하는 것이다. 즉, 잉여가치를 공동 분할해 자본주의 지대를 수취하는 방식이다. 이는 상품경제가 일정한 단계로까지 발전하면, 토지경영 중에 가격 규율이 발생하고 작용하면서 새로 발전한 (자본주의) 토지소유 방식이 종래의 강제적이고 초경제적인 봉건주의 착취 방식을 대체하는 것이다.

민국시기 중국의 부농은 적지 않은 수가 토지를 임대하거나 고리대금을 겸하는 등 봉건적 착취성을 지니고 있었고, 자본주의 토지소유라 하기에는 아직 부족한 점이 많았다. 상품 생산을 위한 진정한 고용경영에 속하는 (경영지주를 포함한) 신식 부농(新式富農)은 많지 않았으며, 고용 관계도 종종 강제성을 유지하고 있었고, 노동계약에 의해 보수를 결정하는 관계는 아니었다. 1900년대 초에 출현한 신식 농업개간기업이 대규모 토지를 임차 또는 구입하고, 농업노동자를 고용해 자본주의 경영 방식을 채택했으나, 점유 농지 비율이 매우 낮아 가장 번성하던 시기에도 그 면적이 1000만여 무 정도로, 전국 농지의 1% 정도를 점유했을 뿐이다.

사회발전 규율이라는 측면에서 보면, 자본주의는 그 이전의 일체의 토지소유 형태를 타파하고 자신과 적합한 관계를 창조해내야 하므로, 토지관계의 건립도 아래와 같은 조건을 구비할 것을 필요로 한다. 첫째, 신흥 자산계급은 봉건주의 토지제도의 취소와 자유로운 토지 처분 권리를 요구한다. 둘째, 농업노동자가 지주의 인신 속박에서 벗어나 자유로이 노동력을 판매할 수 있어야 한다. 셋째, 자본은 농업경영을 통해 최소한 평균 이윤 이상을 획득할 수 있어야 한다.

제1차 세계대전을 전후한 10년의 기간(1912~1921) 중 중국의 일부 지역
에는 이러한 조건들이 서로 다른 정도로 존재했다. 자본주의 농업경영 방식
이 일시적으로 흥기(興起)하고, 자본주의 토지소유가 출현하기도 했다. 그
러나 싹이 트고 미처 자라기도 전에 각 방면의 제약 요인들에 의해 억제되
었다. 이는 바로 국민정부 행정원 농촌부흥위원회가 장쑤 농촌을 조사한 후
에 다음과 같이 밝힌 바와 같다. "장쑤 북부는 만일 제국주의의 억제와 가혹
한 잡세와 공채, 병역 차출, 토비(土匪)의 소요 등이 없었다면 자본주의 농업
이 발전할 수 있는 전도(前途)가 있었다"(金德群, 1994: 36).

자본주의 토지소유는 봉건주의보다 진보적 토지관계이며, 시대 조류의
반영이다. 그러나 민국 시기에는 반(半)식민지, 반(半)봉건제도하에서 자본
주의 농업발전의 길이 막혀 있었기 때문에 그것이 정상적으로 발전하지 못
했다.

⑤ 식민주의 토지소유

아편전쟁 발발 이후, 식민주의 세력이 부단히 중국을 침략한 직접적 목적
은 토지와 재부(財富)와 노동력의 약탈이었다. 그들은 일련의 불평등조약을
통해 대규모의 국토와 민전을 강탈, 임대 또는 편취했고, 이를 자신의 전문
적인 관리체제하에 두었다. 이것이 식민주의 토지소유가 되었다.

식민주의 토지소유의 대표적인 예는 조계와 조차지(租借地), 그리고 교회
의 민전 침탈 등이다. 그중 조계는, 식민주의 열강이 1843년 난징조약의 부
속문건인 후먼(虎門)조약에 통상 관문에 토지를 임차하고 건물을 짓는 규정
을 두어서 조계를 획정하고, 식민통치기구를 건립해[예를 들면, 상하이공공조
계공부국(上海公共租界工部局) 등] 마치 국가 안의 국가 같았다. 조차지의 예
는 독일이 산둥성 자오저우만(胶州湾)에 보호 영지를 설립하고 식민지에 편
입시킨 것과 제정 러시아가 랴오닝성(辽宁省) 뤼순(旅顺)-다롄(大连)을 강제
로 조차하고 관둥성(关东省)이라 칭하며 중앙아시아와 같은 러시아 영토로

간주한 것, 그리고 영국이 주룽(九龙)반도를 '신계(新界)'라 칭하고 분할 점령하면서 홍콩 총통의 식민 통치하에 둔 것 등이 대표적이다.

⑥ 소수민족 토지관계

한족(汉族) 집단거주지역과 거리가 먼 소수민족거주지구는 그 사회발전단계가 낙후되어 있고 차이도 비교적 커서, 봉건영주제도나 심지어는 원시공사제도(塬始公社制度) 등을 유지하고 있는 곳도 있었다.

(2) 민국 시기 토지의 소작관계와 지대제도

농지의 소작제도(租佃制度)는 진(秦)대에 이미 형성되었다. 다시 말하면, 토지사유제가 시작되면서 동시에 소작제도가 형성되었다. 이하에서는 민국 시기의 소작관계와 지대제도(田賦制度)를 중점적으로 고찰 및 설명하겠다.

① 토지소작제도

민국 시기의 농촌에는 토지 소작 관계가 광범위하게 존재했는데, 지주 토지소유제에 의한 봉건형 지대착취가 주(主)였고, 자본주의 농업경영적 소작관계가 보완하는 형태였다(金德群, 1994).

㉠ 지대 형태

봉건사회에서 지대(地租) 형태는 일반적으로 노역지대(劳役地租), 실물지대(实物地租), 화폐지대(货币地租) 순으로 발전했다. 단, 이 같은 순서는 결코 절대적인 것은 아니며, 많은 경우 이 세 종류의 지대가 상호 교차하며 동시에 존재한다. 민국 시기인 1934년에 실시된 22개 성의 874개 현(县)에 대한 조사에 의하면, 실물지대가 78.8%[그중 분성조(分成租)가 28.1%, 정액조(定额租)가 50.7%]를 점하고 있었고, 나머지 화폐지대가 21.2%를 점했으며, 노역지대도 존재했다. 지대 형태의 발전 수준이 아직도 매우 낙후된 상태였다.

민국 시기의 주된 지대 형태는 분성지대(分成地租)와 정액지대(定額地租) 두 종류였다. 그 외에 중간 형태인 소위 '정조제(正租制)'가 있었다. 수천 년 동안 발전한 중국의 농지 소작제도는 점진적으로 분익조제(分益租制)로부터 정액제(定額制)로 바뀌어왔으며, 이 같은 변화 과정은 청말 및 민국 시기까지 진행되었다. 그 외에 서한부터 시작해 민국 시기까지 전후 2000여 년간 주로 사용한 분익지대의 소작계약액은 대부분 절반이었으며, 두드러진 변화는 없었다.

ⓛ 소작 형태

소작 형태(租佃形态)에는 영구소작제(永佃制)와 일반소작(一般佃種) 두 종류가 있다. 영구소작제는 소작농(佃农)이 영구경작권 및 처리권을 갖는 소작제도이다. 영구소작제에서는 토지소유권과 토지경작권이 상호 분리되며, 지주가 토지소유권을 보유하고 농지지대(田賦)를 부과하며 지대를 받을 수 있는 권리를 갖지만, 임의로 지대를 올리거나 소작농지를 뺏지는 못한다. 소작농은 소작권을 가지며, 그것을 팔거나 저당 및 임대할 수 있다. 단, 소작농이 밀린 지대를 납부하지 않으면 지주는 소작농의 소작권을 철회할 수 있다. 영구소작제는 명·청 시기에 성행했고, 태평천국 시기에 후난, 후베이 (湖北), 장쑤, 안후이, 광둥, 저장 등의 지구에서 보편적으로 출현했다. 영구소작제는 정액지대제(額租制) 발전의 결과로, 정액지대제가 장기간 존속할 수 있었던 주요 배경 중의 하나는 소작농의 투쟁이다. 그러나 민국 시기에 국민당 정부는 제국주의 열강과 중국 내 매판 자산계급의 이익에 영합하기 위해 영구소작제를 점진적으로 억제했다. 예를 들면, '민법(民法)'에서는 "영구소작권자는 농지사용권을 타인에게 임대해서는 안 된다"라고 규정했다. 이 같은 조건하에서 지주가 빈번하게 지대를 인상하게 되자 영구소작권은 점차 몰락했다.

② 경영 방식 및 주인과 소작인 관계

민국 시기의 주된 토지경영 방식은 소농경영 방식(小农经营方式), 대농경영 방식(大农经营方式), 그리고 신식 개간기업 경영 방식(新式垦殖企业经营方式) 세 가지 종류였다(金德群, 1994: 57~75).

㉠ 소농경영 방식

민국 시기에 농민이 경영하는 농지 규모는 모두 매우 작았다. 이 같은 현상의 원인을 다음과 같은 측면에서 설명할 수 있다. 첫째, 중국은 인구가 매우 많은 상황에서, 장자(长子)계승제를 적용하는 유럽과는 달리 여러 아들에게 재산을 나눠주는 제도를 실행해, 대를 이어갈수록 단위농지가 협소해졌다. 둘째, 경지의 대부분을 지주와 부농이 점유하고 경작은 주로 중농과 빈고농이 담당했는데, 중빈농은 경제 능력이 약해 대규모 농지를 소작할 수 없었다. 셋째, 비농업 산업이 충분히 발달하지 못해 농촌의 수많은 잉여노동력을 흡수할 수 없었다.

㉡ 대농경영 방식

대농(大农)이란 주로 지주와 부농이 스스로 일꾼을 고용해 경영하는 것을 가리킨다. 대농은 농지 규모가 비교적 커서, 화중(华中)과 화난(华南) 지방에서는 30무 이상, 새로운 개간지역과 화베이(华北) 지방은 50무 이상이었다. 부농의 고용경영은 근대 중국 경제작물 영역에서 출현했으며, 일종의 농촌 자본주의의 생산관계를 대표하는 것이었다. 그러나 부농경제는 전국적인 범위에서 크게 발달한 것은 아니었고, 그나마 1930년대에 이르러 현저하게 쇠퇴하기 시작했다(金德群, 1994: 64~65).

㉢ 신식 개간기업의 경영 방식

1900년대에 자본주의 농업경영 성격의 신식 농목개간기업(新式农牧垦殖

企业)이 출현했다. 이러한 개간기업 중 대다수는 인간의 노동과 가축의 힘을 이용했으며, 스스로 개간한 면적이 크지는 않았고, 주로 농지를 소규모 단위로 분할 및 임대해 고액의 지대를 받았다. 그러나 1920년대 후기부터는 현저하게 쇠락했다. 그 원인은 국가적·사회적 대환경의 제약도 있었으나, 개간기업 자신의 내부기제의 폐쇄성과 퇴행성 및 낙후성에도 기인한다(金德群, 1994: 72~75). 각 개간기업(墾殖公司)도 일정 정도 개간지(自墾地)를 보유한 상태에서 일꾼을 고용해 경영했으나, 여전히 인간 노동과 가축의 힘에 의존하는 소농식 경영이었다.

상술한 세 종류의 형식 외에도, 공산당의 세력권에 속한 일부 항일근거지(抗日根據地)에 토지공유, 집체노동, 공동소비의 경영 형식이 존재했다. 또한 부분적으로 개체경제를 기초로 한 농업집체노동 합작조직(农业集体劳动合作组织)도 출현했다. 그러나 이러한 경영 형식은 주류에 속하지는 못했다.

③ 농지세 제도

'전부(田賦)'는 역사적으로 농지에 대해 징수하는 세금으로, '전(田)'은 토지세(地稅), '부(賦)'는 군역(軍役)이다. 춘추전국 시기 후기에 '세'와 '부'가 혼합되어 송대에 이르기까지 '전부'라고 불렀다. 그러다가 명 중엽 이후, 과거의 지세와 호세를 병합해 통일적으로 징수했고, 청 옹정(雍正) 시기에 이르러서 지정(地丁)을 통합해 상·하 양 시기로 나누어 징수했다.

민국은 청의 제도를 답습해 농지세(田賦)를 지정, 조량(漕粮), 조과(租课, 공공토지의 지대) 세 종류로 구분했다. 지정에서 '지(地)'는 농지의 면적을 기준으로 징수하는 세금을 가리키고, '정(丁)'은 인구 비례에 의한 요역(徭役)을 가리키는데, 양자를 합병해서 징수했으므로 '지정'이라 불렀다. 지정의 징수는 여름(음력 7월)과 가을(음력 11~12월)로 나누어 징수했고, 전자를 '상망(上忙)', 후자를 '하망(下忙)'이라 불렀다. 조량은 실물세(实物稅)로, '조납

(漕南)'이라고도 불렀다. 수운(水运)으로 수도인 베이징으로 운반하는 것을 '조량', 남쪽 지방에 남겨서 군대의 식량으로 공급하는 것을 '남미(南米)'라고 불렀다. 1917년부터 조량을 은량(银两)으로 바꿔 징수했으며, '저보금(抵补金)'이라 불렀다. 조과는 지정에 포함해 징수했다. 이때부터 농지세는 지정과 저보금 두 항목만 남았다. 1932년(민국 21년)에는 농지과세제도를 개혁해, 지정은 '상기 농지세(上期田赋)', 저보금은 '하기 농지세(下期田赋)'라고 개칭했다. 1941년에는 전시 재정난을 해결하기 위해 농지세를 중앙에 귀속시키고, 통일적으로 관리했다. 같은 해 6월에 국민정부는 제3차 전국재정회의를 개최해 전부의 화폐 징수를 실물 징수(实物征收)로 바꾼다고 결정했다. 1944년에 국민당 정부는 징구(征购) 폐지를 선포하고, 징차(征借)로 개정해 시행했다. 징차는 양고권(粮库券)만 발행하고, 양관(粮款)을 교부하지 않고, 이자를 계산하지 않았으며, 1948년부터 5년간 나누어 상환하거나 양고권으로 당년도 농지세를 대신 납부했다. 1945년 항일전쟁에서 승리한 후, 국민당 정부는 1년간 농지세 징수를 면제한다는 명령을 발표했다. 그러나 1946년에 다시 농지세를 징수해 지방에 귀속시켰고, 납부한 양식은 양식부문이 수매(收购)하되 대금은 국고(国库) 30%, 성고(省库) 20%, 현고(县库) 50%라는 3급 재정체제에 의해 지불한다고 발표했다. 1949년 10월, 중화인민공화국 건립 후에 전부는 '농업세(农业税)'로 명칭이 바뀌었다.[14]

4. 소결: 토지사유제 확대와 토지사용권의 분화

토지제도에 대한 관심은 응당 토지를 둘러싸고 발생하는 인간과 토지의 관계 및 인간과 인간 간의 관계가 되어야 하며, 이러한 관계에 대한 고찰은

---

14 도농 간 소득 격차 확대와 삼농(三农, 농업·농촌·농민) 문제에 대한 대책의 일환으로, 2006년 1월 1일부로 농민에 대한 농업세 징수를 폐지했다.

토지의 소유권과 사용권 간의 관계에 초점을 맞추어야 할 것이다. 이러한 문제 인식하에 이 장에서는 중국의 고대와 근대(중공 창당 이전 시기까지)의 토지제도 변천 과정을 국유제 쇠락과 사유권 확장, 그리고 토지소유권과 사용권의 분화라는 관점에서 고찰 및 정리했다. 이 장의 주요 내용과 그것이 현대 중국과 남북한 토지정책에 주는 정책적 함의를 정리해보면 다음과 같다.

첫째, 중국 고대의 토지사상은 정부의 정책 결정에 직접 영향을 준 토지제도 방안과, 공상(空想) 또는 이론의 한계를 벗어나지 못하고 흘러든 토지이상(土地理想)으로 구분할 수 있다. 내용 면에서는 신흥 봉건토지관계의 확정, 봉건토지점유 상황의 조절, 토지개발이용의 촉진 등 3대 사조(思潮)가 중국 고대 토지사상의 주요 지위를 차지하고 있다. 한편, 중국 근대의 토지제도와 토지사상은 기본적으로 고대의 토지제도와 사상을 계승하고 발전시킨 것이었다. 그중 중요한 내용은 태평천국의 천조전무제도에 있는 경자유전 사상과 평균지권 사상이라 할 수 있다. 이들은 중국 근대의 토지제도 구축과 그 후 중국의 국가 형태 형성과 사회경제 발전에도 매우 중요한 영향을 미쳤다.

둘째, 중국 고대에서 근대 시기를 거치면서, 토지국유 사상과 제도는 부단히 약화·쇠락했고, 개인소유권은 부단히 강화·확대되었다. 중국 고대의 전통사회에서는 '천하왕토(天下王土)' 사상, 즉 토지국유 사상이 줄곧 중요한 지위를 점하고 있었고, 각 왕조의 토지제도에서 중요한 목표는 개인의 토지소유와 토지겸병을 통한 토지소유 집중을 제한하는 것이었다. 그러나 국가권력은 개인 투자와 생산을 장려하기 위해서는 토지사유를 허용해야 한다는 모순된 상황 속에서 성공과 실패, 재개입과 재실패 과정을 반복해왔다. 즉, 토지국유제에 대해 개인의 천생적인 토지소유 욕구로 인한 도전이 지속되었고, 국유제 쇠락과 사유제 강화 및 확대 추세가 되풀이되었다. 이 같은 상황은 정전제하의 농촌공사(農村公社)에서 단위면적당 생산력이 제고되면서, 공사(公社)에 속한 농민이 공전(公田)의 공동경작 경영 방식에 저항하고 사전(私田)을 확대하기 시작하면서 시작되었다. 이후 사회 분업과 상품경제의 발전이 촉진되면서 농지의 사유화가 더욱 촉진되었다.

국가권력이 토지사유화와 토지겸병에 대한 통제를 강화하면 그 당시에는 토지사유권이 위축되지만, 다시 일정 시기가 지나면 사회경제적 조건과 국가권력의 성격 및 권력관계가 바뀌면서 다시 토지사유화 바람이 불고, 토지거래와 토지겸병에 대한 국가 개입과 통제도 다시 느슨해지는 과정이 되풀이되었다.

한편, 각 왕조는 토지거래와 토지겸병 등으로 인해 토지를 상실한 농민들이 유민이 되어 떠돌고 농민 봉기가 발생하는 문제를 중시했으므로, 국유제를 기초로 하는 '정전'과 '균전' 사상, 그리고 토지거래와 토지겸병을 제한하는 한전 사상도 일정한 역할과 영향력을 유지해왔다. 근대의 태평천국 천조전무제의 경자유전 사상과 쑨원에 의해 계승 및 발전되어 국민당 토지정책의 강령이 된 평균지권 사상의 기초도 '정전'과 '균전' 사상이었다. 특히 평균지권 사상은 타이완 토지정책의 강령이 되었을 뿐만 아니라, 1950~1960년대 타이완의 경제발전에 중요한 공헌을 했다.

셋째, 토지의 사용권이 소유권에 부속된 상태로부터 상대적으로 독립된 상태로 분화되었고, 사용권을 보다 중시하는 방향으로 변화가 진행되어왔다. 봉건사회 전기의 토지점유 형식은 국유제, 지주소유제, 소농소유제(小農所有制)였다. 그러다가 명·청 시기에는 전술한 것 외에 다시 토지합작주식소유제(土地合股所有制)가 형성되어, 그때까지의 단일 필지에 대한 단일 소유자 형식을 돌파하고, 소위 '일전이주' 또는 '일전삼주'와 같이 단일 필지를 다수의 주주가 공동 점유하는 형식이 출현했다. 봉건사회 전기에는 귀족 지주의 비중이 컸으나, 명·청 시기에 이르러서 특히 '장정을 토지에 할당 산입(攤丁入地)'한 이후에는 점유 토지의 비율과 수량 면에서 모두 보통 사람인 평민지주(凡人地主)의 비중이 커졌다. 임대 위주 경영에 전적으로 의지한 전통적인 귀족지주와는 달리, 평민지주들은 고용경영 방식을 채택하거나, 임대와 자영 경영 방식을 결합했다. 토지매매 측면에서 보면 중국 봉건사회 전기에는 정부의 허가를 받은 후에만 토지를 팔 수 있었으나, 송·원 이후에는 정부 개입이 급속히 감소했다. 명·청 시대에 이르러서 토지는 '돈 있으면 사고, 돈 없으면 파는(有钱则买, 无钱则卖)' 자유매매의 대상이 되었다.

한편, 토지재산권이 분화·세분되면서 토지의 소유권 외에 용익물권 성격의 토지사용권이 강화되어왔다. 이는 생산력 발전과 경제성장에 따라 증대한 토지가치와 지권의 일정 부분이 사용권 분화와 함께 이전해간 결과라고 할 수 있다. 청대에 이르러서는 토지재산권의 분화가 더욱 활발해졌고, 거래 객체도 (토지의) 소유권 외에 용익물권 성격의 토지사용권으로 다양화되었다. 토지사용권(경작권)의 분리는 진·한 시기에 토지사유를 전제로 시작되고 발전해온 소작제를 통해서 고찰할 수 있는바, 최초에는 분익제가 시행되었고 서서히 정액제 방향으로 변화하면서, 지주와 소작인 관계가 인신예속(人身隸屬) 관계에서 보다 느슨한 인신의부(人身依附) 관계로 발전했고, 이러한 관계도 더욱 느슨해지는 방향으로 발전했다. 청대에 이르러 소작농의 법률적 지위는 중국 봉건사회에서 도달할 수 있는 최고점에 도달했다. 토지를 상실하고 지주와 계약한 기간에 따라 구분된 단공(短工)과 장공(长工)의 법률적 지위도 고용 일꾼(雇工人)을 거쳐서 보통 사람으로 바뀌었으며, 농민봉기의 목적도 '인신자유 쟁취'에서 '토지소유권 쟁취'로 바뀌었다.

넷째, 이러한 토지제도의 역사적 변화 과정은 국가재정 수입의 근간이 되는 토지조세제도와 밀접하게 연관된다. 각 왕조가 건국 초기에 사유토지 몰수 후 재분배하는 정책을 채택한 주요 이유는 건국 과정에서 소요되는 재원을 조성하는 데 있었고, 왕조 중·후반기에 호족(豪族)지주의 토지사유화와 토지겸병을 방관 또는 용인한 주요 배경 및 이유 중의 하나도 조세수입 증대를 위한 규모경영과 생산력 증가를 위해서였다. 또한 토지분배의 균형 정도, 노동력의 다과(多寡) 및 농업생산기술 발전에 따른 단위노동당 생산성 향상 등의 요인과 밀접한 관계가 있으며, 이는 상업과 시장의 발전에 따라

교역 비용이 감소하면서 토지수익이 증가한 것과도 연관된다.

　고대의 토지조세는 진대(秦代) 이래 각 조 각 대에 그 명목이 매우 많았으나, 종합하면 토지와 노동력을 대상으로 하는 토지세(田賦)와 정구세(丁口稅) 두 종류로 대별할 수 있다. 지대 형태 측면에서 보면, 전기에는 실물분성지대(实物分成租) 위주였으나, 송대에 학전 등 공전이 출현하면서 실물정액지대(实物定额租)로 전환되었고, 명·청 시기에는 일반 민전에서도 실물정액지대가 확산되었다. 특히 청대에는 실물정액지대가 분성지대보다 보편화되었다. 또한 화폐지대가 발전하면서 주인과 소작인 관계가 점진적으로 (경제를 초월한 강제적 관계에서) 경제 관계 위주로 대체되었다. 한편, 개국 당시의 토지과세는 대체로 가벼웠으나, 정치의 부패와 객관적 환경의 변화에 따라 농민의 신상에 미치는 압력과 부담이 가중되었다. 결국에는 농민 봉기가 일어났으며, 왕조가 교체되는 역사가 되풀이되었다. 이 같은 역사는 현재 중국 지방정부가 고민하고 있는 농촌집체토지 유전 문제의 본질과 맥락을 이해하는 데 중요한 함의를 제공한다. 즉, "공업화와 도시화가 가속화되는 추세 속에 증대해가는 농업과 비농업 부문 간의 산출 가치 차이로 인해 유전되고 있는 토지의 가치 증가분을 여하히 지방정부의 재정수입 증대와 연결할 것인가"라는 점과, 동시에 이 과정에서 토지사용권과 관련된 농민의 권익 보호가 핵심 과제로 대두되고 있다.

　또한 중화인민공화국(이하 신중국) 출범 이후 60여 년간 중공이 채택 및 시행한 토지정책과 제도의 흐름도 이 장에서 고찰한 토지소유권에 대한 국유제와 사유제, 그리고 소유권과 사용권을 둘러싸고 진행된 역사적 경험과 일정 부분 같은 맥락을 공유하고 있다. 즉, 신중국 출범 이후 사회주의 국공유 토지소유제를 확립했으나, 개혁·개방 이후 농촌에서는 토지사용권(경영권)을 집체소유권에서 분리해 농호별로 도급 및 분배해주었고, 도급받은 농촌토지사용권의 유전 문제에 대한 대책이 최대 현안 정책 과제 중의 하나로 대두되고 있다. 또한 농촌에 이어서 도시의 국유(全民所有)토지사용권도 선전경제특구 등에서의 실험 단계를 거쳐서 사유화·상품화되어 거래되고 있으며, 주거용지의 경우는 2007년에 제정된 '물권법(物权法)' 제149조 규정에 의해 사용권 출양(出让) 기한 만료 후에도 연장을 보장해주고 있다.

중국의 역대 왕조

연대	국가명	역사 일지
약 2500~1700 B.C.	하(夏)	역사적으로 충분히 입증되지 않은 신화시대
1700~1027 B.C.	은(殷)	상(商)이라고도 함. 청동기 시작. 갑골문자 사용
1027~771 B.C.	주(周)	서주(西周)와 동주(东周)로 나누어짐
770~221 B.C.	770~476 B.C 춘추(春秋)시대	춘추오패(春秋五霸): 제환공(齐桓公), 진문공(秦文公), 초장왕(楚庄王), 오왕합려(吴王阖闾), 월왕구천(越王句践)
	475~221 B.C 전국(战国)시대	전국칠웅: 진(秦), 조(赵), 위(魏), 한(韩), 제(齐), 연(燕), 초(楚) 주나라의 봉건제도 실시로 분열 초래
221~207 B.C.	진(秦)	시황제(始皇帝)가 전국의 나머지 국가들을 멸하고 천하를 통일
206 B.C.~A.D. 9	한(汉) 서한(西汉)	진이 멸망한 후, 한의 유방(刘邦)이 통일. 후에 세운 서한(西汉)과 유수(刘秀)의 동한(东汉)으로 분할 사마천(司马迁)의 『사기(史记)』, 제지술, 화약, 나침반, 인쇄술 발명, 실크로드, 용병제
A.D. 9~24	신(新)	왕망(王莽)이 신을 건국
A.D. 25~220	동한(东汉)	광무제(光武帝)가 한 재건
A.D. 220~280 三国	A.D. 220~265 위(魏)	조조(曹操)가 통치
	A.D. 221~263 촉(蜀)	유비(刘备)가 통치
	A.D. 229~280 오(吴)	손권(孙权)이 통치
A.D. 265~316	위진남북조 (魏晋南北朝)	위(魏)와 진(晋)을 정치 기반으로 한 남북조의 분열 시대. 북쪽에서는 5호 16국이, 남쪽에서는 건업[建业, 지금의 난징(南京)]에 송(宋), 남제(南齐), 양(梁), 진(陈)이 건국
A.D. 581~617	수(隋)	고구려와 전쟁으로 국력 소모. 중국 최초로 백성을 전쟁에 동원 투입
A.D. 618~907	당(唐)	수를 이어 천하를 차지. 황소(黄巢)의 난으로 멸망[중간에 측천무후(则天武后)가 주(周)로 국호를 바꾸기도 함]
A.D. 907~960	오대십국 (五代十国)	당이 멸망하고, 후양(后梁), 후당(后唐), 후진(后晋), 후한(后汉), 후주(后周) 다섯 나라가 개봉(开封)에 들어서고, 그 밖에 오월(吴越), 전촉(前蜀), 남당(南唐) 등의 국가가 건국

A.D. 960~1279	북송(北宋) 남송(南宋) 요(遼, 916~1125) 금(金, 1125~1234)	후주의 절도사 출신 조광윤(趙匡胤)이 후주에서 정권을 빼앗아 송(宋)을 세우고 천하통일. 이 시기에 북쪽에서는 야율씨(耶律氏)의 거란족 국가인 요가 건국되고, 이후 여진족의 금이 요를 멸망시킴
A.D. 1279~1368	원(元)	몽고족의 원이 금과 남송을 차례로 물리치고 천하를 통일
A.D. 1368~1644	명(明)	주원장(朱元璋)이 몽고를 물리치고 천하를 차지
A.D. 1644~1911	청(淸)	만주족 누르하치가 여진족의 명을 정복하고 건국
A.D. 1911~1949	중화민국	쑨원(孙文)의 신해혁명으로 1911년 중화민국 건국
A.D. 1949~현재	중화인민공화국	마오쩌둥(毛泽东)이 국민당을 몰아내고 1949년 베이징에서 정부 수립

제2장
중국공산당의 토지혁명과 토지개혁
창당 이후 개혁·개방 이전까지

이 장에서는 1921년 중국공산당(이하 '중공') 창당 이후 1978년 말 개혁·개방정책 추진 이전까지의 기간을 대상으로, 중공의 토지정책 기조의 정치적 배경과 주요 요인들을 토지소유제와의 관계에 중점을 두고 서술했다. 이러한 내용은 중국 고대에서 근대 및 민국 시기까지의 토지제도를 개괄한 1장의 내용과 함께, 다음 제3장부터 고찰할 개혁·개방 이후 중국 토지사용제도 개혁의 배경과 맥락을 이해하기 위한 기초가 될 것이다.

1921년 창당 이후 개혁·개방 이전 시기까지 중공의 토지정책은 주요 기조의 변화에 따라 크게 세 개의 시기로 구분할 수 있다.

첫 번째 시기는 1921년 중공 1차 전국대표대회(이하 '1차 대회'로 표기) 이후 중화인민공화국(이하 '신중국') 출범 이전까지로, 혁명책략으로서 토지혁명을 추진했다.

두 번째 시기는 1949년 신중국 출범 이후부터 1953년까지로, '신민주주의론'과 '경자유전(耕者有其田)'을 기치로 내걸고, 지주와 부농(富農)의 토지를 몰수해 빈농(貧農)과 고농(雇農) 우선으로 배분하는 사유제 토지개혁을 추진했다. 토지를 (사유제를 유지하면서) 개인에게 분배하기로 결정한 이유는, 건국 초기의 혼란을 수습하고 정권의 기초를 다지기 위해 여전히 광대한 농민군중의 지지를 확보하는 것이 관건이었기 때문이다.

※ 이 장은 박인성(2010)의 내용을 기초로 보완 및 재정리했다.

세 번째 시기는 1953년 이후 개혁·개방 이전까지로, 이 시기에는 농업합작화 및 인민공사화 운동을 통한 토지소유와 사용의 공유화와 집체화를 추진했다.[1] 중공이 혁명전쟁에서 승리할 수 있었던 것은 토지소유 및 그와 연관된 착취에 대한 중국 농민의 한(恨)을 '무상몰수, 무상분배, 채무 철폐' 구호를 내세운 토지혁명으로 견인한 책략 덕분이었다. 중공의 토지개혁은 기본적으로 광대한 빈농과 고농의 지지 확보에 전략의 초점을 맞추고 진행되었다. 이 같은 토지정책 기조는 혁명전쟁에서 승리하고 신중국 초기에 사유제 토지개혁을 추진할 때까지 이어졌다. 그러나 1953년 이후에는 중공의 토지정책 기조가 점진적으로 사회주의 건설을 위한 합작화 및 집체화를 추진하기 위한 방향으로 선회했다. 이들은 '첫째 대규모, 둘째 공유화(一大二公)'라는 구호를 내세우고, 토지소유권과 사용권의 집체화, 공유화를 강화하는 방향으로 추진했다.

그러나 그 결과는 철저한 실패로 판명되었다. 실패의 주요 원인은, 당시 중국 농촌의 객관적인 경제 조건을 충분히 반영하지 못했고, 특히 농민의 토지에 대한 집착·열망과 배치되는 토지소유와 사용의 집체화·공유화 추진이 농민의 생산 의욕 저하, 노동 감독 비용과 관리 비용 증가 등을 초래했기 때문이다.

결국 1978년 말부터 개혁·개방정책이 추진되면서 농촌에서는 토지 집체소유의 틀은 유지하면서 토지사용권(경작권)을 호별 도급생산제(包产到户, 家庭承包制)로 전환하는 개혁이 추진되었고, 20여 년간 존속하던 정사합일(政社合一)의 인민공사제도는 폐지되었다.

---

1 개혁·개방 이후 농촌토지에 대해서는 집체 소유의 틀은 유지하면서 토지사용권(경작권)을 호별 도급생산제(包产到户, 家庭承包制)로의 전환을 추진하고, 도시토지에 대해서는 국유제를 유지하면서 사용권을 분리해 상품화와 사유화를 강화하고 있다.

1. 중공 창당 이후 신중국 출범까지: 혁명 수단으로서의 토지 정책

1) 공산당 주도하의 농민 토지운동 시작(1921~1927)

중공은 1921년 7월, 상하이에서 개최된 중공 제1차 대표대회에서 채택한 '강령'에서부터 일관되게 '사유제 폐지, 토지와 모든 생산수단 몰수, 사회 소유로 귀속'이라는 방침을 고수했지만, 실제 혁명 추진 과정에서는 토지 몰수 대상을 대지주와 부농으로 국한했다. 그리고 항일전쟁 및 국민당과의 혁명 전쟁 상황에 따라 대지주 및 부농과의 통일전선 구축 또는 전략적 연대가 필요할 때는 이들의 토지소유권도 인정하고 보호해주었다.

'중공 1차 대회'(1921.7.23~31)가 끝난 지 얼마 지나지 않아, 저장(浙江)의 일부 공산당원과 청년단원들이 샤오산현(蕭山县) 야첸(衙前) 지방의 농민투쟁을 발동(發動)시키고 지휘했다. 상하이에 있던 중공중앙은 이를 지지했고, ≪신청년(新青年)≫ 잡지도 이 소식을 게재하고 선전했다. 이것을 중공이 최초로 실제 농민운동을 지도한 경험이라고 할 수 있다. 이어서 '중공 2차 대회' 이후, 공산당원들이 광둥 하이펑(海丰)지구에서 일정 규모와 영향력을 지닌 농민 토지투쟁을 발동시켰다.

농민을 혁명 추동의 중심 세력으로 하자는 중공의 책략이 정식 결의된 것은 1923년 '중공 3차 대회'에서이다. 이 대회에서 동년 2월에 발생한 2·7 정저우(郑州) 철도 파업 실패의 교훈을 총결하고, 농민을 조직해 혁명에 참가시키는 것을 당의 중심 업무로 한다는 '농민문제 결의안(农民问题决议案)'을 채택했다(白希, 2009: 95). 또한 토지세와 소작관계(租佃关系)에 대해서는 "군벌 관료(军阀官僚)의 재산을 몰수하고, 그들의 농지(田地)는 빈곤 농민(贫苦农民)에게 분배한다"고 하고, 농지의 소유권과 사용권을 제한하는 한전운동(限田运动)과 지대 상한선을 제한하는 한조운동(限租运动)을 전개한다는 방침을 제출했다.

이 기간 중 특별히 거론할 만한 농민운동으로 다음 세 개의 사건을 꼽을 수 있다. 첫째, 저장성 샤오산 야첸의 농민협회와 감조투쟁(減租斗爭), 둘째, 광둥 하이펑의 농회(农会)운동 및 감조투쟁, 셋째, 후난성(湖南省) 헝산(衡山)의 농민운동이다. 이 같은 농민운동은 토지혁명으로까지 발전하지는 못했으나, 봉건토지소유제에 매우 큰 충격을 주었다. 한편, 이러한 세 차례의 농민운동은 이전의 농민투쟁과는 차이가 있다. 첫째, 세 차례 투쟁의 지휘 역량이 더 이상 소자산계급이나 자산계급이 아니었고, 무산계급 정당임을 선언한 중국공산당이었다. 둘째, 세 차례의 운동은 모두 농민 및 토지문제의 해결을 위한 주장과 정책을 제출했다. 마지막으로, 세 차례의 운동은 모두 분산된 농민개체를 연합시키고, 봉건토지소유제에 대한 조직적 투쟁을 전개했다.

2) 제2차 국내 혁명전쟁 시기(1927~1937)

제1차 국내 혁명전쟁(1924~1927) 실패 후, 중공은 '토지혁명'과 '무장투쟁', 그리고 '혁명근거지 건설' 3자를 결합시킨 혁명 노선의 중요성을 깨달았다. 1927년 8월 1일에 폭발한 난창봉기(南昌起义)로부터 1928년 6월 중공 6차 대회(1928.6.18~7.11) 개최 이전까지의 시기를 중공 토지혁명책략의 초보적 모색 시기라고 할 수 있다.

난창봉기는 1927년 8월 1일, 장시성(江西省) 난창(南昌)에서 중공이 지휘한 무장봉기이다. 당초 난창봉기에 대한 중공중앙의 정책 결정은 이 봉기를 단순한 군사행동이 아닌 토지혁명이라는 총목표를 실행하고, 마오쩌둥(毛泽东)이 후난성 농촌 지역에서 주도한 추수봉기(秋收起义)와 연계시키는 것이었다. 이를 위해 봉기를 거행한 후부터 푸젠성(福建省)과 장시성 남부 지방으로 세력을 확대하는 남정(南征) 진행 과정 중에 중공은 토지혁명에 대해 광범위하게 토론하고 선전했다. 그러나 난창봉기는 토지혁명의 기치를 공개적으로 내세우고, 토지혁명 추진을 중요한 목적으로 삼았으나, 토지혁명을 어떻게 실현하느냐에 대해서는 구체적인 방안을 제시하지 못했다. 난창봉기 직후인 1927년 8월 7일, 중공은 후베이성(湖北省) 한커우(汉口)에서 비밀리에 중공 긴급회의[통칭 '8·7회의(八七会议)']를 개최하고, 중공 5차 대회[2]에서 드러난 대혁명(1926년 겨울~1927년 봄) 후기 천두슈(陈独秀)의 우경 기회주의적 착오를 철저하게 청산했으며, 토지혁명과 무장봉기 방침을 확정했다. 또한 '경자유전'과 '토지국유'를 토지혁명의 행동 강령으로 하고, 토지 몰수정책과 분배정책 등에 대한 원칙을 결정했으며, '최근 농민투쟁에 관한 결의안'을 채택했다. 주요 내용은 다음과 같다(张永泉·赵泉钧, 1985: 66; 吴次芳·靳相木, 2009: 2, 36).

• 토지혁명 문제는 중국 자산계급 민권혁명 중의 중심 문제이다.
• 현재 중요한 것은 평민식(平民式) 혁명 수단을 이용해 토지문제를 해결하는 것이다.
• 농민운동의 주요 역량은 빈농이다.
• 지주가 농민에게 임대한 토지는 무상몰수하고, 토지위원회를 통해 그 토지를 경작하는 농민에게 분배한다. 단, 소지주(小地主)와 혁명군인이 현재 보유하고 있는 토지는 몰수하지 않는다. 혁명군 장병 중 토지가 없는 자는 혁명전쟁 완료 후에 토지를 수령하고 경작할 수 있다.

이와 같이 혁명군인은 물론 지주계급에 대해서도 대지주와 소지주에 대한 책략을 구분하고 있듯이, 중공의 토지혁명책략은 조직 보호와 다수를 점하는 군중 세력의 지지 확보에 최우선 순위를 두었다. 이어서 1927년 11월

---

2   119쪽의 '중공 제5차 전국대표대회' 해설 참고.

9~10일 중공중앙정치국이 상하이에서 확대회의를 개최했고, 회의에서 '중공 토지문제 당강초안(中国共产党土地问题党纲草案)'이 통과되었다. 이는 중공 역사상 첫 번째 토지문제에 관한 당강초안이다.

한편, 토지혁명 실천 과정 중에서 모든 토지를 몰수하고 공유(公有)로 한다는 극좌 방침에 대한 문제가 제기되었다. 1928년 6월 중공 6차 대회 이전에 중공은 토지를 몰수해 농민에게 분배하는 것을 원칙으로 인정하고 있었으나, 실천 과정 중에 다음과 같은 점이 착오로 제기되었다. 첫째, 지주의 토지뿐 아니라 모든 토지를 몰수한다고 한 것, 둘째, 부농과 지주를 엄격하게 구별하지 않은 것, 셋째, 토지의 국유 또는 공유를 주장한 것이다.

토지분배에 대해 중공중앙은 "대지주의 토지 및 일체의 공공토지를 몰수하고, 이들 토지를 소작농과 토지 없는 농민에게 분배한다"는 방침을, 그리고 토지분배 후에는 소지주와 자경농을 포함한 개인의 토지사유권을 일체 인정하지 않는 '토지국유' 방침을 견지했다. 예를 들면, '중공 5차 대회(1927. 4.27~5.9, 武汉)' 이후 마오쩌둥이 주도해 징강산(井冈山)지구에서 실시한 1년간의 토지혁명 경험을 근거로 제정한 '징강산 토지법(井冈山土地法)'에서는 "봉건토지소유제를 부정하고, 일체의 토지를 몰수해 소비에트 정부로 귀속시키고, 인구를 기준으로 남녀노소에게 평균분배한다"라고 규정하고, 향(乡)을 주된 분배단위로 했다. 그러나 1929년 4월 장시성 남부 싱궈현(兴国县)에서의 토지투쟁의 기초 위에 제정한 '싱궈 토지법(兴国土地法)'에서는 '징강산 토지법'에 규정했던 내용 중 '일체의 토지'를 '일체의 공공토지 및 지주계급의 토지'로 수정했다. 수정 이유는 '일체 토지 몰수' 방침이 중농(中农)계급의 공포와 배반을 야기했기 때문이다(张永泉·赵泉钧, 1985: 77~78).

또한 1929년 7월 마오쩌둥의 지도하에 중공 푸젠성 서부 제1차 대표대회에서 통과된 '정치 결의안'과 '토지문제 결의안'에서는, 부농에 대해 "자신의 소비량 외에 잉여분만 몰수한다"고 규정하고, "공상업자 보호", "토지 분할의 원칙과 방법 규정", "자경농의 토지는 몰수하지 않는다" 등의 방침을 채택했다. 공상업 보호에 관한 내용 중에는 반동(反动) 상인에 대해 "차라리 죽이거나 벌금을 부과하더라도 상점을 몰수해서는 안 된다"고 규정해, 반동 상인에게 정치적으로 타격을 가하는 것과 상점 몰수와 폐쇄가 초래할 경제적 부작용에 대한 대책을 구분했다(张永泉·赵泉钧, 1985: 79~80). 이 같은 중공의 토지혁명책략은 실사구시(实事求是)와 군중의 요구에 부응하는 군중노선으로 요약할 수 있다.

군중의 지지 확보를 최우선으로 하는 중공의 토지혁명책략은 1930년 6월에 개최된 중공 전방지휘위원회(前敌指挥委员会)와 푸젠성 서부 특위 연석회의에서 발표된 부농문제(富农问题)[3]에 대한 '결의'에서 다음과 같이 더욱 명확하게 표현되었다.

……당면한 책략의 제1목표는 군중 쟁취이다. 생산 발전은 당면한 책략의 제1목표가 아니다(陈荷夫, 1988: 75).

농민의 토지소유 요구와 관련해, 1931년 2월 8일, 중공 소비에트지구 중앙국이 공포한 '토지문제와 반(反)부농책략' 제9호 통지는 다음과 같은 정세 판단을 밝히고 있다.

농민은 소사유자(小私有者)로, 이들이 열렬히 토지혁명에 참가한 목적은 토지사용권만이 아닌 토지소유권 취득이다.

1931년 봄에 마오쩌둥이 토지혁명 경험을 총결한 바탕 위에 제정한 토지혁명 노선의 주요 내용은 다음과 같다.

---

3   소위 '부농문제'의 핵심은, 1927년 '8·7회의(八七会议)'에서 결정한 바대로 부농의 토지를 몰수하지 않는다면, 부농 소지주가 매우 많은 중국에서 농민의 토지소유 요구를 만족시켜주는 것은 불가능하다는 점이었다(张永泉·赵泉钧, 1985: 77~78).

빈농과 고농에 의지하고, 중농과 연합하고, 부농은 제한하고, 중소 공상업자는 보호한다. 지주계급을 괴멸시키고, 봉건-반봉건 토지소유제를 농민 토지소유제로 변혁한다. 토지혁명 추진을 위해서 현(县), 구(区), 향(乡) 각급에 토지위원회를 건립한다.[4]

1928년 6월 18일~7월 11일, 중공 6차 대회가 모스크바에서 개최되었다. 이 회의에서 '토지문제 결의안'과 '농민문제 결의안' 등 문건이 통과되었다. 6차 대회는 중국의 토지혁명 노선을 확정하고, 또한 토지정책 문제를 비교적 심도 있게 검토·토론했다. 토지몰수정책에 관해, 6차 대회는 지주계급의 모든 토지를 몰수한다고 명확하게 규정했다. 혁명 노선 부분에서는, 빈농에 의존하고 중농과 연합한다는 계급 노선을 확정하고, 부농에 대한 책략도 조정했다. 지권(地权)의 분배 측면에서는 "경지를 농민에게 귀속시키고(耕地归农), 토지를 평등분배(平分土地)하라"는 구호를 제출했다.

중공 6차 대회부터 제6기 4중전회(六届四中全会, 1931.1) 개최 이전까지 토지혁명은 부단히 조정 및 보충되었다. 6기 4중전회 이후, 토지혁명정책에 중대한 변화가 발생했다. 1930년 5월, 중공중앙은 상하이에서 전국 소비에트 지역대표회의를 개최했고, '토지잠행법(土地暂行法)'을 통과시켰다. 이것은 6차 대회 이후 중공중앙이 결정한 비교적 완성된 토지법으로, 모두 9항 19조이다. 이 법률은 명확하게 좌경 사상을 체현하고 있는바, 예를 들면 "토지의 매매와 지대 전당(租佃典押) 일체를 금지한다"고 하고, '토지국유'를 주장했으며, "모든 토지를 평균분배하고, 부농에게는 토지를 분배할 필요가 없다" 등의 내용을 담고 있다.

---

4   토지 분할의 대강의 절차는 다음과 같다. ① 토지와 인구 조사, 계급 획분, ② 군중을 동원해 지주 타격 및 지주의 재산 정리, 토지계약, 채무계약, 장부 소각, 가축과 건물을 빈농과 고농에게 배분, 현금과 금은 및 기기 등은 공공에 귀속, ③ 토지 측량, 분배 실시, 분배 방안 공개 발표, 경계를 정하고 표식을 꽂고 표식에 토지의 소유자와 지명과 면적을 분명하게 기록(吴次芳·靳相木, 2009: 3).

1931년 상하이에서 열린 중공 6기 4중전회에서는 왕밍(王明) 등에 의한 좌경 노선이 중공중앙에 접수되고, '토지법' 초안이 제정되었다. 이 초안의 주요 내용은 다음과 같다. ① 토지를 몰수당한 지주는 어떤 토지든 분배 또는 취득할 권리가 없다. ② 부농의 토지는 같은 방식으로 몰수 및 분배하며, 그들은 비교적 열등한 토지를 취득할 수 있다. ③ 기본농민군중(基本农民群众)의 요구와 직접적인 옹호하에 일체의 토지를 평균분배한다. ④ 본 법령은 해방구(소비에트) 지역과 새로 획득한 강토 내에서 즉각 실시해야 한다.

그러나 이와 같은 좌경 노선은 중농과 부농의 이익을 침범했고, 지주 및 부농 가정 출신의 간부들에게 타격을 가했으며, 군중의 생산적극성을 손상시켰다.

장정(长征)[5] 초기인 1935년 1월에 구이저우성(贵州省) 쭌이(遵义)에서 개최된 쭌이회의(遵义会议, 1935.1.15~1.17)에서는 마오쩌둥이 제기한 군사전략 주장을 채택하고, 마오쩌둥의 당과 홍군(红军)에 대한 영도(领导) 지위를 확정함에 따라서, 이후의 토지혁명책략과 토지정책의 조정과 전환이 마오쩌둥의 영도하에 진행되었다.

3) 항일전쟁 시기(1937~1945.8)

1931년 '9·18 사변' 이후, 중일 민족 모순이 주요 모순으로 대두되었다. 중공은 국내 형세와 주요 모순이 변했으므로 토지정책도 이에 따라 변해야 한다고 결정하고, 중공이 장악한 근거지(根据地)에서 지주에 대한 토지 몰수

---

5 1934년 10월, 국민당 군대의 공세에 견디지 못한 중공 홍군 10만여 명이 중공중앙의 근거지였던 장시성(江西省) 루이진(瑞金)을 포기하고 퇴각했다. 1년여 동안 추격해오는 국민당 부대와 지방 군벌 군대와의 전투, 험난한 지형과 기후 등에 시달리면서 11개 성, 18개 산맥과 17개 큰 강을 건너 1만 2500km(2만 5000리)의 거리를 행군해, 1935년 10월에 잔여 병력 8000여 명이 산시성 북부 산악지구인 우치진(吴起镇)에 도달했다. 이를 중공 홍군의 '장정(长征)'이라 부른다.

를 중지하고, 지주와 부농의 토지소유권을 보장해주는 기초하에 감조감식(減租減息)정책을 시행했다. 중공중앙은 1935년의 와요보(瓦窯堡)[6] 회의에서 토지혁명과 민족 혁명을 결합시킨다는 기본 원칙을 결정하고, '부농에 대한 정책 변화에 관한 결정(关于改变对富农政策的决定)'을 작성·발표해 부농정책(富农政策)을 새롭게 해석했다. 1936년 7월, 중공중앙은 새로운 형세 변화에 근거해, 부농과 지주 그리고 농촌의 각종 경제적 착취관계에 대해 더욱 융통성 있고 관대한 정책을 채택한 '토지정책에 관한 지시(关于土地政策的指示)'를 발표했다. 이어서 1936년 9월 이후, 지주의 토지 몰수를 중지한다고 선포했다.

1931년 7·7사변[루거우차오(卢沟桥) 사건]과 1937년 8·13사변(일제의 상하이 폭격·침략 사건) 이후 전국적 성격의 항일전쟁이 정식으로 폭발했다. 중공중앙은 1937년 8월에 당의 통일전선정책을 관철·집행하기 위해 산시(陕西) 북부의 뤄촨(洛川)에서 확대회의를 개최해 '항일구국 십대 강령(抗日救国十大纲领)'을 통과시키고, 감조감식을 항일전쟁 시기에 농민 토지문제 해결을 위한 기본 정책으로 정했다. 이후 1939년 상반기까지 중공중앙은 감조감식의 기본 방향과 원칙을 확정했다. 1939~1941년, 중공의 6대 혁명근거지에서는 중공중앙의 토지정책 입법 정신에 근거해, 입법 형식을 통해 감조감식의 표준과 방법을 구체적으로 규정했다. 감조감식정책은 한편으로는 지주에게 임대료(租)와 이자(息) 감면을 요구하고, 다른 한편으로는 농민에게 임대료와 이자 납부를 요구해 지주와 부농의 이익을 보장해주는 것이었다. 근거지마다 정황이 서로 달랐지만, 일반적으로, 전쟁 전의 세금액을 기준으로 25%를 삭감하는(二五減租) 방식과 연이율을 10% 이상 초과하지 못하게 하는 방식이 통용되었다.

---

6 현재의 산시성 옌안시(延安市) 쯔창현(子长县)에 위치하고 있다.

4) 해방전쟁 시기(1945.8~1949.10)

항일전쟁 승리 후, 제2차 국공내전 시기에는 감조감식 정도로는 토지소유를 원하는 광대한 농민군중의 절실한 요구를 더 이상 만족시킬 수 없다고 판단하고 해방구(解放区)에서 토지개혁운동을 실행하기로 결정했으며, 다시 대지주와 부농의 토지를 몰수하는 전략으로 선회했다. 이 시기의 토지정책은 5·4지시(五四指示)라 불리는 1946년 5월 4일 발표된 '감조 청산 및 토지 문제에 관한 지시(关于清算减租及土地问题的指示)' 이전과 이후로 구분된다(姜爱林, 2001). 즉, 5·4지시 이전까지는 감조감식정책을 계속 실행했으나, 5·4지시 이후에는 감조감식에서 경자유전정책으로 전환했다.

다음 단계로, 1947년 7~9월까지 시바이포(西柏坡)[7]에서 개최된 '전국토지회의'와 '중국토지법 대강(中国土地法大纲)'의 제정 이후, 토지에 대한 철저한 평균분배정책을 시행했다. 이것은 철저한 반봉건적 토지개혁 강령으로, 기본 내용은 다음과 같다.

지주의 토지 및 기타 재산을 몰수한다. 부농의 과다한 토지와 재산을 징수한다. 토지제도 개혁 이전의 향촌의 일체의 채무를 폐지한다. 경자유전의 토지제도를 시행한다. 공상업자의 재산 및 그 합법 경영을 보호한다.

이어서 1949년 9월 29일, 중국 인민 정치협상회의 제1기 전체회의에서 통과된 '공동강령(共同纲领)'에서는 봉건-반봉건 토지소유제를 점진적으로 농민의 토지소유제로 개변(改变)한다고 밝히고, 동시에 "이미 토지개혁을 실행한 모든 지구에서는 농민이 이미 획득한 토지소유권을 반드시 보호해야 한다"고 규정했다(吴次芳·靳相木, 2009: 36~37).

---

[7] 시바이포는 허베이성(河北省) 평산현(平山县)에 있으며, 성도인 스자좡시(石家庄市)에서 약 80km 떨어져 있다.

사진 2-1 **해방구의 토지개혁운동**

자료: 百度百科.

1946년 '5·4지시'와 같은 토지개혁 관련 조치들을 제정·하달하면서 중공이 장악한 근거지와 해방구에서 토지개혁을 보다 적극적으로 추진했고, 이것이 내전 승리에 결정적인 동력이 되었다. 즉, 조상 대대로 꿈에서 바라던 토지를 분배받게 된 광대한 빈농과 고농에게 자신들의 이익을 위해 싸우는 군대가 바로 공산당의 홍군이라는 사실을 명확하게 보여주었고, 그 결과 국민당군, 일본군과의 전쟁 수행 과정에서 농민들의 적극적이고 희생적인 지원을 확보할 수 있었다.

한편, 토지개혁 추진 과정에서 중공이 견지해온 주요 전략은 '소고(诉苦) 운동'이었다. '소고'란 과거에 당한 고통(苦)을 고소(诉)한다는 뜻으로, 지주로 대표되는 구사회의 반동파(反动派) 지배계급이 노동인민에게 준 고통을 고소한다는 의미이다. '소고운동'은 제2차 국공내전 당시에 중국인민해방군 내 부대 장병에 대한 계급 교육과 토지개혁 추진을 위한 군중발동(群衆发动)의 주요 수단으로 광범위하게 운용되었다.

이는 중공이 견지해온 기본 전략으로서, 다수를 점하고 있는 피착취 계급이 과거에 당한 고통을 회고하면서 현재의 행복을 소중하게 생각하게 하는(忆苦思甜) 전략의 일환이었다.

1947년 6월, 중공이 전국 범위의 전략적 진공을 결정한 후, 동북지구의 동북민주연군(东北民主联军)이 1947년 9월부터 추계공세(秋季攻势)와 동계

사진 2-2 **소고운동**

자료: 百度百科.

공세(冬季攻势)를 통해서 이듬해인 1948년 3월까지 국민당 군대 20여만 명을 섬멸하고, 지린성(吉林省) 쓰핑(四平)과 안산(鞍山) 지구 내의 33개 도시를 접수했다. 중공은 추계공세와 동계공세 기간에 서만주(西满)와 남만주(南满) 지구에서 전쟁의 승패를 결정지을 동력을 확보하고자 토지개혁운동을 보다 적극적으로 전개했고, 이때 채택한 수단이 소고운동이었다.

인민해방군 지휘관과 전투원(指战员) 대부분은 농민 출신이었고, 그들은 모두 지주계급으로부터 참혹한 수탈을 당한 경험과 감정을 지니고 있었다. 소고운동은 이러한 감정을 토지개혁과 결합해 장병들의 각오를 제고시키는 가장 유효한 방식으로 추진되었다.

1947년 당시 동북지구 대병단(大兵团)의 작전 중 정치공작을 책임지고 있던 뤄룽환(罗荣桓)이 자신의 휘하 부대에서 시도한 소고운동 경험을 부대 전체로 확산 보급해 장병들의 전투 의지를 증강시켰고, 이후 이 경험을 보고받은 마오쩌둥의 지시에 의해 인민해방군 전군으로 교육·보급되었다.

제7사단 내의 한 종대(纵队)에서 토지개혁 교육과 결합해, 고생 경험이 많고 원한이 깊은 병사, 그리고 원래 국민당 병사였으나 포로로 잡힌 후 전향한 병사들을 선정하고, 그들이 대오에 참가하기 전에 당한 고난을 동료 병사들 앞에서 발표하면서, 다른 병사들도 각자 자신의 고난을 회고하고 털어놓도록 부추겼다. 이어서, 분반 토론을 통해 병사들 모두가 자신이 경험한 고생 경험을 털어놓고, 그 고생의 원인을 따져보도록 지도했다. 병사들은 한편으로 고생 경험을 털어놓으면서 또 한편으로는 장제스(蔣介石)와 국민당에 진 원한과 빚을 갚겠다는 각오를 다졌다.

'소고' 방식은 연이은 승전에 따라 증가하는 국민당군 포로의 전향을 유도하기 위한 사상 교육에 특히 효과적이었다. 예를 들어, '소고'를 통해 자신이 "국민당 군대에서 복무할 때 본분을 몰랐고, 조상과 부모가 당한 수많은 고난과 천하의 가난한 인민들의 고난을 잊었다. 따라서 금후에는 필히 공산당과 함께 혁명을 하고, 전쟁에서 적을 사살해 공을 세우겠다"고 말하게 지도하며 전의를 다지게 하는 방식이었다.

중공은 부대 내 장병에 대한 사상 교육뿐 아니라 농촌의 계급투쟁 현장에서도 소고운동을 이용했다. 예를 들면, 부대 주둔지에서 장(張)씨 성을 가진 한 소작농이 십년 넘게 입은 누더기 솜옷을 입고 있었다. 솜옷에 솜은 몇 겹남아 있지 않았고, 기운 자리 위에 또 덧대어 기운 것이었다. 지도원이 그 누더기 솜옷을 들고 강습소에 와서 군중들과 문답 형식의 대화를 이끌었다.

지도원: 이런 누더기 옷은 누가 입는가? 지주가 입는가?
군중: 이런 옷은 지주는 밑씻개용으로도 더럽다고 쓰지 않을 것이다. 소작농이
입는다.
지도원: 국민당은 가난한 사람들의 이런 누더기 옷을 바꿔줄 수 있는가?
군중: 해줄 리 없다. 국민당은 지주와 부자들의 당이다.
지도원: 누가 가난한 사람들의 누더기 옷을 바꿔줄 수 있을까?
……

이때, 군중 대오 중에 적극분자 한 사람이 자신의 아버지도 이런 누더기를 입었고 경찰에게 맞아 눈이 멀었다고 말하면서, 자기 부친이 당한 학대와 곤궁을 회상하고 상심하여 눈물을 흘리며 이야기한다. 지도원은 그를 불

러 내세우고 군중 앞에서 '소고'하게 한다.

뤄룽환은 소고운동 경험을 1947년 8월 26일 자 ≪동북일보(东北日报)≫에 "부대 교육의 방향"이라는 제목의 사설로 발표했는데, 사설에서 그는 "소고운동은 군대 교육공작 분야에서 극히 중대한 의의를 지닌 창조"라고 제시하고, 이 같은 군중성 소고운동을 통해 죄악은 절대로 단독으로 또는 우연히 발생하지 않는다는 것을 증명해야 한다고 주장했다. 소고운동은 적극적인 장려와 보급을 통해 동북인민해방군 각 부대에서 대규모로 전개되었다.

5) 국민당과 공산당의 토지정책 비교

'평균지권(平均地权)'[8] 사상을 기조로 한 국민당의 토지정책은 공산당의 혁명 전략보다 상대적으로 합리적이었다고 할 수 있다. 그러나 '무상몰수, 무상분배'라는 선동적인 구호를 내세운 공산당의 토지혁명책략에 압도당했고, 결국 공산당이 국민당과의 혁명전쟁에서 승리하고 대륙의 정권을 차지했다. 이는 당시 중국의 토지 모순이 그만큼 극한 상태에 있었고, 또한 토지 소유에 대한 중국 농민들의 열망이 그만큼 크고 강력했음을 의미한다. 다시 말하면, 정치 분야의 동란과 심각한 지권의 불공평이 평균지권 사상의 발전을 위한 조건을 창조했으나, 구체적 정책 시행은 가로막은 셈이다.

국민당의 토지정책 기조는 1905년 쑨원이 주도한 동맹회선언(同盟会宣言)에 포함된 이후 정식으로 확립 및 발전하기 시작한 평균지권 사상이라고

---

8 쑨중산(孙中山)이 중국 토지문제 해결을 위해 주장한 방침으로, 민생주의 강령 중 하나이다. 지가세(地价税)와 토지가격 증가분을 공공에 귀속시키는 방법으로, 지주가 지대(地租)와 지가 상승으로 폭리를 획득할 가능성을 없앤다는 주장이다. 주요 내용은 다음과 같다. 지주가 자신의 소유 토지의 지가를 평가해 보고하게 하고, 국가는 이 가격을 기준으로 세금을 징수하며, 이후 상승한 지가 차액은 공공에 귀속시킨다. 동시에 국가가 그 가격으로 해당 토지를 수매할 수 있는 권리를 보유함으로써 지주가 자기 소유의 토지 가격을 낮게 보고하는 것을 방지한다는 것이다.

할 수 있다. 평균지권 사상은 쑨원이 『진보와 빈곤』의 저자인 헨리 조지의 '토지 단일과세론' 등을 기초로, 중국의 실정과 정전제(井田制) 등 중국의 전통 토지사상을 접목해 작성했다. 실천 측면에서 평균지권은 "지주가 자기 소유의 토지가격을 스스로 평가해 정부에 보고하고, 국가는 이 가격을 기준으로 세금을 부과하되, 필요시에는 지주가 보고한 그 가격으로 토지를 수매한다"는 개념을 핵심으로 한다(吳次芳·郑娟尔 等, 2006: 61~62).

1924년 1월 31일 광저우(广州)에서 개최된 국민당 1차대회에서 평균지권의 실시와 일련의 법률과 정책을 제정한다는 결의가 통과된 후, 난징 국민당 정부는 1927~1946년에 '토지징수법(土地征收法)', '토지법', '지세 조례(地税条例)' 등의 법률과 법규를 공포했고, 1947년에는 평균지권 사상을 중화민국 헌법에 포함시켰다(吳次芳·郑娟尔 等, 2006: 62). 이 같은 국민당의 토지정책 기조는 상술한 공산당의 토지정책에 비해 평균지권 사상을 기조로 현실 토지문제에 대한 진단과 처방을 보다 합리적으로 제시했다.

국민당과는 달리 중공의 토지정책 기조는 무상몰수와 경자유전, 평균주의 분배 등 농민군중을 조직화하고 동원하기에 유리한 구호를 내세운 혁명 책략이었다. 중공의 '토지 평균분배' 구호는 중국 역사상 왕조 및 정권 교체기에 발생했던 농민 봉기 및 혁명 추진 과정에서 내세운 구호와 별 차이가 없다. 당말(唐末) 농민 봉기에서는 '평균(平均)' 요구를 명확하게 내세웠고, 북송(北宋) 시기 농민 봉기에서는 '빈부 균등(均贫富)' 구호를, 명말(明末) 농민 봉기에서는 토지재산의 균등분배 요구와 함께 '토지분배와 세금면제(均田免粮)' 구호를 내세웠다. 태평천국이 제정한 '천조전무제도'[9]와 쑨원의 토지개혁 방안도 '평균지권'을 핵심 사상으로 삼았다(王昉, 2005: 270). 아무튼 이 같은 중공의 혁명 전략은 봉건지주제 아래에서 극심한 착취에 시달려온 광대한 중국 농민들의 폭발적인 지지를 이끌어냈고, 혁명전쟁 승리의 원동

---

9 '천조전무제도'의 기조는 "천하의 농토는 천하의 인간이 공동경작한다(凡天下田, 天下人同耕)"이다.

력이 되었다.

2. 신중국 출범 이후 개혁·개방 이전까지

1) 사유제 토지개혁 시행 배경과 성과

(1) '신민주주의론'과 사유제 토지개혁 추진

중공 정권 출범 당시, 마오쩌둥을 비롯한 중공의 지도자들은 사회주의 국가는 응당 생산수단공유제(公有制)를 지향해야 한다고 믿고 있었으므로, 건국 이후의 토지소유제와 토지정책 기조를 검토할 때 당연히 토지공유제 방안을 검토했을 것이다. 그러나 결국 토지사유제를 유지하면서, '경자유전' 기치 아래 지주의 토지를 재분배하는 책략을 채택했다. 그 배경에는 사회주의 정권 출범 직후인 당시 국내외 객관적 상황이 불안정해서 정권에 대한 인민대중의 지지기반을 공고히 다질 필요가 있었다는 점, 또한 '신민주주의 이론'의 영향이 있었다.

첫째, 신중국 건국 직후 타이완, 티베트 등 변방 도서지구 외에 전국 대부분 지구에서 기본적으로 전쟁은 종료되었으나, 대륙의 일부 지구에서는 국민당 잔당 세력이 인민 선동과 유격전을 하며 저항하고 있었고, 타이완으로 쫓겨난 국민당 정부가 파견한 스파이(特务)들이 잠복해 활동하고 있었다(陈荷夫, 1988: 136). 또한 건국 후 약 8개월 후에 한반도에서 전쟁(朝鲜战争)이 발발하고, 미군이 조중(朝中) 접경 지역까지 북진해오자, 중공은 '항미원조(抗美援朝)' 기치하에 전쟁 수행을 결정하고, 지원군을 파견했다. 이 같은 상황에서 토지소유의 희망에 부풀어 있던 인민대중의 요구에 부응하면서 신생 정권의 지지기반을 공고히 하고자 사유제 토지개혁 추진을 결정했다.

둘째, '신민주주의 이론'의 영향이다. 신민주주의 이론의 요지는 자본주

공업화 수준이 아직 낮은 농업 국가인 중국이 사회주의 국가로 이행하려면 '신민주주의' 단계를 거쳐야 한다는 것이다. 국민당과의 전쟁에서 승세를 굳힌 1949년 3월에 개최된 중공 7기 2차 중앙위원회에서 채택한 '결의'에 포함된 '신민주주의' 전략 관련 주요 내용은 다음과 같다.

> …… 혁명 승리 이후, 국민경제의 발전을 위해서 상당히 오랜 기간 도시와 농촌에서 개인 자본주의의 적극성을 가능한 한 최대로 이용해야 한다. 따라서 국민경제에 유리한 일체의 자본주의 성분의 존재와 발전을 허용해야 한다. …… (林蘊暉, 2008: 64)

사유제 토지개혁의 추진 과정과 특징을 요약 정리하면 다음과 같다. 1950년에 중공과 중앙인민정부가 1949년 '공동강령' 정신과 원칙에 의거해 '토지개혁법'을 제정했고, 지주계급의 봉건착취적 토지소유제 폐지 방침을 공포했다. 이와 동시에, 토지개혁 완성 후 인민정부가 토지소유증을 발급하고, 모든 토지소유자의 자유경영과 그 토지의 매매 및 임대 권리를 승인했다. 반면에 토지개혁 이전의 토지계약은 일률적으로 폐기했다(吳次芳·靳相木, 2009: 4).

이 같은 방식의 토지개혁은 중국 역사상의 왕조 교체 시기, 또는 농민 봉기로 기존 통치 세력의 통치권이 와해된 지구에서 시행된 균전제(均田制)나 평균배분 사상과 본질적으로 같은 성격이었다. 가령, 태평천국의 천조전무제도도 토지국유제를 기초로 했다. 중공이 채택한 토지혁명책략의 특징은 다음과 같다. 첫째, 건국 초기의 혼란 수습과 새로운 정권의 틀을 구축해야 하던 시기에 보다 쉽게 이용할 수 있는 구체제하의 중간·하급 관리 등 자본과 기득권 세력이 아닌 광대한 빈농과 고농 농민들과 연대하는 전략을 견지했다. 둘째, 생산수단 공유화를 기본 이념으로 하는 사회주의 건설이라는 목표를 고수하고 있었음에도 불구하고, 군중혁명책략으로 추진해온 토지사유제를 계속 유지하기로 결정했다.

(2) 사유제 토지개혁의 성과

건국 초기인 1950년 겨울부터 시작되어 1952년 겨울에 종료된 사유제 토지개혁의 핵심 내용은, 원래의 지주소유제를 빈농과 고농 우선의 평균분배 토지사유제로 전환한 것이었다. 그 결과 수천 년간 이어져 온 지주제 봉건 토지소유제가 철저하게 폐지되었고, 빈부격차가 중국 역사상 가장 작은 수준으로 줄어들었다.

토지개혁 추진 절차와 시행 방법은 다음과 같다. ① 빈농과 고농을 동원해 대표적인 악질 지주를 가려내어 응징하고(反霸), ② 지주, 부농, 중농, 빈농, 고농 등으로 계급을 구분하며(划阶级), ③ 몰수·징수·분배를 하고, ④ 재조사(复查)한다(陈荷夫, 1988: 148~187).[10]

토지개혁 시기에 중공이 향촌(乡村) 농민을 선동해 '투쟁'이라는 이름으로 지주와 부농, 향신(乡绅)에게 가한 폭력은 매우 잔인하고 처참했는데, 그 정도가 토비(土匪)들보다 더 흉포한 경우도 적지 않았다. 그 근거가 되는 기술은 중국 내에 문장, 서적, 기록(档案) 등으로 존재한다.

1949년 정권을 획득하고 출범한 중공 정권은 외부 세계의 봉쇄뿐만 아니라, 국내에서도 거대한 경제적 곤란에 직면해 있었다. 정권을 공고히 하고 경제문제를 해결하기 위해서 정치경제 등 각 방면에서 소멸 및 개조 정책을 시행했고, 이를 '사회주의 개조운동'이라고도 불렀다. 이러한 '개조운동'이 농촌에서는 바로 '토지개혁'이었고, 그 목적은 홍색 정권의 공고화를 위한 지주계급 소멸, 그리고 지주와 부농의 재산 탈취였다.

---

10 광둥성의 경우, 토지개혁 기간에 전체 성의 지주 소유 토지 중 80%를 몰수했고, 모든 공전(公田)과 대부분의 임대 토지를 징수해 무지(无地)·소지(少地) 농민에게 분배했다. 또한 지주계급의 70% 이상의 건물, 90% 이상의 농경지와 80% 이상의 농기구 및 저장 양식을 몰수해 빈곤 농민에게 분배했다(吴玲, 2007: 55).

1950년 2월 24일, 중공은 '신해방구 토지개혁 및 공량(公糧) 징수에 관한 지시'를 통과시키고, 이어서 6월 28일에는 '토지개혁법'을 통과시켰으며, 전국에서 '토지개혁'을 전면적으로 추진하기 시작했다. 중공중앙은 다음과 같은 정책적 지시를 하달했다.

평화적으로 은혜를 베푸는 식으론 안 된다. 농민을 조직하고 투쟁을 통해서 토지를 탈취해야 하고, 지주계급과 직접 면대면(面对面) 투쟁을 진행해야 한다.

중공중앙의 지령하에, 공산당 간부들로 수 개의 공작소조(工作小组)를 구성하고, 전국 각지 농촌으로 파견했다. 공작회의가 농촌 현지에 도착해서 가장 먼저 하는 일은 토지가 없는 농민들을 선동하는 것이었다. 특히 농촌 내의 깡패들과 건달들에게 지주와 투쟁하도록 선동했다.

또 한편으로는 계급, 사상, 성향(作风)을 조사(三查) 및 분류하고, 정돈했다. 전국적으로 2000여만 명이 지주, 부농, 반혁명, 악질분자로 분류되어 모자가 씌워졌고, 이들은 중공 통치하의 신중국에서 공민(公民) 권리가 없는 '천민(贱民)' 신분이 되었다. 특히 '패(霸)'로 분류된 지주 200여만 명은 대부분 죽음을 면치 못했다.

1940년대 말 전국에 크고 작은 지주 수백만 명이 있었으나, 1950년 '토지개혁'운동 중 살해된 지주와 부농이 200여만 명으로 추산된다. 1948년 6월 당시 산시성(山西省) 싱현(兴县)의 상황을 예로 들면, 현 내 8개 지구에 290개 촌(村庄)에서, 토지개혁 과정 중 맞아 죽은 이가 1050명(이 중 지주 384명, 부농 382명, 중농 345명, 빈농과 고농이 40명)이었다. 자살자는 862명(이 중 지주 255명, 중농 345명, 빈농과 고농 11명)이었다. 군중투쟁대회에서 끌려 나간 후 얼어 죽거나 굶어 죽은 자는 63명(이 중 지주 27명, 부농 33명, 중농 3명)이었다.[11]

토지개혁 당시, 사형 처분의 비준권한은 지구(区) 1급 간부에게 있었다.

불과 20~30대의 젊은 구장(区长) 또는 구위원회(区委) 서기(书记)들이 자신이 담당한 지구 내 10여만 명의 생사여탈권을 가지고 있었다. 매일 구와 향 내의 각종 회의가 끝난 후, 깊은 밤에 이들 젊은 서기(혹은 구장)들이 남포등 아래에 앉아서 각 향에서 올라온 보고 자료를 근거로 그다음 날 사형에 처할 자를 정하고 표시했다.

사형 처분의 결정권한이 구 1급 간부에게 있었지만, 실제에서는 어느 향 간부가 누구를 죽여야 한다거나, 심지어 어느 빈농 또는 고농이 개인적 원한으로 누군가를 죽여야 한다고 구 위원회 서기에게 요청하면 대개는 그대로 비준이 되었다. 지주의 생사를 결정하는 어떤 기준도 없었다. 모든 촌은 중앙에서 할당한 처형 인원 비율 기준을 이행해야 했다. 가령, 어느 촌 안에서 지주로 평가할 만한 사람이 없을 때는 부농을 지주로 격상시키기도 했다. 부농조차 없을 때는 '난쟁이 중에서 장군을 뽑듯이' 재수 없는 어느 부유한 중농을 지주로 격상시켜 처형한 경우도 있었다. 할당받은 수만큼 사형을 집행해 반동파의 기를 꺾어야 한다는 것이 중공중앙 상부의 지령이었다.

군중투쟁대회에 끌려나온 지주에게 가한 행위는 처참하고 야만적이었다. 주먹, 발, 구두창, 곤봉, 가죽채찍 등으로 인해 피부가 찢기고 살이 터지고 피를 토하고 인대가 끊기고 뼈가 부러지고 비명 소리가 그치지 않았다. 단상에 꿇어않은 지주가 강요된 죄상에 대해 전전긍긍하며 설명하려고 하면, 단 아래에서 적극분자의 선창에 따라 귀청이 터질 듯한 비난과 구호 소리가 터지면서 지주의 음성은 묻혀버리고, 단상의 적극분자가 주먹과 발길질로 폭행을 해서 더 이상 입을 열 수 없었다.[12]

주택과 토지의 분배를 끝낸 후에는 토지개혁을 주도하는 적극분자들이

---

11 『山西通史』第9卷(山西人民出版社, 2001), pp. 146~147.
12 지주를 총살할 때는 뒤에서 뒤통수에 총을 대고 위로 기울이며 방아쇠를 당겼고, 총성이 울린 후 선혈과 백색의 뇌수가 땅을 적시며 흘렀다. 목격자는 온몸이 전율하는 공포를 느꼈고, 수일 밤 동안 악몽에 시달린 사람들의 수도 적지 않았다.

다시 지주의 부인과 딸들을 나누었다. 지주가 죽거나 도주 또는 실종된 후에 이들 여인들은 농회 간부들에게 불려 와서 촌내에 장가들지 못한 남자들에게 재산처럼 재분배되기도 했다.

한편, 토지개혁 과정에서 인위적으로 만들어낸 증오는 우량 도덕 전통을 훼손했고, 인민들에게 깊은 상처와 후유증을 남겼다. 중국은 본래 문명과 예의를 중시해온 전통이 이어져 온 국가이고, 노인을 공경하고 아이를 사랑하고(尊老愛幼), 상호 예의로 사양하는 유가 도덕이 사람들의 마음에 깊이 배어 있었다. 그러나 토지개혁이 추진되면서 재물을 얻기 위해 살인하는 행위를 '정의(正义)의 사업'이라고 찬양하는 전도된 현상 이후에는 이 같은 전통 도덕관념이 극심하게 훼손되었다.

농촌의 생산력에도 영향을 끼쳤다. 지주와 부농 중에는 부지런하고 검소하며 경영 수완이 있어서 부농과 지주가 된 후에 당시 농촌의 선진 생산력을 대표하고 지역에서도 덕망 있는 인사들도 있었으나, 그들 중 토지개혁의 광풍 속에 군중대회에 끌려 나가 진압되고 처형된 자들도 부지기수였다. 사람들은 각자 천차만별이다. 다른 사람의 지휘하에서만 간단한 노동을 할 수 있거나 독립적으로 전반적인 생산 활동을 장악할 능력이 부족한 사람도 있는 법이다. 이런 사람들에게 토지를 분배해주더라도 자금과 농기구는 물론 종자씨도 없어, 심지어 가장 비옥한 토지를 분배해주어도 양식을 생산해내지 못하는 경우도 있었다. 일부 게으른 자들 중에는 분배받은 물건들을 모두 소비해버리고 분배받은 농지도 팔아버려(이후 토지매매는 금지) 다시 알거지가 된 경우도 있었다.

또한 향촌 지방 간부들의 자질 하락을 초래했다. 중공 기층 당 위원회는 고난 많고 한이 깊은 적극분자로 농촌의 건달, 깡패, 좀도둑, 유랑민 등을 선두에 세우고 토지개혁을 진행했다. 지주와 부농을 타도한 후에, 이들 적극분자들은 줄줄이 공산당에 입당해 득의양양하게 '서기', '위원', '주임', '향장(乡长)', '촌장(村长)' 등의 자리를 차지했으며, 완장을 차고 으스대며 다녔다.

그 결과 농촌 기층 간부의 자질이 현저하게 악화되었다. 이들은 대부분 무식하고 문화 수준이 낮았지만 대중 앞에서 보고할 때는 "나는 대무식꾼이다. 그러나 소똥 여섯 광주리까지는 셀 수 있다"는 식으로, 부끄러워하기는커녕 오히려 자랑스럽게 떠벌이는 자가 적지 않았다. 이런 자들 중에는 허풍 떨고, 아첨하고, 패거리를 만들고, 아래는 억누르고 위에는 맹목적으로 복종하며 허위 과장 보고를 하고, 또한 생산에 대해 무지하고 무능한데도 허풍 떨며 손짓 발짓으로 지휘를 하면서 중대한 경제 손실을 초래한 경우도 적지 않았다.

약 2년 동안 소수민족지구를 제외한 전국에서 토지개혁이 기본적으로 완성된 후에, 3억 이상의 무지(无地) 또는 소지(少地) 농민들이 7억 무(亩)의 토지와 기타 생산수단을 분배받았고, 또한 매년 지주에게 납부해야 했던 양식 소작료 폐지의 총량은 350억 kg에 달했다. 전체 경지의 90% 이상을 빈농과 중농이 점유했고, 토지개혁 이전에 전체 토지의 60% 이상을 점유하고 있던 지주와 부농의 토지 점유율은 8% 정도로 줄었다. 토지개혁의 결과, 농민의 생산적극성이 대폭 제고되어, 1952년 전국의 양식생산량이 1949년에 비해 42.8% 증가했다(吴次芳·靳相木, 2009: 4; 吴玲, 2007: 57).

중공이 정치적 측면에서 거둔 토지개혁의 성과는, 광대한 농민군중의 지지를 획득해 당과 정부의 정권 기초를 공고하게 다질 수 있었다는 점, 그리고 실천을 통해 '정치 민주', '경제 평등', '착취 유죄' 등의 사상을 농민들에게 강하게 각인시킬 수 있었다는 점이다. 그러나 뒤집어서 보면, 이 같은 토지개혁 과정을 통해서 전례 없이 강화된 중공과 인민정부의 권위와 동원 능력은, 이후 대다수 농민의 의사와 상반되는 방향으로 추진된 농업합작화와 인민공사화 등 집체화 작업 추진을 위한 권위와 동력을 제공했다.

2) 합작화 및 집체화 추진

(1) 농업합작화 추진 배경 및 과정

① 농업합작화 추진 배경

농업합작화를 추진한 목적은 농업생산 규모를 확대하고, 정부와 농민 간의 거래비용을 줄이는 것이었다. 사유제 토지개혁이 기본적으로 완성된 후에, 중국 농촌에는 소토지사유제를 기초로 토지소유권과 사용권이 결합된 농민 개체경제체제가 구축되었다. 그러나 생산경영 규모가 소규모 개체경제로 분산되어 있어서, 생산도구와 기타 생산수단이 부족했고,[13] 정부와 농민 간의 거래비용이 컸다. 이 같은 자급자족형 소규모 개별 농가가 생산한 농산품을 구입하기 위한 거래비용도 증가했다. 또한 토지개혁 후에 농민들 간의 빈부 분화 현상과 토지매매, 소작, 확대 경영 등 소위 '자본주의적 병폐' 현상이 다시 출현하기 시작했고, 낙후한 소규모 개체경제로는 수리 및 관개시설을 건설하거나 자연재해에 대처하기가 어려웠다. 또한 국가 공업화 추진을 위한 자금을 농업생산을 통해서 조달해야 했다. 이러한 상황들이 합작화 추진의 중요한 배경이 되었다.

이 같은 상황 속에서, 1953년 6월 중공중앙정치국 회의에서 마오쩌둥이 "신민주주의가 자본주의로 향하고 있다"고 비판하고, 사회주의 지향의 '과도시기 총노선'[14]을 제기한 후에, 원래 상당 기간 동안 자본주의 요소를 허

---

13 토지개혁이 끝난 후, 중농의 경우 호당 소유 경지면적의 평균은 19.01무, 농경용 가축 0.47마리, 쟁기 0.74개였다(吳玲, 2007: 59).

14 당시 마오쩌둥의 발언 중 주요 부분을 요약해 소개하면 다음과 같다. "건국 이후 사회주의 개조를 기본적으로 완성할 때까지 일종의 과도 시기(过渡时期)이다. 과도 시기 당의 총노선과 총임무는 10년 혹은 15년 또는 보다 긴 시간 내에 국가 공업화와 농업과 수공업, 자본주의 공상업의 사회주의 개조를 완성하는 것이다. ……현재의 혁명 투쟁 임무는 심지어 과거의 무장혁명 투쟁 당시보다 더 막중하다"(林蘊暉, 2008: 95~96).

용하기로 한 '신민주주의' 단계가 '과도 시기 총노선'으로 대체되었다. 농업 합작화는 '과도 시기 총노선'에 따라 상호협조조(互助組), 초급농업합작사, 고급농업합작사의 3개 단계로 진행되었고, 고급합작사 단계에서 토지에 대한 사유-집체경영이 집체 소유-집체경영으로 바뀌었으며, 초급합작사가 생산대(生産队)로 바뀌었다. 이 같은 개혁은 이어서 추진된 인민공사로의 개편을 위한 기초가 되었다.

② 농업합작화 추진 과정과 토지소유제의 변화

상호협조조, 초급합작사, 고급합작사의 3개 단계로 구분되는 합작화 단계별 토지소유권과 사용권 간의 관계와 특징은 다음과 같다(吳玲, 2007: 61~68).

상호협조조는 개체경제 기초 위에 자원(自願)과 상호 이익의 원칙에 따라 조직된 노동협동조직이다. 이 단계에서는 토지개혁 후 형성된 토지 및 생산수단의 농민 소유권과 독립 경영이 유지되었으나, 분산된 개체노동을 일정 정도의 연합노동으로 대체했다. 토지에서 산출되는 수익은 각 호에 귀속되었고, 노동력을 적게 제공한 농가는 보다 많은 노동력을 제공한 농가에 품삯을 지불했다.

초급합작사 단계에서는 개인 토지소유권을 승인하는 전제하에 농민의 토지와 농기구 등 생산수단과 토지사용권(경작권)을 합작사 집체 소유로 전환시켰다. 합작사 사원(社員)은 집체에 입사(入社)된 자신의 자산에 대해 직접적인 지배권·사용권·점유처분권이 없었다. 토지소유권의 실현은 합작사에 입사된 자신의 토지에 대한 지대지분(地租分红)을 배당받는 형식뿐이었다. 단, 초급합작사 단계까지는 입사와 퇴사(退社)의 자유가 보장되었으므로 합작사 형식과 단독 경작 형식이 병존했다.

1956년부터 고급합작화 단계에 진입했고, 이 단계에서는 농민개체소유제가 사회주의 집체소유제로 대체되었다. 즉, 토지사유제를 폐지하고 농업합작사 집체 소유, 통일사용경영제도로 바뀌었다. 농민의 토지, 농기구 등 생산수단은 모두 무상으로 집체에 귀속되었다. 토지의 지대지분도 폐지되었고, 개인 생산수단의 소유권, 사용권, 수익권, 처분권 등도 일률적으로 집체에 귀속되었다.

한편, 중공은 농업합작화가 기본적으로 완성된 1956년까지도 농촌토지에 대한 농민의 토지소유권을 폐지한다고 공식적으로 선포하지는 않았다(吳次芳·靳相木, 2009: 37). 적극적으로 집체화를 추진하던 단계에서도 농민의 토지소유 문제에 대해 이처럼 신중하게 접근했다는 점은, 그만큼 중공이 토지소유에 대한 농민군중의 열망을 꿰뚫고 신중하게 대처한 것이라 할 수 있다.

(2) 인민공사 추진 과정

고급합작사 이후 인민공사(人民公社)를 건립한 목적은 농업의 분산 경영 상황을 개선하고, 대기업과 국민경제 발전 요구에 적응할 수 있는 통일 경영의 사회주의 대기업을 건립해 사회주의 건설 속도를 가속화하기 위해서였다. 그러나 인민공사는 당시까지도 수공업 노동 위주의 소생산 기술을 기초로 하고 있었던 중국 농업의 특성과 조건을 충분히 고려하지 못했다. 즉, 객관적인 경제기술 조건은 고려하지 않은 채 소생산의 기초 위에서 인위적인 합병과 간단한 협동 작업을 통해 소규모 토지 분산 경영을 대규모 통일 경영으로 변혁시키려고 한 극좌 모험주의적 시도였다. 1958년부터 전국적으로 인민공사화가 추진되어, 1962년에는 다시 조정을 거쳐서 '3급 소유, 생산대 기초(三級所有, 队为基础)'[15]라는 틀을 확립했다. 이 시점(1962년) 이전을 '대공사 시기', 이후를 '공사 시기'로 구분해 토지소유제 변화 과정과 특성을 정리하면 다음과 같다(吳玲, 2007: 68~71).

---

15 '인민공사-생산대대-생산대' 3급 소유와 생산대 소유를 기초로 한다는 의미이다.

① 대공사 시기(1958.4~1962.2)

공사 설립 초기인 이 시기에 원래 고급합작사 소유의 토지와 생산수단 및 사원의 사유 생산수단이 모두 인민공사 소유로 귀속되었고, 일률적으로 (공사에 의해) 통일적으로 계획·경영·정산(核算)·분배되었다. 공사-생산대대-생산소대 기본 소유의 3단계를 거치면서 집체경영의 규모와 공유성(公有性)이 점진적으로 축소 조정되었고, 최종적으로 20~30호의 생산소대를 기본 정산 및 생산경영단위로 하는 규모가 되었다. 동시에 전국적으로 '공산풍(共産风)'과 '첫째 평등, 둘째 조정(一平二调)' 바람이 일었다. 이는 당시 중국 농촌의 수용 능력을 심각하게 넘어선 것이었다.

1958년 12월, 중공 8기 6중전회에서 채택한 '인민공사의 약간의 문제에 관한 결의(关于人民公社若干问题的决议)'에서 공사, 관리구(管理区) 또는 생산대대, 생산대라는 3급 관리기구를 건립하고 분급 관리를 실행한다는 방침을 확정했다. 이것이 조정의 시작이었다. 1959년 2월, '인민공사관리체제에 관한 약간의 규정(关于人民公社管理体制的若干规定)' 초안에서 원래 고급합작사의 관리구(생산대대)를 인민공사의 기본 정산단위(核算单位)로 확정했다. 이후 인민공사의 토지소유제는 이 규정에 의해 조정되었다.

② 공사 시기(1962.2~1983.10)

1962년 중공 8기 10중전회에서 '농업 60조'(수정 초안)가 통과되면서 공사-생산대대-생산대 3급 소유와 생산대를 기본 정산단위로 하는 제도가 확립되었다. '농업 60조'는 "토지의 점용과 사용에 관해서, 생산 범위의 농지는 모두 생산대 소유이고, 생산대가 책임지고 경영·관리·지배한다. 사원의 자류지(自留地)는 사료지(饲料地)와 개간지(开垦地)를 합해 생산대 경지의 5~10%까지, 최대 15%까지 허용한다"라고 규정했다. 단, 곧이어 시작된 문화대혁명 시기에 기본 정산단위를 생산대에서 생산대대로 바꾸는 곡절을 반복하다가 개혁·개방 이후 해체되었다.[16]

(3) 인민공사 및 집체토지소유권의 문제점

인민공사 시기에는 집체 구성원인 농민집체 소유 토지에 대한 사용권, 수익권, 양도권을 부정하고, 일체의 농업생산수단을 공유화하며, 농촌 노동력은 인민공사 또는 생산대가 통일적으로 지휘·조정 배분·사용했다. 농민은 자신의 사유재산은 물론, 자신의 노동력 지배권까지도 부정당했다. 또한 노동 성과는 공사와 생산대(생산대대 또는 생산소대)가 국가 통일 규정에 근거해 정산(核算)하고 분배했다. 그 결과, 농민들의 노동 동기와 적극성이 하락해 시간 때우기, 무임승차 같은 기회주의적 노동 행태와 태업, 절도 등의 행위가 빈발했다. 당시 인민공사 사원 농민들 사이에 유행하던 다음과 같은 말들이 그 상황을 짐작하게 해준다(彭森·陈立 等, 2008: 22).

- 열심히 일해서 노동점수 몇천 점 따봐야 닭장 안 암탉 앞에 쪼그리고 앉아서 달걀 하나 얻는 것만 못하다.
- 첫 번째 (작업 개시) 호각 소리는 못 들은 척하고, 두 번째 호각 소리에 두리번거리고, 세 번째 호각 소리에 천천히 걸어가서 논두렁 앞에 다다른 후에 깜박 잊고 쟁기를 안 갖고 왔다고 하고 다시 집에 간다.
- 논둑 밑에 숨어서 시간을 때우다가, 작업 종료 호각을 불면 서둘러 집에 와서 개인 텃밭을 가꾼다.

이 같은 상황에서 노동 감독 및 조직 관리 비용이 증가했고, 생산량이 급속하게 감소해 수많은 지방이 '춥고 배고픈 문제(溫飽問題)'조차 해결하지 못했다.[17] 또한 '대약진'과 반우경(反右傾) 투쟁이 전개되면서, 목표와 실적 부

---

16 1983년 10월, 중공중앙과 국무원이 연합 공포한 '정사분리 향 정부 건립 실행에 관한 통지(关于实行政社分开建立乡政府的通知)'에서, 1984년 말까지 향(乡)·진(镇) 정부 건립 업무를 완성하라고 요구했고, 이후 20여 년간 지속되었던 정사합일(政社合一) 조직인 인민공사는 해체되었다(吴次芳·靳相木, 2009: 43).

17 중국의 종합요소생산율(총투입 대비 총산출)이 1956년부터 하락하기 시작했는데, 이는

풀리기, 허위 과장 보고 등의 영향으로 농민의 부담이 가중되었고, 설상가상으로 자연재해까지 겹치면서 참담한 결과를 초래했다.[18] 이 같은 상황에서 수많은 빈곤지구에서 '가정도급제(家庭承包制)', '호별 도급생산(包产到户)', '호별 농지분할(分田到户)' 등 다양한 명칭으로 불린 호별 개체경작 방식이 일종의 농민 구제 방법으로 시행되었다(彭森·陈立 等, 2008: 22).

토지 집체소유제의 문제도 인민공사 시기에 가장 극심하게 돌출되었다 (吳玲, 2007: 74~75). 첫째, 토지 집체소유권의 주체인 농민의 '집체성원권(集体成员权)'이 모호했다. 간단히 말하면, 농촌의 집체 소유 토지는 집체 공유 (公有)이지, 집체 구성원인 농민 공유(共有)가 아니다(胡景北, 1998: 25). 둘째, 토지매매와 유통을 금지하고, 처분과 양도(转让) 권리가 제한되어 농업 노동생산율이 계속 하락했다. 셋째, 국가가 경작 작물의 종류까지 규정해 생산대가 결정할 여지가 매우 적었다. 넷째, 토지 산출 수익의 분배 전에 필히 국가의 수매(征购)와 계약구매(派购) 임무를 완수해야 하고, 국가가 저가 (低价)로 대부분의 산출 수익을 가져갔으니, 농민집체는 공유(公有)토지수익권마저 침식당한 셈이다.

상술한 내용을 요약하면 다음과 같다. 1921년 창당 이후 중공의 농촌토지정책은 토지혁명, '신민주주의' 노선에 따른 사유제 토지개혁, 그리고 '과도기 총노선'에 따른 합작화와 인민공사 단계로 나누어 진행되었고, 개혁·개방 이후에는 집체토지소유제를 유지하면서 토지사용권(경작권)을 농가 호별로 분할해 경영하는 호별 도급생산제로 복귀했다. 이를 신중국 출범 이후부터 개혁·개방 이전까지, 즉 계획경제 시기의 토지개혁 과정에 중점을 두고 보면, 세 단계로 구분할 수 있다. 제1단계는 1949년에서 1952년까지의

농업합작화 및 집체화 추진 시기와 정확하게 일치한다(吳玲, 2007: 76).

18 대약진운동 기간(1958~1962)에 굶어 죽거나 우파분자로 몰려 맞아 죽은 '비정상적 사망' 농민의 수는 전국적으로 약 3000만 명에 달했다(林蕴晖, 2008: 282; 박인성, 2009: 75~78).

기간으로, 이 기간에는 토지사유화가 추진되었다. 1950년 6월에 공포된 '토지개혁법'(1950.6.30)은 토지개혁의 목적을 지주계급의 봉건착취 토지소유제 폐지, 농민토지소유제 실행, 농촌생산력 해방이라고 규정했다. 농민 토지사유화 이후 중국 농촌에서의 농업생산력이 대폭 제고되었다. 제2단계는 1953년부터 1957년까지의 기간으로, 이 기간 중에는 농업생산합작화운동이 전개되어 호조조(互助組)에서 초급농업생산합작사(初级农业生产合作社), 고급농업생산합작사(高给农业生产合作社)로 확대되었다. 1955년 가을에 마오쩌둥이 합작화운동 고조를 요구한 후에는 농업생산합작화운동이 정치 노선 및 계급투쟁 문제로 간주되어 더욱 적극적으로 추진되었으며, 그 결과 1956년 12월에는 중국 전국에 54만 개의 고급합작사가 설립되었으며, 전체 농민의 87.8%가 합작사 소속이 되었다. 제3단계는 1958년부터 1978년까지의 기간으로, 이 기간 중에는 인민공사화(人民公社化)운동이 전개되었다. 이 운동의 주요 실천 내용은 토지공유제 강화와 함께 농민의 생산, 생활 수단, 자연자원 등 모두를 인민공사 소유로 귀속시키는 것이었다. 즉, '첫째 대규모, 둘째 공유제(一大二公)'를 구호로 내세우며 절대평균을 추구했고, 경제효율은 경시했다. 이 같은 과정에서 드러난 주요 쟁점과 함의를 정리하면 다음과 같다.

첫째, 사회주의의 본질에 대한 중공의 인식 변화와 토지소유제에 대한 영향이다. 즉, 개혁·개방 이전에 생산수단의 사유제를 공유제로 개혁하는 것에 중점을 두던 것에서, 개혁·개방 이후 그 중점이 생산력 발전으로 옮겨가고 있다. 개혁·개방 이전, 중공 1세대 지도자들의 사회주의의 본질에 대한 공통된 인식은 자본주의 소유제와 개인소유제를 개혁하고 전민소유제와 집체소유제를 건립하는 것이었다(林蕴晖, 2009: 78). 이는 스탈린이 소련과학원 경제연구소에 지시해 편찬한 『정치경제학 교과서』의 내용[19]을 근거로

---

19 "국가소유제와 국가기관에 의해 조직 실시되는 계획경제가 사회주의의 가장 기본적인 경제특징 중 하나이고, 그중 국가소유제는 전체 사회주의 제도의 기초이다."

한다. 그러나 그 전에 레닌은 만년에 작성한『신경제사상』에서, 생산력 발전을 중심으로 다종 소유제 구조의 존재를 허용하고, 자유무역을 허용하며, 자본주의를 포함한 다양한 경제의 공동발전을 장려해 사회주의를 건립하는 데 필수적으로 요구되는 물질 기초를 창조하자고 주장했다(林蘊暉, 2009: 77; 张志勇, 2009: 161).

개혁·개방 이후 덩샤오핑(邓小平)의 주도로 사회주의의 본질에 대한 인식 변화가 진행되었다. 덩샤오핑은 1992년 1~2월에 남방 지역을 시찰하면서, 당시 논란이 되던 "성(姓)이 '사(社)'씨냐 아니면 '자(资)'씨냐(姓社姓资)" 그리고 "계획경제냐 시장경제냐"라는 문제에 대해 다음과 같이 말했다. "성사성자 문제의 판단 기준은 응당 사회주의 사회의 생산력 발전에 유리(有利)한가, 사회주의 국가의 종합 국력 증강에 유리한가, 인민의 생활수준 제고에 유리한가 여부여야 한다. 계획경제가 곧 사회주의는 아니다. 자본주의에도 계획이 있다. 시장경제가 곧 자본주의도 아니다. 사회주의에도 시장이 있다. 계획과 시장은 모두 경제적 수단일 뿐이다. 사회주의의 본질은 생산력의 해방이고, 생산력의 발전이며, 착취를 소멸하고, 양극 분화를 제거하며, 최종적으로 공동부유에 도달하는 것이다"(邓小平, 1993: 372~373). 사회주의의 본질이 '생산수단 국유화'가 아니라 '생산력 해방'이라는 그의 발언은, 가장 중요한 생산수단인 토지소유제 정책을 포함한 중공 기본 노선의 대전환을 밝힌 것이었다.

둘째, 합작화, 집체화, 그리고 생산수단 공유화 추진 경험이 검증해준 교훈이다. 즉, 생산수단의 공유화와 집체화를 통해 생산력 발전을 이루겠다는 것이 '농업사회주의'와 같은 공상이라는 점이 경험으로 검증되었다. 이에 관해 린이푸(林毅夫, 1994)는 중국의 합작화와 인민공사 실패의 가장 중요한 원인을 게임이론의 관점에서 퇴출권 박탈로 인해 일회성 게임이 되었기 때문이라고 보았다. 즉, 1952~1958년 합작화운동 초기 성공은 이 시기까지는 합작사 성원들에게 퇴출의 자유가 허용되고 있었기 때문이라고 할 수 있고,

1959~1961년 농업생산이 돌연 급감한 원인은 1958년 가을에 합작화운동이 자원 성격에서 강제적 성격으로 변하고, 퇴출할 수 있는 권리가 박탈된 결과라는 것이다. 즉, 규칙을 준수하는 사원들이 '퇴사'함으로써 합작사 내 사원들의 무임승차와 안일한 태도에 경고와 위협을 줄 수 없게 된 것이 인민공사 실패의 가장 중요한 원인이라고 보았다(林毅夫, 1994: 749). 이 외에도 외부 조직과의 경쟁 압력이 없었다는 점, 그리고 인민공사의 규모가 과도하게 컸다는 지적도 있으나, 린이푸의 지적이 가장 본질적인 원인을 설명해준다고 판단된다.

셋째, 농촌 집체토지소유권에 관한 문제이다. 중국의 현행 농촌토지제도의 문제는, 현 제도가 본래 인민공사 해체 후 제도적 공백을 메꾸기 위해 임시방편으로 대체된 것이라는 점에서 시작된다(文貫中, 2008: 805). 중국은 이미 자본, 노동, 심지어 인력 자본에 대한 개인 소유까지 승인하고 있는데, 유독 농촌토지에 대해서만 (소유를 허용하지 않는 것은 물론이고) 거래를 통해 가치를 증가시킬 수 있는 기회까지 박탈하고 있다(文貫中, 2008: 809). 또한 정부가 농촌집체로부터는 저가로 토지를 징수하고, 다시 고가로 팔아서 거대한 토지 처분 이익을 가로채고 있다. 대지주(大地主)인 국가가 지대수익을 포기하기는 어려울 것이므로, 농민개체의 토지소유권에 대한 통제는 불가피할 것이다. 토지소유권에 대한 통제가 '사회주의의 본질'인 생산수단 공유화 추진을 위해서가 아니고 국가의 지대수익 추구 때문이라면, 이 점에서는 중국의 현 통치계급인 중공과 봉건사회 통치계급 간에 본질적으로 차이가 없다고 할 수 있다.

넷째, '과연 국가가 토지소유권을 통제하는 상황을 유지하면서 사용권의 안배를 조정하는 방법만으로 생산력을 높일 수 있는가' 하는 문제이다. 만일, 토지소유권과 사용권이 분리된 상황에서 사용권에 대한 충분한 존중과 보호를 받을 수 있다면, 소유권 중에서도 특히 명의상의 소유권은 중요하지 않을 수도 있다. 1장에서 소개한 바와 같이, 송대(宋代)부터 형성되기 시작해 명·청 시기에 더욱 성행한 '영구소작권(永佃权)' 제도는 농민 토지에 대한 장기사용권을 보호해줌으로써 농민을 안정시키고, 토지에 대한 장기적 투자를 촉진했다(王昉, 2005: 268). 그리고 현재와 같은 중국의 도시토지사용권 제도 또한 가능한 대안이 될 수 있을 것이다.

3) 계획경제 토지정책과 제도의 기조

1949년 중화인민공화국 출범 이후부터 개혁·개방 이전 시기까지 추진된 토지개혁정책과 관련 제도는 긍정적인 측면에서든 부정적인 측면에서든 개혁·개방 이후 현재까지 계속되고 있는 중국의 토지사용제도 개혁에 결정적인 영향을 미쳤다. 즉, 개혁·개방 이후 시장경제 요소의 확대와 급속한 도시화 진행에 따라, 도농(城乡) 간 격차 증대와 함께 농민·농업·농촌 문제(三农问题)가 돌출되고, 토지징용에 따른 보상 문제와 관련된 농민군중 시위가 급증하고 있으며, 농촌 집체토지소유제에 대한 문제 제기와 대안에 관한 논쟁도 부단히 증가하고 있다. 따라서 이러한 문제들을 올바로 파악하기 위해서는 개혁·개방 이전부터 중공이 추진해온 토지개혁 연혁과 주요 정책 맥락에 대한 이해가 선행되어야 할 것이다.[20]

신민주주의 혁명의 중요한 목표 중의 하나는, 지주와 부농으로부터 토지를 포함한 재산을 쟁탈해 땅이 없거나 적은 농민에게 토지를 분배해 경작시키고, '경자유전'과 사회주의 국가를 건설한다는 것이었다. 따라서 국공내전(国共內战)에서 공산당이 승리하고 신중국이 출범한 후에 중국 대륙의 도시와 농촌의 토지소유제는 큰 변화를 겪었다. 즉, 지주의 토지를 몰수해 토지가 없는 농민들에게 분배했다. 중화인민공화국의 건립은 이러한 변혁을 전

---

20 이는 문화대혁명 같은 사건이 어떻게 발생했는지를 이해하는 것은 오늘날의 중국을 이해하는 데도 중요하다는 안치영, 로더릭 맥파커(Roderick MacFarquhar), 마이클 쇼언홀스(Michael Schoenhals) 등의 논리와 같은 맥락이라고 할 수 있다(안치영, 2007: 3~36).

국으로 확산시키고, 완결시켰다. 이 같은 토지혁명과 토지제도 변화는 이미 1949년 이전의 수십 년간 각 혁명근거지와 해방구에서 시작되었다. 1952년에 토지사유제 유지를 기조로 한 '신민주주의' 토지개혁이 성공적으로 완료되면서, 수천 년에 걸친 중국의 봉건토지제도는 종결되었고, 토지소유권과 사용권이 결합된 '경자유전'의 노동농민토지소유제가 수립되었다. 동시에 토지개혁 과정에서 법에 의거해 소량의 공공토지를 남겨놓았다.

신중국 출범 이후 도시에서는 제국주의 잔당, 국민당 관료기구, 관료 자본가가 보유하고 있던 토지를 몰수해 국가 토지로 귀속시켰고, 정부기구, 인민단체, 국유 공상기업, 국가공무원에게 거주용도로 제공했다. 그러나 민족 공상업, 개인 경영 노동자, 도시 주민이 보유하던 토지는 여전히 그 소유권을 인정받고, 도시 속의 사유토지가 되었다. 그리하여 신중국 건립 초기에 중국 도시에서는 국유토지와 사유토지가 서로 공존하는 국면이었다.

상술한 변화는 토지소유권의 변화이다. 토지사용제도는 변하지 않았으며, 기본적으로 원래의 임대 관계를 보류하고 답습했다. 토지거래, 토지임대, 토지저당 등 경제활동은 여전히 존재했고, 토지가격과 토지임대료 등 경제 범주는 계속 유지되었다.

1953년부터 중국 대부분의 농촌에서는 '농업합작화운동'이 추진되었고, 농촌토지의 소유제와 사용제도를 개혁하는 것을 핵심으로 했다. 상호지원조(互助組)에서 초급농업생산합작사까지, 그리고 다시 고급농업생산합작사까지 토지의 소유제도와 사용제도에 두 가지 중대한 변화가 발생했다. 첫째, 초급농업생산합작사의 건립은 토지소유권과 사용권의 분리를 촉진했다. '농업생산합작사 시범장정초안'(1955.11)[21]은 "사원의 토지는 반드시 농업생산합작사에 교부해 통일되게 사용하고", 토지에 대한 지대지분(分紅) 지급을 유지했지만, 그 수준은 "반드시 농업노동 보수보다 낮아야 한다"고

---

21 1955년 11월 9일, 전국인민대표대회 상무위원회 제24차 회의 통과.

규정했다. 이것은 토지소유권과 사용권이 사회주의 제도하에서 재차 분리되는 것을 의미한다. 토지소유권은 명의상으로만 농민에게 속하고, 사용권은 이미 농업생산합작사에 양도되었으며, 토지수익은 곧 농민과 생산집체가 나눠 갖는 것으로 바뀌었다. 둘째, 토지사용권의 재양도에서부터 소유권의 변혁까지 심도 있게 발전했다. 1년이 채 안 되는 기간 동안 농민 개인을 기초로 하는 농촌토지사유제도가 폐지되고 집체소유제가 그 자리를 대신했다. 1956년 6월에 통과된 '고급농업합작사 시범장정'에는 "농민 사유의 토지와 경작용 가축, 대형 농기구 등 주요 생산수단을 합작사에 귀속시켜 합작사 집체 소유에 포함한다. 사원 토지에 부속된 사유 저수지, 우물 등 수리시설은 토지에 따라서 합작사 소유로 전환된다"라고 규정했다.[22] 이것은 바로 기세등등한 합작화운동과 강력한 행정수단을 통해 농민들이 토지소유권을 포기하게 한 것이다. 이후 중국 농민들은 집체노동을 통해서만 생계를 유지할 수 있게 되었고, 토지의 사용권도 상실했다.

한편 도시에서도 1956년부터 사영 공상업의 사회주의 개조를 추진하고, 전 업종의 공사 합동 경영을 실행하며, 수매정책을 통해 공장, 창고, 상점, 사무실과 노동자 숙소 등 건축물 및 토지 등을 포함한 사기업의 재산을 모두 국가 소유로 귀속시켰다. 사영 공상업주는 규정에 따라 국가로부터 매년 일정한 '정기이자(定息)'를 수령하고, 개인 경영자의 자본과 재산도 합작사 형식을 통해 집체 소유로 전환했다.

사영 부동산업에 대해서는 국가 경제조직과 '공사합영(公私合营)'의 방침을 통해 부동산 소유제를 전환해 국가가 직접 경영하는 궤도에 편입시켰다. 주택지에 대해서는 주택에 포함되어 별도로 처리하지 않는 조치를 채택해, 역시 국유토지로 전환했다. 동시에 개인이 점유하는 일체의 도시 공지, 도로 등 토지재산에 대해서도 일률적으로 국유화한다고 규정했다. 이러한 과」

---

22 1956년 6월 전국인민대표대회 제3차 회의에서 통과한 '고급농업생산합작사 시범장정
(高级农业生产合作社示范章程)'.

정을 거치면서, 1958년까지 도시토지의 절대다수는 국가 소유로 되었다. 비록 개인 경영 노동자가 보유하는 생산경영용지와 도시 주민의 자유주택지는 여전히 사유지였지만, 보호받을 수 있는 명확한 법률 조문은 없었다.

1958년 중국에서는 대약진, 인민공사화운동이 일어났고, 토지 공유화의 정도가 점점 더 높게 진행되었다. 정사합일(政社合一)로 농촌토지는 사실상 도시 내 국유토지와 다르지 않았다. 토지를 실제로 장악하고 운영하는 것은 정사합일의 인민공사였으며, 인민공사 사원이 된 농민은 토지에 대한 소유권과 독립사용권을 완전히 빼앗긴 상태가 되었고, 사원과 인민공사의 관계는 도시 공업부문의 노동자와 국영기업 간의 관계와 유사했다. 이 시기에 도시에서는 사실상 국유경제와 집체경제라는 두 가지 경제성분만이 존재했고, 대부분의 도시토지는 국가 소유였다. 개인 경영 노동자와 소수의 도시 주민이 보유한 부동산소유권은 강력한 정치운동과 각종 비경제 요소가 작용하는 강압적인 분위기 속에서 자발적으로(?) 포기하게 했다. 이런 상황에서 부분과 전체 간의 관계로서 기업과 국가의 관계는 일종의 무상·무기한의 사용 관계로, 주민과 국가의 관계는 사실상 비(非)경제 관계인 행정 관계로 변화했다. 이어서 진행된 10년간의 문화대혁명은 인민공사화운동과 도시 공상업에 대한 사회주의 개조를 통해 확립한 토지소유 및 사용제도를 더욱 강화했다.

계획경제체제하의 토지관리는 다양성과 융통성이 결여되어서 농민의 생산적극성을 감소시켰다. 집체 생산과 통일 지휘 방식은 개별 농가 간의 정보 불일치와 이로 인한 생산 효율 저하를 초래했고, 계절성, 공간 분산성, 활동 다양성, 자연 조건의 제약 등 농업생산의 특성을 고려하기 어려웠다.

제4단계는 개혁·개방정책이 채택 및 공포된 1979년 이후로서, 양권(兩權), 즉 토지소유권과 사용권을 분리해 촌민집체소유제의 틀 안에서 가정생산연계도급책임제(家庭聯産承包責任制)를 실시했다. 즉, 각 농가에 토지사용권인 경작권을 분배·도급해주었다. 1978년 11월에 안후이성 샤오강촌(小崗

村, 小岗生産队) 18호 농가에 대한 가구별 도급책임제를 실험적으로 시행해 본 결과, 양식 생산량이 평년 3만여 근(斤)에서 12만여 근으로 약 4배 증가했고, 농촌생산합작화운동 이후 생산 부진으로 납부하지 못했던 공량(公糧)을 처음으로 국가에 납부할 수 있었다. 이러한 성과에 대한 확인과 평가를 바탕으로 연이어 다른 지역에서도 가구별 생산도급책임제가 시행되었고, 이에 따라 중국 전국의 농업생산량이 비약적으로 증가했다.

4) 계획경제 토지사용제도의 문제점

토지는 가장 중요한 생산요소 중의 하나임에도 불구하고, 어떤 토지거래든지 위법으로 간주하는 사회주의 토지공유제 원칙은 토지를 경제적 재화의 범위 밖으로 내몰았다. 농업합작화를 거쳐서 인민공사화운동이 추진된 1954~1984년에는, 공유제 경제와 계획경제체제의 특성으로 인해 중국의 토지사용권은 사용자의 투자 방안에 근거해 행정적으로 배분되는 대상이었다. 다시 말하면, 토지는 일종의 공짜 물건으로 토지사용권의 획득은 무상(无償)·무기한(无期限)·무유통(无流通)의 3무(无)를 특징으로 하고 있었다. 토지사용 희망자는 도시토지이용총체계획(城市土地利用总体规划)을 기초로 해 도시계획가와 함께 협의해 입지를 정했다(〈그림 2-1〉 참고). 토지사용자에게는 그들이 점용하고 있는 토지를 양도할 수 있는 권리가 없었다. 개혁·개방 이전에는 중국 내에 전문적인 민간 부동산개발기업이 없었으므로 모든 건축물은 국유건축공사(国有建筑公司)가 정부의 지령에 따라 건설했다.

개혁·개방 이전 계획경제체제하의 토지사용제도는 일종의 특정한 역사 조건과 정치 배경하에 형성된 매우 특수한 토지제도로서, 비교적 뚜렷한 특성을 지닌다(杨重光·吴次芳, 1996). 첫째, 토지의 상품 속성을 철저하게 부정하고, 토지를 유통 영역에서 퇴출시켰다. 둘째, 도시토지는 무상·무유통·무기한 사용제도를 시행했다. 셋째, 농촌토지는 토지징용을 통해 도시토지로

그림 2-1 **토지사용권의 행정배정 절차**

사용자의 투자 방안

↓

경제계획위원회 심의

↓

심의를 통과한 투자 방안을 도시계획부문 또는 도시건설 관리부문으로 송부

↓

사용자와 계획가의 협의하에 위치 선정

↓

토지징용 및 행정배정

전환하는 방식을 채택했다. 넷째, 행정조직과 행정수단에 의해 토지자원을 배치했다. 다섯째, 토지수익의 음성화와 그로 인한 토지수익의 유실이 매우 심각했다. 개혁·개방 이전 도시토지 무상사용체제 아래의 주요 문제점을 정리해보면 다음과 같다(박인성, 2000: 12~18).

① 토지의 상품성 부정과 거래 금지

사회주의 조건하에서 토지의 상품성을 부정하고 토지를 유통 영역에서 퇴출시킨 배경은, 자본주의 국가 또는 구(舊)중국에서 생산요소로서의 토지는 지주계급이 노동 농민과 노동자계급을 착취하는 주요 수단이고, 또한 토지유통은 토지겸병을 촉진하게 되어서 농민의 파산을 일으키고 양극화를 조성하는 화근이라고 인식한 것이다. 따라서 사회주의 체제의 신중국은 토지의 상품성을 부정했고, 모든 형식의 토지매매를 금지했다. 동시에 지속적

혁명과 사회주의의 추진에 따라 토지의 공유화 정도를 부단히 강화했다. 전국 토지의 전민 소유, 즉 국가 소유는 국가가 전국의 토지를 통일 관리하는 것으로, 생산수단 공유화 발전의 정점이라고 여겼다. 이처럼 토지의 상품성을 부정하고 유통 영역에서 퇴출시켰기 때문에, 토지에는 가치와 가격이 존재하지 않을 뿐만 아니라 필요하지도 않다고 여겼다.

② 도시토지의 무상·무기한 사용

계획경제 조건 아래서 국영기업은 국가가 재정 투자를 통해 건립한 것이고, 기업의 이윤은 국가재정에 상납했다. 이에 따라 기업의 독립성이 훼손당하고, 기업이 이익주체가 아닌 정부의 부속물이 되었다. 따라서 기업은 행정배정에 의지해 토지를 획득하고, 무상·무기한으로 토지를 사용했다. 기업의 이익과 국가의 이익은 일치할 뿐만 아니라 동등한 것이었다. 기업의 이익이 곧 국가 이익이고, 토지의 매매를 허가하지 않은 상황하에서, 기업의 설립과 경영 활동 과정에서 토지 구입 및 사용 비용은 원가에 계산되지 않았고, 따라서 가치를 반영하지 못했다. 다시 말해 중요한 생산요소의 하나인 토지가 실물 형태로 사용되었으나 순환가치는 없었다.

도시 주민의 토지사용은 주로 주택에 대한 점유와 사용을 통해 이루어진다. 그러나 계획경제 조건 아래 도시 주민은 생산주체도 거래주체도 아니고, 심지어는 완전한 소비주체도 아닌 상태로 기업단위에 종속되어 있었다. 국가는 주민의 주택에 대해 무상공급과 복지정책을 시행하고, 주택의 소유권은 국가 혹은 기업단위에 속했지만, 주민이 납부하는 임대료 수입으로는 (신축주택의 공급은 고사하고) 주택의 관리 및 수리 비용을 충당하기에도 부족했다. 도시 주민은 무상·무기한으로 국가의 토지를 사용하는 것과 마찬가지였다. 그러나 이 같은 무상사용은 국영기업 노동자와 국가공무원으로서의 주민이 기업과 국가를 위해 저임금으로 노동을 제공하는 관계를 전제로 한다.

③ 토지국공유제와 경제 관계의 왜곡

토지국유제하에서 행정배정(划拨)된 토지는 실제적으로 배정받은 단체나 부문의 소유가 되었다. 즉, 특정 토지의 사용권이 단체나 부문에게 행정배정된 후에는, 토지국유제는 오직 법률상의 의의만 있을 뿐, 실제로는 소정의 개발계획에 대한 심사비준 절차를 거쳐 해당 토지의 형질을 변경하고 사용권을 획득한 단체나 부문의 소유가 되었다. 즉, 도시 내의 경영성 토지[23]에 대한 행정배정과 무상사용은 국가와 기업, 기업과 기업, 중앙과 지방의 토지경제 관계를 혼란시켰다. 경영성 토지를 사용하는 단체는 토지를 사용하기 전에 국가에 일회성으로 비용을 지불하거나, 국가재정으로 비용을 지불한 후에 그 토지를 무기한으로 사용할 수 있었다. 그 결과 수많은 분배상 문제가 야기되었고, 국가는 토지소유에 따른 중요한 재정수입원을 상실하게 되었다. 이는 결국 국가의 토지소유권과 연관된 경제 관계를 왜곡했다.

④ 토지수익의 음성화 및 유실

토지는 중요한 생산요소이므로 기타 생산요소와 마찬가지로 사회 재분배 과정 중에 경제수입을 가져올 수 있다. 그러나 무상·무기한 토지사용 상황 아래서 토지가 사회 재생산 과정에서 창조한 경제수입은 완전히 음성화되었고, 기업과 단위가 납부하는 이윤 중에 뒤섞였다. 이윤 전액 상납을 시행할 때, 토지의 경제 수익은 모두 도시토지소유자인 국가에 상납되었다. 그러나 이윤 전액 상납을 시행하지 않을 때 실제로 이윤의 일부는 기업에 남게 된다. 그리하여 기업의 위치가 다르고 특히 상업 기업의 위치 조건은 서

---

23 도시용지는 대략 두 종류로 구분할 수 있다. 하나는 전 사회에 서비스를 제공하는 비영리성 도시기반시설용지, 사회공익사업용지, 국가기관용지 및 군사용지 등이다. 또 하나는 생산 및 경영 활동을 위해 제공되는 경영성 용지이다. 비영리성 토지는 그 소유와 사용 모두가 정부에 속하며 지대를 발생시키지 않는다고 본다. 반면에 경영성 토지는 토지소유권과 토지사용권의 분리, 상품경제와 노동에 의한 분배, 토지의 점용과 경제적 수익의 취득이 존재하므로 필연적으로 지대가 발생한다고 본다.

로 다르기 때문에 토지의 경제 수익이 서로 다르고, 이런 상황에서 경제 수익이 높은 기업은 곧 국가 토지수익의 일부를 얻게 된다.

계획경제체제하에서 토지소유 및 사용제도는 전체 경제사회제도와 서로 부합하고, 경제 영역에서 많은 다른 제도와 서로 조화될 수 있다는 특징도 있다. 특히 대규모 공업화 건설을 진행할 시기에 국가건설자금은 매우 제한되어 있고 기업 설립을 위한 토지수요는 증가하므로, 이런 상황에서 국가건설용지의 수요를 보장하고 국가의 공업화와 생산력 발전을 촉진했다. 그러나 개혁·개방 이후 전체 국가경제체제에 거대하고 심오한 변화가 발생하기 시작했고, 사회생산력의 발전 수준도 1950~1960년대와 비교할 수 없을 정도로 높아져서 토지소유 및 사용제도와 관련된 모순과 문제가 끊임없이 돌출되었다.

한편, 토지사용을 둘러싼 왜곡된 경제 관계 속에서의 경제적 이익의 유혹에 따라 도시토지의 지하 거래가 대량으로, 빈번하게, 또한 보편적으로 행해졌다. 이러한 거래는 대부분 건물의 거래 형식으로 나타났다. 거래가격은 일반적으로 건물의 건설비보다 훨씬 높았으며, 도시 내 번화가의 건물이 고가로 임대되는 것이 보편화되었다. 거래 당사자는 건물가격에 거액의 땅값이 포함되어 있다는 것을 명확하게 알고 있었다. 그러나 거래의 기준 설정, 입찰, 가격 결정, 계약 등의 모든 과정이 은폐되어 있었고, 부동산 및 토지관리부문에 가서 등기하는 일은 없었다. 적지 않은 단위나 개인이 유휴토지를 비공식적 지하 거래를 통해 재양도함으로써 대규모의 부정당한 수입을 취득했고, 국유토지와 건물 또는 물품들과 교환하는 현상도 흔했다. 자발적인 형태로 이루어지기 시작한 음성적 토지거래는 다음 네 가지의 특징이 있다(葉艶妹, 2001: 121). ㉠ 토지거래량이 많고, 도시의 번화 지역과 도시-농촌 결합부(城乡结合部)에서 두드러지게 나타났다. ㉡ 거래주체가 회사, 기업, 기타 경제조직, 개인 및 기관, 실업 부문과 단체 등 광범위했다. ㉢ 토지가격과 토지임대료가 상승해 연간 임대료의 최고가는 모두 현지 정부가 규정한 표준임대료를 초과했고, 초과 부분은 주로 토지임대 부분이었다. ② 음성 거래의 수량과 총면적이 매년 증가했다. 만일 어떤 직장단위가 대량의 토지를 방치해두고 있고, 국가가 건설사업을 위해 해당 토지를 필요로 한다면, 국가는 그 직장단위가 요구하는 엄청난 보상 조건을 만족시켜주어야 했다. 부동산시장의 부재(不在)가 국가의 지대가 암시장을 통해 대량 유실되는 결과를 초래한 것이다. 그러나 다른 한편으로는 토지의 수급 불균형 문제를 조절했고, 행정배정 과정에서 나타나는 토지이용 및 배분상의 비효율성을 개선하는 데 기여하는 등 긍정적인 측면도 있었다.

⑤ 기업 간 공정 경쟁과 경영 개혁의 장애물

원래의 계획경제체제하에서 기업은 각급 정부기구에 예속되어 있었고, 경제적인 자주권이 없었으므로 일반적으로 상급 주관부문이 하달하는 지령성 계획에 따라 기업의 생산 및 경영이 이루어졌다. 국영기업의 생산 및 경영은 국가에 의한 일괄 구입, 일괄 지출에 의해 기업의 생산에 필요한 모든 요소(토지 포함)들이 국가계획에 의해 무상으로 통일적으로 배분되었다. 기업의 이익은 전액이 국가에 상납되었으며, 손실은 국가에 의해 보상되었다. 따라서 기업용지의 무상·무기한 사용제도는 원래 재정의 통일적 수입·지출 체제(统收统支体制)에 부합하는 것이었다고 할 수도 있다.

그러나 이 같은 '재정의 일괄 구입, 일괄 지출' 체제는 지대관계(地租关係)를 은폐시켰다. 이익의 분배라는 각도에서 보면, 기업은 무상으로 토지를 이용하는 것이 아니다. 지대가 기업의 이윤에 포함되어 세금과 이익의 형식으로 국가재정에 상납되었다. 이리하여 지대와 지가, 이윤, 이자, 세수(稅收)가 뒤섞이고, 토지의 등급에 따른 수익이 기업경영 성과에 따른 수익으로 표현되었다. 이는 기업의 예산 통제와 기업 간의 정상적이고 공정한 경쟁 풍토 조성을 제약했다. 총량적으로는 대부분의 지대가 기업소득세와 조절세 등의 형식으로 걷혔으나, 이러한 세목(稅目)은 기업이 사용하는 토지의 규모나 기업 환경의 좋고 나쁜 정도에 따라 징수하는 것이 아니었다. 따라서 기업이 국유토지를 사용하는 측면에서 공정한 경쟁을 위한 환경을 조성하는 데 불리했고, 또한 지대가 기업의 이익과 세금 속에 매몰되면서, 도시 토지를 장기간에 걸쳐 비효율적으로 무상·무기한으로 사용하는 현상이 조성되었다.

통일적으로 배당하고 무상사용하는 토지관리제도하에서, 토지의 분배는 정부 의사에 의해 행사된다. 정부로부터 서로 다른 위치, 규모, 수량의 토지를 획득한 기업은 그에 따라 각자 다른 토지수익을 획득했다. 생산기술과 경영관리 수준이 상호 동등한 조건하에서도, 좋은 위치의 토지를 대량으로 점유 또는 사용하고 있는 기업과 그렇지 못한 기업의 이윤은 다를 수밖에 없었다. 그 결과, 기업은 경영생산 이윤 중 어느 것이 토지요소로부터 온 것인지, 어느 것이 생산기술과 경영관리로부터 온 것인지 명확히 분간하기 어려웠다.

무상토지사용의 원칙은 토지요소가 창조한 초과이윤과 기업 경제 척도의 형량을 모호하게 만들었을 뿐 아니라, 기업경영의 장단점을 가렸고, 기업 간의 공정 경쟁을 저해했다. 또한 불로소득과 토지점용은 다다익선(多多益善)이라는 사상을 조장해, 토지자원 낭비와 불공평 문제를 야기했다.

⑥ 토지이용의 비효율성 문제

계획경제 시기에 토지는 노동력, 자금 등 기타 생산요소처럼, 전적으로 국가행정조직에 의해 토지자원의 상황에 따라 도시 내 각 단위가 필요로 하는 토지를 투자계획에 근거해 직접 행정배정했고, 완전한 실물지표를 채택했다. 당시 토지공급의 모순은 크게 두드러지지 않았기 때문에, 일반적으로 어떤 항목을 확정하고 건립할 때 토지의 공급은 중요한 요소나 선결 조건이 못 되었다. 자금, 설비, 기술과 노동력 등의 요소가 만족된 후에야 토지 확보 문제를 고려했다. 또한 토지는 비교적 충분했기 때문에, 적지 않은 항목들의 진행 과정에서 기회를 틈타 토지를 많이 차지해 대정원을 만들고 높은 담으로 에워싸는 등의 행위가 빈발했으며, 그 후유증이 현재까지도 완전히 극복되지 않았다.

각 토지의 사용자는 오직 도시정부가 승인·발급하는 '토지사용행정명령'만 획득하면 해당 토지를 장기간 무상으로 사용할 수 있었다. 토지가 단순히 행정배정에 의해 무상공급됨으로 인해, 사회는 진실한 토지수요 정보를 파악할 수 없었고, 토지에 대한 총수요가 왜곡되어 토지자원의 합리적 재배치에 불리하게 작용했다. 토지가 중요한 생산요소임에도 불구하고 계획경제체제하에서 기업은 토지의 이용에 따른 생산 비용, 그리고 이익과 세금 등과 직접적인 관계가 없었고, 가격에 의한 제약도 없었다. 기업이 토지를 사용하되, 그 토지 및 기반시설 건설자금의 분담 문제를 전혀 고려하지 않아도 되었다. 따라서 토지를 귀하게 여기고 아껴야 한다는 경제적 동기가 없었으며, 토지사용자가 토지이용 효율을 고려할 필요가 없었다. 한편, 토지와 기타 생산요소는 경제적으로 상호 대체가 가능하므로, 필요 이상으로 많은 용지나 질적 등급이 높은 용지를 확보하면 그에 상응하는 수입으로 대체할 수 있었다.

이러한 상황 속에서 도시 내부에서 토지를 이용하는 각 단체는 중심지의 토지를 필요 이상 대규모로 점유하려고 경쟁했고, 많이 점유하고 적게 이용하거나 아예 이용하지 않는 경우, 또는 이용하는 경우에도 토지이용 효율을 거의 고려하지 않는 현상 등이 만연했다. 토지사용 신청자가 투자계획을 부풀려 과다한 양의 토지를 신청해 필요 이상의 토지를 확보한 후에 방치하는 등 토지자원이 낭비되는 현상도 빈번했다. 이 같은 상황은 토지 재처리를 통한 국가의 경제 능력을 상실하게 했고, 토지이용 구조의 조정과 토지용도의 특화 발전을 제약했다. 또한 신흥 공업도시에서는 토지의 공급과잉 현상이 나타난 반면에, 기존의 구 공업도시에서는 토지공급이 지나치게 엄격하게 통제되는 결과도 나타났다.

⑦ 토지징용을 통한 농촌토지의 도시토지로의 전환

계획경제 시기에 도시에서는 국영경제, 농촌에서는 집체경제가 실시되었기 때문에 사람들의 뇌리에는 도시와 농촌의 경계와 국가와 집체의 경계가 동일하다는, 즉 도시는 국가를 대표하고, 농촌은 집체를 대표한다는 개념이 형성되었다. 따라서 도시용지와 건설용지, 국가용지, 공공용지는 거의 동의어가 되었으며, 무릇 도시가 필요로 하는 토지는 모두 '국가건설용지'라고 불렀다. '국가건설용지'라는 명의 아래 도시 발전과 건설에 필요한 토지는 모두 농민에게서 징용하는 방식으로 획득했다.

고급농촌생산합작사의 건립, 특히 인민공사화운동 이후에는 도시와 농촌의 토지 공유화 정도가 대폭 강화되었고, 농촌의 집체 소유 토지는 근본적으로 국가 소유 토지와 차이가 없었다. 국가가 농촌의 농민집체토지를 징용하는 것은 교환의 형식을 통해서 농민에게 토지가치의 보상비를 지불하는 것이 아니라, 노동력 배치, 주택 보상, 묘목 배상 등의 비용으로 구성된 토지징용보상비를 지불하는 것이다. 당시의 토지징용 비용은 지대를 기초로 해 토지가격을 확정하는 것이 아니라, 토지를 징용당한 농민의 토지징용 이전의 생활수준 유지를 위한 최소한의 보장을 근거로 한 것이었다. 마찬가지로 국가가 만약 특정 단위가 이미 사용하고 있는 국유토지를 징용해야 한다면, 그 토지를 사용하고 있는 공장, 기업, 기관 등 토지사용자에게 철거 혹은 영업정지보상비를 지불해야 한다. 따라서 상당한 재정지출을 하지 않을 수 없었다.

⑧ 도시기반시설 건설 및 관리 재원 조달의 문제

정부가 토지사용권을 장기간 행정배정해주는 방식하에서는 국가가 토지개발과 기반시설 건설 투자분을 토지사용자로부터 회수할 수가 없었다. 도시기반시설의 건설 및 관리를 위한 투자 비용은 사회의 공익복리사업 투자로서 '비생산성 투자(非生産性投資)'에 속했으며, 전부를 국가 및 지방정부의 재정에 의존하고 있었다. 따라서 '선생산, 후생활(先生産, 后生活)' 및 '생산성 투자 우선'이라는 지도사상하에서 도시기반시설의 건설 및 관리는 다음 순위로 밀리게 되었다.

1978년 말 중공 11기 3중전회에서 개혁·개방 방침을 선포한 이후, 도시의 경제발전을 위해서 대량의 도시기반시설 건설이 요구되었다. 그러나 문화대혁명 직후의 피폐한 경제 상황에서 기반시설의 건설비용을 도시재정으로 충당할 수 없었으므로, 도시기반시설 건설을 위한 새로운 재원 개발의 필요성이 절박하게 대두되었다. 1985년에 '도시건설관리세'를 징수하기 시작해 도시기반시설의 건설 및 관리 재원으로 사용했지만, 도시정부의 건설 재정은 여전히 빈약했다. 이러한 문제에 직면해 중국 정부는 홍콩, 싱가포르 등 시장경제체제 국가의 경험을 참고해, 토지사용권의 상품화를 통해 도시기반시설 건설을 위한 재원 조달 통로를 확보하고, 토지의 행정배분에 의한 폐단을 해소하고자 했다.

중공 제5차 전국대표대회

중공 제5차 전국대표대회(中国共产党第五次全国代表大会)는 1927년 4월 27일부터 5월 9일까지, 당시 혁명 중심지인 후베이성 우한(武汉)에서 개최되었다. 중국 전국의 5만 7967명의 당원을 대표해 대회에 참석한 대표는 천두슈(陈独秀), 취추바이(瞿秋白), 차이허썬(蔡和森), 리웨이한(李维汉), 마오쩌둥(毛泽东), 장궈타오(张国焘), 리리싼(李立三) 등 82인과 국제공산당 대표 등이 참석했다.

이 대회는 장제스(蒋介石) 국민당이 4·12정변(중공 측에서는 '4·12반혁명정변'이라 부름)이 발동한 지 반달 후에, 우한의 왕징웨이(汪精卫) 집단이 갈수록 반공화(反共化) 되는 등, 위급하고 긴급한 상황에서 개최되었다. 대회의 주요 임무는 국제공산당 집행위원회 제7차 확대회의의 중국 문제에 관한 결의안을 접수하고, 천두슈의 기회주의 착오를 바로잡고, 당의 중대 방침 정책을 결정하는 것이었다.

천두슈가 회의를 주재하고, 제4기 중앙집행위원회를 대표해 「정치와 조직의 보고」를 했다. 이 보고의 전체 기조는 우경(右倾)이었고, 경험 교훈을 정확하게 총결하지 못했을 뿐만 아니라, 위험 시국에 대한 방침과 정책도 제출하지 않았고, 더구나 과거의 착오를 변호했다. 또 서북지구로 이전해 가야 한다는 도망주의(逃跑主义) 이론을 제출했다. 천두슈의 보고 후에, 국제공산당 대표단 단장 마나벤드라 나트 로이(Manabendra Nath Roy)가 '중국 혁명 문제와 무산계급의 역할'이라는 제목의 강화(讲话)를 했다. 이어서, 대회는 천두슈의 보고에 대해 토론했다. 취추바이, 차이허썬, 마오쩌둥, 런비스(任弼时), 윈다이잉(恽代英) 등 수많은 대표가 발언했고, 천두슈의 노선을 우경투항주의(右倾投降主义) 착오라고 비평했다. 투쟁을 통해 대회는 국제공산당이 전년 11월에 제출한 '중국 문제 결의안'을 접수했다. 또한 이 결의안의 정신에 근거해, 천두슈가 과거에 중앙 영도 작업 중에 범한 자산계급과 혁명 영도권 쟁탈에 소홀했던 우경 착오를 비판하고, 천두슈의 '서북으로 가자(向西北去)'는 착오 주장을 부결시켰으며, 무산계급의 혁명 과정 중의 영도권을 제출했다. 천두슈도 부득이 일련의 착오를 인정했다. 단, 당시에는 천두슈의 우경투항주의에 대해 일치된 심각한 인식이 부족했기 때문에 회의는 천두슈의 우경투항주의 노선을 바꾸지는 않았다. 대회는 천두슈의 조종하에 마오쩌둥이 제출한 농민투쟁을 가속화하며 심도 있게 하고, 농민 토지문제를 즉각 해결하자는 제안을 토론하기를 거절했으며, 심지어 마오쩌둥을 대회장 밖으로 내쫓고, 대회상의 표결권을 박탈하기도 했다.

대회는 '중국공산당 국제공산당 제7차 대회 중국 문제에 관한 결의안 접수의 결의', '정치 형세와 당의 임무 결의안', '토지문제 결의안', '직공운동 결의안', '조직 문제 결의안', '공산주의청년단 공작에 대한 결의안', '중국공산당 제5차 전국대표대회선언'을 통과시켰고, 대회는 또한 「오일(五一)절 기념 세계 무산계급에 고하는 글」과 「오일절 기념 중국 민중에게 고하는 글」을 발표했다.

이들 문건은 장제스의 혁명 배반을 전체 자산계급이 모두 배반한 것으로 간주했다. 따라서 민족 자산계급을 혁명의 대상으로 간주했고, 민주혁명과 사회주의혁명의 경계를 뒤섞었다. 동시에 왕징웨이, 탕성즈(唐生智) 등을 급진적 소자산계급의 대표로 간주하고, 그들에 대해 매우 큰 환상을 가져서, 그들이 공개적으로 혁명을 배반할 위험에 대한 명확한 인식과 준비가 결여되었다. 대회는 토지혁명의 요구를 제출하고, 토지를 무조건으로 농민에게 돌려준다는 원칙을 규정했으나, 또한 토지혁명 실현의 희망을 왕징웨이 집단에 기탁했다. 더욱 중요한 것은, 대회에서 당이 직접 혁명 군대를 영도하는 문제를 어떻게 실현하고 발전시키느냐 하는 문제를 진지하게 토론하지 않았다. 따라서 회의에서 우경투항주의 착오에 대해 비평했으나, 이러한 착오를 바로잡기 위한 방법은 제출되지 않았다.

대회는 새로운 중앙위원회 선거를 하고, 천두슈 등 29명의 중앙위원과 마오쩌둥 등 11명의 후보 중앙위원을 선출했다. 새 중앙위원회는 여전히 천두슈를 총서기로 선출하고, 천두슈, 장궈타오, 차이허썬을 중앙정치국 상무위원회 위원으로 선출했다. 대회는 중앙감찰위원회도 선출·구성했다.

중공 제5차 대회는 혁명의 위급 상황에서 개최되었지만, 혁명을 구원해야 하는 임무를 담당하지는 못했다. 단, 천두슈의 우경착오에 대해 어느 정도 인식하고 거부하는 저우언라이(周恩来), 런비스 등이 중앙위원으로 선출되어 새로운 중앙위원회에 진입해, 이후에 천두슈의 우경착오를 바로잡기 위한 조직상의 준비를 했다.

중공 제6차 전국대표대회

중공 제6차 전국대표대회는 1928년 6월 18일부터 7월 11일까지 소련 모스크바 근교에서 개최되었다. 이 대회에 중국 전국의 4만여 당원을 대표해 참석한 각지의 대표는 142인(그중 표결권자는 84인)이었는데, 국제공산당 책임자 니콜라이 부하린과 동방부 책임자 파벨 미프도 참석했고, 그 외에 이탈리아, 소련 등의 국제공산당 대표 등도 참석했다.

이 대회는 주로 1차 중국 국내 혁명의 경험과 교훈을 총결하고, 우경투항주의와 좌경 맹동주의(左倾盲动主义)의 착오를 비판하고, 새로운 시대 혁명의 성격과 임무를 명확히 하기 위해 개최되었다. 1927년, 제1차 국공합작하에 혁명 형세가 급격하게 발전하는 중대한 시기에, 장제스를 우두머리로 하는 국민당 우파와 제국주의가 결탁해 혁명을 배반했다. 또한 중국공산당 내에 천두슈를 대표로 하는 우경투항주의 노선이 당내 영도기관 중 통치 지위를 점하고 있었기 때문에 무산계급 영도권을 포기하고, 동년 4월 12일과 7월 15일에 장제스와 왕징웨이가 선후로 상하이와 우한에서 반혁명정변을 발동하게 해, 제1차 국내 혁명전쟁은 실패했다. 대혁명 실패 후, 제국주의의 직접 지원을 받는 장제스는 전국적으로 대지주와 매판계급을 대표하는 반혁명정권을 건립했다. 혁명을 구원하기 위해, 1927년 8월 1일, 저우언라이 등의 영도하에 난창봉기를 발동하고, 국민당 반공파에게 첫 공격을 가했다. 8월 7일, 중공중앙은 한커우에서 긴급 회의를 개최해 천두슈의 우경기회주의 노선의 착오를 교정 및 종결하고, 선거를 통해 임시중앙국을 구성해 토지혁명을 전개하며, 국민당 반공파에 무장 반항을 한다는 방침을 확정했다. 9월 초에 마오쩌둥이 후난(湖南) 추수봉기를 주도하고, 바로 후에 징강산에 최초의 혁명근거지를 건립했다. 이때부터 중국 혁명은 홍군을 창건하고 토지혁명전쟁을 추진하는 새로운 시기에 진입했다. 바로 이 같은 혁명 전변(轉變)의 중대한 시기에, 중공 제6차 대회가 개최되었다.

당시 삼엄한 백색공포 때문에 중국 국내에서 이 같은 대회를 개최하기는 곤란했다. 따라서 국제공산당의 협조하에, 대회를 모스크바에서 비밀리에 개최했다. 대회의 중심 임무는 대혁명 실패 이후의 경험 교훈을 총결하고, 중국 사회의 성격과 혁명 성격을 분석해 신시기 당의 노선과 방침 및 정책을 제정하고, 전당(全黨)의 사상을 통일하고, 혁명 역량을 발전시킨다는 것이었다.

이 대회에서 국제공산당 대표 부하린이 「중국 혁명과 중공의 임무」, 취추바이가 「중국 혁명과 공산당」이라는 정치보고를, 저우언라이가 「조직 문제 보고와 결론」과 「군사 보고」를, 리우보청(刘伯承)이 군사 문제에 대한 부(副)보고를 했고, 리리싼이 농민 토지 문제에 대해, 샹중파(向忠发)가 직공운동에 대해 보고했다.

대회는 천두슈의 우경투항주의 노선을 청산하고, 동시에 취추바이의 좌경맹동주의 착오를 비판하고, 당시 중국 혁명의 성격은 여전히 자산계급 민주혁명임을 명확히 했으며, 당(黨)의 민주혁명 단계의 10대 정치 강령을 제출했다. 내용은 ① 제국주의 통치 전복, ② 외국 자본의 기업과 은행 몰수, ③ 중국 통일, 민족자결권 승인, ④ 군벌과 국민당 정부 타도, ⑤ 공농병(工農兵) 대표회의(소비에트) 정부 건립, ⑥ 8시간 노동제 실행, 임금 인상, 실업 구제 및 사회보장 등, ⑦ 지주계급의 토지 몰수, 경장지는 농민에게 귀속, ⑧ 병사의 생활 개선, 병사에게 토지와 일자리 안배, ⑨ 군벌 정부의 세금 납부금 취소, 통일적 누진세 실행, ⑩ 세계 무산계급 및 소련과의 연합이다. 대회는 당시 중국 국내의 혁명 형세가 2개 혁명의 고조(高潮) 중간에 처해 있다고 지적하고, 당의 총노선은 군중 쟁취라고 지적·제출했다.

대회는 '정치 결의안', '소비에트 정권 조직 문제 결의안', '토지문제 결의안', '농민문제 결의안', '직공운동 결의안', '조직결의안 강요', '선전공작 결의안', '군사공작 결의안(초안)', '공청단 공작 결의안', '부녀운동 결의안', '민족문제에 관한 결의' 등을 통과시켰다.

대회는 또한 '중국공산당 당장' 제4차 수정안, 그리고 '광저우 폭동 고정기념일 결정 결의'를 통과시키고, 그리고 당강(党纲), 대회선언 문제에 관한 결의를 통과시켰다. 대회는 새로운 중앙위원회를 선출·구성하고, 중앙위원 23인, 후보중앙위원 13인을 선출했다. 동시에 중앙심사위원회 선거를 통해 쑨진촨(孙津川), 류샤오치(刘少奇), 롼샤오셴(阮啸仙)을 정식위원으로, 예카이인(叶开寅), 장쿤디(张昆弟)를 후보위원으로 선출했다. 이어서 제6기 1중전회에서는 샹중파, 저우언라이, 쑤자오정(苏兆征), 샹잉(项英), 차이허썬을 중앙정치국 상무위원으로 선출했고, 중앙정치국 회의는 샹중파를 중앙정치국 주석 겸 중앙정치국 상무위원회 주석으로 선출했다.

제2부

개혁·개방 이후
토지개혁 경험

제3장

개혁·개방 이후 토지사용제도 개혁 과정

2장에서 고찰한 바와 같이, 토지 분야를 포함한 계획경제체제하의 다양한 문제점들은 '문화대혁명'이라 불리는 10년 동란을 겪으면서 더욱 심화되었고, 경제는 피폐해져서 거의 붕괴 상태로까지 악화되었다. 1976년 마오쩌둥이 사망하고, 이어서 문혁을 주도했던 4인방이 타도되고 난 후에 실용주의 노선을 주장하는 덩샤오핑이 정권을 잡았다.

당시 중국 경제는 극단적인 피폐 상태에서 벗어나기 위한 활로를 개척하기 위해 근본적인 조치를 필요로 하는 상태였다. 1978년 12월 중국공산당 11기 중앙위원회 제3차 전체회의에서, '사상해방(解放思想)', '실사구시(实事求是)' 등의 지도 방침과 당의 역점을 사회주의 현대화 건설로 전환시켰다.

이후에 개혁·개방과 토지사용제도 개혁이 본격적으로 추진되었고, 농촌에서는 일부 지방에서 음성적으로 시행되어오던 농가별 경지 분할 및 토지사용권(경작권) 도급이 시행되었으며, 도시에서는 1980년대 중반부터 선전경제특구 등에서의 시험 단계를 거쳐서 토지사용권 유상출양(出让)과 상품화 개혁이 추진되었다.

앞의 1장과 2장에서는 주로 농촌토지(耕地)를 대상으로 고찰 및 서술했으나, 3장부터는 도시 지역 국유토지사용제도 개혁 경험에 중점을 두고, 농촌지역에 대해서는 필요시 연관되는 맥락과 내용을 설명하고자 한다.[1]

---

1 도시토지사용제도 개혁을 중점으로 고찰하는 이유는, 중국 정부가 당면한 최대 현안 과제인 3농(농민, 농업, 농촌) 문제 중에서도 도급토지사용권 유전(流转)과 징용 및 보상

1. 토지유상사용의 필요성 대두 및 이론적 배경

1) 무상·무기한 토지사용제도의 문제점 돌출

개혁·개방 이후 전체 국가 경제체제는 그 폭과 깊이에서 매우 큰 변화가 발생함에 따라, 국유제 계획경제체제하의 토지사용제도의 문제점들이 다양하게 돌출되었다. 그중 중요한 문제점들은 다음과 같다.

(1) 외자기업 및 비(非)국유 사영기업의 토지사용

개혁·개방 이후 많은 외자기업들이 잇따라 중국에 투자하고 공장을 세웠다. 일반적으로 기업이 해외에 투자하는 경우 토지를 안정적으로 사용해 생산 활동을 할 수 있어야 하며, 공장 부지를 이전할 때 기존 토지의 매각이 가능해야 한다. 이러한 필요에 따라 중국 역시 토지사용제도를 개혁하고 토지에 가격을 부여해, 토지사용권이 기타 생산요소처럼 자유롭게 유통되도록 하는 것이 대외 개방, 기술 도입, 외자 유치를 위한 절박한 요구가 되었다.

동시에 개혁 이후 대량의 비국유 사영기업이 연이어 창립되고 발전함에 따라, 외자기업을 포함한 비국유기업이 어떻게 토지를 취득하고 사용할 것인가라는 문제가 대두되었다. 만약 비국유기업에도 국유기업과 마찬가지로 토지의 무상행정배정과 무상사용을 허용한다면 다음과 같은 문제가 발생할 것이다. 첫째, 비국유기업과 국유기업의 차이는 사라지고, 비국유기업 특히 사영기업과 외자기업을 창립하는 진정한 의의를 잃을 것이다. 둘째, 시장경제 조건 아래서 비국유기업을 창립하는 목적은, 우선 기업이 완전히 시장경

문제 등 토지문제가 핵심 문제이기는 하지만, 문제의 맥락과 연관되는 분야가 (도시에 비해) 상대적으로 단순하다고 할 수 있고, 개혁·개방 이후 급속하게 경제성장과 도시화 추세가 진행되면서, 도시 내 비농업용 건설용지 사용 관련 영역과 문제 발생 비중이 갈수록 커지며 중요해지고 있기 때문이다.

제의 요구에 따라 창립·운영하고, 또한 상품과 서비스 생산을 위해 모든 투입과 생산에 대해 비용과 편익을 정산하기 위한 것이다. 그런데 만약 중요 생산요소로서의 토지가 무상획득 또는 비용 계산과 정산을 하지 않고 사용된다면 기업의 경영효과를 반영할 수 없게 된다. 이는 비국유기업을 창립하고 발전시키려는 개혁 의도와 상반된다. 국유기업과 비국유기업이 공존하는 상황에서 비국유기업의 이익은 독립된 것이고, 비국유기업이 국유토지를 무상으로 취득하고 사용하는 것은 국유자산의 유실을 초래하게 된다. 이와 같이 국민경제 중에 공존하는 경제성분이 개방되고 다양해지면서 토지사용제도의 개혁을 요구하는 동력과 압력이 증가했다.

(2) 국가토지소유권의 경제적 실현 제약

국유제(全民所有制)하의 토지관리제도는 국가기관이나 기업, 사업단위가 일단 정부로부터 토지를 수중에 넣게 되면 무상(无償)·무기한(无期限)으로 사용할 수 있도록 허용한다. 그런데 국가가 토지소유자임에도 불구하고 기업이 무상·무기한으로 토지를 사용하게 되면서, 국가는 토지소유자로서의 경제적 혜택을 전혀 누릴 수가 없었다. 즉, 도시토지에 대한 국가소유권이 토지사용권 점유자의 소유권으로 전락했다. 그 결과, 기업과 그 기업의 노동자 등 좋은 토지를 과다 점유한 토지사용권 소유자가 마땅히 국가에 귀속되어야 할 이익을 일종의 초과이윤으로 향유하게 되고, 반면에 국가는 국유토지의 토지수익을 상실하게 되었다. 이러한 토지사용 방식은 결과적으로 국가 및 도시정부의 재정 궁핍을 초래하고, 도시의 건설 및 발전에도 불리하게 작용했다.

(3) 토지이용 및 토지배치의 효율성 저하

개혁·개방 이전 시기의 3무(무상, 무기한, 무유통)를 특징으로 하는 토지사용제도는 토지사용자에게 내재적인 경제 압력과 토지를 합리적으로 사용해야 한다는 동기를 줄 수 없었으므로, 용지를 합리적으로 이용하도록 유도하는 기제(機制)를 형성할 수 없었다. 이로 인해 '많이 징용하고 적게 이용하기(多徵少用)', '미리 징용하고 늦게 이용하기', '징용했으나 사용 안 하기', '비효율적 토지사용' 등의 현상이 출현했고, 비효율적 토지이용과 이로 인한 토지자원 방치와 낭비 현상을 초래했다. 또한 국가계획과 지령에 의해 토지가 배치되어 시장경쟁기제를 적용할 수 없게 되었고, 그 결과 토지배치가 실제 시장수요와 어긋나고 효율이 저하되었다.

(4) 기업 간 공정 경쟁 저해

경제체제 개혁의 핵심은 토지제도와 기업제도의 개혁이며, 이러한 두 개혁은 서로 밀접하게 연관된다. 기업제도 개혁의 중요한 목적은 정부와 기업을 분리해 기업이 독립적으로 채산하고, 손익을 스스로 책임지며, 자율적으로 발전하고, 스스로 통제하는 상품 생산 경영자가 되게 하는 것이다. 즉, 기업이 (정부의 하위 사업단위가 아니라) 하나의 독립된 이익주체가 되게 하는 것이다. 그러려면 기업이 국가의 토지를 무상으로 사용하지 않고 토지사용 비용을 지불할 수 있는 조건이 요구된다. 따라서 토지를 무상으로 사용하느냐, 유상으로 사용하느냐에 따라 기업의 경쟁력에 차이가 생기`게 된다. 토지를 무상으로 사용하느냐, 유상으로 사용하느냐에 따라 기업의 경쟁력에 차이가 커지게 된다면, 이는 공정한 게임을 기반으로 하는 시장경제체제 구축에 장애 요인이 되기 때문이다. 따라서 기업 간 공정한 경쟁 조건을 마련하기 위해서도 무상·무기한 토지사용제도를 개혁해야 했다.

(5) 토지자원과 토지자산 간의 모순

계획경제체제에서 시행되는 토지사용제도는 토지를 자원으로 파악해 수립된 것으로, 시장의 수요공급 법칙 및 경쟁 방식을 적용하지 않고 곧바로 토지이용을 결정한 것이었다. 그런데 시장경제체제에서 토지가 갖는 중요한 특징은, 토지는 자원(資源)일 뿐만 아니라 자산(資産)이라는 점이다. 따라서 자원과 자산 간의 모순 발생을 방지하기 위해서, 기존의 토지사용제도를 시장경제체제에서 가격을 기초로 수요공급 법칙을 적용할 수 있는 방향으로 개혁해야 했다.

(6) 부동산시장과의 모순

개혁·개방 초기까지 중국 정부는 토지에 대해 매매 및 기타 어떤 형식의 재양도도 금지한다고 명문으로 규정하고 있었다. 그럼에도 불구하고 토지를 기초로 하는 부동산시장은 줄곧 존재했고, 유지되고 있었다. 단지 그 형식이 은폐되고 왜곡되어 있을 뿐이었다. 개혁·개방 이후, 경제정책의 변화에 따라 부동산시장이 점차 활발해지면서 도시 주민의 주택임대와 매매 현상은 물론, 개인 경영자와 사영기업의 주택임대 및 매매행위도 증가 및 확산되었다.

실제로 모든 도시부동산의 매매 과정에는 토지사용권의 재양도가 포함된다. 만약 이를 무질서하게 방치하면 부동산이 자의적이고 무정부적인 상태에 처하게 될 뿐만 아니라, 국가는 국유토지자산 운영상 거대한 손실을 입게 된다. 따라서 은폐되어 형성 및 발전한 부동산시장이 토지사용제도 개혁을 촉진하는 중요한 동력이 되었다.

(7) 농촌생산력 제약

2장에서 고찰한 바와 같이, 1949년 중화인민공화국 출범 직후에는 농촌 토지소유권을 농민 개인의 소유로 분배하고, 토지소유권 거래도 인정해주었다. 그러나 시행 후 3년도 지나지 않은 때부터 상호협조조(互助組), 초급 및 고급합작사와 농촌인민공사운동 과정을 연이어 거치면서, 개인의 토지 재산권이 집체에 귀속되었고, 농지거래와 농지시장도 점진적으로 금지되었다. 중국 역사상 정전제(井田制) 시기와 함께 이 시기가 유일하게 철저하게 개인 토지재산권을 박탈하고 토지거래와 토지시장을 취소한 시기였다(邓大才, 2010: 29~34). 그러나 제1장과 제2장에서 고찰한 토지제도 변천 역사가 증명하듯이, 중공이 그토록 강력하게 추진했던 토지의 국유화와 집체화는 개인의 생산적극성을 저하시켰고, 그 영향으로 국가경제는 파탄 상태로 떨어졌다. 토지와 농기구 등 생산수단은 물론, 농민들의 일상생활 도구까지 모두 인민공사 집체 소유가 되었고, 생산물의 분배는 연말에 사원이 획득한 노동점수(工分)에 의거해 식용유, 밀가루 등 각종 생활자료를 분배하는 식으로 이루어졌다. 그러나 노동의 양과 질을 구별하지 않고 시행된 노동점수제는 사원 농민들의 노동 적극성과 생산 효율을 극도로 떨어뜨렸다. 또한 통일 구매 및 통일 판매(统购统销)제도하에 국가가 농업부문에서 과다하게 징수했고, 그 결과 양식 부족 상황이 초래되어 농민들은 종종 반(半)기아 상태에 처했다. 이러한 상황에다 과도하게 집중된 집체소유제와 감독관리 곤란 문제까지 결합되어, 인민공사 사원들이 아직 분배되지 않은 집체의 식량을 훔치는 현상은 물론, 공사와 생산대 창고 관리 담당자가 스스로 양식을 훔치는 일이 일상사가 되어버렸다. 이러한 상황 속에서 개혁·개방 이전까지 대부분의 농민들에게는 춥고 배고픈 것이 여전히 가장 중요한 문제였다(塬玉廷 等, 2010: 24).

개혁·개방 선언 이후, 농촌은 초기 단계의 개혁을 통해 가정생산연계도 급책임제(家庭聯産承包責任制)를 핵심으로 하는 농업경영제도를 확립하면서, 근본적으로 농민과 토지 간의 관계를 변화시켰다. 이 같은 상황에서 기존의 토지사용제도와 새로 형성된 경제제도 간에 모순과 충돌이 야기되면서, 토지사용제도에 대한 개혁 요구가 갈수록 강하게 제기되었다.

2) 토지유상사용의 이론적 배경

농촌토지제도 개혁이 호별 도급생산(包産到户)과 토지사용권(경작권) 도급(承包)의 실행을 통해서 시작되었다고 한다면, 도시(城镇)토지사용제도 개혁의 출발은 국유토지의 유상사용이라고 할 수 있다. 도시토지의 유상사용에는 일정한 이론 및 제도적 배경과 경제적·사회적 과정이 있다.

사회주의 중국이 상품경제를 실행한 이상, 토지 자체가 본질적으로 상품이든 아니든, 또는 토지사용권이 상품이든 아니든, 토지는 여전히 3대 생산요소 중 하나이다. 시장경제의 일반 규율에 따르면, 생산경영기업이 토지를 확보하기 위해서는 노동력의 경우와 같이 일정량의 자본을 투입해야 한다. 토지는 기업의 생산경영 과정 중 중요한 역할을 발휘한다. 즉, 토지는 비록 닳아 없어지지는 않지만, 토지에 투입하는 자본은 노동력과 생산수단을 구매하는 데 투입하는 자본과 같이 생산경영원가에 포함되고, 제품의 판매와 회수를 통해 일정한 이윤을 얻는다.

1980년대부터 농촌도급제(农村承包制)로 시작한 경제체제 개혁이 소위 '사회주의 상품경제'의 궤도를 따라 점차 전진하고, 제품의 상품화 정도가 끊임없이 진행되어, 전체 사회의 재생산 과정이 상품경제의 규율과 요구에 따라서 운영되기 시작했다. 이에 따라서, 생산경영활동을 조직하는 과정 중에 과거보다 더욱 경제효과와 이익을 중시하게 되었다. 기업, 특히 상업과 서비스 기업은 소재 도시가 다르고 기업의 위치가 다름으로 인해 경제효과와 이익의 차이가 뚜렷해졌다. 다시 말해, 생산경영활동 중 토지의 역할과 그에 따른 차이가 점차 명확하게 나타나기 시작했다. 동시에 각 항목의 경제체제 개혁과 개방정책, 예를 들어 정부와 기업의 분리(政企分离), 기업 개혁, 외자기업의 건립 등에 따라 국유토지의 유상사용 요구가 더욱 강하게 제기되었다.

개혁·개방 초기에 국유토지사용료를 징수해야 한다는 주장이 제기되었고, 유상토지사용에 대한 공감대가 확산되었다. 동시에, 대외 개방 방침에 따라 지정 설립된 선전, 주하이(珠海), 산터우(汕头), 샤먼(厦门) 등의 경제특구와 14개 연해개방도시에 외국 기업(外商)들이 잇달아 투자해 공장을 설립했고, 삼자기업(三资企业: 독자기업, 중외합자기업, 중외합작기업)이 나타났다. 이 같은 대외 개방 요구에 부응하고, 국제경제와 접촉하기 위해서 우선 외자기업의 토지사용에 대해 사용료를 받기로 결정했다. 1979년 7월 1일, 제5기 전국인민대표대회 제2차 회의에서 통과된 '중화인민공화국 중외합자기업경영법(中外合资经营企业法)'에는 다음과 같은 내용이 포함되었다.

중국 측 공동경영자의 투자항목에 합작기업이 경영 기간 동안 제공하는 장소사용권(场地使用权)을 포함시킬 수 있다. 만약 장소 사용이 중국 측 공동경영자 투자항목의 일부가 아니라면, 합작기업은 중국 정부에 사용료를 납부해야 한다.

이는 토지사용권(土地使用权)과 사용료(使用费)의 개념을 명확하게 제시한 것이다.

이어서 국무원은 1980년 7월 26일 공포한 '중외합작기업 건설용지에 관한 임시규정(国务院关于中外合作企业建设用地的暂行规定)'에서, "중외합작기업의 토지이용은 토지를 새로 징용하든지, 아니면 기업의 원래 장소를 이용하든지 모두 장소사용료를 받아야 한다"(马洪·刘国光 外, 1992: 123)라고 규정하고, 장소사용료의 계산 방식, 사용료의 수준, 구체적인 사용료 기준을 확정하는 한편, 사용료의 투자 방식 등에 대해 구체적으로 규정했다. 같은 해 10월에 국무원이 베이징에서 개최한 '전국도시공작회의(全国城市工作会议)'에서는, 회의 '요록'에 도시의 토지사용료 징수 문제를 보다 더 명확하게 제시했다.

도시의 토지사용료 징수는 도시를 건설하고 보호하는 고정자금의 출처이다. 도시계획지구(城镇规划区)의 범위 안에서 토지를 점용하는 단위와 개인은 모두 그 해의 실제 점용면적에 따라 토지사용료를 납부해야 한다. 비용 징수는 지역에 따라 등급을 나눠 확정한다. 사용단위별로 비용 징수의 기준도 달라야 한다.

3) 토지사용료 징수 형식과 기준에 대한 연구와 시험 운영

도시토지의 유상사용 문제가 이론적으로 이미 해결되어 선전에서 외자기업이 비용을 징수하고, 푸순시(抚顺市)에서는 토지사용료를 징수하게 되면서 그 영향이 커지자, 중국 내 다른 도시들도 도시토지에 대해 사용료를 징수해 재정수입을 증가시키고, 도시건설부문의 자금 부족 문제를 해결하고자 했다. 그리하여 1984년에 랴오닝성 푸순시에서는 토지사용료 징수를 위한 연구와 시험을 시작했고, 동시에 베이징, 상하이 등의 도시도 토지유상사용의 비용 징수 형식, 방법, 기준에 대한 전문적인 연구를 전개했다. 연구를 통해 토지유상사용과 토지사용료 징수의 필요성, 절박성, 가능성에 대해 더욱 상세하게 정리했고, 동시에 국유토지사용료를 징수하는 구체적인 방법과 방안을 제출했다.

4) 토지유상사용의 실시 과정

중국 국무원은 토지에 대한 삼자기업의 요구를 만족시키고, 외자기업과의 경제운행 접촉과 연결을 편리하게 하고, 국제 합작의 관례에 부합시키기위해 일련의 문건을 발표했다. 동시에 용지에 관한 중앙정부의 정책과 규정을 관철시키기 위해, 경제특구와 연해개방도시는 상응하는 지방성 법규를제정·반포했고, 외자기업용지에 대해 토지사용료를 징수했다.

1982년 광둥성 전국인민대표대회 상임위원회는 '선전경제특구 토지관리임시규정(深圳经济特区土地管理暂行规定)'을 반포해, 유형별 용지의 사용 연한 및 매년 납부해야 할 토지사용료 기준을 규정했다. 그리하여 선전은 중국에서 가장 먼저 토지의 유상·유기한 사용 방침을 확정했고, 토지사용료를징수했다. 이후 상하이, 광저우 등의 도시도 선전을 모방해 관련 법규를 제정·반포했고, 삼자기업용지 등에 대해 토지사용료 혹은 장소사용료를 징수했다.

1984년 7월 19일, 광저우 인민정부는 '광저우시 도시토지사용료 징수 시행판법(广州市征收城镇土地使用费试行办法)'을 반포했다. '판법'은 "어떤 단위와 개인이 광저우 행정구역 내[시의 각 구(区) 포함, 8개 현(县)은 포함하지 않음]의 토지(농경지 제외)를 사용하면, 모두 본 '판법'의 규정에 따라 토지사용료를 납부해야 한다. 전시(全市)의 토지는 7등급으로 나누고, 아울러 각각 다른 토지사용료 기준을 규정한다. 가장 비싼 곳은 매년 4위안/㎡, 가장 싼 곳은 0.5위안/㎡이다"라고 각각의 토지용도에 대해 요금 징수 할인 규정을 명문화했고, 동시에 공원, 명승고적, 종교사찰, 학교, 의원 등 공공시설과 공용사업 등에 대해서는 토지사용료를 면제했다. 1984년 9월 4일 광둥성 인민정부가 '토지사용료 징수 범위 문제에 관한 통지(关于土地使用费征收范围问题的通知)'를 반포함으로써, 광저우시는 토지사용료 징수 범위를 경제기술개발구(经济技术开发区), 신건설항목(新建项目)과 외자건설항목(外资建设项目)으로 제한했다.

1985년 3월 18일 광저우시 인민정부는 '광저우시 중외합작기업 토지사용료 징수 임시판법(广州市征收中外合营企业土地使用费暂行办法)'을 반포해, "중외합자경영기업, 외자를 이용한 기업 등이 광저우에서 사업을 시작하려고 하면, 토지를 새로 징용·확보하든지 아니면 원래의 장소를 이용하든지 모두 토지사용료를 납부해야 한다"라고 규정했다. 사용하는 토지는 위치에 따라 4등급으로 나누고, 용도에 따라 공업, 상업, 주택 등 6등급으로 나누어 등급에 근거해 토지사용료 기준을 규정했다. 즉, 최고가는 1급 상업서비스용지로 45~70위안/년·㎡, 최저가는 농·목·어업용지로 0.3~3위안/년·㎡이다(李鸿昌 外, 1988: 226~236).

상하이시는 토지사용료와 장소사용료 두 가지 형식을 채택해 삼자기업으로부터 사용료를 징수했다. 도시에서 토지사용료 징수, 특히 중외합자기업에 대해 토지사용료를 징수하는 것은 경제발전, 도시건설과 대외 개방을 위한 객관적인 요구였다. 1984년 6기 전국인민대표대회 2차 회의에서는 "토지사용료 혹은 장소사용료를 징수해야 하고, 부동산경영업무를 전개해야 한다"고 정식으로 제기했다.

그러나 1984년 9월까지도 국무원이 국가재정부 보고에 대해 토지사용세를 징수해야 한다고 회답하면서 세목을 남겨놓았지만, 실제로 징수하지는 않았다. 오히려 재정부는 다시 문서를 발송해 지방에서 토지사용료를 징수하는 것을 금지했다. 당시 도시 인민정부는 세금과 비용 모두 징수하지 못하는 상황에 처해 있었다.

2. 실험지구에서의 실험 단계

1) 선전경제특구에서의 실험

이하에서는 개혁·개방 이후(1979년 이후) 선전경제특구의 토지관리 개혁 과정을 광둥성 정부가 제정·공포한 '선전경제특구 토지관리 임시조례(深圳 经济特区土地管理临时条例)' 공포 시점인 1988년 1월을 기준으로, 그 이전과 이후의 시기로 나누어 설명한다.

(1) 제1단계 전환 기간(1979~1988.1)
선전경제특구 성립 이후, 구 토지이용체제는 심각한 도전에 직면하게 되었다. 가장 먼저 직면하게 된 문제는, 비록 중앙정부가 시장경제를 수립하라는 정책적 특혜를 부여하기는 했지만, 중앙으로부터 배분받은 재정 예산은 (투자자들을 유인하기 위한 가장 기본적인 요소 중의 하나인) 도시기반시설 건설에 사용하기에도 부족했다는 점이다.

한편, 외국인 투자자들도 선전경제특구에서 실제적인 문제들에 직면하게 되었다. 그들은 국내 투자자들과 같이 무상으로 토지를 행정배정받을 수가 없었다. 선전경제특구의 건립 목적은 가능한 한 많은 해외투자를 유치하며 사회주의 시장경제 모델을 탐색하기 위한 것이었으므로, 이러한 문제를 해결하기 위한 대책이 요구되었다. 선전은 실제로 대량의 국외 투자를 유치했다. 1990년 말에 이르러, 투자총액은 이미 61.8억 달러에 달했다. 이러한 과정 중에 정부가 토지소유자가 되고, 개인(私人) 토지사용자가 임차인이 되는 관계가 자연스럽게 수립되기 시작했고, 점진적으로 합법화되었다.

문제 해결의 관건은 "어떻게 해야 토지가 경제자산의 일종이라는 관념을 다시 형성하고, 토지소유자로서 국가의 지위를 공고히 할 수 있는가"라는 점이었다. 이러한 배경하에 1980년 12월에 약 4000m²의 토지가 30년 기한으로 홍콩의 한 부동산개발회사에 유상양도되었는데, 주상복합건물 용도의 토지사용료는 매년 5500홍콩달러/m²였다. 1981년 12월에 이르러서는 이 같은 토지사용권 양도 사례가 이미 10여 건에 달했다. 그 전인 1979년 선전시의 모 투자기업과 홍콩의 모 투자자가 합작해 개발·건설한 주위안호텔(竹园宾馆)이나 주거단지인 동후리위안(东湖梨园)도 일종의 토지 상품화의 사례라 할 수 있다. 합작자 중 선전시 기업 측은 정부로부터 행정배정받은 토지를 제공하고, 홍콩 투자자 측은 토지징용비와 주민의 철거이주보상의 비용을 부담했다. 건설 공사 완공 후 실제 운영 단계에서 합작 쌍방은 이미 체결한 협약 내용대로 이익을 분배했다. 이후 많은 합작개발항목들이 이 같은 방식을 답습하게 되었다.

그러나 당시로서는 매우 대담한 이러한 시도들이 당시의 실정법률을 준수한 것은 아니었다. 1982년 1월 1일, 선전시가 뒤늦게 제정·공포한 '선전경제특구 토지관리 임시규정(深圳经济特区土地管理临时规定)'이 이러한 시도들을 사후 합법화했고, 토지의 무상사용이 종료되었음을 공식적으로 선포했다. '규정'의 토지사용 기간과 토지사용료의 징수 기준에 대한 주요 내용은 다음과 같다. 토지사용 기간은 경영항목의 투자 금액과 실제 수요에 근거해 협상을 통해 결정하며, 최고 사용 연한은 공업용지 30년, 상업용지 20년, 상품주택용지 50년, 교육·과학기술·의료·위생용지 50년, 관광사업용지 30년, 농업·목축업·양식업용지 20년으로 한다. 토지사용료의 기준은 서로 다른 지구의 조건, 서로 다른 업종과 사용 기한에 따라 분류해 결정한다. 매년 징수하는 토지사용료의 기준은 공업용지 10~30위안(元)/m², 상업용지 70~200위안/m², 상품주택용지 30~60위안/m², 관광건축용지 60~100위안/m²이며, 농업·목축업·양식업용지의 사용료는 따로 협상해서 결정한다. 토지사용료는 3년에 한 번씩 조정하며, 그 변화 폭은 30%를 초과하지 못한다. 토지사용료의 납부 방법은 일시불로 또는 2년 내에 무이자로 상환할 수 있으며, 분할 상환할 경우에 이자율은 연 8리로 계산한다.

이어서 1984년 12월 25일, 선전시 인민정부는 '선전경제특구 토지사용료 조정 및 우대·감면조치'를 공포해, 특구 내의 토지양도를 세 가지 등급의 지구로 나누어 규정했다. 그리고 이 지구들의 m²당 연간 토지사용료 징수 기준을 아래와 같이 정했다. 1등급 지구에서 공업창고용지 1.6위안, 상업·숙박용지 21.0위안, 관광시설용 건축용지 18.0위안, 노천오락장소용지 0.4위안, 채석장, 노천주차장용지 0.7위안, 경작지·목축업·양식업용지 0.3위안으로 한다. 2등급 및 3등급 지구의 용지는 1등급 지구보다 20% 내외에서 감액한다. 1987년 말까지 선전경제특구에서 양도한 토지면적은 82km²에 달했으며, 토지사용료를 면제받는 기관, 부대용지와 시정공용시설용지 및 과학·교육·문화·위생 사업용지를 제외하면, 토지사용료를 징수하는 토지는 17만 km²에 달해, 당시 도시 전체의 사용 토지 중 21%를 점했다. 1987년 말까지 선전경제특구에서 징수한 토지사용료의 누계는 약 5250만 위안으로, 같은 시기 특구 전체 재정수입 누계의 약 1.5%를 점했다.

1982년 1월부터 징수하기 시작한 토지사용료에 대해, 이미 토지를 무상으로 사용하면서 구체제에 익숙해져 있었던 지방의 토지사용자들은 이를 매우 무거운 부담으로 느꼈다. 그래서 이들이 정부에 압력을 넣은 결과,

1984년 7월 1일 토지사용료가 더 낮게 조정되었다. 그 결과 1985년에는 토지사용료 징수 수입이 1982년의 10분의 1 수준으로 감소했다. 즉, 새로운 토지사용정책이 실시되는 중에도 정부의 양보가 일정 부분 있었으며, 많은 토지사용자들은 아직도 토지사용료 납부를 면제받고 있었다. 1987년에 이르기까지 선전시에서 행정배정된 82km²의 토지 중 토지사용료를 징수한 토지는 17km²에 불과했다. 이 과정에서 징수한 토지사용료 수입은 정부의 토지개발 비용 지출보다 턱없이 부족했다. 토지개발에 투자된 비용은 17억 위안이었으나, 토지사용료 징수액은 5250만 위안에 불과했다.

토지거래와 관련한 문제들에 관한 논쟁도 매우 긴 시간 동안 지속되었다. 그중 우선적으로 대두된 문제는 토지사용권의 가격을 어떻게 결정하느냐에 관한 문제였다. 토지사용권 가격의 결정이라는 문제도, 중국 정부가 경제 전반에 걸쳐 추진하고 있는 가격 개혁의 일환이기는 하지만, 토지를 포함한 부동산의 경우에는 여타 소비재 상품의 가격 개혁과는 다른 특성이 있었다. 즉, 일반적인 소비재 상품시장에서는 가격 개혁이 본격적으로 추진되기 이전, 즉 개혁·개방 이전에도 비록 보조금 지급 등 왜곡된 형태이기는 했지만 가격이 존재했다. 그러나 (개혁·개방 이전에는) 토지란 무상·무기한으로 배분되는 대상이었으므로, 토지가치를 통화가치로 평가할 필요가 없었다. 이러한 토지사용제도를 개혁하는 과정에서 대두된 가장 어려운 과제는, "부동산시장이 형성되지 않은 상태에서 토지사용권의 유상양도 가격을 어떻게 산정하느냐" 하는 문제였다. 다시 말하면, "계획경제체제하에서 무상행정배정 대상이었던 토지사용 가치를 어떻게 시장경제체제하의 가격으로 환산할 것인가"라는 문제에 직면하게 되었다.

일정한 실천 경험의 축적을 거친 후에, 선전의 개혁정책 담당자들은 개념상의 쟁점들에 정면으로 대응해나갔다. 1987년 9월 9일에 선전에서 시행된 토지사용권 유상양도는 중국 토지관리 개혁의 이정표가 되었다. 선전시 정부는 약 5000m²의 토지에 대한 50년간의 사용권을 200위안/m²의 가격으로 한 지방기업에 양도했다. 이 가격은 쌍방이 비공개 협의 과정을 통해 정했다. 선전시 정부는 다시 4만 6355m²의 주거용지에 대해 공개입찰을 시행했고, 선화발전공사(深华发展公司)가 368위안/m²의 가격으로 낙찰에 성공했다(1987.8.25). 이어서 선전시 정부는 8600m²의 주거용 토지를 공개경매 형식으로 선전특발집단(深圳特发集团)에 611위안/m²의 가격으로 유상양도했다(1987.12.1). 이 같은 일련의 토지거래는 이후 도래할 토지관리 개혁의 선례가 되었다.

(2) 제2단계 전환 기간(1988년~현재)

상술한 바와 같이 토지사용권 유상양도의 실험들이 축적되면서, 토지사용제도 개혁 문제의 핵심이 파악되고, 토지소유 및 사용에 대해 구체제하에서 형성되어온 금기 의식들도 타파되었다. 광둥성 인민대표대회는 이러한 실험들의 축적을 바탕으로, 1988년 1월 3일에 새로운 법규인 '선전경제특구 토지관리 임시조례(深圳经济特区土地管理临时条例)'를 공포했다. 이 조례는 선전의 토지는 특수상품이며, 토지사용권은 양도할 수 있고, 이미 임대한 토지의 권리는 유효기간 내에 임차인의 의사에 따라 재양도, 상속, 증여, 혹은 저당할 수 있다고 명시했다.

'선전경제특구 토지관리 임시조례'는 경제특구 설립 이후 선전시가 축적한 토지사용제도 개혁 실험이 완결되었음을 의미한다. 선전시의 조례가 제정·공포된 후 중국 정부는 전국을 대상으로 하는 법규의 제정·공포를 통해 토지사용권의 분리 및 유상양도와 상품화, 그리고 국유토지의 토지사용료 징수를 핵심 내용으로 하는 관련 법규들을 제정·공포하기 시작했다.

중국의 토지관리 개혁은 토지의 소유권은 아직까지도 국가가 독점하고 있는 상태에서 오직 토지사용권의 양도로만 한정했다. 그럼에도 이는 경제와 사회의 발전에 지대한 영향을 미쳤다. 첫째, 시장 역량을 도시경제와 도시 발전 과정 속으로 끌어들였다. 이것은 토지 상품화와 건물부동산 개발의 첫걸음이 되었으며, 국가의 역할도 실제 건설 과정 중 절대적인 지위에서 조정자 역할로 바뀌었다. 둘째, 토지사용권 양도에 따른 지방정부의 세수 수익이 증가하면서, 도시기반시설 건설 재원이 대폭 확충되었다. 이에 따라서 낙후된 도시기반시설로 인해 제약받던 도시경제의 발전 조건을 크게 호전시켰다. 마지막으로, 부동산의 개발 및 유통 분야에서도 시장경쟁이 행정관리 기능을 점진적으로 대체함에 따라, 외자(外資)에 의한 상업, 공업, 업무, 주거용 건축물 등에 새로운 형태의 설계 개념이 도입되고 입지 경쟁이 시작되면서, 도시의 경관과 공간 구조도 근본적인 변화를 겪게 되었다.

토지사용자는 입찰, 경매, 협의 등을 거쳐 일정 기한 내의 토지사용권을 취득할 수 있게 되었다. 입찰과 경매를 통해 토지사용권을 취득하는 것은 일종의 시장 분배 방식으로서, 이를 통해 시장가격을 반영하게 되었다. 또한 협의방식으로 토지사용권을 취득하는 것은 지방정부가 산업정책의 목표 달성을 위해 추진하는 보조적 시장 분배 수단이 되었다. 따라서 이 같은 토지사용권의 거래 과정을 통해, 내재되어 있던 토지의 시장 요소들과 재산권 관계가 부활 및 활성화되기 시작했다.

① 협의방식

협의양도 토지는 선전시 정부의 규정에 따라 고기술 산업, 복지 주택, 정부기관, 문화, 교육 및 과학연구기구, 비상업용 공공시설과 기타 정부가 적절하다고 인정하는 용도의 토지에 한정된다. 토지사용자와 지방정부는 협의방식을 통해 토지가격을 확정한다. 협의 토지가격은 최소한 토지징용비, 이주 및 재정착 비용과 정부가 이미 투자한 토지기초개발비용을 포함해야 한다.

② 입찰방식

이 방식은 부동산개발 및 관리기업에 적용된다. 입찰공고 자료에는 획지의 입찰공고 가격과 개발계획이 포함된다. 입찰공고 방식은 두 가지로 구분된다. 첫째, 모든 부동산개발관리공사를 대상으로 공개입찰하는 것이고, 둘째, 과다한 조직 및 연락 업무를 피하기 위해 초청 대상 부동산개발관리기업의 범위를 한정하는 것이다.

③ 경매방식

경매방식을 통한 토지사용권 양도는 위치와 상업용도상의 입지 조건이 우월한 토지에 적용한다. 이 방식은 토지시장에 시장 상황을 적실하게 반영하는 기준지가를 산정하기 위한 매우 유용한 정보를 제공해준다.

2) 푸순시의 실험

랴오닝성 푸순시는 1년여 기간 동안 도시용지에 대한 전면적 조사와 연구를 통해 토지사용 현황을 파악했다. 그리고 상세히 등기(登记)해 지적 자료를 수립한 기초 위에 1984년 1월 1일부터 토지사용료 징수를 실행하기 시작했다.

(1) 비용 징수의 범위

푸순시는 1984년에 '토지사용비 징수 임시판법(征收土地使用費的暫行办法)'을 공포해, 다음과 같은 세 가지 상황에서는 토지사용비 징수를 면제한다고 규정했다. ① 기관, 단체, 부대, 학교, 위생, 탁아, 사회복지, 문화사업, 도시공용사업(상수도, 가스, 대중교통), 원림(园林), 녹지 등의 용지, ② 시 구역(市区) 내의 농업생산에 사용하는 국유토지, ③ 철로, 도로 정류장(역 광장과 화물하차장은 포함하지 않음), 노천석탄 채굴 갱도, 생산이 중단되어 방치된 노천광산 토지.

상술한 면제 규정 토지 이외에, 도시계획구역 내의 모든 국유토지에서 공

업생산, 건설 및 상업 경영, 서비스업을 진행하는 개인건설용지에 대해서는
일률적으로 사용료를 지불한다.

(2) 비용 징수 기준의 제정

비용 징수 기준을 제정하는 과정에서 토지의 경제 효율, 특히 차액지대수
익(級差收益)을 고려하는 한편, 사용자 특히 기업의 부담 능력을 고려했다.
도시기반시설의 유지 및 보호를 고려해 개선 비용을 추가해서 계산했고, 다
소 거칠고 낮은 기준의 비용 징수 기준을 연구해 제정했다. 전 도시를 위치
에 따라 세 가지 유형의 지구로 구분하고, m²당 최고 0.5위안에서 최저 0.2
위안으로 정했다. 노천광산용지는 잠정적으로 제3유형 지구 기준의 50%를
징수했고, 또한 일련의 특혜 조건을 규정했는데, 비용 징수 기준이 매우 낮
았다.

(3) 토지사용료의 효과

토지사용료의 기준이 매우 낮았지만, 무상사용과 비교하면 매우 큰 진보
였으며, 다음과 같은 양호한 효과를 얻었다(中国社会科学院財貿经济研究所外,
1992).

① 대량의 잉여 토지가 반납되어 많은 토지를 절약했다. 도시 전체에 유
상사용을 시행한 직후에 25만 m²의 토지가 반납·회수되었다. 경제적인 제
약기제를 통해 과다점유(多占地), 난점유(乱占地), 토지남용 풍조를 변화시
켰다.

② 토지의 합리적인 이용을 촉진하고, 경제효과와 이익을 제고시켰다. 토
지사용료 징수를 통해 도시재정 수입을 증가시켰을 뿐만 아니라, 도시의 토
지이용 현황을 정확하게 파악하고, 토지이용자의 토지이용에 대한 고충과
만족도가 다르다는 것을 이해하게 되었다. 반납된 토지를 이용해 급히 토지

를 필요로 하는 단위에 공급해주었고, 도시용지 구조조정에 유리해졌으며, 도시의 경제발전이 가속화되었다.

③ 새로운 도시재정의 재원을 확보했고, 도시기반시설 건설의 자금 출처를 확대했다. 토지사용료를 징수하기 이전에 푸순시는 여타 도시와 마찬가지로 도시기반시설 건설을 100% 재정투자에 의존하고 있었으므로, 재정 통로가 단일하고 자금이 부족해 재정적자의 폭이 컸다. 그러나 "땅에서 얻어, 땅에 사용한다(取之于地, 用之于地)"라는 토지사용료 징수 원칙을 관철하면서 토지사용료 수입을 도시기반시설 건설에 투자했다. 푸순시가 1984년부터 징수를 시작한 이래, 3년 동안 거둬들인 토지사용료는 2847만 위안에 이른다(1984년 800만 위안, 1985년 1282만 위안, 1986년 765만 위안). 2000만 위안이 넘는 돈은 대부분 도시의 난방 공급, 도로 수리, 도시 녹화와 주택단지(住宅小区) 연계 건설 등에 투입되었다.

④ 도시의 토지관리를 강화했다. 토지사용료 징수를 통해 행정수단과 경제수단을 서로 결합시켜 여러 해 동안 형성된 위법 건축물을 깨끗이 정리한 덕분에, 도시계획에 의한 토지이용과 건축이 유리해졌고, 새로운 건축 질서가 출현했다.

3) 상하이, 베이징, 지난 등에서의 실험

토지사용료 징수 경험이 없었고, 더구나 오랫동안 경제생활에서 토지시장, 지가, 지대(地租) 등을 배척해왔기 때문에, '어떻게 토지사용비(使用費)의 기준을 정할 것인가'라는 문제가 토지유상사용 시행을 위한 최대 과제가 되었다. 중국의 연구자들은 중국의 실제 현황으로부터 출발해 마르크스주의 지대이론을 지도이념으로 하고, 상하이, 베이징, 그리고 산둥성의 지난(济南), 옌타이(烟台) 등의 도시에 대해 도시토지의 등급 구분과 차액지대수익(土地级差效益)을 측정하고자 시도했다. 또한 이를 기초로 도시 내 유형별

표 3-1 **상하이시 토지수익 등급표** (단위: 위안)

토지등급	특	갑	을	병	정	무	기
연간 등급차 수익 (토지 m²당)	2,937	1,969	1,295	825	498	270	111

표 3-2 **상하이시 토지사용료 등급표** (단위: 위안/년·m²)

용지 성질	특	갑	을	병	정	무	기	교갑	교을
상업, 여관, 금융	24	16	12	8	6	4	3	2	1.5
공업, 교통, 창고	24	16	12	6.4	4.8	3.2	2.4	1.6	1.2
수입 있는 행정사업	12	8	6	4	3	2	1.5	1	0.7
수입 없는 행정사업	7.2	4.8	3.6	2.4	1.8	1.2	0.9	0.6	0.4
주택	3.6	2.4	1.8	1.2	0.9	0.6	0.4	0.3	0.2

토지와 각종 용도의 사용료 징수 기준을 정했다. 그중 상하이 등 도시는 등급 구분과 토지수익의 측정 및 징수 기준의 확정 등을 비교적 과학적이고 세밀하며 성공적으로 수행했다.

상하이시 도시경제학회(上海市城市经济学会)는 시 도시계획부서의 위탁을 받아 상하이시 도시토지 유상사용의 비용 징수 형식, 방법과 기준에 대한 연구를 진행했다. 이 연구는 토지사용의 효과를 계산하는 방법을 채택해, 사용 효익(使用效益)이 가장 민감한 상업용지를 조사 대상으로 하여 많은 수의 표본조사를 실시했다. 이렇게 얻어진 수치 자료들을 근거로 상하이 시내 토지 m²당 평균 상업이윤을 계산했고, 상업이윤에 의거해 시구역(市区) 내 토지를 7개의 등급으로 구분했다(〈표 3-1〉).

상하이시 인민정부는 시내의 토지 등급차 수익 계산 결과에 근거해 토지 사용료 기준을 마련했다. 이때 세 가지 방안이 제시되었는데, 당시 상하이 토지사용자, 특히 기업의 부담 능력을 근거로 부담이 적은 방안을 채택하고, 9등급, 5가지 유형에 따라 토지사용료를 징수했다(〈표 3-2〉). 이 방안에 따라 징수하면, 1년에 6.4억 위안의 토지사용료를 징수할 수 있었다.

상하이시가 진행한 연구를 살펴보면 연구 성과의 조작성(操作性)이 매우 강해서 국가가 법령, 법규를 공포하기만 하면 많은 도시가 빠르게 적용할 수 있었다. 1987년을 전후로 많은 도시가 토지의 유상사용 실행을 위해 진행한 연구는, 이론이나 방법 면에서 1990년 이후 도시토지의 등급 분류 확정, 지가평가(地价评估)와 기준지가(基准地价)를 제정하기 위한 연구의 기초를 세웠다.

3. 개혁의 전국적인 확산

1) 1990년대 이후 유상토지사용의 전면적 확산

1990년 이후에는 실험 성과를 종합·정리해 공간적으로는 전국으로, 내용적으로는 전면적으로 확산 추진하고 있다. 그리고 토지사용제도 개혁의 전면적 확산 추세 속에서, 2000년 이후에는 토지시장의 질서 확립과 규범화 작업에 중점을 두고 추진하고 있다.[2]

토지사용제도 개혁을 전면적으로 확산 추진한 1990년 이후 2000년까지의 기간에 토지사용료 징수 대상을 전국의 모든 도시로 확대했고, 농촌의 주택용지(宅基地)에 대해서도 유상사용을 시행했다(그 후 농민 지원 차원에서 사용료 징수 정지). 제도적 측면에서는 우선 '헌법'과 '토지관리법'에 대해 상응한 수정을 했다. 그러나 이 두 법률은 국유토지사용권의 출양과 재양도에 대한 원칙적인 규정일 뿐이므로, 토지사용제도 개혁의 실천 과정에서 국유토지사용권 출양 및 재양도와 관련된 주요 맥락과 각항에 대한 구체적인 업무 지침을 규정할 필요가 제기되었다. 1990년 5월에 국무원이 총리령으로

---

2   黃小虎 主编, 『中国土地管理研究(上)』(当代中国出版社, 2006), pp. 3~37.

제3장 개혁·개방 이후 토지사용제도 개혁 과정   **145**

'도시국유토지사용권 출양 및 재양도 임시조례'(이하 55호령)와 '외국 기업 대규모 토지투자개발 경영의 잠정관리 판법(外商投资开发经营成片土地暂行管理办法)'을 공포했다. '55호령'은 국유토지사용권 출양과 재양도의 주요 맥락 업무에 대해 구체적으로 규정했고, 도시와 농촌토지의 통일된 관리체제를 진일보 완성했으며, 토지관리부문이 토지사용권 출양 및 재양도에서 담당해야 할 관리직능을 명확히 했고, 토지관리부문이 사용권 출양업무의 구체적 실시 책임을 진다는 점을 명시했다.

1995년 6월 국가토지관리국 국장령 형식으로 '협의출양 국유토지사용권 최저가 확정판법(协议出让国有土地使用权最低价确定办法)'을 공포·하달했다. 판법의 주요 목적은 출양 국유토지사용권에 대한 정부의 거시적 통제를 강화하고, 일부 지방에서 경쟁적으로 저가 출양 경쟁을 벌이는 것을 제지하고, 국유토지자산의 수익을 보장하고, 토지재산권시장의 건강한 발전을 촉진하는 것이었다. 이때부터 중국의 토지출양과 재양도(转让)는 법적 근거를 갖는 궤도 안에서 진행되었고, 토지사용제도 개혁이 전면적이고 전국적으로 활발하게 확산 및 추진되었다. 1987년에서 1995년 말까지 전국에서 국유토지사용권이 출양된 토지는 27.6만 종, 총면적 15.2만 ha에 달했고, 1995년 말 전국에서 수령한 토지출양금 누계는 2450억 위안이었다.[3] 이 돈은 도시 기반시설 건설과 토지개발, 투자 환경 개선에 쓰여서 경제발전을 촉진했다.

토지출양가격을 합리적으로 확정하기 위해, 1993년 6월에 국가토지관리국이 '도시토지가격 평가 규정(城镇土地估价规定)'을 공포해, 도시지가평가업무를 규범화하고, 이때부터 기준지가평가업무가 전국에서 신속하게 전개되기 시작했다. 1994년 말에 이르러서, 전국의 1000개에 달하는 도시가 토지 등급 확정과 가격평가업무를 완성했고, 성 정부 소재 도시(省会城市)와 계획단열시 중 27개 도시가 도시기준지가평가업무를 완성했으며, 저장성, 푸젠

---

3   黄小虎 主编,『中国土地管理研究(上)』(当代中国出版社, 2006), p. 15.

성, 랴오닝성 등의 성들이 솔선해 현급 이상 도시의 기준지가평가업무를 완성했다.

한편, 국유토지사용권의 임대 또는 주식화 출자 형태 등 새로운 형태의 토지유상사용 방식이 창안되었다. 토지사용권의 임대란, 국가가 일정 기간 내의 토지사용권을 토지사용자에게 사용하도록 양여하고, 토지사용자는 매년 지방정부에 임대료를 납부하는 행위이다. 매년 토지임대료인 지대를 납부한다고 해서 '토지연조제(土地年租制)'라고도 부른다. 매년 임대료 납부 방식이 수십 년간의 토지사용료를 일시불로 지불하는 '출양'과 다른 점이다. 이 같은 방식은 국유토지사용권 출양 중 일부 단위가 출양금을 일시불로 지불하기가 곤란한 경우 또는 장기간 토지를 사용할 필요가 없는 중소 규모 투자자들의 수요를 만족시키는 등 융통성이 보다 컸다. 동시에 이 방식은 기존의 행정배정된 토지의 사용권을 점진적으로 유상사용 궤도에 진입시키기 위한 방법이기도 하다.

국유토지사용권을 '가격을 정한 후 주식화(作价入股)'한다는 것은 일정 기간의 국유토지사용권을 가격으로 환산한 후에 국가가 주식화해 기업에 현물 투자하는 것을 말한다. 이 같은 방식은 국유기업 개혁 과정 중에 비교적 자주 채택, 이용되고 있으며, 국유토지자산이 유실되는 문제를 해결할 뿐만 아니라, 부실한 국유기업의 제도 및 조직 개혁에 유리한 조건을 마련해주었다. 이 방법은 주로 현재 국유기업이 사용하고 있는 행정배정토지사용권에 대한 제도 개혁이 필요할 경우에 활용하고 있다.

이 밖에도 이 시기에 진행된 토지사용제도 개혁 중 중요한 내용은, 토지사용권시장 혼란에 대한 통제, 행정배정토지와 국유기업용지에 대한 개혁 추진, 토지비축 방안 탐색, 집체건설용지의 자발적 유통, 토지징용 관리와 경지보호 관련 업무와 제도의 정비 등이다.

최근의 주요 동향은, 2001년 이후 토지시장에 대한 질서 확립과 규범화가 진행되고 있다는 점이다. 이는 2001년 국무원이 하달한 '국유토지자산

관리 강화에 관한 통지(关于加强国有土地资产管理的通知)'(국무원 15호 문건) 에서, 시장경제 원칙의 실현과 토지사용 거래의 공개와 공평·공정을 확보하기 위해, 각 지방정부에 토지사용권의 입찰·경매·공시경매 방식의 출양에 진력할 것을 촉구하면서부터 시작되었다. 2001년 15호 문건의 요구를 구체화하기 위해, 국토자원부가 2001년 6월에 '토지시장 질서의 정돈 및 규범에 관한 통지(关于整顿和规范土地市场秩序的通知)'를 발표·하달하고, 토지시장의 기본 제도를 건전하게 건립하기 위해 다음과 같은 점을 강조했다. ① 건설용지 공급총량통제제도이다. 토지이용총체계획과 해당 지역의 각항 건설의 실제 수요에 근거해, 건설용지 총공급량을 엄격하게 통제한다. ② 도시 건설용지 집중공급제도이다. 도시정부는 신규 건설용지 공급을 통일적으로 통제해야 하고, 동일 도시 범위 내의 신규 건설용지는 시의 토지행정 주관 부문이 통일적으로 징용해 제공한다. ③ 토지사용권 거래공개제도이다. 토지출양계획은 필히 지정된 장소에서 또는 유관 매체를 통해 사회에 공개해야 한다. 규정에 의해 입찰·경매해야 하는 토지는 필히 공개입찰·경매하고, 협의출양은 반드시 협의 결과를 공표해야 한다. ④ 기준지가 기간 확정 및 갱신과 공표제도이다. ⑤ 토지등기 열람가능제도이다. 국가보호기밀 보호 요구에 해당하는 것 외에 토지등기 결과에 대한 공개 요구를 수용해야 한다. ⑥ 집단결정제도이다. 건설용지 심사비준, 토지자산 처리, 토지가격 확정 등 토지자산 관리와 관련된 중요 사항은 일률적인 내부 심사를 거쳐서 집단적으로 결정한다.

국무원 결정을 구체화하고 토지자원의 시장 배치를 추진하기 위해, 국토자원부도 지속적으로 정책문건을 공포·하달해, 행정배정토지의 사용 범위를 한정하고, 입찰·경매·공시경매(挂牌) 관련 제도를 건립 및 정비하며, 협의출양 행위를 규범화했다. 첫째는 2001년 10월 22일 공표한 '행정배정용지 목록(划拨用地目录)'으로, 행정배정 및 유상의 범위를 상세히 규정하고, 행정배정용지목록에 부합하지 않는 건설용지는 반드시 유상으로 출양하도록 했다. 둘째, 2002년 5월 9일 공포한 '입찰·경매·공시경매 출양 국유토지사용권 규정(招标拍卖挂牌出让国有土地使用权规定)'에는 상업, 관광, 오락 및 상품 주택 등 각 유형의 경영성 용지는 필히 입찰, 경매 또는 공시경매 방식으로도 출양해야 한다고 명확하게 규정했다. 셋째, 2003년 6월 11일 공포한 '협의 출양 국유토지사용권 규정(协议出让国有土地使用权规定)'은 입찰, 경매 또는 공시경매 방식으로 출양하기에 부적합한 조건의 국유토지만을 협의출양할 수 있다고 규정했다. 이 같은 문건과 규정의 영향으로, 전국의 토지사용권 입찰 및 경매출양의 수익이 2000년 350억 위안(元)에서 2001년 492억 위안으로 40% 증가했으며, 2002년 전국에서 입찰·경매·공시경매한 국유토지사용권의 종수(宗数), 면적, 수입은 각각 전년 대비 108.6%, 273.8%, 197% 증가했다. 또한 토지사용권 유상출양토지 총면적 중 입찰, 경매 또는 공시경매 방식을 통해 출양된 토지의 점유율이 2002년 15%에서 2003년 33%로 상승했다.

토지사용권시장이 형성되고 발전 및 확산되어 가는 중에 최근에 대두된 중요한 문제의 하나는 공업용지 출양에 대한 문제이다. 공업용지 출양은 주로 협의방식으로 이루어지는데, 각 지방이 투자 유치를 위해 저지가(低地价) 토지 제공 경쟁을 벌이면서, 수많은 공업용지 출양가격이 하락했고, 심지어는 토지의 조성 비용보다 낮은 '마이너스 지가(负地价)'도 출현했다. 이는 토지시장 질서를 파괴하고 국유토지자산을 심각하게 유실시키는 결과를 초래했다. 이러한 문제에 대응해, 2004년 10월 21일 국무원은 '토지관리의 개혁 심화 엄수에 관한 결정(关于深化改革严格土地管理的决定)'[国发(2004)第28号]을 발표해, 각 지방에 위법적인 저지가에 의한 투자 유치 행위를 금지하고, 현행 규정에 의한 입찰·경매·공시경매를 시행해 용지를 출양하는 것 외에, 공업용지도 점진적으로 입찰·경매·공시경매로 출양해 토지자원의 시장화 배치를 추진해야 한다고 촉구했다.

이 외에도 2001년 10월에 '행정배정용지목록'을 수정했고, 2003년 6월에

협의출양을 시장경제기제의 궤도에 진입시키기 위한 '협의출양 국유토지사
용권 규정(协议出让国有土地使用权规定)'을 공포 및 시행했다. 또한 집체건설
용지 유동(流动)실험지구 지정 및 규범화, 토지징용 관리와 농경지 보호 관
련 시책의 적극 추진 등을 들 수 있다.

2) 도시토지의 세금과 비용의 분쟁

각 지구와 도시는 도시토지 유상사용 문제에 대해 구체적으로 연구했기
때문에, 토지사용료의 형식이 비용 개념의 사용비(使用费)를 채택할 것인지,
아니면 세금 개념의 사용세(使用税)를 채택할 것인지에 대한 문제를 놓고
뜨거운 논쟁을 벌였다. 두 가지 의견이 팽팽히 맞섰는데, 이것이 이론계와
실무 부서 간에 발생한 세금과 비용 분쟁이다. 주요 내용을 정리하면 다음
과 같다.

(1) 토지사용료 징수 주장

① 세금과 비용이 내포하는 함의가 다르며, 토지의 경우 사용료가 이론과
실제에 부합한다. 세수는 강제성, 무상성, 고정성이라는 기본 특징을 가지
며, 세금은 국가가 직능을 실현하기 위해 공권력을 빌려 법정 기준에 따라
강제·무상으로 재정수입을 취득해 형성한 일종의 특수한 분배 활동이다.
토지세는 국가가 토지소유자에게 징수하는 일종의 세수 재원(财源)이어야
한다. 따라서 소유자로서의 국가가 토지사용자에게 토지세를 징수하는 것
은 이치에 어긋난다. 반대로 토지소유자로서의 국가가 토지사용자에게 토
지사용세를 받는 것은 실제로는 토지임대료(土地租金)를 받는 것으로, 이론
과 실천 두 측면에서 모두 사리에 맞는다.

② 세금과 비용이 표현하는 관계는 다르다. 토지사용료는 토지소유자와
토지사용자 간의 경제 관계이고, 토지사용자가 토지를 사용함으로써 토지

소유자에게 주는 일종의 경제 보상과 사례금이다. 이런 상황에서 국가가 토지소유자로서 출현한 것이다.

③ 세금과 비용의 징수 대상과 납부 주체가 다르다. 토지사용세의 징수 대상은 토지사용자이고, 징수의 기초는 토지수익에서 나온다. 토지사용자의 경영소득에는 지대가 포함되어 있어, 일종의 초과이윤이 포함된 것이다. 그러나 토지세의 징수 대상은 마땅히 토지소유자여야 한다. 즉, 생산경영소득이 아닌 재산세의 일종이다. 여기서 알 수 있듯이, 토지사용세는 토지수입의 첫 분배이고, 토지세는 토지수입의 재분배이다(张跃庆, 1987). 토지사용료를 거두는 동시에 같은 대상에게서 다시 토지세를 징수해야 하는지를 두고 마르크스는 일찍이 "토지소유자로서의 국가가 동시에 주권자가 되어 생산자와 직접 대립하면 지대와 지세(地税)는 곧 하나가 될 것이고, 지대 형식과 다른 어떤 과세도 없을 것이다"라고 지적했다(人民出版社, 1974: 891).

④ 몇몇 도시는 이미 중외합자경영기업이 사용하는 토지에 대해 토지사용료를 징수하고, 또한 국가는 정식으로 법률과 법규를 반포해 명문으로 규정했다. 국내와 국외의 토지사용자에게 모두 사용료의 형식을 채택해 국내와 국외를 일치시키는 것이 국제관례에 더욱 부합한다.

⑤ 국유도시토지를 유상사용하게 되면 토지를 효율적으로 이용하도록 유도해, 이러한 기제를 통해 도시총체계획(城市总体规划)을 제대로 실시할 수 있게 된다. 따라서 토지사용료를 채택해 도시계획부서와 토지관리부서를 잘 결합시키면 곧 토지의 행정관리, 법제관리 및 경제관리의 통일을 이룰 수 있다. 그런데 만약 세금 형식을 채택하게 되면 반드시 세무부서가 징수해야 하는데, 세무부서는 직접 토지를 관리하지 않기 때문에 토지세 징수업무와 토지관리업무가 분리되어 토지의 행정관리, 법제관리 및 경제관리의 통일을 달성하기가 매우 어려워진다.

⑥ 도시토지 유상사용의 목적 중 하나는 도시건설자금, 특히 도시기초시설의 건설자금을 증대시키는 것이다. 토지사용료를 채택하게 되면 이러한

수입을 도시의 지방재정에 직접 포함시킬 수 있게 되어 토지사용료를 더욱 효과적으로 사용할 수 있게 된다.

(2) 토지사용세 징수 주장

① 도시토지는 국가 소유에 속하고, 국가의 대표는 당연히 중앙이며, 사용세의 수입은 당연히 중앙에 귀속된다. 국가는 도시토지의 소유자일 뿐만 아니라, 전국 인민의 대표이다. 따라서 국가는 토지사용자에게서 토지세를 징수할 권리가 있다.

② 토지사용세 징수는 세제와 세율의 통일과 규범, 특히 전국 범위의 통일에 편리하고, 아울러 기타 세종(稅種)과 세율 관계의 조정에 편리하다.

③ 국가의 토지사용세 징수는 국가가 도시국유토지의 소유권을 실현하는 일종의 경제적 수단이다. 국가가 거두는 토지사용세는 결코 국가와 도시정부가 도시기초시설에 투자한 대가에 대한 보상이 아니라, 주로 토지에서 발생하는 차액지대와 일부 절대지대이다. 따라서 세금의 형식을 채택하는 것이 더 적합하다.

(3) 비용과 세금을 같이 이용하고 각각 대우하자는 주장

이러한 주장에 따르면, 비용 징수의 형식을 채택하든지, 아니면 세금 징수의 형식을 채택하든지, 양자의 서로 다른 성질은 구별해야 한다. 또한 정책의 연속성을 유지해야 하며, 양자의 공존이 적합한 것으로 본다. 그래서 가능한 방법은 사용단위가 소재지 정부에 '토지사용료'(임대료)를 내고, 지방정부가 중앙에 '세금'을 납부하는 형식을 채택하면 된다고 주장한다.

4. 도시토지 개혁 과정에서의 주요 문제

새로운 토지관리제도와 토지시장은 신·구체제의 전환 과정에서 수립되었으므로, 필연적으로 구제도와 여러 면에서 마찰이 생기게 되었다. 새 제도의 순조로운 진행을 보장하기 위해 중요한 문제들을 정확히 처리해야 했는데, 그중 중요한 문제는 건물과 토지와의 관계, 시장기제와 계획적 조절의 결합, 토지사용 기한의 확정, 그리고 이미 행정배정된 토지의 처리 문제였다.

1) 건물과 토지의 관계

토지관리체제의 개혁에 따라 '건물과 토지의 관계를 어떻게 정리할 것인가'라는 문제가 대두되었고, 건물과 토지재산권의 일체화와 건물이 토지에 부수되어 함께 유통되는 부동산시장의 운행과 관리모형이 형성되었다.

자연적 속성에서 보면 독립적인 토지는 있지만 독립적인 건물은 없으며, 부동산은 기타 상품과 다른 특성을 가지는데, 이는 토지의 희소성, 유한성, 위치의 고정성에 기인한다. 건물은 토지의 '부착물'로, 건물의 건설은 토지를 이용하는 투자와 수단이라 할 수 있으므로 건물의 권리를 토지공간권의 범주에 넣을 수 있다. 중국의 '헌법'에서는 도시토지를 '전민 소유(全民所有)', 즉 국유로 규정하나, 건물은 개인이 소유할 수 있으며, 토지사용권은 건물 소유권의 전제이자 기초로 규정한다.

가치 구성 면에서 보면, 부동산의 가치는 토지가격과 건물건설비 두 부분으로 나뉜다. 시간의 흐름과 토지의 사용 환경의 개선은 지가를 날로 상승시키고, 건물의 감가상각으로 건물가격은 날로 하락한다. 이 같은 인식에 기초해 선전경제특구에서는 시(市) 국토계획국을 중심으로 통일적인 부동산시장 체계를 세우고, 건물재산권과 토지재산권을 합친 부동산등기제도를 수립했다.

토지소유권의 개인 사유제를 실행하는 사회에서, 토지와 건물(房屋)은 형식은 물론이고 재산권상 전체 부동산으로 존재하는 경우가 일반적이어서, 건물소유권의 완정성(完整性) 문제는 존재하지 않는다. 그러나 중국은 토지소유권 공유제를 실시하고 있으며, 이 같은 제도적 틀에서 토지사용자는 단지 토지재산권의 일부분을 가지고, 토지와 건물이 비록 형식상으로는 전체 부동산으로 존재하지만 재산권 관계상 분리되므로, 건물소유권의 완정성 문제가 대두된다.

건물소유권은 '무기한 물권(无期物权)'이지만, 토지사용권은 그 취득 경로가 출양인지, 재양도 방식인지를 불문하고 모두 기한 내의 제한된 권리이다. 한편, 건축물은 특정한 토지상에 부착될 수밖에 없으므로, 이것이 양자 간의 모순과 충돌을 야기한다.

전국 범위에서 보면, 1998년 이래 중국 부동산업의 급속한 발전에 수반해 주택가격이 지속적으로 상승했고, 이와 동시에 토지자원 배치의 시장화 진행 과정도 점차 가속화됨에 따라 도시의 부동산개발과 토지공급정책도 부단히 조정되고 있다. 특히 2002년과 2004년 '입찰·경매·공시경매 출양 국유토지사용권 규정(招标拍卖挂牌出让国有土地使用权规定)'과 '경영성 토지사용권 입찰·경매·공시경매 출양 현황의 집행감찰업무에 관한 통지(关于继续开展经营性土地使用权招标拍卖挂牌出让情况执法监察工作的通知)'(약칭 '71호령')의 발표로, 경영성 용지에 대해 보다 경쟁력 있는 입찰·경매·공시경매 출양방식을 시행할 것을 요구했으며, 토지의 입찰·경매·공시경매 제도가 지가와 건물가격에 대한 영향 또한 건물가격과 토지가격 상승에 관한 인과관계 문제가 토론의 쟁점이 되었다. 높은 주택가격은 높은 토지가격 때문인가? 토지의 입찰·경매·공시경매의 정책이 주택가격 상승의 주요 원인인가? 현재 중국의 학자들 간에는 이 문제에 대해 두 가지 관점이 첨예하게 대립하고 있다. 첫째는 주택가격은 주로 토지가격에 의해 결정된다는 관점이고,

둘째는 토지가격 상승은 주택가격 상승의 결과이지 원인이 아니라는 관점이다.

2) 토지사용 기한의 결정

(1) 토지사용 기한 고려의 기본 요소

토지사용 기한(土地使用期限)의 확정은 새로운 토지관리제도 아래서 필연적으로 해결해야 할 기본 문제였다. 사용 기한을 확정하기 위해서는 다음과 같은 서로 모순되는 기본 요소를 고려해야 했다.

첫째, 토지사용자들이 장기적인 투자를 하도록 유인하고, 사용 기한 내에 만족할 만큼의 투자자금을 회수할 수 있도록 해야 한다. 이렇게 해야만 제도의 장기적인 안정성을 확보할 수 있기 때문이다. 이것은 토지의 사용 기한이 충분하게 길어야 함을 의미한다. 둘째, 정부에 의한 토지배치의 융통성을 반드시 보장해 정부가 도시의 발전에 근거해 도시계획을 조정하고, 도시 재건설을 추진할 수 있도록 해야 한다. 토지사유제 국가들이 국유토지의 사용과 보상에 어려움을 겪고 있는 문제와 경험을 참고해, 토지의 임대나 비준 시에 특정 토지에 대해서는 사용 허용 기한을 단축하고, 용지변경 수요와 파생되는 문제들에 대비하는 방안도 고려해야 한다.

(2) 토지사용 기한의 확정 근거

선전시의 정책 담당자들은 수익성 기업용지의 자본화율을 20%라고 가정하고, 50년이면 토지사용권 가격을 전부 회수할 수 있으며, 용지의 자본화율을 25%로 하면, 40년이면 토지사용권 가격을 전부 회수할 수 있다고 보았다. 당시 일반적 공상업 투자기업의 용지수익률은 보통 20%를 상회했다. 또한 선전은 홍콩, 싱가포르 등 유사한 체제하의 토지사용권 기한 관련 규정을 참고해, 일반 기업의 부동산 사용에 대해 50년이면 비교적 합리적인 사용 기한이라고 판단했다. 즉, 일반적인 공상업 투자기업과 개인의 투자용지에 대해 50년은 충분한 투자회수기가 될 수 있다고 보았다. 단, 상품주택용지에 대해서는 70년까지 연장할 수 있도록 했다.

그 밖의 토지사용자들에 대해서는 도시계획에 근거해 연장하거나 조건부로 연장해, 토지사용자들이 만기가 된 후에도 계속 투자할 수 있도록 장려했다. 연장할 경우에는 토지사용계약을 다시 체결하고, 추가 토지사용비를 지불해야만 계속 사용할 수 있다.

(3) 토지사용권 기한과 건물소유권 완정성 간의 모순

토지사용권 기한과 건물소유권 완정성 간의 구체적 모순은 주로 아래와 같이 나타난다(胡昱东·吴宇哲, 2003: 80~82; 李政辉, 2004: 46~49).

① 건축물 무상회수의 문제

1990년에 공포한 '중화인민공화국 도시국유토지사용권 출양 및 재양도 임시조례(城镇国有土地使用权出让和转让暂行条例)' 제40조 규정에 근거해, "토지사용권 기한이 만기에 이르면 토지사용권 및 그 지상건축물, 기타 부착물 소유권은 국가가 무상취득한다". 그러나 이 규정에는 다음과 같은 문제가 있었다.

㉠ '헌법' 정신에 위배

2004년 '헌법' 개정 시 "공민의 합법적 사유재산은 침해받지 않는다", "국가는 법률 규정에 의해 공민의 사유재산권과 상속권(继承权)을 보호한다"고 규정했다. 건물이 개인의 재산에 속하는 것은 논쟁의 여지가 없으며, 사용권 기한 만료는 징수나 징용과 다르다. 따라서 개인의 건물재산권은 보호받아야 하며, 국가가 직접 무상취득할 수 없다.

ⓒ '민법'의 기본 원리에 위배

'민법'의 각도에서 보면, 이러한 '국가에 의한 무상취득'은 국가가 소유권을 취득하는 두 가지 방식인 '징수(徵收)'와 '몰수(沒收)' 관련 규정과 부합하지 않으며, 민사주체(民事主體)의 합법적인 권리를 침해한다. '도시국유토지사용권 출양 및 재양도 임시조례' 제47조에서는 "행정배정(划拨)한 토지사용권을 무상회수할 때는 그 지상건축물과 기타 부착물에 대해 시·현 인민정부가 실제 정황에 근거해 적당한 보상을 해주어야 한다"고 규정하고 있다.

② 토지사용권 기한의 건물매매가격에 대한 영향

토지사용권 기한 만기가 다가오면 그 위에 지은 건물가격 또는 교환가치에 대한 영향이 갈수록 두드러지므로 건물가격 결정의 중요한 요인이 된다. 그런데 상품주택의 경우 토지사용권 기한은 주택 구입자가 해당 상품주택을 취득한 날부터 계산하는 것이 아니고, 부동산개발회사가 해당 토지를 취득한 날부터 계산한다. 따라서 개발업자(开发商)와 주택 구입자 간의 정보가 어긋나기 때문에 주택 구입자가 부지불식간에 원래 토지사용 기간이 상당히 지난 주택을 구입할 수도 있게 된다. 게다가 공정이 절반 정도 진행된 상태에서 토지용도가 주택용지에서 상업용지로 전환되는 경우도 있다. 이 경우 사용권 출양을 받은 지 10년 정도 지난 시점이라면, 토지사용권 잔여 기한은 상업용지 토지사용권 기한인 30년에서 10년을 제한 기한인 20년 미만이 된다.

③ 토지사용권 기한이 토지사용권자의 장기적 투자에 주는 영향

만약 토지사용권자가 토지사용권 취득 이후 토지 위에 각종 건축물과 기타 시설을 건축해 자신이 사용하고 팔지 않았다면, 그 건축물과 기타 시설의 가치도 토지사용권 잔여 기한의 영향을 받을 수 있다. 왜냐하면 토지사용권의 만기가 다가옴에 따라 사용권자가 토지 위에 건축한 각종 건축물과 기타시설의 가치가 필연적으로 감소할 것이며, 이는 토지사용권자가 해당 토지 위에 장기적인 투자를 하는 데 불리하게 작용할 것이기 때문이다.

④ 토지사용권 기간 연장 문제

'도시국유토지사용권 출양 및 재양도 임시조례' 제41조에서는 "토지사용자는 토지사용권 기한 만기 시에 연기를 신청할 수 있다"고 규정한다. 1994년 공포 및 실시된 '도시부동산관리법(城市不動産管理法)' 제21조에도 다음과 같이 규정되어 있다. "토지사용권 출양계약에서 약정한 사용 기한 만기에 달하고, 토지사용자가 계속 토지사용이 필요할 경우에는 늦어도 만기일 1년 전에 연장 신청을 해야 한다." 단, 동법 제21조에 다시 규정하기를, "국가는 사회공공이익의 수요를 이유로 토지사용자의 연장 신청을 비준해주지 않을 수 있으며, 토지사용권과 지상의 건축물과 구조물을 무상으로 회수할 수 있다"고 규정했다. 그러나 '사회공공이익'에 대한 법률상의 개념과 경계가 모호하다.

⑤ '물권법'상의 주택용지 사용권 기한 자동 연장 규정

토지사용 기한 문제와 관련해, 2007년에 제정된 '물권법' 제149조에서는 "주택건설용지사용권이 기간 만기에 달하면 자동 연장된다. 비주택건설용지 사용권 기한 만료 후의 연장은 법률 규정에 의해 처리한다"라고 규정했다. 이는 자신이 소유한 주택에 속한 토지의 사용권 기한이 만기에 도달한 이후에 대해 걱정하는 시민들에게 대답 및 보장을 해준 것이라고 할 수 있다. '물권법'은 "주택용지 70년 만기 이후에 자동 연장"이라 규정함으로써, 불안해하는 인민들의 마음을 어느 정도 안정시켜주었으나, 기간 연장 이후의 토지사용비 지불 기준과 방법에 대한 구체적 규정은 아직 없다.

3) 시장기제와 계획적 규제의 결합 문제

(1) 토지자원의 합리적 배치

자원의 합리적인 배치는 각종 생산요소의 효과적인 조합이고, 사회생산력 발전의 기초이다. 중국의 제1단계 경제체제 개혁이 성공한 것은 바로 시장의 작용을 통해 각종 자원을 점진적·합리적으로 배치했기 때문이다. 경제체제 개혁이 제2단계로 접어든 후에도, 주요 개혁 목적의 하나는 역시 국가의 거시통제 아래의 자원 배치에서 시장기제가 기초적인 작용을 하도록 해 각종 자원의 이용 효율과 생산성을 향상시키려는 것이다.

① 토지자원 부족이 토지자원의 합리적 배치를 촉진

토지면적의 유한성, 위치의 고정성으로 인해 종종 어떤 지역, 어떤 용도의 토지는 공급부족을 일으켜 공급과 수요의 모순을 조성한다. 이런 모순은 중국 경제체제 개혁 과정 중에 날로 첨예화되고 있다. 중국은 토지자원 대국으로, 국토 총면적이 세계 육지면적의 약 20%, 경지면적이 세계 경지면적의 약 7%를 차지해 각각 세계 3위와 4위를 차지한다. 그러나 이처럼 풍부한 토지자원을 보유하고 있음에도 불구하고 토지공급과 수요의 모순을 완화시키지 못했다. 그 원인은 다음과 같다.

첫째, 중국에서 이용 가능한 토지자원과 경제발달지구는 주로 동남부 연해지구에 위치해 있다. 중국 동남쪽의 계절풍 지역은 일조량과 강우량이 풍부하고, 우기와 건기가 같아서 농업생산을 위한 양호한 토지자원 조건을 갖추고 있다. 그러나 동남지구는 인구밀도가 매우 높고 2·3차 산업이 발달했으며 비농(非農)건설용지에 대한 수요량이 커서 토지의 공급과 수요 간의 모순이 매우 크다. 서북지구는 일조량과 태양열이 비교적 풍부하지만, 가물고 비가 적어서 사막과 알칼리성 토지가 넓고 농업 토지의 생산성이 낮으며 인구가 적고 경제가 낙후되어 토지수요가 상대적으로 적다. 따라서 전국 범위에서 토지자원의 합리적 배치와 효율적 이용이 어렵다.

둘째, 산지가 많고 평지가 적어서 토지이용에 많은 비용과 곤란이 수반된다. 중국은 고원이 전국 토지면적의 26%를 차지하고, 산지가 33%, 분지가 19%, 구릉이 10%, 평원이 12%를 차지한다. 고원, 구릉, 산지가 구성하는 산지 유형의 토지면적은 국토면적의 약 69%를 차지한다. 이런 토지는 경작 조건이 열악하고, 비농업용지로 개발하는 비용에 비해 효율은 낮다. 따라서 각 부문과 항목 간에 유한한 평지를 쟁탈하려는 현상을 조성해 공급과 수요 간의 모순을 더욱 격화시켰다. 다른 유형의 토지가 다른 요소와의 최상의 결합을 어떻게 실현하고, 각종 자원을 어떻게 충분히 이용할 것인지는 경제 발전 중 반드시 해결해야 할 문제이다.

셋째, 중국은 경지예비자원이 부족해 개간 가능한 토지의 대부분이 국경 지역에 분포되어 있고, 이것은 경제발달지구 토지의 공급과 수요 간의 모순을 완화시키는 데 더욱 장애가 되었다.

요약하면, 중국의 토지자원은 공급과 수요 간의 모순이 두드러지고, 또한 중국 경제체제 개혁의 심화와 사회경제의 진일보한 발전에 따라 이런 모순이 더욱 첨예화될 것으로 전망된다.

② 토지사용제도 개혁의 지속적 심화

토지사용제도 개혁은 토지자원을 합리적으로 배치하기 위한 객관적인 요구이다. 경제체제 개혁의 제1단계는 농촌토지사용제도 분야에서 진행되었다. 농촌에서 추진된 가정생산연계도급책임제(家庭聯産承包責任制)는 농민과 토지 및 기타 생산요소와의 결합 방식을 개선했고, 그들로 하여금 구체적인 상황에 근거해 생산 활동을 합리적으로 조직하는 자주권을 갖게 했으며, 적극적으로 생산하도록 크게 분발시켰다. 농민들은 농촌의 각종 생산요소를 새로 분배하고 조합했으며, 모든 생산요소를 최적으로 조합했다. 이것이 1978년부터 1984년까지 중국의 농촌경제가 지속적으로 고도성장한 주요 동력이었다. 이 7년 동안 농업 총생산액이 연평균 7.7% 증가했고, 그중 작물재배업 생산액은 연평균 7.2% 증가했다. 농업경제의 이러한 고도성장 속도는 중국뿐 아니라 세계 농업경제 성장사상 보기 드문 것이다.

그러나 1985년부터 농업경제 성장이 둔화되기 시작했다. 그 원인은 다양하나, 토지사용제도가 불완전했고, 그로 인해 토지자원 배치가 불합리하게 조성된 것이 중요한 원인의 하나이다. 우선, 가정생산연계도급책임제 아래에서 토지는 품질 차이에 따라 조정된 후 인구와 노동력에 따라 평균분배를 한다. 조사에 의하면 중국에서 한 농가가 보유하는 토지는 평균 9무(畝)이다. 또한 토지경영권은 팔 수 없고, 생활보장의 수단이기 때문에, 농민도 재양도를 원하지 않아 토지와 노동력이 최상의 조합에 이르기 힘들다. 가구별 분할도급(分戶承包) 후의 각 가구의 자금, 기능 및 지향하는 바와 경영항목이 다르고, 경작노동력이 상대적으로 적은 토지 수량이 많으며, 토지 및 농업경영 자질의 요구 정도에도 차이가 매우 크다. 1984년부터 중국 농촌에서는 한편으로는 능력이 뛰어나고 또한 열심히 경작하는 많은 농가가 더 큰 면적의 토지를 얻지 못하고, 또 한편으로는 많은 토지가 적당하고 충분한 노동력으로 경작되지 못하는 상황이 발생했다. 이런 상황들은 토지의 합리적 유통과 자원의 효과적인 배치에 대한 문제를 제기했다.

둘째, 토지면적이 작고 자잘하게 분산된 경영 상황은 농업기계와 기술의 역할을 제한했고, 각종 자원의 최적화 배치에 영향을 미쳐 토지 생산성을 저하시켰다.

셋째, 농촌경제 개혁 이후 도시화 및 공업화 추세가 가속화되면서, 제2·3차 산업과 농업 간의 수익 격차가 증가했고, 이러한 추세 속에 농가 겸업 등 농가 수입의 원천이 다양해졌다. 비농산업 분야에 종사하는 농민이 갈수록 증가하는 추세 속에서 (농민이) 도급경영권을 보유한 토지는 여전히 농민의 생존 기초이기는 하지만, 직접 경작하던 땅에서 점차 '물러나 지키는 땅(退守地)'이 되었고, 농지사용권은 유전(流轉)되기 시작했다. 이는 토지의 조방식(粗放式) 경영 또는 토지 방치 등 토지이용의 효율을 떨어뜨리는 중요한 원인이 되었다.

도시에서는 1982년부터 선전, 푸순, 광저우, 허페이(合肥) 등의 도시가 잇달아 토지유상사용 실험 및 시범운영을 추진했다. 그러나 1986년 이전까지는 이러한 개혁들이 여전히 도시건설자금의 재원 마련을 목적으로 하는 토지사용료 징수를 주된 목적으로 했고, 일부 도시에서만 진행되었다. 총체적으로 볼 때, 당시 중국의 도시토지사용제도는 기본적으로 여전히 전통적인 무상·무기한 사용 상황에 처해 있었다. 토지는 매매와 임대를 할 수 없고, 또 기타 토지를 유통하게 하는 경제기제(经济机制)가 결핍되어 사용자가 토지 재양도로부터 어떤 이익도 얻지 못했다. 이 제도는 토지자원 자체의 합리적인 배치와 고효율 이용을 방해했고, 또한 전체 도시경제체제의 개혁을 방해했다.

토지의 무상사용 때문에 토지사용자인 각 단위와 개인은 요소의 조합을 선택할 때는 여전히 가능한 한 토지를 이용해 기타 요소를 대체했다. 이 때문에 국가는 토지를 방치할지언정, 타인에게 재양도해 사용하게 하는 것을 원하지 않게 되었다. 이에 따라 국가는 토지공급을 감소시켰고, 이는 경제활동에 필요한 토지자원을 구하기 어렵게 해 전체 경제발전에 영향을 미쳤다. 따라서 경제체제 개혁의 심화와 사회경제의 안정적이고 지속적인 발전을 위해, 토지사용제도의 개혁을 통해 토지자원의 합리적인 배치를 실현해야 한다는 필요성이 제기되었다.

(2) 토지사용권시장 형성

① 농촌도급토지사용권 유전시장

개혁·개방 이후 1983년경부터 여러 농촌에서 각 농가의 실제 경영 상황 변화를 바탕으로 대담한 탐색을 거쳐 "토지는 재양도하지 못한다"는 당시의 정책 제한을 돌파했고, 각 가정 사이에 토지사용권의 재양도와 도급권 재도급(转包)이 시작되었다. '개혁·개방'을 선언한 이후, 농가별로 토지를 분할하고 경작권을 도급해주는 '농촌가정생산연계도급책임제(农村家庭联产承包责任制)'(이하 '가정도급제')를 시행하면서 농촌토지가 유전(流转)되고 농지사용권(경작권) 유전시장이 형성되고 있다.

실제적으로는 개혁·개방 이전에도 중국 내의 적지 않은 지방에서 소위 '호별 도급생산(分田到户)'이 비밀리에 혹은 기근 탈출 대책의 하나로 시행되고 있었다. 1953~1957년 동안에는 저장, 쓰촨, 안후이, 후난, 장쑤 등지에서 호별 경지 분할 경작이 출현했으며, 이 중 안후이성은 1961년에 도급경작제(大包干) 시험지구(试点)를 운영하기도 했다(邓大才, 2010: 31). 그 후 문화혁명이 끝나고 극좌풍(极左风) 기세가 완화된 후인 1970년대 말에서 1980년대 초에 빈곤한 농촌지구의 인민공사 생산대에서 가난 구제책의 수단 등으로 호별 도급생산제가 자생적으로 비밀리에 시행되었다. 그중 당시 지방정부 영도자의 보호와 지지를 받으면서 공식화되고 유명해진 것이 안후이성 펑양현(凤阳县) 샤오강촌 농민들의 농호(农户)별 토지 분할 사례이다.[4]

개혁·개방 이후, 농촌토지의 집체 소유를 견지한다는 대원칙 아래 토지사용제도가 점진적으로 융통성과 실용성을 갖추면서 변화했다. 그 과정을 크게 개혁·개방 이후 1993년에 중국 국무원이 '당면한 농업과 농촌경제 발전에 관한 약간의 정책조치(关于当前农业和农村经济发展的若干政策措施)' 발표를 통해 경지의 도급 기간을 원래의 도급 기간이 만료된 후에 다시 30년 연장한다고 발표한 시기를 기준으로, 그 이전과 이후 두 단계의 시기로 구분할 수 있다(塬玉廷 等, 2010: 24~26).

---

4   샤오강촌 사례에 관한 내용은 박인성(2009: 71~89) 참고.

㉠ 제1단계 토지도급 시기(1978~1993)

농민이 자발적으로 행하고 있던 호별 도급생산(包产到户) 활동에 대한 중공의 정책은, 의심-관망-긍정 및 확대 추진 과정을 거쳤다. 개혁·개방을 선언한 1978년 제11기 3중전회에서 통과된 '농업발전 가속화와 약간의 문제에 관한 결정(关于加快农业发展若干问题的决定)'(초안)에서, "호별 도급생산은 허가하지 않지만, 조별 작업도급(包工到组)과 생산연계 보수 산정(联产计酬) 방식은 인정한다"고 규정했듯이 여전히 매우 신중하고 의심하는 시각을 유지하고 있었다.

1980년에 중공중앙이 발표 및 하달한 '농업생산책임제 진일보 강화 및 완비에 관한 몇 가지 문제(关于进一步加强和完善农业生产责任制的几个问题)' 문건에서는 생산연계도급보수계산책임제(专业承包联产计酬责任制)의 장점을 인정하고, 호별 도급생산은 지역별·사대(社队)별로 각각 다른 방침을 채택해야 하고, 산촌 오지와 빈곤낙후지구에서 군중이 집체경제에 대한 믿음을 상실하고 호별 도급생산을 요구하면 군중의 요구에 응해 호별 도급생산을 채택할 수 있다고 제시했다. 호별 도급생산에 대한 중공중앙의 시각과 태도는 신중한 틀 안에서 관망하면서 특수한 경우에 한해 부분적으로 또는 예외적으로 인정하고 허용한다는 정도로 바뀌었다.

1982년 중공중앙이 갈수록 심각해지는 삼농(三农: 농촌, 농민, 농업)문제에 대한 대책으로 발표한 소위 '첫 번째 농촌공작 1호 문건'[5]인 '전국 농촌공작회의 기요(全国农村工作会议纪要)'(1982.1.1)에서, "집체경제는 생산책임제를 장기적으로 불변하게 건립해야 한다", 그리고 "현재 실행 중인 각종 책임제, 호별 도급생산(包产到户), 호별 도급경작(包干到户), 호별 토지분할(分田到户), 도급경작(大包干)은 모두 사회주의 성격의 생산책임제이고, 농촌토지는

---

5   1982년부터 1986년까지 5년간 중공중앙이 매년 최초로 발표·하달한 문건이 모두 농촌 문제와 업무에 관한 것이었다 해서 '첫 번째 1호 문건', '두 번째 1호 문건' 식으로 부른다. 당시에 중공중앙이 농촌문제를 그만큼 중시했음을 알 수 있다.

생산책임제를 시행할 수 있고, 농민 스스로 경영하게 할 수 있다"고 규정했다. 이는 중공중앙이 실제로 확산되고 있는 농촌의 호별 생산도급제를 최초로 인정한 것이었다.

1983년 1월에 중공중앙이 발표한 '두 번째 1호 문건'인 '농촌경제정책이 당면한 약간의 문제(当前农村经济政策若干问题)'(1983.1.2)에서는 "국가에 납부하고, 집체에 남기고, 나머지는 모두 자기 것이다"라고 규정해 농촌토지의 경영수익 분배 관계를 조정했다. 이 문건은 농지의 소유권과 사용권의 분리를 위한 정책적 기초를 제공했다.

1984년 1월에 발표한 '세 번째 1호 문건'인 '1984년 농촌공작에 관한 통지(关于1984年农村工作的通知)'(1984.1.1)에서는, 농촌 집체 소유 토지의 사용권을 15년 기한으로 농호에 도급할 수 있고, 생산 주기가 길고 개발성 항목일 경우에는 도급 기간을 더 길게 해주어야 한다고 규정했다. 이 같은 생산관계 조정을 통해 농업생산력을 해방시켰고, 식량 생산 증가와 가정부업, 그리고 향진기업(乡镇企业)의 발전을 촉진했다. 전국 각지에서는 호별 도급생산 개혁을 추동해, 1982년 전국의 농촌 생산대(生产队) 중 도급제를 시행한 생산대가 80%에 달했고, 1984년 말에는 전국 생산대의 99%, 전국 농가의 96.6%에 달했다(张曙光, 2011: 144). 한편, 도급받은 토지사용권 유전이 농호에 의해 자발적으로 시작되었다.

1986년 1호 문건인 '1986년 농촌공작에 관한 배치(关于1986年农村工作的部署)'(1986.1.1)에서는 적당 정도로 규모경영을 발전시킨다는 방침을 제기했다. 1980년대 중반 이후, 경제발전지구와 대도시 교외지구에서 향진기업이 발흥하면서, 이러한 지구의 상당 비율의 농촌 노동력이 "토지는 떠나되 농촌은 떠나지 않는(离土不离乡)" 방식을 채택해 비농업부문에 취업했고, 이에 따라 많은 지방에서 토지의 점유와 이용이 서로 어긋나는 현상이 나타났다. 그중에서도 농민공 등으로 도시에 나가 일하는 농호도, 비록 경작하지 않더라도 실직에 대비한 사회보장 방편으로 농지의 도급사용권을 포기하지 않으려 했고, 반면에 일부 농호는 더 많은 농지를 경작하기를 원하지만 토지를 얻지 못했다. 이러한 상황은 도급권 양도행위를 통한 토지사용권 유전 행위를 초래했다.

1987년 중공중앙 정치국은 "농촌 개혁을 심도 있게 인도하자"는 문건에서 베이징, 톈진, 상하이 교외지구와 장쑤성 남부와 주강삼각주지구에서 각각 1~2개 현을 선정해, 계획적으로 적당 규모의 가정농장 또는 합작농장을 운영하고, 또한 기타 형식의 전문적 도급도 시도할 수 있도록 해 토지 집약 경영을 탐색하도록 장려한다는 방침을 밝혔다. 이에 근거해 국무원이 농촌개혁시험구(农村改革试验区) 건립을 결정하고, 장쑤성의 쑤저우(苏州), 우시(无锡), 창저우(常州), 베이징 교외지구의 순이(顺义), 광둥성의 난하이(南海)에서 적당규모경영 실험 시행을 허가했고, 산둥성 핑두(平度)에서 양전제(两田制) 시험을 진행했다.

㉡ 제2단계 토지도급 시기(1993~현재)

1990년대에 들어선 후에 가정도급제의 문제에 대한 토론과 집체경제의 규모경영 추진이 필요하다는 주장이 가열되었다. 일부 지방의 집체는 예비 토지(机动地)를 과다하게 확보해 양전제를 시행하고, 또한 농업의 구조조정을 명분으로 농호의 도급 토지를 줄이고, 심지어는 회수하는 현상이 출현했다. 이러한 현상에 대응해, 1993년 11월에 중공중앙과 국무원이 '당면한 농업과 농촌경제 발전에 관한 약간의 정책조치(关于当前农业和农村经济发展的若干政策措施)'를 발표하고, "토지도급 관계를 안정시키고, 농민의 수입 증가 노력을 격려하고, 토지의 생산 효율을 높이기 위해, 농지의 도급 시한이 만료된 후에 다시 30년간 연장하고 보장한다. 개간한 황무지, 조성한 임지, 사막화 방지 개량 토지(治沙改土) 등 개발성 항목에 속하는 것은 도급 기간을 더 길게 연장할 수 있다"고 명시하고, 또한 도급 토지의 빈번한 변동을 피하고 경지 규모가 세분화되는 것을 방지하기 위해, "도급 기간 내에는 가족 수가 증가 또는 감소하더라도 도급 토지는 변화지 않는다(增人不增地, 减人不减地)"라는 방침을 밝혔다. 또한 토지의 집체 소유를 건지하고 토지용도를 바꾸지 않는다는 전제하에 도급자(发包方)의 동의를 거쳐서 토지사용권을 법에 근거해 유상양도(有偿转让)하는 것을 허용한다고 규정했다.

1995년에는 국무원이 농업부의 '토지도급 관계 안정과 완비에 관한 의견(关于稳定和完善土地承包关系的意见)'을 비준·하달하면서 토지도급경영권(土地承包经营权)의 유전기제(流转机制)를 건립한다고 밝히고, 농촌집체토지도급경영권의 유전은 가정연산도급책임제의 연장이고 발전이며, 토지도급경영권 유전의 형식과 경제 보상은 쌍방이 협상해야 한다고 설명했다. 또한 도급 기한 내에 토지도급경영권을 자녀에게 상속하는 것을 허용한다고 다시 확인했다.

1997년 중공중앙과 국무원은 토지도급 관계를 안정시키기 위해 양전제를 억제하고, 예비토지를 확보하는 것을 엄격하게 규제한다고 밝혔으며, '양전제'나 '소조정(小调整)'을 명분으로 도급 토지를 회수하거나 도급비를 인상하는 것을 금지했다.

2001년에는 중국 국무원이 토지정책과 관련한 문건('18호 문건')에서 집체조직이 농민의 토지를 강제로 회수하고 또한 본촌 촌민이 아닌 자에게 유상 도급하는 것을 금지했다. 또한 "모든 토지사용권 유전은 필히 법에 의거하고(依法), 자원(自愿) 원칙과 유상(有偿) 원칙을 견지해야 하며, 토지 유전의 주체는 농호이고, 도급 토지에 대한 유전 여부를 자주적으로 결정할 권리를 보유하며, 토지유전으로 인해 발생하는 모든 수익은 농호에게 귀속된다", "집체경제조직과 향진 정부는 농호가 토지유전을 통해 획득한 수익에 대해 어떤 것도 임의로 보류하거나 징수할 수 없다"고 규정했다.

2001년 11월에 중공중앙이 발표한 '농호 도급토지사용권 유전업무에 관한 통지(关于做好农户承包地使用权流转工作的通知)'에서는, "제2·3차 산업이 발달하고, 대다수 농민이 비농업부문에 취업해 안정된 직업과 수입원을 갖고 있는 지방에서만 비교적 넓은 범위에서 토지유전이 출현할 수 있고, 적당 규모의 경영으로 발전할 수 있다", "유전 기한은 농호의 도급 토지의 잔여 도급 기간을 초과할 수 없다", "농호는 도급 토지에 대해 자주적 사용권, 수익권, 그리고 유전권(流转权)을 보유하고, 도급 토지의 유전 여부와 유전할 경우 그 형식을 법에 의거해 자주적으로 결정할 권리를 보유한다" 등의 내용을 규정했다.

상술한 바와 같이, 개혁·개방 이후 상당히 긴 기간 동안 농민의 토지사용권에 대한 보호조치는 정책문건에 의거해 시행되다가, 1998년 '토지관리법' 수정 시에, 정책문건상에 규정되어 있던 토지사용권이 30년간 농민에게 귀속된다는 규정을 법조문으로 포함시켰다. 2003년 3월 1일부터 시행된 '농촌토지도급법(农村土地承包法)'에서는 한 걸음 더 나아가, 토지도급 사용 기한을 경지, 임지(林地), 초지(草地), 황무지(荒地) 용도별로 구분하고, 경지는 30년, 초지는 30~50년, 임지는 30년 또는 그 이상으로 할 수 있다고 규정했다.

2007년 10월 1일부터 시행되고 있는 '중화인민공화국 물권법'은 농민의 토지도급경영권을 용익물권(用益物权)이라고 규정했고, 도급 기한의 연장에 대해서도 "도급 기한 만료 후에 토지사용권자가 국가의 유관 규정에 의해 계속 도급받을 수 있다"(126조)라고 규정했다. 물권법의 이 같은 규정의 강도는 비록 도시 내 주거용지의 토지사용권 기간 만료 후 연장 허용 관련 내용만큼 강력하게 표현하지는 않았지만, 중국 법률에서는 최초로 농촌토지도급의 기한 30년 이후에 대해 언급한 것이다.

2008년에 개최된 중공 17기 3중전회(十七届三中全会)에서 통과된 '농촌개혁발전 추진에 관한 약간의 중대 문제에 관한 결정(中共中央关于推进农村改革发展若干重大问题的决定)'에서는, 농민의 토지도급경영권을 더욱 충분히 보장해주고, 현재의 토지도급 관계를 장기적으로 안정적으로 보호·유지한다는 방침을 제출했다. 그리고 "토지도급경영권 유전 관리와 서비스를 강화하고, 건전한 토지도급경영권 유전시장을 건립하고, 의법·자원·유상 원칙에 따라 농민이 재도급, 임대(出租), 상호교환(互換), 재양도, 주식 합작 등의 형식으로 토지도급경영권을 유전하는 것을 허가하고, 다양한 종류와 형식으로 적당규모경영을 발전시킨다"는 점을 재확인했다.

호별 도급생산제가 시행 초기에는 농촌생산력을 해방시켰고, 식량 증산을 촉진해 농민의 춥고 배고픈 문제를 해결했으나, 생산 조건이 개선됨에 따라서 이 제도의 우월성도 점차 고갈되었다. 즉, 공업의 발전은 농업생산의 기계화 수준을 제고시켰고, 소규모 농지별로 분산 경영하는 방식은 대규모 기계 운용에 불리했으며, 농업생산력의 지속적 발전을 제한했다. 그 결과, 농민의 1인당 소득 증가 속도는 도시 주민에 비해 갈수록 낮아졌고, 이 같은 도시-농촌 주민 간 소득 격차의 확대는 농촌 노동력을 도시로 유동시키는 대조류(大潮流)를 유발시켰으며, 이 같은 흐름 속에 농업의 규모경영을 위해 농촌토지도급경영권의 유전도 더욱 빈발하고 있다.

② 도시토지사용권시장

도시에서는 경제체제 개혁이 진행되면서 토지사용권의 상품화와 시장화 요구가 대두되었다. 도시경제체제, 특히 국영기업 경영기제 개혁의 중요한 한 측면은 국가와 기업 간의 수입 분배 관계를 적절히 하고, 기업으로 하여금 동등한 조건 아래서 경쟁하게 하는 것이다. 그러나 전통적인 도시토지사용제도 아래, 지대나 지가 등 경제 지렛대가 제 역할을 발휘하지 못했고, 아울러 이윤과 이자가 한데 섞여 있어 기업의 생산경영 수준을 정확하게 평가하지 못해 기업 간의 공정한 경쟁 환경이 조성될 수 없었다. 시장기제 작용을 배척하는 이 같은 토지사용제도는 전체 경제체제 개혁 요구에 부응할 수 없었다. 1985년을 전후로 중국의 이론계는 토지가 상품화 경영을 실행할 수 있는지 여부에 대해 토론했고, 경제체제 개혁이 심화됨에 따라 사람들이 점차 토지의 상품 속성을 인지하게 되었다. 1987년 9월 선전시는 전국에서 최초로 국유토지사용권을 유상출양했다. 1988년 4월 12일, 제7기 전국인민대표대회 제1차 회의에서 통과된 '헌법'(수정안)의 제10조 제4항은 "…… 토지의 사용권은 법률의 규정에 따라 재양도를 할 수 있다"라고 수정되었다. 같은 해 12월 '토지관리법'이 상응하게 수정되어, 토지사용제도 개혁을 위한 법률적 근거를 제공했다. 그리고 1992년, 덩샤오핑의 '남순강화(南巡讲话)' 이후, 1992년 10월에 개최된 중공 14차 전국대표대회(中共14大)에서는, '사회주의 시장경제체제' 건립을 개혁의 총목표로 명확하게 제출했다. 그 후 토지사용제도 개혁은 경제체제 개혁의 주요 구성 부분으로서 전국적으로 전개되었다.

(3) 토지의 사회주의 공유제 견지

토지제도의 성격은 사회경제제도에 의해 결정되는 것이므로, 만약 토지사유화를 실행하면 이는 곧 생산수단공유제(生産資料公有制)와, 나아가 사회주의 제도를 부정하게 될 것이다. 따라서 중국공산당의 입장에서 토지의 사회주의 공유제는 반드시 견지해야 할 기본 원칙이다. '토지관리법' 제1조는 "중화인민공화국은 토지의 사회주의 공유제를 실행한다"라고 규정했다. '헌법' 제10조는 "도시의 토지는 국가 소유이다. 농촌과 도시 교외의 토지는 법률에 의해 국가 소유라고 규정한 것 이외에는 집체 소유(集体所有)에 속한다"라고 규정했다. '토지관리법' 제6조에도 유사한 규정이 있다. 이것이 법률상 중국 토지소유제의 기본 골격을 이룬다. 그러나 중국 학술계는 토지제도에 존재하는 몇 가지 문제에 직면해서 토지소유제의 골격에 대해 다른 관점을 제시했다.

이론적으로 보면, 도시토지에 대한 국유제 실행은 토지에 대한 국가의 거시적 통제와 관리, 그리고 토지자원의 합리적인 배치와 효과적인 이용에 유리하다. 따라서 도시토지제도의 개혁은 단지 '이 같은 국유제를 어떻게 완벽하게 할 것인가'의 문제이다. 반면에 농촌토지소유제에 대해서는 학술계의 의견이 갈라진다.

한 가지 관점은 농촌토지의 단일 국유제를 실행해야 한다는 것이다. 즉, 토지 전체의 국유화 실행은 토지에 대한 국가의 거시적 통제와 관리에 유리하고, 토지사용권이 비교적 큰 범위 안에서 유통되고 집중되어서 토지자원의 합리적인 배치와 농업의 규모경영을 촉진하는 데 유리하고, 경제 관계를 적합하게 하며, 상품 경영의 주체인 기업의 발육 조건을 창조하는 데 유리하고, 효과적인 농업축적기제를 형성하고, 농업의 지속적이고 안정적인 발전을 보장하고, 또한 경지(耕地)를 난점(乱占)하는 행태를 효과적으로 통제하는 데에도 유리하다는 것이다.

상반되는 주장은 다음과 같다. 농촌에서 토지국유화를 실행하는 것은 중국의 국가 정세에 부합하지 않다는 것이다. 우선, 농촌토지의 공유화, 즉 집체소유제는 결코 사람들의 주관적인 의지의 산물이 아니고, 농촌생산력 수준에 제약을 받고 있다는 점이다. 중국의 생산력 수준은 아직 비교적 낮고, 생산력 기술 구조의 지역 간 차이가 매우 크며, 각 세대를 단위로 하는 소규모 경영이 보편적이고 주요한 경영 형식이고, 농업생산의 전문화, 상품화, 현대화 수준 역시 높지 않다. 이 같은 농업생산력 수준과 상황하에서 집체소유제는 여전히 큰 잠재력과 우월성을 가지며, 이에 상응하는 토지의 집체소유가 농업생산을 향상시키는 데 장애가 되지 않는다. 둘째, 토지 전체를 국유화하는 것은 농촌경제의 안정적인 발전에 불리하다. ① 농민들이 심리적으로 부담하기 힘들고, 관념상으로 받아들이기 힘들다. ② 각종 관리조치를 잇달아 만들기도 힘들고, 설사 만들어서 시행한다고 해도 비효율과 행정 비용으로 인해 농촌경제에 더 큰 손실을 초래할 것이다.

한편, 중국의 농촌토지에 대해 사유제(私有制)를 실행해야 한다는 주장도 있다. 앞의 2장에서도 서술했듯이, 현행 농촌의 집체 소유 토지제도에 대한 농민의 가장 큰 불만은 이미 자본, 노동, 심지어 인력 자본에 대한 개인 소유까지 허용하고 있는 중국에서, 유독 농촌토지에 대해서만 토지의 가치 증가분을 거래를 통해 증가시킬 수 있는 기회를 박탈한 반면에, 정부와 부동산

기업(开发商)이 농촌집체로부터는 저가로 토지를 징수하고, 개발 후 고가로 파는 방식을 통해 토지가치 증가분을 가로채고 있다는 점이다. 농촌 토지사유화를 시행해야 한다는 주장의 주요 근거는 다음과 같다. 첫째, 1985년 이후 중국 농업의 침체는 주로 농업 투자가 부족하기 때문이고, 투자 부족의 원인은 장기 투자에 대한 농민의 자신감 결핍 때문이며, 농민이 장기 투자를 원치 않는 원인은 명확한 토지재산권이 없기 때문이다. 둘째, 현행 토지제도상 토지재산권이 명확하지 않은 것은 개인소유권이 없기 때문이다. 따라서 농민에게 토지소유권을 주면 두 가지 권리가 통합된 명확한 재산권제도를 세울 수 있을 것이다. 셋째, 현행 토지제도는 토지유통제도를 형성할 수 없기 때문에, 토지소유권은 토지사용자에게 속하지 않고, 토지사용자는 효율적으로 토지자원을 배치할 수 없다.

그러나 대다수의 학자들은 중국 농촌에서 사유제를 실행해서는 안 된다고 생각한다. 우선, 사유제 실행이 농민의 생산적극성과 토지자원을 향한 열정을 자극할 것이라는 보장을 할 수 없다고 본다. 반면에 농민이 토지에 대해 투자적극성이 있는지 여부는 그가 토지에 투자한 노동력과 자금이 합리적인 효과와 이익을 얻을 수 있는지 여부에 달려 있다고 본다. 둘째, 사유제 조건에서만 토지제도의 불확정성을 제거할 수 있는 것은 아니다. 집체소유제하에서도 토지의 각 권능에 대해 정확한 경계가 있다면 불확정성을 없앨 수 있고, 농민들이 장기적인 투자에 자신감을 가질 수 있을 것이다. 셋째, 토지사유제의 실행이 반드시 토지의 합리적인 유통과 집중을 촉진할 수 있는 것은 아니다. 토지 집중의 중요한 외부 조건 중 하나는 일부 사람의 토지 방치인데, 현재 중국 농촌의 공업화와 도시화 수준을 볼 때, 농민으로 하여금 토지를 방치하고 비농업 산업에 종사하게 해도 되는 정도에 도달한 것은 결코 아니다. 또한 중국의 토지자원은 매우 부족하기 때문에 인구의 증가와 경제발전에 따라 토지는 향후에도 부단히 가치가 증가할 것인데, 토지사유제를 실행한다면 토지를 가치 저장 수단으로 삼고, 토지의 유통과 집중을 더욱 어렵게 만들 가능성이 매우 크다. 마지막으로, 토지사유제의 실행은 국가와 집체의 토지에 대한 거시적 관리에 불리하다. 토지 이외의 기타 생산수단은 점유자가 절대적으로 독점하기 매우 어렵지만, 토지는 일련의 특성 때문에 일단 개인에게 점유되면 곧 독점이 형성된다. 만약 소규모 토지의 소유권과 경영권의 이중 독점이 형성되면, 토지를 통일성 있게 계획하고 관리하는 거시적 관리에 불리해질 것이다.

(4) 토지소유권과 사용권의 분리

토지의 사회주의 공유제 실행은 중국 토지사용제도 개혁의 기본 원칙이다. '토지관리법' 규정에 따르면, "국가가 공공이익의 필요에 의해 법에 의해 집체 소유의 토지에 대해 징용하는 것" 외에, "어떤 단위와 개인도 토지를 점유하고 매매할 수 없고, 혹은 기타 형식으로 불법 재양도를 할 수 없다". 그 목적은 바로 중국의 토지공유제를 견지하고 소유제 관계의 상대적인 안정을 보호 및 유지하기 위해서이다. 그러나 동시에 사회주의 시장경제를 발전시키기 위해, 각종 생산요소는 반드시 유통이 가능해야 하고, 이로써 사회경제 발전의 요구에 근거해 요소를 최적의 방식으로 재조직 및 재배치해야 한다. 상술한 문제는 토지에 대한 '양권(兩权, 소유권과 사용권)' 분리를 통해서만 실현될 수 있다. 소유권이 상대적으로 안정된 기초 위에서, 토지사용권은 기술 조건, 시장 요구 등의 객관적인 요소의 변화에 근거해 합리적인 유통과 최적화 배치를 실현하고, 방치 및 낭비와 불합리한 점용을 감소시킨다. 따라서 '토지관리법'은 "국유와 집체 소유 토지의 사용권은 법에 의해 재양도할 수 있다"라고 규정했다.

사실상 토지소유권의 분리성과 복귀성은 기본 특성이다. 토지사용권은 토지소유권과 분리할 수 있어, 토지소유자가 일정한 보상(예를 들어 지대)을 얻거나 혹은 사용자에게 일정한 사용 기한을 정하면, 곧 토지소유권은 상실되지 않고 재양도한 부분의 권리는 소유자에게 반납할 수 있다. 이런 분리와 복귀는 바로 토지소유자가 토지소유권을 행사하는 형식의 하나다.

중국 농촌의 제1단계 개혁은 바로 토지소유권과 사용권의 분리로부터 시작되었다. 제1단계의 개혁을 통해 농가는 농업의 기본경영단위가 되었고, 토지사용권(경작권)도 그 소유자, 즉 집체로부터 분리되었다. 한편, 도시토지사용제도에 대한 개혁은 1987년 선전경제특구에서 국유토지의 토지사용권 출양을 추진하면서 제2단계에 들어섰는데, 그 기본 특징도 소유권과 사용권의 분리였다.

그러나 사람들은 사회주의 시장경제체제를 진정으로 건립하려면 원칙상의 '양권 분리'만으로는 미흡하고, 재산권을 세분화·명백화해야 한다고 인식한다. 거시적으로 볼 때는 권리에 대한 규정이 완전하고, 재산권 주체가 명확하며, 재산권 권리 경계가 확정되는 조건하에서만 비로소 국가의 거시적 규제와 관리가 구체화되며, 토지관리도 이치에 맞고 조리가 선다. 미시적으로 볼 때는 재산권 세분, 재산권 주체 확립, 재산권 경계의 확정 조건하에서 비로소 생산자, 토지사용자, 생산수단의 직접적인 결합이 가능하고, 생산력의 발전과 토지이용의 효율을 제고할 수 있다. 현실적 문제에 대한 대응과 토지재산권제도의 개혁과 완비를 위해서는 아래와 같은 조치가 필요하다.

① 토지소유권 주체의 명확화

도시토지에 대해 중국의 '헌법'과 '토지관리법'은 단지 "도시토지는 국가 소유이다"라고만 규정하고, 그 법인 대표(法人代表)가 중앙정부인지, 아니면 지방정부인지, 그들이 토지재산권상 무슨 관계인지에 대해서는 명확한 규정이 없다. 따라서 토지거래와 사용 중에 종종 책임, 권리, 이익이 불분명한 상황이 조성되고, 시장 육성과 토지자원의 합리적인 배치에 영향을 미친다. 따라서 중앙정부와 각급 지방정부가 도시국유토지자산의 재산권 관계를 명확히 해야 한다. 농업 토지에 대해 '토지관리법'과 '민법통칙(民法通則)' 중에서 "집체 소유 토지는 법률에 의거해 촌민집체 소유인 것은 촌농업생산합작사(村农业生产合作社) 등 농업집체경제조직 혹은 촌민위원회에 의해 경영관리한다. 이미 향(乡)·진(镇) 농민집체경제조직 소유의 것은 향·진 농민집체 소유일 수 있다"라고 규정했다. 이는 촌 규모의 법인 대표가 집체경제조직일 수 있고 촌민위원회일수도 있음을 의미한다. 향·진 농민집체 소유의 법인 대표는 더욱 모호해서, 도대체 향·진 정부인지, 아니면 향·진 집체경제조직인지, 각 촌집체(村集体)와 향집체(乡集体)는 또 무슨 관계인지, 각자 어떤 권리와 의무가 있는지 등이 모두 불명확하다. 실무에서 사람들은 이러한 토지소유권의 주체 문제에 대해 인식이 일치하지 않지만, 일반적으로 집체경제조직이 토지소유권의 주체라는 것에 공감한다. 그러나 농촌집체경제조직의 유형과 단계는 또 다양한 특징을 가지고 있어, 중국에는 자연촌(自然村)급의 집체경제조직(원래 생산대급의 기본핵심단위의 집체조직에 상당)이 있고, 촌 합작경제조직도 있다. 따라서 토지소유권 주체를 명확히 하는 것이 더욱 필요하다.

② 토지권리의 설치

토지권리의 설치와 세분(細分) 정도는 토지거래의 발달 정도와 상응해야 하나, 어느 정도까지 세분화되었는지를 막론하고 각 종 권리의 내용과 범위는 모두 명확해야 한다. 일반적으로 거론되는 주요 권리는 다음과 같다.

㉠ 토지점유권

토지점유권(土地占有权)이란 토지를 실제로 지배하는 권리로서, 예를 들어 중국 농민의 집체도급 토지에 대한 권리가 이에 속한다. 농촌토지도급권의 주체는 일반적으로 집체조직의 구성원으로, 집체 구성원 개인 모두는 그 소속 집체조직으로부터 토지를 청부받을 수 있는 권리가 있다. 토지도급자의 책임은 도급 규정의 요구에 따라 토지를 경영하는 것으로 토지의 경제효과와 이익을 창출하고, 아울러 집체에 도급비(承包費)와 토지사용료를 납부한다. 그 권리는 토지를 경영·사용하고 혹은 타인에게 재양도하며 점유권과 사용권의 분리를 실행하는 것이다. 도시토지는 필요에 의해 이러한 권리를 설정할 수 있다.

ⓛ 토지사용권

토지사용권이란 법에 의해 토지를 실제로 사용하는 권리를 가리키며, 점유권과 서로 결합하거나 분리할 수도 있다. 토지사용자로서 가장 우선하는 책임은 협의한 규정에 따라 토지를 사용·경영하고, 손실이 발생했을 때에는 책임을 져야 한다는 것이다. 동시에 그는 토지소유자와 점유자에게 일정한 사용료를 납부해야 한다. 토지사용자는, 첫째, 토지사용 기간 동안 토지사용으로 인한 수익을 향유할 수 있으며, 둘째, 토지를 재계약할 경우 계약의 우선권이 있고, 셋째, 유일한 토지사용자로서 계약 규정에 있지 않은 다른 어떤 사람의 사용을 배척하며, 넷째, 법률과 계약 허가 범위 안에서 토지의 사용 형식을 결정 및 선택하고, 다섯째, 유상 혹은 무상재양도, 주식 가입, 저당 설정 등의 재산권 처분에 대한 권리를 향유할 수 있다.

ⓒ 토지수익권

일반적으로 법률상의 토지수익권(土地收益权)은 토지소유자가 토지사용자로부터 토지사용에 대한 대가인 지대를 향유하는 권리를 말한다. 그런데 이러한 권리는 종종 토지사용자가 토지사용으로 인해 발생하는 수익을 향유하는 권리와 혼동된다. 토지사용자가 토지사용으로부터 발생하는 수익을 향유하는 권리는 엄밀히 말해서 토지사용권에 해당한다. 다시 정리하면, 토지를 임차한 농민은 토지사용권에 근거해 토지에서 생산한 농작물을 수확·향유하게 되고, 토지소유권자는 토지수익권에 기초해 그 수확물 중에서 토지사용에 대한 대가인 지대를 향유하게 된다.

ㄹ 토지처분권

토지처분권(土地処分权)이란 법에 의해 토지를 처분할 수 있는 권리를 가리키며, 매매, 임대, 증여, 저당 등의 권리를 포함한다. 토지공유제를 실시하는 중국에서 토지처분권의 대상은 토지사용권이다.

4) 구제도하에서 행정배정된 토지사용권과의 관계 및 처리 문제

토지를 무상으로 사용하는 체제가 공식적으로 종식된 후에도, 새로운 토지관리정책을 실시하는 과정에서 상당 기간 어려움과 저항에 직면했다. 그중 중요한 것이 이전에 행정배정[6] 방식으로 무상으로 토지사용권을 획득한 토지사용자의 저항이었다.

(1) 행정배정토지의 개념

구 토지관리체제 아래서 대량의 토지가 이미 행정수단에 의해 토지사용자에게 배분되었다(〈표 3-3〉 참고). 토지사용권의 행정배정(划拨)은 '중화인민공화국 도시부동산관리법(城市房地産管理法)' 제22조에 따라 현급 이상 인민정부의 비준을 받아 토지사용자가 보상·철거재정착(安置) 등의 비용을 납부한 후 해당 토지를 배정받아 사용하거나 토지사용권을 토지사용자에게 무상으로 주어 사용케 하는 행위를 말한다. 행정배정 용지는 행정배정방식을 통해 토지사용권을 취득한 건설용지를 가리킨다(吳次芳, 2001b: 279).

행정배정토지사용권은 토지사용자가 도시 내의 재고 토지 또는 집체 소유 토지의 철거재정착 보상비를 납부하는 방식과 무상취득의 두 가지 방식이 있다. 일반적으로 행정배정토지는 사용 기한의 제한이 없으나, 허가 없

---

6   "행정배정토지사용권이란, 각종 방식으로 법에 의해 무상으로 취득한 토지사용권을 가리킨다"['도시국유토지사용권 출양 및 재양도 임시조례(城镇国有土地使用权出让和转让暂行条例)', 1990년 5월, 국무원 공포].

표 3-3 **선전시의 토지양도 방식의 변화 추이(1979~1994년)** (단위: ha, %)

연도	총면적	행정배정	협의방식	입찰방식	경매방식
1979	134.5	134.5	—	—	—
1980	145.4	145.4	—	—	—
1981	660.2	660.2	—	—	—
1982	985.1	985.1	—	—	—
1983	1,663.4	1,663.4	—	—	—
1984	913.9	913.9	—	—	—
1985	1,945.2	1,945.2	—	—	—
1986	167.6	167.6	—	—	—
1987	772.7	757.0	10.2	4.6	0.9
총량 (1979~1987)	7,388.0 (100.0)	7,372.3 (99.8)	10.2	4.6	0.9
1988	1,465.8	1,239.4	220.9	4.7	0.9
1989	599.5	401.6	194.3	3.6	0.0
1990	600.0	396.0	193.4	10.6	0.0
1991	525.6	156.5	360.5	8.6	0.0
1992	502.8	71.5	427.6	3.6	0.0
1993	583.7	47.4	534.4	0.0	3.8
1994	266.3	153.6	112.7	0.0	0.0
총량 (1988~1994)	4,543.7 (100.0)	2,466.0 (54.3)	2,043.8	31.1	4.7
총량 (1979~1994)	11,931.7 (100.0)	9,838.3 (82.5)	2,054.0	35.7	5.6

자료: 深圳市城市規划设计研究院(1998: 76).

이 사용권을 이전·임대·저당하는 등의 경영 활동을 할 수 없다. 행정배정토지사용권의 취득은 필히 현급 이상 인민정부의 심사를 거치고, 법정 업무 절차를 밟아야 한다.

(2) 토지사용권 행정배정의 적용 범위

국가기관용지 및 군사용지, 도시기반시설용지 및 공익사업용지, 국가에서 중점적으로 육성한 에너지원·교통·수리 등 기반시설용지, 법률·행정 법규에 규정된 기타 용지와 같은 건설용지는 '토지관리법'(1999.1.1 시행) 제54조와 '도시부동산관리법(城市房地産管理法)' 제23조에 의해 현급 이상 정부가 법에 따라 행정배정에 의한 토지사용권 분배를 허가한다.

(3) 행정배정토지 문제의 연혁과 현황

개혁·개방 초기에 토지사용료의 징수는 대부분 외국인 투자자가 사용하는 토지에 적용되었다. 반면에 중국 내 국유기업에는 토지사용 비용을 면제해주었다. 이는 토지사용료를 이미 납부한 측과 아직 납부하지 않은 측에 커다란 차별을 조성했으므로, 구체제하에서 무상으로 토지를 취득했고 아직 신체제의 영향권 밖에 있는 토지사용자들에게도 토지사용료 납부를 요구해야 한다는 필요성이 제기되었다.

1988년 1월 3일, '선전경제특구 토지관리 조례'를 공포·실시하기 전에 행정배정되어 무상으로 사용하고 있는 토지면적 비율이 도시계획에 의해 사용 가능한 토지의 약 60%를 점하고 있었다. 1979~1987년 기간 중, 구 토지관리체제하에서 배분된 토지면적의 총계는 73.8km²였으며, 1988~1994년 기간 중에 다시 24.7km²의 토지가 사회·문화·군사부문과 행정관리 등 부문의 신청자에게 행정배정되었고, 그들은 토지사용료를 면제받았다. 이미 토지사용권이 양도된 20.8km²의 토지 중 98.3%의 토지가 협의방식으로, 1.5%가 입찰방식으로, 나머지 0.2%가 경매방식으로 양도되었다.

이러한 상황을 적절하게 처리해야만 부동산시장의 정상적인 운영을 보장할 수 있었다. 선전경제특구는 행정배정된 토지의 사용, 거래, 세금 징수를 통해 점진적으로 유상사용 방식이 적용되는 시장기제 속에 진입시키기 위해 노력했다. 그 구체적인 방법은 다음과 같다.

① 토지사용료 차등 적용

협의·입찰·경매의 방식으로 사용권을 취득한 토지에 대해서는 비교적 낮은 징수 기준을 채택 및 적용하고, 원토지사용자가 행정배정방식으로 획득한 토지에 대해서는 상대적으로 높은 징수 기준을 채택 및 적용한다. 이와 동시에 토지의 시장가격에 따라 점차 높게 조정해 토지에 대한 부담을 균형 있게 한다.

② 재양도 시 토지가격을 보충해 지불함

1980년 8월, 경제특구 건립 이전에 여러 행정, 사업, 기업, 개인 등이 사용한 토지는 모두 '역사용지(歷史用地)'로 인정하고, 경제특구가 건립된 후부터 1988년 1월 3일 사이에 무상으로 행정배정된 토지 중 도시계획선(紅線) 범위 내에 있으나 사용되지 않은 토지는 규정에 따라 토지징용 수속을 밟았고, 이미 사용하고 있는 토지는 전부 행정배정 용지로 인정했다. 행정배정 용지로 인정된 토지는 원칙적으로 원토지 임차인만 사용할 수 있으며, 허가 없이는 저당, 매매 등 부동산경영 활동에 이용할 수 없었다.

1988년 1월 3일 조례가 공포·실시된 이후, 선전시에서 원행정배정토지를 재양도하려면 토지의 성격을 변경해 새로운 토지관리제도에 따라 운영해야 했다. 즉, 국토계획국 분국이 관련 규정에 따라 원사용자가 '역사용지'와 행정배정 용지를 재양도(임대)하도록 허용한 후에 원사용자는 새로운 임차인으로부터 받은 임대료의 6%를 토지개발기금에 상납해야 했다. 또한 '역사용지'와 원행정배정 용지의 토지사용자는, 관련 규정에 의해 국토계획국 분국의 허가를 받은 후, 건축물 및 기타 부속물을 저당할 수 있다. 한편, 금융기관이 저당물을 처분할 경우에는 반드시 시장가격에 따라야 하고, 경매 처분을 통해 얻은 소득은 반드시 관련 규정에 따라 토지증치세(土地增値税)를 납부해야 한다.

토지사용자가 국토계획국 분국의 허가를 거쳐 부동산(토지사용권을 조건으로 해 타인과 합자, 합작해 건물을 건설한 것도 포함)을 재양도할 경우, 그 부동산의 재양도는 반드시 다음과 같은 조건을 갖추어야 한다. 첫째, 토지사용자는 토지가격 전부를 시장가격 수준으로 출양권자인 정부에 지불해야 한다. 둘째, 토지사용권 출양계약서를 보충 작성해야 한다. 셋째, 토지가격 외에도 건설에 투입된 자금이 전체 건축 투자액의 25% 이상이어야 한다.

만일 도시계획의 요구에 따라 용도를 조정하거나 용적률을 변경할 경우에는 그 건설항목의 목적을 제출해야 하며, 반드시 시 국토계획국 분국과 토지사용계약을 체결해야 하며, 비준을 얻은 후 규정에 따라 토지가격을 보충하는 수속과 토지이용 수속을 밟아야 한다.

③ 적절한 특혜조치 채택

사용 기한, 토지가격 등의 방면에서 특혜를 주어, 토지사용자들로 하여금 행정배정한 토지의 가격을 보충 지불하게 하고, 토지출양계약을 다시 체결하게 해, 토지출양방식으로 운영하게 한다.

(4) 제도 개혁 요구의 배경[7]

토지시장의 발육 및 발전에 따라서 아직까지 유지되고 있는 행정배정토지의 사용제도를 개혁하자는 요구는 이미 정부만이 아닌 행정배정토지의 사용자로부터 제기되고 있다. 우선 토지소유자와 경제 관리자 역할을 하는 정부 입장에서는, 국유토지소유권을 유효하게 실현해 토지로부터 수익을 얻고, 도시토지 배치와 이용 효율을 제고하기 위해서 제기한다. 반면에, 토지사용자의 요구는 그들의 이익 추구 동기와 밀접한 관계가 있다.

토지의 유상출양제는 도시 내에 대량으로 존재하는 재고 행정배정 용지(划拨用地)의 사용제도 개혁을 위한 기본 모델을 제공해주었다. 신규 공급

---

7   黃小虎(2006: 19~20)의 내용을 요약·정리한 것이다.

토지의 사용제도 개혁으로 인해 토지시장이 초보적으로 수립되었고, 토지 수익이 분명하게 드러났으며, 토지의 자산 기능이 갈수록 강화되었다. 또한 시장경제가 부단히 확대 전개됨에 따라 더욱 많은 토지사용자가 토지시장에 참여해 더욱 많은 이익을 구하기 위해 활동하고 있으며, 토지의 출양 및 재양도시장의 발전에 수반해, 도시토지의 음성 거래 추세도 증가하고 있다.

(5) 관련 정책 및 제도

① '행정배정토지사용권 관리 임시판법'

중국 국무원은 1992년 3월에 '행정배정토지사용권 관리 임시판법(划拨土地使用权管理暂行办法)'을 공포해, 행정배정토지 사용자가 토지사용권을 재양도·임대·저당할 수 없다고 규정했다. 행정배정토지사용권을 재양도·임대·저당하기 위해서 반드시 갖춰야 할 조건은 다음과 같다. 첫째로, 토지사용자가 기업, 기타 경제조직 및 개인이어야 한다. 둘째로, 국유토지사용증을 보유해야 한다. 셋째로, 합법적인 지상건축물, 기타 부착물의 재산권 증명을 보유해야 한다. 넷째로, '도시국유토지사용권 출양 및 재양도 임시조례'와 본 '판법' 규정에 따라 체결한 토지사용권 출양계약, 해당 지역 시·현 인민정부에 토지사용권 출양금 또는 재양도·임대·저당을 통해서 획득한 수익을 납부한 자여야 한다.

② 행정배정 용지항목목록

1995년 초부터 시작해 업종주관부문의 적극적인 협조하에, 석유·천연가스, 민항(民航), 철도, 교통, 수리(水利), 전력 등 업종의 '행정배정 용지항목목록'(이하 '목록')을 제정·공표했으며, '목록' 공표 후, '목록'에 열거되지 않은 용지는 모두 점진적으로 출양 또는 기타 유상토지사용의 형식을 채택한다고 규정했다. '목록'의 공표는 1995년 1월 1일부터 시행한 '부동산관리법'의 유관 규정을 정확하게 관철하기 위한 것으로, 토지유상사용 강도를 높이고, 행정배정 용지의 범위를 엄격히 제한하며, 항목(項目)별 용지 공급 방식을 명확히 하고, 시장행위를 규범화하며, 에너지, 교통, 주요 원자료 등 기초산업을 우선적으로 발전시키고자 함이다.

③ 국유기업 개혁 중 행정배정토지사용권의 개혁[8]

원 국가토지관리국은 1998년에 국유기업 개혁을 지원하고, 토지의 유상사용제도를 진일보하게 추진하고, 토지재산권 관계를 명확히 하고, 토지자산 관리를 강화하기 위해 '국유기업 개혁 중 행정배정토지사용권 관리 임시규정(国有企业改革中划拨土地使用权管理暂行规定)'을 공포했다. 이 규정은 국유기업이 기업제도 개혁, 대기업 설립, 주식합작제로의 개조, 임대경영 및 매도, 겸병(兼井), 합병, 파산 등 개혁 과정 중에 행정배정토지사용권 관리와 관련되는 내용들에 대해 비교적 상세하게 규정했다.

'규정' 제3조에 의하면, 국유토지의 임대(租赁)는 토지사용자와 현급 이상 인민정부 토지관리부문이 일정 기간의 토지임대계약을 체결하고, 임대료를 지불하는 행위를 가리킨다. 토지사용권의 임대(出租)는 이론 분야에서 뜨거운 쟁점 중의 하나이며, 실천 과정 중에도 매우 다양한 형태의 시도들이 있다. 그중 연조제(年租制)는 토지사용권 임대의 주요 형식이다. 출양제(出让制)와 비교하면, 연조제 형식이 실행 가능성이 커서 발전이 빠르고 대량의 유휴토지자원을 활성화시키고 있으므로, 채택하는 지방정부가 갈수록 증가하고 있다.

---

8   黄小虎(2006: 20~22)의 내용을 요약·정리한 것이다.

④ 도시토지사용권 임대제도

㉠ 토지사용권 임대의 의미

토지임대(租賃)는 중국식 사회주의 시장경제가 발전하고 국유기업 개혁이 심화됨에 따라 시장수요에 대응하기 위해 도입된 토지의 유상사용 방식이다. '국유기업 개혁 중 행정배정토지사용권 관리 임시규정(国有企业改革中划拨土地使用权管理暂行规定)' 제3조에는 "토지의 임대는 토지사용자가 현급 이상 인민정부 토지관리부문과 일정한 기간 토지임대계약을 체결하고 임대료를 지불하는 행위"라고 규정되어 있다. 이 규정에 의하면 토지임대는 토지사용권의 변동 없이 토지소유자가 토지의 사용권·경영권을 일정한 기간 내 임차인에게 임대해주고는 임대료를 받는 경제행위라 할 수 있다. 실제 운용에서 토지사용권 임대 기간은 보통 길지 않고 또한 임대 기간 내에 토지소유자에게 연임대료(年租金)를 납부해야 하므로, '토지연조제(土地年租制)'라고도 부른다.

㉡ 토지사용권 임대의 적용 범위

현재 중국 각 지역에서 시행하는 토지연조제는 대체적으로 다음 세 가지 유형으로 구분된다(叶艳妹·吴次芳, 2000: 55~75).

첫째, 정부가 직접 토지사용자에게 토지를 임대하는 것이다. 이 방법은 상하이 푸둥(浦东)지구, 장쑤성 쿤산시(昆山市) 등에서 실시하고 있다. 예를 들면 쿤산시 정부에서는 기반시설이 기본적으로 완비된 진, 그리고 신지구(新地区)에서 양도하는 토지에 대해 일시에 양도대금을 징수하지 않고 토지연조제로 고쳐 매년 징수하고 있다. 이는 매년 토지로부터 안정된 수익을 확보할 수 있기 때문에 정부 재정에 이바지한다. 둘째, 행정배정토지의 일부 용지에 대해 매년 임대료를 징수한다. 예를 들어, 산시성에서는 시가지 내외의 도로 양쪽의 금융업·보험업·상업 등의 용지에 대해 매년 유상사용료를 징수하는 방법을 실시하고 있다. 셋째, 이미 행정배정된 토지의 시장 진출행위에 대해서 매년 임대료를 징수한다. 이 같은 방법은 전국적으로 널리 사용되고 있다.

ⓒ 토지사용권 임대차 기간

임대차 기간은 토지의 용도에 따라 임대인과 임차인이 협상해 정한다. 그러나 임대제가 적용되는 토지의 임대차 기간은 '도시부동산관리법'에 규정된 토지양도 기간을 초과하지 못한다.

그러나 각 지역에서 실제 운용되고 있는 임대차 기간은 차이를 보이고 있다. 예를 들면 후베이성 샹양(襄阳), 장쑤성 난퉁(南通) 등의 지구에서는 3~5년으로 규정하고, 광시성(广西省)에서는 거주용지는 10년, 공업용지는 8년, 교육·과학기술·위생·체육용지는 6년, 상업·관광·위락용지와 종합용지는 5년으로 하고 있다(吴次芳, 2001b: 283).

⑤ 도시토지사용권 주식출자제도

국가는 일정 기간 국유토지사용권의 가격을 산출해 기업에 출자하고 토지사용권은 신설된 기업이 보유한다. 국무원에서 반포한 '유한주식회사 토지사용권 관리 임시규정(股份有限公司土地使用权管理暂行规定)' 제10조는 "국가는 수요에 따라 일정한 기한의 국유토지사용권 가격을 산출해 출자할 수 있으며, 가격 평가 후 국가 주식으로 하며, 토지관리부문이 국유주식보유단위에 위탁해 통일적으로 보유한다"라고 규정하고 있다. 또한 '국유기업 개혁 중 행정배정토지사용권 관리 임시규정(国有企业改革中划拨土地使用权管理暂行规定)' 제6조는 "본 규정에서 말하는 국가가 토지사용권 가격을 산출해 출자한다 함은 국가가 일정한 기한의 국유토지사용권 가격을 산출·출자해 신설 기업에 투자해, 해당 토지사용권은 새로 설립된 기업이 보유하고, 토지관리 법률·법규의 양도 토지사용권에 관한 규정에 따라 양도·임대·저당할 수 있다"라고 규정하고 있다. 현재 이 방식은 주로 다음과 같은 상황에 적용된다.

㉠ 국민경제의 중요 부문과 관건 분야
㉡ 정부산업정책이 육성하는 부문, 예를 들면 에너지원, 교통, 우정(邮政) 등 첨단과학부문
㉢ 국유기업의 체제 개혁으로 대량의 양도대금을 추가로 내지 못할 것이 확실하고 임대차제도를 실시하기에 적합하지 않은 기업

이 방법의 특징은 같은 주식에 같은 이익을 배당하는 것으로, 기업의 실적이 높으면 국가 수익이 많고, 반대로 기업의 실적이 낮으면 국가 수익이 떨어지거나 심지어 손해를 보아 국유토지의 가치를 보전·증대하기가 어렵게 된다. 이 방법은 기업이 지나치게 많은 양도대금의 지불 부담을 완화시켜주는 장점이 있고, 기업의 경영관리가 제대로 되지 못할 경우에는 국유자산 유실을 초래하는 단점이 있다. 따라서 이와 같은 사용제도는 점진적으로 퇴출시켜야 한다는 주장도 있다(吳次芳, 2001b: 283).

⑥ 도시토지사용권 수권경영제도
구 국가토지관리국은 최근 수년간 기업의 체제 전환과 국유 중·대형 기업의 활성화 및 '큰 것은 잡고 작은 것은 놓는(抓大放小)' 정책의 수요에 대응하고자 새로운 토지자산 위탁관리 방식, 즉 수권경영(授权经营) 방식을 도입했다. 토지의 수권경영이란 토지관리부문이 정부를 대표해 자산경영관리를 하고자 하는 기업 집단 및 대형 기업이 이미 취득한 행정배정토지의 사용권을 기업에 위탁해 경영 및 관리하게 함으로써 토지자산 가치를 보전·증대시키는 경영관리 방식의 일종이다.
이 방식은 국유 대형 기업을 활성화하고, 국유 대형 기업 및 기업 그룹이

이미 취득한 토지자산 가치를 보전·증대시키는 새로운 방식이다. 토지자산의 수권경영은 사실상 정부가 국유 대형 기업 활성화를 뒷받침해주기 위해 행하는 기업에 대한 투자이기도 하다. 수권경영에 따라 기업은 기존 행정배정토지자산을 기업 자체 자산으로 해 직접 개발·사용하는데, 취득한 수익은 기업개조에 쓰이고, 정부에 양도대금을 납부하지 않아도 되며, 정부는 정기적으로 기업이 토지관리부문에 토지자산의 경영 상황을 고시하는 것만 요청한다.

이 제도는 다음과 같은 문제점을 지니기 때문에 신중한 검토를 거쳐 국가에서 주로 육성하는 부문에서 대형 기업에 대해서만 실시해야 한다는 주장도 있다(王秀兰 等, 1999: 72~75). 첫째, 수권경영은 전권을 위탁함으로 말미암아 사용 범위가 확대되면 유상사용제도를 파탄으로 몰고 간다. 둘째, 수권경영기업과 양도를 통해 토지사용권을 취득한 기업과 그렇지 못한 기업 사이에 자산 취득이 공정하지 않아 불공정한 경쟁을 초래한다. 셋째, 토지관리에 대한 통제를 상실해 수권경영 기업이 약정을 위배해 토지사용 용도를 바꾸거나 토지관리부문의 요청에 따라 정기적으로 토지자산의 경영 상황을 보고하지 않을 때, 토지관리부문에는 유효하고 강제적인 대응 수단이 없다.

제4장
토지사용권시장의 형성 및 발전

1. 토지시장의 유형

1) 중국 토지시장의 구조

선전경제특구에서는 토지사용권 유통 단계에 의해 토지시장의 구조를 세 등급으로 나누었다. 1급 토지시장은 정부에서 토지사용권을 양도(出让)하며, 2급 토지시장은 정부로부터 토지사용권을 위탁받은 부동산개발공사들이 토지사용권 양도 시의 계약 내용대로 건축물을 건축한 후 부동산을 매매·임대하거나, 혹은 일부 개발된 토지를 재양도하는 것이다. 3급 토지시장은 그 후 각 직장단위 혹은 개인 사이에 부동산을 재양도하거나 임대하는 것이다. 2·3급 토지시장은 모두 토지사용권의 재양도(转让)시장이다.

도시토지는 국가 소유이고, 그에 따라 결정된 1급 토지시장은 정부에 의해 독점 경영되어야 하며, 정부로 하여금 토지사용권의 양도, 즉 1급 토지시장을 통해 토지공급계획과 산업정책 및 사회정책을 실시하게 함으로써 효과적으로 2급 토지시장을 조절할 수 있어야 한다. 2급 토지시장을 적절하게 통제하려면, 첫째, 연간 계획에 포함시키고, 둘째, 예매신청제를 실시해 부동산개발공사가 '부동산예매허가증'이나 '부동산해외판매허가증'을 발급한 후에라야 부동산을 판매할 수 있으며, 구매자와 부동산개발공사 간의 매매계약은 시 국토계획국 공상관리국에서 제정한 계약 규범에 따라야 한다. 3

급 토지시장은 충분히 개방하고, 자유경쟁과 자유무역을 하는 동시에 규정에 따라 납세해야 한다.

1급 토지시장과 2·3급 토지시장은 서로 의존하고 서로 촉진하며, 1급 토지시장은 2·3급 토지시장의 성장과 발육을 위한 전제이자 기초이다. 2·3급 토지시장은 1급 토지시장이 번영 및 발전하기 위해서 없어서는 안 될 요소들이다. 1급 토지시장은 협상, 입찰공고, 경매 등 세 가지 토지양도 형식으로, 서로 다른 시장화 정도와 각자의 특성을 적응시켜 시장기제와 계획적 조절의 결합을 위한 양호한 조건을 마련했다.

2) 토지사용권시장의 유형

토지공유제를 시행하고 있는 중국의 토지시장에서는 토지사용권만이 거래객체가 될 수 있다. 또한 행정배정(划拨) 방식이 아닌 출양(出让) 방식으로 취득한 토지사용권만 시장에서 유통할 수 있다. 토지사용권 거래는 토지재산권의 일부를 일정 기간 양도하는 것이므로 계약 기간이 만료되면 토지소유권자인 국가에 해당 권리가 다시 귀속된다. 중국의 국유토지시장은 도시의 경우 거래 단계에 따라 1급, 2급, 3급의 세 단계 시장 구조로 나눌 수 있고, 농촌에는 농지징용(农地徵用)시장과 자생적 토지시장이 있다.

(1) 1급 토지시장

도시의 1급 토지사용권시장은 토지사용권 출양시장으로, 국가가 토지공급자로서 국유토지의 사용권을 협의·입찰·경매의 방식으로 토지수요자에게 양도하는 시장이다. 1급 토지사용권시장에서 토지공급자는 오직 국가밖에 없는 완전한 독점시장이며, 정부의 토지관리부서만이 유일한 합법적인 대표이다.

1급 토지시장의 동향은 전체 토지시장에 지대한 영향을 미친다. 국유토지사용권의 최초 출양은 국유토지의 최초 배치이며, 시장진입을 위한 연결고리 부분이다. 따라서 '1급 토지시장'의 토지사용권 공급에 대한 통제가 느슨해지면 곧 '2급 토지시장'의 토지사용권 공급이 과다해져서 부동산 수요공급의 균형 상실과 사회경제 자원이 대량으로 낭비되는 결과가 초래된다. 1992년부터 1993년 하반기에 중국에서 출현한 '부동산 열기'가 그 대표적인 예이다(楊重光·吳次芳, 1996: 191). 반대로 만약 '1급 토지시장'의 토지사용권 공급이 부족하면 곧 '2급 토지시장'의 공급도 위축된다.

선전시는 1988년부터 모든 토지사용권에 대한 유상·유기한 양도의 시행을 시작했다. 광둥성도 1997년 현재 출양방식으로 공급하는 토지가 건설용지의 50% 이상을 차지한다. 장쑤성 쿤산시에서는 1991년에서 1993년까지 출양방식으로 공급한 토지가 전체 건설용지의 80% 이상을 차지했다.

(2) 2급 및 3급 토지사용권시장

2급 토지사용권시장은 곧 국유토지사용권의 재양도시장으로, 그 내용이 풍부하고 유통 통로가 비교적 다양하다. 토지개발상(土地开发商, 1급 토지사용권시장의 수요자)이 1급 시장으로부터 양도받은 국유토지사용권에 대해 택지조성(七通一平),[1] 상품주택 건설 등의 개발행위를 행한 후, 부동산수요자에게 판매하는 것과 대량의 토지사용자가 서로 토지사용권을 재양도하는 것을 포함한다. 2급 토지사용권시장은 중국 토지시장의 기초이고 토지자원의 재배치를 위한 중요한 기제이다. 개발자가 토지를 개발·건설한 후에는 개발된 토지의 사용권을 지상 건물과 함께 재양도·임대·저당한다. 양도받은 자는 제2의 개발경영자 및 직접적인 토지사용자가 될 수 있다.

3급 토지시장은 2급 토지시장에서 토지사용권을 획득한 기업과 개인 간에 토지사용권을 거래하는 시장이다. 또한 3급 토지시장은 토지사용자 간

1 　'칠통일평(七通一平)'이란 상하수도, 가스, 도로, 전기, 전화 등 일곱 가지를 통하도록 하는 공정(七通)과 토지에 대한 평탄 작업(一平)을 가리킨다.

에 이루어지는 토지의 재양도, 임대, 저당, 교환 등의 거래 활동이 개방된 시장이다.

3) 토지사용권시장의 거래 방식과 특징

(1) 토지사용권의 출양

토지사용권의 출양은 국가가 토지소유자의 자격으로 토지사용권을 일정한 토지사용자에게 출양하고, 토지사용자는 국가에 토지사용권의 대가인 출양금을 지불하는 행위를 말한다. 토지사용권의 출양은 국유토지에 한해서 이루어지며, 집체 소유의 토지는 국유토지로 전환시킨 후에 출양이 가능하다. 그러나 지하의 각종 자연자원, 광산 및 매장물, 시 정부의 공용시설의 토지사용권은 출양할 수 없다.

토지사용권 출양의 주체는 토지의 국가소유권을 대표하는 현과 시의 인민정부이다. 중국 국경 내의 회사, 기업, 기타 조직과 개인은 법률이 따로 규정하는 경우를 제외하고 모두 '도시부동산관리법(城市房地産管理法)', '도시국유토지사용권 출양과 재양도 임시조례'와 '토지관리법' 및 그 '시행 조례' 규정에 의해 토지사용권을 취득해 토지를 개발·이용·경영할 수 있다.

'도시국유토지사용권 출양과 재양도 임시조례'는 토지사용권 출양의 최고 기한을 용도별로 정하고 있다. 주거용지는 70년, 공업용지 50년, 교육·과학기술·문화·위생·체육용지 50년, 상업·여행·오락용지 40년, 종합 혹은 기타용지는 50년이다. 출양 기한이 만료되면 정부는 무상으로 토지사용권 및 지상건축물, 부착물의 소유권을 회수할 수 있다. 사용자가 토지를 계속 사용하고자 할 경우에는 관련 규정에 의거해 재계약을 체결하고, 출양금을 지불한 후 등기한다. 그러나 공공의 이익을 위해 필요할 경우, 국가는 법적 절차에 의해 만기 이전에 토지사용권을 회수할 수 있다. 이 경우 토지사용자의 토지사용 기간과 토지의 개발 및 이용 등에 따라서 출양금을 보상한다.

토지사용권 출양방식은 협의방식과 입찰방식(招标方式), 경매방식(拍卖方式)의 세 가지로 구분된다(葉艶妹, 2001: 127). 협의출양은 출양자(出让方)가 출양받을 자(受让方)를 선택하고, 용지의 조건과 대금을 절충해 협상 방식을 통해 토지사용권을 유상으로 출양하는 것을 말한다. 이 방식은 주로 공업, 공익사업, 비영리사업 및 정부의 경제구조 조정과 산업정책 실시를 위해 필요한 건설용지에 적용된다. 이 방식에 의한 사용권 출양금은 국가 규정에서 정한 최저가 이상이어야 한다.

입찰출양은 규정된 기한 내에 출양받을 수 있는 조건에 부합하는 단체나 개인이 출양자가 제출한 조건에 따라 경쟁을 통해 토지사용권을 출양하는 방식이다. 주로 대형 사업이나 주요 발전계획과 투자액이 비교적 큰 토지의 출양에 적용한다.

경매출양은 토지소유자에 의해 지정된 시간과 장소에서 토지사용권을 출양받으려는 조건에 부합하는 사람들이 토지출양금액을 공개적으로 불러 경쟁입찰하고, 가장 높은 금액을 제시한 사람에게 토지사용권을 출양하는 방식이다. 투자 환경이 좋거나 이윤이 크고 경쟁성이 강한 상업, 금융업, 여행업과 오락용지, 특히 위치 조건이 좋고 교통이 편리한 도시 번화가의 토지 출양에 적용된다.

(2) 토지사용권의 재양도

토지사용권의 재양도란 토지사용자가 유상으로 취득한 토지사용권을 다시 양도하는 행위를 말한다. 구체적으로 말하면, 양도의 방식을 통해 토지사용권을 취득한 토지사용자가 양도계약 및 관련 법률에 의거해 토지사용권을 단독 또는 지상건축물, 기타 부착물의 소유권과 함께 다른 사람에게 재양도하는 것을 말한다. 토지사용권양도계약서와 등기서류에 명시된 권리와 의무도 양도인에게 넘어간다. 행정배정방식으로 취득한 토지사용권의 재양도는 반드시 토지가 소재한 시·현 인민정부의 토지관리부서에 토지양도보충계약을 신청하고, 토지양도금 납부 및 토지양도 등기 수속을 끝낸 후 토지사용증을 바꾸어 취득해야 합법적으로 재양도의 권리를 취득할 수 있다. 토지사용권의 재양도에는 매각(出售), 교환, 증여의 세 가지 방식이 있다(葉艷妹, 2001: 128).

(3) 토지임대(土地租賃)

'국유기업 개혁 중 행정배정토지사용권 관리 임시규정(国有企业改革中划拨土地使用权管理暂行规定)' 제3조에 의하면, 국유토지의 임대란 토지사용자가 현급 이상의 인민정부 토지관리부서와 일정 기간 토지임대계약을 체결하고 임대료를 지불하는 행위를 말한다. 토지임대는 토지소유권에는 변함이 없는 상황에서, 토지소유자가 토지의 사용권과 경영권을 일정 기간 임차인(承租人)에게 빌려주고 임대료를 받는 행위이다. 일반적으로 토지사용권의 임대 기간은 길지 않고, 임대 기간 내에는 매년 토지소유자에게 임대료를 납부한다. 이 때문에 국유토지의 임대를 '토지연조제(土地年租制)'라고도 부른다(葉艷妹 2001: 128).

(4) 토지사용권의 임대

토지사용권 임대(出租)는 토지사용권자가 임대인(出租人)으로서 토지사용권과 함께 지상건축물, 기타 부착물을 임차인(承租人)에게 임대해 사용하게 하고, 임차인은 임대인에게 임대료를 지불하는 행위를 말한다. 토지임대는 일반적으로 건물임대와 결합되므로 단순히 토지만을 임대하는 행위는 전체 임대시장에서 차지하는 비율이 낮다.

토지사용권의 임대로 인해 토지사용권 및 지상건축물, 기타 부착물의 소유권 이전은 발생하지 않는다. 임차인은 임대료 지급의 대가로 토지 및 지상건축물, 기타 부착물을 일정 기간 사용할 수 있는 권리를 취득한다. 임대 기간은 통상적으로 짧고, 임대인은 임차인이 지급한 임대료를 통해 투자비를 회수할 수 있으므로, 토지사용권의 임대는 상당히 보편화되어 있고 형식도 매우 다양하다. 예를 들면 판매용 선반, 각종 상업 좌판, 주택의 임대 등이 이에 해당한다(葉艷妹, 2001: 129).

(5) 토지사용권의 저당

토지사용권의 저당(抵押)은 토지사용자가 합법적으로 취득한 토지사용권의 점유를 이전하지 않는 방법으로 채권자에게 채무로 저당 설정하는 담보 행위를 말한다. 토지사용권을 저당할 때는 지상건축물 및 기타 부착물도 함께 저당된다. 또한 지상건축물 및 기타 부착물을 저당할 때에는 사용 범위 내의 토지사용권도 저당된다. 만약 채무자가 대출계약의 만기 후에도 여전히 대출금을 갚지 못한다면, 토지사용권은 채권자의 소유로 넘어가거나, 채권자가 법정 절차에 따라 처리한다.

4) 농촌의 토지징용시장

농촌의 토지징용시장은 거래객체를 집체토지소유권으로 한다. 토지징용 시장에서 정부는 건설을 위한 토지수요 충족을 위해 농촌집체소유제 단위의 토지를 징용하고, 이것을 국유토지로 전환시킨다. 이 과정에서 농촌집체 토지징용 가격 결정을 위한 협상 및 흥정을 거래라고 본다면, 중국에서는 농촌의 토지징용시장에서만 토지소유권을 거래객체로서 양도하는 현상이 발생한다고 할 수 있다.

중국의 경제체제 개혁과 토지사용제도 개혁의 심화에 따라, 시장기제가 이미 농촌집체토지 징용 과정에 진입해 징용가격 결정을 둘러싼 협상 및 흥정 분위기가 갈수록 격렬해지고, 이것이 토지수급 관계에 반영되기 시작해 국가(혹은 토지징용 신청자)와 농촌집체조직 간의 관계에도 매우 큰 변화가 발생했다. 즉, 토지징용 과정은 이미 단순한 행정 과정으로부터 시장거래 과정으로 전환되었다. 도시국유토지사용권시장에서 토지사용권 공급량의 많고 적음은 대체로 농촌집체토지 징용시장의 운행 상황에 달려 있다.

5) 농촌 비농건설용지의 시장진입

중국에서 농업용지의 비농업용지로의 전환은 시장기제를 통한 것이 아니고, 집체소유제 틀 안에서 행정심사비준제도를 통해 결정·시행되어왔다. 그러나 경제체제 개혁의 부단한 심화, 도시국유토지사용제도 개혁의 추진과 토지시장의 부단한 육성 및 완비에 따라, 계획경제체제하에서 형성된 철저한 통제를 거쳐야 하는 이 같은 심사비준제도 및 집체토지의 무상·무기한·무유통 사용제도의 폐단이 끊임없이 드러났다. 이런 제도 아래서 농촌집체토지사용권의 자발적인 재양도와 저당을 금지하고, 토지를 합리적으로 유통시키고 효율적으로 배치하기가 어려웠고, 이는 다시 농촌의 경제발전을 저해하는 결과를 초래했다.

이 같은 상황 속에서 농촌집체토지의 자발적인 시장진입이 진행되었으며 이미 무시할 수 없는 객관적인 사실이 되었다. 이런 점은 광둥, 후난, 산둥, 장쑤, 상하이 등의 성에서 충분히 검증되었다. 후난성 국토관리국이 성의 20개 현(縣)과 시(市)를 대상으로 한 조사 통계 결과에 따르면, 1990년부터 1993년 4월까지 발생한 각종 형식의 집체비농업용지의 자발적인 거래는 모두 4만여 건이며, 토지면적은 8700여 무(畝), 총수입은 7200만여 위안에 이른다. 광둥성 난하이시 국토국 조사 결과에 따르면, 다리진(大瀝鎮)이 관할하는 3개 관리구(촌)는 1990년 이후부터 모두 724무의 집체비농업용지를 시장에 진입시켰는데, 이는 3개 관리구 지역 총면적(8.73km²)의 약 5.5%를 차지한다.

농촌집체토지가 자발적으로 시장에 진입한 것은 경제발전의 결과이다. 중국이 개혁·개방정책을 시행한 후, 경제는 지속적으로 급속한 속도로 성장했고, 필연적으로 토지를 포함한 생산요소에 대한 수요가 증가했다. 그러나 도시토지 공급에 한계가 있고, 이에 따라 지가가 상승했기 때문에 이런 상황 아래서 정상적인 통로를 통해 토지를 획득하기 어려운 수요자들은 어쩔 수 없이 다른 방법을 찾게 되었다. 그 결과, 수요 측면에서 자생적인 농촌집체토지시장의 형성을 위한 조건이 창조되었다. 한편 공급 측면에서 보면, 경제의 급성장에 따라 도시건설이 급속하게 진행되었고, 도시 내의 시정 공용, 교통, 통신 시설 등이 점차 완비되어 투자 환경이 개선되었으며, 토지투자의 외부효과 영향으로 시구(市区)와 교외의 경계 지역 투자 환경도 크게 개선되었다. 또한 토지가치가 부단히 상승해 토지거래를 통한 이윤 창출이 가능해졌다. 이 같은 조건하에, 농촌집체토지의 자발적인 시장진입은 필연적인 추세가 되었다.

국가토지관리국[2] 정책법규사(国家土地管理局 政策法规司)의 조사와 상술한 성의 상황에 근거해 귀납해보면, 중국 농촌집체비농업용지의 자발적 시장진입은 주로 다음과 같은 여섯 가지 형식이 있다(杨重光·吴次芳, 1996: 201~207).

(1) 토지사용권의 매매

토지사용권 매매의 주체는 집체조직을 언급하기도 하고, 또한 개별 농민 및 기타 토지사용자를 가리키는데, 두 가지 상황이 존재한다. 그중 하나는 토지사용권만을 단독으로 매매하는 경우이다. 예를 들면, 장쑤성 우시현(无锡县) 양젠진(羊尖镇) 리차오촌(里桥村)은 71무의 경지를 이웃 마을 랑샤촌(廊下村)의 개발회사에 판매하고 무(亩)당 5000위안을 받았다. 또 다른 상황은 주택과 함께 토지사용권을 판매하는 경우이다. 산둥성 지난시(济南市) 톈차오구(天桥区) 베이위안진(北圆镇)은 수년간 주택과 함께 22종(宗), 총면적

---

2   국가토지관리국은 1998년 3월에 국토자원부가 신설되면서 원래의 지질광산국, 국가해양국, 국가측량국과 함께 국토자원부에 편입되었다.

1.8만여 m²의 토지사용권을 매도했다.

(2) 토지사용권의 직접출양

경제가 발달한 연해지구에서 많이 볼 수 있는 유형이다. 농촌집체조직이 도시토지의 사용권 양도 방식에 준해, 토지소유자의 신분으로 농촌집체토지의 사용권을 토지사용자에게 일정 기간 출양하고, 그에 상응하는 출양금을 거두었다. 광둥성 포산시(佛山市) 국토국의 조사에 의하면 도시 농지가 자발적으로 시장에 진입한 사례 중 직접출양방식을 채택한 것은 전체 사례 중 약 10%를 차지한다. 토지출양 연한은 일반적으로 50년이고, 일시불로 무당 15~45만 위안의 출양금을 거둔 것 외에, 해마다 토지사용자 생산총액의 10%, 혹은 매년 고정적으로 1만 위안/무를 관리비 명목으로 징수했다.

(3) 토지사용권 임대

일반적으로 도농결합지역(城乡结合部)에서 나타났다. 광둥성 포산시 국토국 조사에 의하면, 토지사용권 임대 형식은 그 시의 시장에 진입한 집체비농업용지 중 약 89%를 차지한다. 그 밖에 장쑤성 난퉁시(南通市) 역시 임대 형식이 80% 이상을 차지한다.

토지사용권 임대도 매매와 마찬가지로, 토지사용권만을 임대하는 경우와 토지사용권과 건축물을 함께 임대하는 두 가지 형식이 존재한다. 전자의 예로는 후난성 류양시(浏阳市)에서 1988년부터 모두 490개의 향진기업이 직접 집체토지 250무를 농가에 임대하면서 임대 기간을 2년에서 5년으로 한 것을 들 수 있다. 후자의 예로는 광둥성 광저우시에서 1992년 시 근교의 7900여 가구의 농민이 총면적 4만 m²에 달하는 기존 주택과 신축 주택을 시구지역의 무주택 가구 혹은 외지인에게 연간 임대료 750만 위안에 임대한 것을 들 수 있다. 장쑤성 난퉁시 창촨구(常川区) 런강향(任港乡) 도농결합지역의 한 촌에서는 341가구 중 179가구(약 52.5%)의 주택을 임대했으며,

그중 38가구의 주택은 공상업 용도로 임대했다.

(4) 토지를 주식화해 기업에 출자

이 같은 형식의 거래는 경제발달지구에서 많이 발생하며, 거래면적과 거래금액이 크다는 특징이 있다. 또한 외국(홍콩과 대만 포함) 상인과 합자로 설립하는 경우가 많다. 광둥성 마오밍시(茂名市) 난쥐구(南巨区) 신후이진(新会镇)의 모 관리구는 1990년 홍콩 상인과 합작 기간 10년으로 청광우의 유한공사(成广雨衣有限公司)를 공동 설립해 총 600만 위안 홍콩달러를 투자하고, 관리구는 10무의 토지를 주식화해서(환산가격 68만 위안) 자본금의 40%를 차지했다.

(5) 합작으로 주택 건설

이 같은 형식은 토지사용권 재양도의 성격을 가진다. 주택 건설 목적은 주로 자가거주용과, 자가거주와 영리를 결합한 용도로 구분된다. 일반적으로 농가가 도시 주민이나 집체단위와 합작하며, 농가는 토지를 제공하고 상대방은 자금을 제공해 주택 준공 후에 협의에 따라 나누었다. 그러나 점차 자가거주용과 영리 목적이 서로 결합하는 합작주택 건설 방식이 출현했다. 도시의 기간단위(基干単位) 혹은 부동산개발회사가 농촌집체조직과 합작해 보류지(留用地) 혹은 구촌(旧村)을 개조해서 생긴 토지를 이용해 아파트 혹은 고층주택을 건설했고, 주택의 일부를 관련 촌민과 단위 소속 직공에게 배분한 것을 제외한 나머지는 모두 판매하고, 협상한 비율에 따라 소득 수입을 나누었다. 이런 유형의 주택토지소유권은 여전히 집체에 속하고, 농촌 집체조직은 거주 가구에게 집체비농업건설용지사용증을 주었다. 그 밖에 순수하게 영리를 목적으로 하는 합작주택 건설도 있다. 통상적으로 부동산 개발기업은 자금을 투입하고, 향촌이 토지를 제공해 합작으로 상업·주거용 부동산을 건설한 후에 판매하고, 쌍방이 사전에 협정한 비율에 따라 수익을 분배한다.

(6) 토지저당

현재 농촌의 토지저당은 주로 융자 과정에서 신용 담보로 사용되는 것으로, 단독 토지저당과 주택을 동반한 저당이 있다. 광둥성 난하이시의 조사통계에 의하면, 시의 다리진 7개 기업이 발전자금을 획득하기 위해 토지사용권을 동반한 공장을 저당하고, 광저우시 국제신탁투자회사에서 대출을 받았다. 산둥성 창산현(苍山县) 농업은행은 1993년에 19종의 집체비농업용지의 사용권 저당대출을 국유토지의 시장가격에 따라 2~3년 기한으로 처리했다.

6) 비농업용지의 자발적 시장진입에 따른 부정적 영향

한편, 농촌 비농업용지의 자발적 시장진입에 따른 부정적인 영향도 나타났다. 그중 중요한 것은 다음과 같다.

(1) 농경지보호정책 실시에 불리

비농업용지로 전환하는 과정이 무질서하게 진행되었으나, 법률과 도시계획에 의한 통제는 없었다. 따라서 농촌집체조직 혹은 농가가 우량의 전답을 방치하고, 오직 지가 상승과 토지거래상의 이익만을 추구하는 행위가 나타나게 되었다. 이런 상황은 경지보호라는 기본 국책의 실행에 장애가 된다.

(2) 도시토지시장의 효과적인 운행에 불리

집체비농업용지의 시장진입은 자발적이고 무질서한 상황 아래서 발생한 것으로, 이런 상황에서는 정부가 공급과 관련된 정보를 장악하기가 매우 어려워 정책 결정의 근거가 빈약해진다. 또한 정부가 토지공급총량을 계획적으로 배치하기 힘들기 때문에, 토지시장 수급 관계의 불균형 상태가 조성되었다. 1992년부터 1993년 하반기까지 중국에서 토지시장의 혼란 상황이 출현한 주요 원인 중 하나는 토지공급에 대한 통제가 상실된 데 있고, 이 같은 통제 상실의 주요 이유는 농촌집체토지의 자발적인 시장진입에 따라 다양한 통로의 토지공급이 이루어졌기 때문이라 할 수 있다.

(3) 토지수익 분배의 불공정

농촌집체토지의 거래가 정부의 관리를 벗어나게 되면서 거기에서 얻은 토지수익의 대부분은 농촌집체조직, 심지어 농민 개인의 수중에 들어갔다. 그러나 이 부분의 토지수익은 정부의 토지에 대한 투자(예를 들어 공공기초시설 및 각종 부대시설 건설)를 통한 입지 조건 개선 등의 요인으로 발생한 것이며, 따라서 정부가 실시한 토지투자의 외부효과가 (공헌을 전혀 하지 않은) 농촌집체조직과 농민 개인에게 돌아간 것이다. 공공기초시설 및 부대시설은 일종의 공공산품으로, 이러한 투자는 '외부효과'를 가져와 연쇄적인 투자를 일으킨다. 그런데 정부의 기여에 의한 토지수익이 농민 또는 농촌집체조직으로 귀속되는 경우, 정부는 사용료 징수 등의 배타적 권리를 행사하기가 어려워, 농민의 '무임승차(免費搭車)' 행위가 가능해진다.

농촌집체토지의 자발적인 시장진입은 이익도 있고 폐단도 있으므로, 소통하지 않고 막기만 하거나 자유방임하는 것은 모두 각각 다른 측면에서 문제를 야기한다. 따라서 문제의 해결을 위해서는 시범운영을 통해 농촌집체토지의 시장진입을 규범화할 수 있는 효과적인 경로를 부단히 탐색하고, 그 같은 경험을 총결산한 기초 위에서 상응하는 정책 법규를 제정해 농촌집체토지의 거래행위를 공개적이고 합법적인 궤도에 올려놓아야 할 것이다.

2. 쌍궤제 토지소유 및 사용제도의 문제

1987년 선전경제특구에서 토지사용권 유상양도를 실행한 후, 중국 도시의 토지이용은 토지사용권의 행정배정과 유상양도가 공존하는 체제로 되었다. 이를 토지사용권시장의 '쌍궤제(双軌制)'[3]라 부른다. 1990년 국무원이 공포한 '도시국유토지사용권 양도와 재양도 임시조례'는 "토지사용권 획득은 토지사용권 양도 및 재양도와 토지사용권 행정배정의 두 가지 형식을 통한다"라고 규정했다. 이 같은 '쌍궤제' 체제에 대해 중국의 이론계에서는 다양한 의견이 표출되었다.

1) 유상양도와 행정배정의 '쌍궤' 차이에 관한 본질

토지사용권을 행정배정하는 경우, 사용자는 단지 농민집체토지를 징용하는 비용만을 지불할 뿐이다. 따라서 행정배정방식은 유상양도에 비해 토지사용권 취득비용뿐만 아니라 운영 시스템에도 차이가 있다.

도시는 인구와 제2·3차 산업이 고도로 밀집한 장소이기 때문에, 도시토지 이용의 집약도와 생산성이 농지를 훨씬 초과하게 된다. 통계에 의하면 1988년 중국의 400여 개 도시의 건설면적은 1만 2470km²로, 그해 총생산 1조 5243억 위안을 창조했고, 토지생산성이 높게는 1억 2200만 위안/km²에 이른다. 이를 같은 해 농지에서 창조된 농업생산액(3277억 위안), 농지생산성(342.4만 위안/km²)과 비교하면 (도시토지의 생산성이) 약 36배에 달한다. 이는 농지가 징용되고 국유토지로 전환된 후에 용도 변화가 발생하고, 그 사용가치가 변하면 기반시설 건설 등 토목공사가 진행되지 않은 상태에서도 도시토지의 가치가 대폭 증가하기 때문이다. 따라서 행정배정의 틀 안에

---

3 본래 '쌍궤제'라는 용어는 계획경제 시기에 공업 발전을 지원하기 위해서 주요 생산자료를 실제 가치보다 낮은 가격으로 공급하던 제도를 가리킨다.

서 토지사용자가 지불하는 토지징용 비용은 토지의 실제 시장가격보다 크게 낮아지게 된다.

유상양도 조건 아래서 정부는 협의·입찰·경매방식의 양도를 채택하고, 가격은 왕왕 시장의 수요공급 관계에 의해 결정되어, 기본적으로 그 가치에 부합되므로 토지사용자는 반드시 행정배정을 받는 경우보다 훨씬 높은 비용을 지불하게 된다. 운영기제 측면에서 볼 때, 행정배정은 계획 규제와 행정수단을 위주로 하는 운영기제로, 이런 상황 아래서 토지사용자와 토지소유자인 국가의 물권 행사에 매우 큰 제한을 받고, 토지사용권의 횡적 유통도 방해를 받게 되어 토지수급상의 불균형을 조절하기 어렵다. 토지사용자는 일단 토지사용권을 손에 넣으면 독점화하고서 누구도 움직일 수 없다고 여긴다. 따라서 어떤 사람은 (토지가) 충분히 사용하지 못할 정도로 과다하게 많고, 어떤 사람은 사용하기에도 부족한 극단적인 과잉과 부족 상태가 병존하게 된다. 이는 한편으로는 도시토지자원의 공급과 수요 관계를 긴장시키고, 또 다른 한편으로는 토지자원의 방치와 낭비를 초래한다.

다른 한편으로는 이 같은 상황의 돌파구로서 지하 토지시장이 출현해 토지의 매매·임대·재양도 등 사회주의 공유제를 위반하는 각종 상황이 빈발했고, 토지시장의 혼란을 일으켰다. 토지사용권의 유상양도는 이 같은 상황에 대한 대응책의 역할도 했다. 토지사용자는 한 번에 비교적 장기간의 토지사용금을 납부한 후, 이 기간 안에 소유권을 제외한 토지의 물권(곧 직접 토지를 지배하고 이익을 향유하는 배타적 권리)을 얻었고, 토지사용권은 재양도·저당·임대·계승의 형식으로 횡적 유통되어, 토지와 기타 생산요소의 최적 조합과 토지생산력 향상의 실현을 촉진했다.

2) 도시토지사용제도 개혁에 관한 방향과 절차

현행 '쌍궤제' 상황을 어떻게 개혁하는가에 관한 학술계의 관점 차이는 매우 크다. 어떤 사람은 '쌍궤제'가 앞으로도 장기간 존재하고 유상양도의 비중이 점차 확대될 것이라고 여기는 한편, 다른 학자들은 전면적으로 '쌍궤제'를 유상양도의 '단궤제'로 전환시켜야 한다고 주장한다. 또 다른 학자들은 '쌍궤제'는 일정 시기의 객관적인 산물로 일종의 과도기 형식이고, 앞으로 경제발전에 따라 점차 없어질 것이라고 여긴다. 이들의 주장은 다음 두 가지 면에 집중되어 있다.

(1) 도시 비경영성 용지에 대한 유상양도 실행 여부

상반된 두 가지 관점이 있다. 첫째는 도시의 비경영성 용지는 반드시 유상양도제도를 실행해야 하고, 전방위 토지유상사용제도를 실행해야 한다는 주장이다. 그 이유는 주로 다음과 같다. ① 도시토지의 전방위 유상사용제도 실행은 국가의 토지소유권을 확보하고, 도시토지의 국가소유제를 공고히 하려는 요구이다. 비경영성 토지사용자를 포함해 국유토지의 사용자가 모두 국가에 유상사용료를 납부해야만 비로소 국유토지소유권의 경제 효익을 구현할 수 있다. ② 도시토지의 전면적인 유상사용 시행은 사회주의 경제 중 토지임대 관계에 의해 결정된 것이다. 경영성 용지는 물론 비경영성 용지에 대해서도 역시 그렇다. 만약 도시토지의 소유자인 국가와 경영성 토지사용단위 간에 토지임대차의 경제 관계가 존재하고, 임차인은 반드시 임대인에게 지대를 납부해야 한다면, 토지소유자인 국가와 비경영성 토지사용단위 간에도 이런 임대차 관계가 존재해야 한다. ③ 도시토지의 유상사용제도 실행은 사회주의 시장경제에 의해 결정된 것이다. 사회주의 시장경제 조건 아래서 상품으로서의 토지는 반드시 시장기제를 통해서 최적화 배치를 실행해야 하고, 비경영성 용지는 경영성 용지와 같이 끊임없이 조정하고 토지이용 구조를 고도화해야 한다. 교통의 발전, 상업 중심의 변천, 도시 기능의 증강 및 구도시의 개조 등에 따라, 몇몇 비경영성 용지는 새로 조정해 경영성 용지로의 전환이 필요하고, 이런 과정은 바로 시장기제를 운용해 완성해야 한다.

(2) 비경영성 용지는 행정배정방식 채택

주요 이유는 다음과 같다. ① 경영성 용지와 달리 비경영성 용지의 사용 가치는 경제 척도만으로 평가하기가 매우 어렵다. 따라서 비경영성 용지는 행정배정방식을 채택해야 사회 효익과 환경 효익을 포함한 도시의 비경제적인 역할을 더 잘 감당할 수 있다. ② 중국의 사회주의제도 아래서 국민대중은 도시의 진정한 주인이고, 도시토지의 이용은 반드시 실제에서 출발해 국가와 국민정치, 경제, 문화 등 다방면의 요구를 충분히 만족시켜야 하는데, 이것은 곧 과학적인 토지이용계획을 세워, 이로써 경제·사회·환경의 3대 효익을 통일되게 조화시킬 것을 요구한다. 중국 도시에서 영리를 추구하지 않는 공공부문은 재정력이 부족해 토지이용에서 영리가 높은 경제부문과 경쟁할 방법이 없기 때문에, 전면적인 유상양도가 실행되는 상황 아래서는 반드시 시 중심에서 밀려날 것이다. 이렇게 되면 3대 효익을 통일적으로 실현하는 것은 불가능해진다. 이와 같은 이유로 1994년 7월, 8기 전국인민대회 상임위원회에서 통과·공포된 '부동산관리법(房地産管理法)' 제23조는 다음과 같이 규정했다. "아래와 같은 건설용지의 토지사용권은 필요하면 현급 이상 인민정부가 법에 의해 행정배정을 비준할 수 있다. 국가기관용지와 군사용지, 도시기초시설용지와 공익사업용지, 국가가 중점으로 추진하는 에너지·교통·수리 등 항목의 용지, 법률 및 행정 법규가 규정한 기타 용지."

3) 도시 경영성 토지에 대한 전면적인 유상양도 실행 여부

일반적으로 도시 경영성 토지에 대해서는 당연히 유상양도를 실행해야 한다고 여긴다. 그중 반대 의견은 주로 행정배정방식을 곧바로 모두 없애야 할 것인가 여부에 집중된다.

(1) 경영성 용지 전부에 대해서 유상양도 실행

그 이유는, 경영성 용지의 '쌍궤제'는 행정배정토지의 범위 안에서 여전히 사실상의 '부분적인 소유제'를 만들고, 토지사용단위는 다점소용(多占少用), 토지의 낭비, 토지투기 등 구체제 아래 존재하는 각종 폐단을 만들뿐만 아니라, 또한 새로운 모순을 조성하기 때문이다. 도시토지의 유상양도와 행정배정의 공존 때문에 많은 토지사용단위는 곧 다양한 수단을 채택해 가능한 한 행정배정방식을 통해 토지를 얻을 것이고, 이렇게 함으로써 토지사용제도 개혁을 심도 있게 진행해나가기가 매우 어렵다. 행정배정방식을 취소해야 비로소 새로운 국면을 열고, 토지사용권의 시장화를 촉진하고, 토지사용제도 개혁을 심화할 수 있다.

(2) 행정배정방식의 일정 기간 내 존치

그 이유는 다음과 같다. 첫째, 지방 기업이 발전하는 과정 중에 만약 토지사용에 모두 사용권 유상양도를 실행하면 재정 지원이 부족하게 될 것이다. 새로 창립하는 기업이 토지사용에 양도금을 지불하는 것은 기초 투자를 증대시키는 것과 같다. 지방재정으로는 아직 부담하기 힘들다.

둘째, 토지사용권 유상양도의 '단궤제(单轨制)'를 채택하면 기업이 부담하기 힘들다. 대부분의 기업은 모두 하나의 큰 재생산 과정 안에 있고, 그 자금의 원천은 은행대출 외에는 주로 기업이 보유하는 이익의 일부분인 생산기금이다. 통계에 의하면 1988년 전국 기업의 보류 이익 총액은 324억 위안으로, 만약 직공의 상여금과 복지후생비를 제한다면 잔여액은 더 적어진다. 토지사용권 유상양도의 '단궤제'하에서, 이 정도 자금으로는 부지를 사기에도 부족하고, 신기술 설비와 고정자산 구매는 더 말할 것도 없다.

셋째, 유상양도의 전면적 전개는 일정한 기초 조건을 구비해야 한다. 예를 들어 토지관리의 기초 업무를 잘 처리해야 하고, 도시건설총체계획(城镇建设总体规划)과 토지이용총체계획(土地利用总体规划)을 완비된 법규로 보장해야 하고, 완정한 토지관리기구와 합격점인 토지경영관리 인재가 있어야 하며, 금융기구의 협조와 지지 등이 있어야 하는데, 아직까지는 미흡한 점이 많다.

도시 국유토지 유상출양을 일시에 전면적으로 '단궤제' 지향으로 추진한 도시는 경제특구인 선전시와 주하이시 정도이며, 그 범위는 경제특구 범위 내로 국한된다. 선전시는 1987년 하반기에 유상출양 시범운영을 진행해, 1988년 특구 범위 안에서 국유토지사용권의 유상출양을 추진하기 시작했고, 건설용지는 일률적으로 경매, 입찰 혹은 협의출양방식으로 공급했다(협의출양가격은 감면할 수 있다). 지가 면제 대상은 국가기관, 부대, 문화 교육, 위생, 체육, 과학 연구, 도시공공시설 등의 비경영성 용지와 주거용지이지만, 여전히 징용보상비용을 지불해야 한다. 1988년 선전특구에서 57곳, 총 285.57만 m²가 출양 시 지가를 면제받았고(그해 출양 토지의 총량 332.51만 m²의 85.88%를 차지한다), 이런 지가 면제 출양방식과 행정배정방식 간의 차이는 그리 크지 않다.

주하이경제특구는 1988년부터 국유토지사용권의 유상출양제도를 추진하기 시작했고, 특구 범위 안에서 '단궤제'를 실행했다. 주하이의 토지공급 방식은 유상출양과 유상행정배정으로 나뉜다. 유상출양 토지는 법에 의해 재양도·저당·임대·증여할 수 있고, 유상행정배정토지는 재양도할 수 없으며, 만약 재양도가 필요하다면 반드시 토지사용료를 추가로 납부해야 한다고 규정했다. 유상출양 토지의 토지사용료에 대한 평가 방법을 확정하는 동시에 규정을 만들었으며, 그 계산 공식은 다음과 같다.

지가 = 출양금 + 토지징용·철거정리비(征地拆迁平整费) + 종합부대설비비(综合配套费) + 토지관리비 + 기타(수정가치)

주하이시가 토지사용을 모두 유상출양의 궤도에 진입시켰다고는 하지만, 대량 임대 형식의 유상출양과는 차이가 있다. 그것은 주하이시가 토지공급

방식을 유상출양과 유상행정배정의 두 가지 형식으로 나누어 후자의 권리를 제한하는 것을 명문으로 규정했고, 동시에 유상출양의 토지가격을 명문으로 규정해 시장가격의 작용을 차단했기 때문이다.

토지사용제도 개혁의 진행 속도는 도시마다 차이가 있지만, 총체적으로 보면 유상출양과 행정배정방식이 공존하는 과도기를 거쳐서 유상출양방식이 점차 확대되는 중이라고 할 수 있다.

3. 토지시장의 규범화 동향 및 전망

1) 토지시장의 관리체제

시장은 결코 만능이 아니며, 맹목성, 정체성, 외부성과 분배 불공정 등의 '시장결함'을 가지고 있다. 특히 토지시장은 일반 상품시장과는 다른 특수시장이다. 토지는 인류가 머물고 생산하는 장소이고, 토지수요는 경제의 발전과 인구의 증가에 따라 부단히 확대되고 있다. 이 같은 과정에서 토지투기와 불법 토지점유 등의 행위가 출현하고, 경제 운행에 불리한 영향을 주기도 한다. 따라서 토지시장에 대한 거시적 규제는 반드시 필요하다. 중국의 현행 법률 및 법규와 제도에 근거한 토지시장의 거시적 통제수단은 다음과 같다(楊重光·吳次芳, 1996: 184~190).

(1) 계획수단

토지이용계획은 중국 정부가 토지공급량을 통제해 수요공급 관계를 조화시키며, 토지가격을 조절하고 안정시키는 중요한 수단이다. 또한 토지이용구조를 합리화하고 토지배치를 최적화하기 위한 기초 수단이다. 토지이용계획이라는 수단으로 토지시장을 통제하려면 전국, 성, 시·현과 향·진 등 각급 토지이용총체계획을 과학적으로 수립해야 하고, 토지이용 현황의 분석을 통해 토지수요량을 합리적으로 예측하며, 유형별 용지 구조와 배치 방향을 조정하고, 토지의 수요와 공급을 종합적으로 균형 잡히게 해 토지시장을 거시적으로 규제해야 한다. 이런 기초 위에서 수립하는 도시농촌계획(城乡规划)[4]과 기본전답보호구계획(基本农田保护区规划) 등도 토지시장을 거시적 규제를 하는 역할을 한다.

계획의 실시를 보장하고 나아가 토지시장을 효과적으로 통제하기 위해, 토지이용 중기 계획과 연도별 계획을 수립하고 실시해야 한다. 그중 연도별 계획(국유토지사용권의 출양계획과 부동산개발용지계획 포함)의 실시는 토지의 시장진입을 위한 고리 부분을 장악하고 '1급 토지시장'을 통제하는 효과적인 수단이다. 토지사용제도 개혁의 심화에 따라 중국의 몇몇 도시정부는 이미 연도별 계획을 성공적으로 운영해 토지시장을 통제했다. 선전시는 일찍이 1988년 도시계획 및 국토부서가 시장 예측의 상황 및 도시계획, 사회경제발전계획과 산업정책에 근거해 연도별 토지개발공급계획을 제정하고, 시정부 비준을 거친 후 시의 연도별 경제발전계획에 편입시킨 후 공포·실시했다. 토지개발공급계획은 토지개발면적 및 비용, 출양 토지의 면적, 장소, 지상건축물의 성질, 건축면적, 필요한 건축 비용과 예측한 지가 수입 등의 내용을 포함한다. 상하이시는 1989년부터 토지 대량임대 지도조(指导组)를 설립한 후, 매년 토지공급계획을 연구하고 매월 시장에 제공한 사무빌딩, 상업 건설, 아파트 단지 등의 시장 용량에 대해 종합적인 분석을 하며, 시장 예측과 산업 전망에 따라 시기적절하게 용지계획을 조정했다. 이런 도시들은 도시계획과 실천 수단을 운용해 용지 구조를 개선하고, 수요공급 관계의 균형을 이루고 부동산시장을 안정시켰다.

---

4 도시농촌계획(城乡规划)은 도시체계계획(城镇体系规划), 도시계획(城市规划), 진계획(镇规划), 향계획(乡规划) 및 촌계획(村庄规划)을 포함한다(城乡规划法 第2条 2项).

(2) 지적관리수단

지적관리(地籍管理)의 주요 임무는 토지이용 및 권리의 유통에 대해 관리하고, 토지량과 품질의 변동 추세를 감독하는 것이다. 토지시장의 미시관리는 최종적으로 지적 확인이라는 기초 작업을 실시하는 것이다. 중국에서 지적관리제도는 1987년부터 시작되어 각급 토지관리부서는 토지의 상세한 조사, 등기증서 발급업무를 시작했다. 1995년 말 현재 이미 93%의 현급 단위가 토지의 상세한 조사를 완료했고, 전국 도시의 20%의 지적조사를 완료했으며, 전국 500개 현과 시가 지적관리제도를 수립했다.

(3) 경제수단

경제수단은 물질 이익 원칙을 운용하고, 시장의 수요공급 관계에 대한 영향을 통해 시장주체의 경제행위를 추진, 격려 혹은 제한을 하며, 나아가 토지자원의 합리적인 배치를 유도해 토지자원의 합리적인 이용을 촉진한다. 주요 경제수단은 가격, 세수, 금융 등이 있다.

① 가격수단

가격수단은 토지등급을 평가한 기초 위에 각 유형의 토지에 대해 지도가격과 이동가격을 제정하고, 아울러 토지거래에 대한 관리를 통해 토지의 출양과 재양도 과정 중의 지가가 너무 높거나 낮은 현상을 조정한다. 토지가격은 토지시장의 핵심이고, 토지가격의 고저 및 그 변동 추세는 토지시장의 운행에 영향을 줄 뿐만 아니라, 전체 국민경제에 대해서도 심대한 영향을 준다. 토지사용제도 개혁의 심화에 따라, 가격수단을 효과적으로 운용하고 토지시장을 효과적으로 통제하기 위해 1995년에는 1500개 도시(城鎭)가 기준지가를 제정했고, 6200여 명의 토지평가사와 800여 개 토지가격평가기구를 건립했다. 이 같은 기초 위에서 많은 도시정부는 지가 관련 정책을 채택해 토지시장 관리에 비교적 좋은 효과를 거두었다. 예를 들어 선전시는 토지등급평가의 기초 위에 1991년 시장지가를 기준으로 그해 지가종합지수를 100으로 정하고, 이후 지가를 매년 지수의 변화에 따라 조정해 '공고 시장가격'이라 부르고, 시 국토도시계획국이 결정해 분기마다 한 번씩 공고했다. 시 정부가 토지를 출양할 때 공고한 시장가격을 참고하고, 협의·입찰·경매의 세 가지 출양방식을 융통성 있게 운용해 지가 수준 및 그 변동 추세를 감독하며, 지가 수준이 경제발전, 기업행위 및 기업의 경제부담력, 투자 환경 및 정부산업정책과 서로 부합하게 했다.

② 세수수단

세수수단은 규정이 다른 세종, 세목, 세율 등을 통해 경제 이익과 경제행위를 조절한다. 예를 들어 토지증치세 부과를 통해 토지투기와 이로 인해 일어난 거품경제를 어느 정도 방지할 수 있고, 사회발전에 따라 형성된 토지부가가치를 국고로 거두어들일 수 있다. 선전은 일찍이 1989년에 토지증치세를 징수하기 시작해, 토지투기를 억제하고 지가 폭등을 방지하는 효과를 거두었다. 세수와 가격의 관계에서 볼 때, 가격체계의 불합리로 인한 부작용은 세수의 작용으로 부분적으로 완화할 수 있다. 예를 들어 다른 위치의 토지에 대해 다른 세율의 토지사용세를 징수하는 것은 토지의 등급차 수익을 조절할 수 있고, 토지이용의 효율을 향상시킨다.

③ 금융수단

자금은 토지시장의 '혈액'으로, 자금 융통은 토지투자의 완성 여부와 투자회수의 실현 여부에 관계가 있다. 토지시장과 금융시장의 이런 긴밀한 관계는, 정부가 금융수단을 채택해 토지시장을 통제하는 것을 가능하게 한다. 예를 들어 은행의 예금과 대출의 이율 조정, 대출 규모 등은 모두 토지시장에 영향을 준다. 1993년 하반기, 중국 토지시장은 한 차례 강력한 거시조정을 겪었고, 거시적 조정 과정에서 금융수단을 포함하는 일련의 조치를 사용해 예기한 효과를 거두었다. 단, 금융수단은 비교적 강력한 통제조치이긴 하나 시장 충격을 야기하고, 사회경제 자원의 낭비를 초래하는 경우가 많다.

(4) 법률 및 행정수단

법률수단은 주로 입법과 사법 등의 수단을 통해, 토지이용 등 경제활동을 통제·지도·규범·감독한다. 또한 토지자원의 합리적인 배치와 토지이용 효율과 생산성 향상을 촉진할 수 있는 규정과 방법을 법률화하고, 법률 조문을 입안해 토지경제활동을 제약한다. 토지사용제도 개혁의 추진에 따라 '토지관리법'과 '도시부동산관리법(城市房地産管理法)' 등의 법률이 잇달아 제정·공포되고, '도시국유토지사용권 출양 및 재양도 임시조례(城鎮国有土地使用权出让和转让暂行条例)', '기본농지 보호 조례(基本农田保护条例)' 등 행정 법규와 규범성 문건이 연이어 공포되어, 토지시장의 규범화와 발전을 위한 기초가 되었다.

동시에 중국의 각급 지방정부도 토지법제 건설 방면에서 지방성 법규를 계속 제정했다. 선전시는 시 건립 후부터 성 인민대표, 시 정부를 통해 40여 개의 토지 및 부동산관리와 관련된 법규, 규장(规章), 규범성 문건을 반포했다. 1992년 7월 전국인민대표대회 상임위원회가 선전시 인민대표대회에 입법권을 부여한 후엔 입법 활동이 한층 가속화되어, '선전경제특구 부동산등기 조례(深圳经济特区房地産登记条例)', '선전경제특구 부동산임대 조례(深圳经济特区房屋租赁条例)', '선전경제특구 부동산 재양도 조례(深圳经济特区房地産转让条例)'와 '선전경제특구 토지사용권 출양 조례(深圳经济特区土地使用权出让条例)' 등을 연이어 공포했다. 선전시는 입법과 동시에 기구 개혁을 추진했다.

행정수단은 정부기구가 상·하급 간의 권위와 복종 관계를 토대로 행정계통에 따라 행정명령, 지표, 지령성 계획과 임무 등을 운용하고, 토지거래 등 경제활동에 대해 직접적인 관리를 진행하는 수단이다. 행정수단은 경제활동을 신속하고 적시에 조절할 수 있지만, '관료의 의지'와 '단칼에 자르는' 식의 행태를 쉽게 출현시키고, 경제 과정상의 복잡 다변한 각종 구체적인 상황에 적응하기 어렵다는 점이 자주 문제로 지적된다.

2) 토지시장 법제의 건설

토지 입법의 목적은 법률수단으로 토지자원을 보호하고 관리하는 것이다. '토지관리법'을 핵심으로 하는 '토지관리법' 법률체계는 계획경제체제의 특징을 집중적으로 반영했다. 그러나 시장경제 조건 아래에서 토지는 자원과 자산이라는 이중 속성을 가진다. 생산요소로서의 토지가 시장에 진입해 공평한 경쟁 아래서 토지의 희소성과 결핍 정도를 반영하는 지대와 지가를 형성하고, 토지사용자의 토지사용행위를 지도하는 것은 시장경제 운행을 위한 기본 요구이다. 중국 토지사용제도 개혁 과정 중에 건립된 토지사용권의 출양과 재양도 제도, 그리고 점차 형성된 토지시장은 바로 경제체제 궤도 변환의 요구에 순응하기 위한 것이었다. 이런 상황 아래서 기존의 토지법률과 법규는 토지시장의 무질서한 운행 상황에 매우 무력하다는 걸 알게 되었다. 따라서 반드시 이에 대해 적시에 상응하는 조정을 해야만 했다. 이런 배경 아래, 1994년 7월 5일에 '도시부동산관리법'을 반포했다. 이 법률의 반포와 실시는 중국 토지시장의 운행이 법제 건설의 궤도에 올라서기 시작했다는 것을 의미했으며, 토지시장을 규범화하고 토지재산권 주체의 합법적인 권익을 보호하는 등의 면에서 중요한 작용을 했다.

그러나 단지 한두 개의 법률에 의지하는 것으로 토지시장을 효과적으로 규범화하기는 어렵다. 반드시 토지자원의 배치, 토지시장행위, 토지시장중개서비스행위 및 토지시장 감독관리 등을 규범화하는 등 각 방면의 입법부터 완전한 토지법률의 체계를 형성해야 비로소 토지시장의 효과적인 운행을 위해 법률적인 보장을 제공할 수 있다. 물론 이런 목표는 하루아침에 이룰 수 있는 것이 아니고, 점진적으로 근접해가는 과정을 통해 이루어진다.

시장경제 운행 요구에 부합하는 토지시장 법제 건설의 중점은 당연히 가능한 한 빨리 '토지법'을 제정하는 것이다. '토지법'은 토지로 인해 발생하는 각종 경제사회 관계를 조정해야 하며, 토지자원의 보호와 관리 문제를 해결해야 하고, 토지재산권과 토지자산의 관리 문제도 해결해야 한다. 시장주체 간의 민사법률 관계를 조정해야 하고, 관리자와 피관리자의 행정법률 관계도 조정해야 한다. 토지개발이용 및 보호, 토지유통 및 토지관리 과정에서 발생하는 각종 사회관계는 모두 '토지법'의 조정 범위에 넣어야 하고, 따라서 이것은 각종 토지관계를 조정하는 기본법이다. 이런 기초 위에서 기타 토지와 관련 있는 법률을 제정하고 수정해야만 근거가 생기고, 또한 법률 간의 관계를 조화시킬 수 있다. 토지시장의 규범에서 보면 '토지법'의 공포는 더욱 중요하다.

국가토지관리국은 일찍이 1987년에 '토지법' 초안의 준비 작업을 시작했다. 1992년 중공 14대는 사회주의 시장경제체제 개혁 총목표를 확립한 후에 초안 작업을 가속화했고, 중국토지학회도 이를 위한 대량의 작업을 했다. 입법은 토지시장 법제 건설의 첫걸음으로, 법률의 관철 실시를 보장하고, 나아가 토지시장을 규범 지으며, 토지법 집행 감독 작업을 강화하고, 법이 있어도 근거로 삼지 않고 법 집행이 엄격하지 않거나 법을 위반해도 조사하지 않는 당면 문제를 해결하며, 토지감독체계를 건립해 법 집행 감독 작업의 수준을 향상시키는 데 중점을 두었다.

3) 토지시장의 통제와 규범

앞에서 말했듯이 시장기제의 불완전과 토지시장의 특수성 때문에 토지시장에 대한 정부의 관여는 필요하고 또 매우 중요하다. 중국의 토지사용제도 개혁은 점차 효과적으로 운행되는 토지시장을 형성·건립했고, 규범화·법치

화의 궤도에 진입했다. 그러나 중국 토지시장은 아직 불완전한 면이 많이 존재하고 있다. 현재 토지시장을 규율하고 통제하는 중점은 주로 다음 세 가지다. 첫째, 토지공급의 계획관리를 강화하고, 경제발전 수준과 서로 상응하지 않는 맹목적이고 대량으로 토지를 공급하는 현상을 정리해 토지시장 수요공급의 기본 균형을 실현한다. 둘째, 토지이용 방식을 조방형(粗放形)에서 집약형(集約形)으로 전환한다. 중국의 도시토지 배치 효율은 비교적 낮아서, 반드시 합리적인 정책을 제정해 토지배치에 대한 시장기제의 기초적인 작용을 발휘시키고, 도시토지의 지하 시장이 공개화·합법화의 궤도를 걷게 유도하면서 도시의 남아 있는 토지를 출양한다. 셋째, 중앙과 지방, 재정부서와 용지부서, 정부와 토지개발경영자 사이의 토지수익 분배 관계를 어떻게 조화시키고, 시장주체와 시장관리주체의 적극성을 어떻게 발휘하게 하며, 토지시장의 질서와 효과적인 운행을 어떻게 촉진하는가 하는 문제가 아직 충분히 해결되지 않았다. 이 같은 문제를 해결하려면 아래와 같은 몇 가지 측면에 착안해야 한다.

(1) 1급 토지시장 규범화

① 증가한 토지의 공급 방식을 규범화
토지사용권 출양 과정과 출양방식을 규범화해야 한다. '도시부동산관리법'은 "국가기관, 군사, 도시기초시설, 공익사업용지와 국가가 중점적으로 돕는 에너지, 교통, 수리 등 항목의 토지는 법률과 법규에 의해 행정배정할 수 있다"고 규정한 것 외에, "기타 용지는 모두 출양방식으로 공급해야 한다"고 엄격히 규정했다. 용지 확보를 위한 경쟁이 비교적 높은 용도, 특히 상업, 여행, 오락과 호화주택용지는 모두 경매·입찰의 방식으로 출양해야 하고, 협의방식을 채택해 출양할 경우에도 그 토지출양금이 국가가 규정한 최저 기준보다 낮아서는 안 된다.

② 기존 행정배정토지의 유상사용 궤도 진입

효율이 매우 낮은 기존의 행정배정토지가 합법적이고 공개적인 틀 아래서 시장유통 궤도에 진입하도록 격려해야 한다. 물론 행정배정토지사용권의 재양도, 임대, 저당은 반드시 관련 법률·법규에 따라 출양수속을 하고 토지사용권 출양금 혹은 임대료를 보충 납부해야 한다. 그러나 초기 단계에서는 기존 행정배정토지의 재양도를 장려하고, 나아가 이런 유형의 토지의 배치 효율을 향상시키기 위해 토지출양금 혹은 임대료 보충 납부 기준을 낮춰야 한다. 이런 면에서 저장성 원저우시(溫州市)가 실행한 '저착수금, 급변환'이라는 정책은 좋은 성공 사례이다.

그 밖에 구도시 개조 중의 행정배정토지사용권에 대해서 토지의 권한을 명확히 구분하고, 토지사용권의 가격을 평가해 가능한 출양방식을 통해 개발자에게 출양해야 한다.

③ 토지공급에 대한 정부의 계획관리 완비

시장기제는 완전무결한 것이 아니며, 어느 정도 맹목성과 외부효과가 존재한다. 특히 중국은 현재 경제체제 궤도 전환의 과도기를 지나고 있고, 시장 기능이 아직 완전하지 않아서, 이를 보충하기 위한 계획수단이 여전히 필요하다. 이를 위해 정부는 반드시 토지출양시장을 독점해 토지의 공급총량과 용지 구조를 엄격하게 통제하며, 공급 방식과 출양가격을 규범화하고, 토지권한의 등기 관리를 강화하며, 토지공급에 대한 정부의 거시적 통제를 완비·강화해야 한다.

그 밖에 토지이용계획과 건설용지계획의 수립 및 제정은 시장의 추세에 맞추어 채택해야 하고, 아울러 경제사회발전계획과 정부산업정책에 부합해야 하며, 계획을 하급 기관에 내려보낸 후 계획의 실시를 위한 관리와 감독을 강화해야 한다. 이와 동시에 '도시부동산관리법'의 관련 조항 규정에 근거해 현급 이상의 정부는 매년 국유토지 출양 총면적 방안을 수립하고 하급 기관에 전달해야 하며, 부동산개발에 사용되는 출양토지사용권은 모두 이 계획에 편입시켜야 한다. 토지출양업무는 반드시 시·현 인민정부가 계획적으로 절차를 준수하며 진행해야 한다.

(2) 2급 토지시장의 규범화

① 토지사용권 재양도계약의 관리 강화

재양도 방식으로 토지사용권을 획득하면 반드시 규범화된 국유토지사용권 재양도계약을 체결해야 하고, 토지재양도계약에서 약정한 용도와 조건에 따라 개발 및 사용해야 한다. 용도와 용지 조건을 변경하려면 반드시 토지관리부서에 보고해 동의를 얻고, 도시계획구역 안에서는 계획부서의 동의도 얻어야 하며, 아울러 규정에 따라 지가를 조정해야 한다. 법률 규정과 계약약정의 재양도 조건에 이르지 않은 것은 토지사용권을 재양도할 수 없다.

② 토지등기제도 완비

토지사용권 재양도·임대·저당의 당사자는 반드시 법에 의해 토지를 등기하고, 토지 재양도 가격, 임대료 혹은 저당금액을 성실하게 보고해야 한다. 토지관리부서는 토지등기를 통해 토지거래행위에 대해 법에 의해 심사, 감독, 위법 거래 방지를 한다. 거래가격이 현저하게 낮은 토지에 대해서는 정부가 우선구매권을 행사할 수 있다.

그 밖에 토지재양도시장을 규범화하고, 또한 기준지가와 기준지가의 공개제도를 완비해야 하며, 토지시장중개기구의 건설 관리를 강화해야 한다.

(3) 집체비농업용지의 시장진입행위 규범화

농촌집체비농업용지의 자발적인 시장진입 현상은 이익과 폐단이 있지만, 만약 이 상태로 방치한다면 경지보호라는 기본 국책의 관철과 농촌토지시장의 육성에 불리할 뿐만 아니라, 도시계획의 실시와 토지수익의 공평한 분배에도 불리하고, 도시토지시장의 효과적이고 질서 있는 운행에는 더더욱 불리하다. 따라서 일정한 정책을 제정하고 일정한 조치를 채택해 농촌집체비농업용지시장을 규범화하는 것이 급선무이다.

현재, 농촌집체비농업용지의 자발적인 시장진입 문제는 중국 이론계에서 아직 논란이 존재하고 실무 부서 역시 다른 정책과 방법이 있는바, 귀납하면 아래와 같은 세 가지 주장으로 정리할 수 있다. 즉, ① 직접출양, ② 선징용 후출양, 권리 이전과 이익 양도(先征后让, 转权让利), ③ 앞의 두 가지 방법의 겸용이다. 상술한 주장은 모두 일리가 있지만, 어떻든 간에 정책을 제정할 때에는 아래와 같은 원칙을 견지해야 한다.

첫째, 현행 법률 법규에 부합해야 한다. '도시부동산관리법' 제8조는 "도시계획구역 안의 집체 소유 토지는 법에 의해 징용해 국유토지로 전환한 후, 국유토지의 사용권을 비로소 유상출양할 수 있다"라고 규정하고, 농촌집체비농업용지의 자발적인 시장진입 현상이 도시와 농촌의 결합부(城乡结合部, 기본적으로 도시계획구역 내)에서 더 많이 발생하기 때문에 '선징용 후출양, 권리이전과 이익 양도'를 하는 방법의 실행이 가능하다.

둘째, 경지보호라는 기본 국책을 관철하기에 유리해야 한다. 선징용 후출양 방법은 정부가 토지의 시장진입의 고리 부분을 장악하는 것을 돕고, 농용지가 비농업용지로 전환되는 것을 통제하며, 나아가 경지보호를 도모하는 데 유리하다.

셋째, 합리적인 토지수익분배제도를 건립해야 한다. 이 토지수익분배제도는 마땅히 "투자한 사람이 수익을 얻는다"는 투자와 수익의 대칭 원칙을 따라야 한다. 이런 전제 아래서 가능한 충분히 농민의 이익을 고려하고, 농민 간에도 공평하고 합리적인 분배를 진행해야 한다.

4. 부동산의 상품화와 부동산업의 발전

1) 중국 부동산업의 연혁

중국 부동산업 발전의 역사는 100여 년 전으로 거슬러 올라갈 수 있으며, 민국 시기에 이르러 이미 상당히 큰 규모로 발전한 바 있다. 예를 들어 1949년 상하이에는 이미 외자(外資), 화교 상인 부동산기업이 270여 개소나 있었고, 부동산업을 겸업하는 공상기업(工商企業)이 2300여 개가 있었다. 1950년대 이후 도시토지는 점차 국유로 귀속되었고, 국가는 도시주택에 대해 주로 저임대료의 복지정책을 실행했으며, 아울러 상당히 긴 시기 동안 토지거래를 금지해 토지시장과 부동산업이 점차 침체·소멸되었다.

1978년 말 개최된 중공 11기 3중전회 이후, 덩샤오핑이 주택 상품화에 대해 일련의 중요한 지시를 했고, 전국 각지에서 주택 상품화의 탐색과 시범운영이 적극적으로 진행되었다. 선전 등 경제특구와 몇몇 연해도시들이 부동산경영 방면에서 선도적인 실험을 주도하면서 유익한 경험을 축적했다. 1984년 중국 건설부는 광둥성 포산에서 회의를 열어 연해개방도시의 경험을 널리 알리고, 부동산업을 활성화시키며, 부동산시장을 개방한다는 구체적인 정책 방안을 제출했다. 1987년 9월 중국 국무원은 홍콩과 싱가포르의 부동산제도를 참고해 선전특구에서 시범운영할 것을 결정했다. 당시 새로운 부동산제도의 주요 개념은 토지의 소유권과 사용권의 분리, 토지사용권의 유상·유기한 사용, 기간 만료 후에는 정부가 지면과 지하의 건축물 및 부속물을 무상으로 회수한다는 것이었다. 그 후 국가 관련 부서가 부동산시장 발전과 관련한 몇 가지 문제에 대해 일련의 이론과 실제가 서로 결합된 심도 있는 토론을 진행했고, 관련 조례를 제정했다. 이런 것들은 모두 중국 부동산업의 발전을 가속시켰고, 토지유상사용제도를 확립했으며, 도시토지시장을 신속하게 발전시켰다. 1992년에는 전국에 부동산거래기구 1500여 개가

표 4-1 **1990~1993년 저장성 부동산개발 상황**

	단위	1990년	1991년	1992년	1993년
개발투자액	만 위안	95,430	117,313	242,348	931,511
시공면적	만 m²	516.46	574.63	919.15	1,984.80
그중: 주택		431.85	490.91	808.82	1,623.08
준공면적	만 m²	271.66	251.39	304.23	723.63
그중: 주택		237.66	231.54	264.80	635.97
판매 면적	만 m²	207.19	196.00	213.50	425.43
판매 금액	만 위안	—	96,123	138,508	363,485

자료: 浙江统计年鑑, 1991~1994년.

표 4-2 **1989~1993년 저장성 토지거래 상황**

	성사 건수 (건)	성사 면적 (만 m²)	성사 금액 (억 위안)	부동산취득세 (만 위안)
1989년	9,934	58,377	0.9433	313.18
1990년	16,470	148,572	2.4104	773.12
1991년	22,235	219,835	5.7877	2,056.38
1992년	39,943	339.68	12.0168	4,002.5
1993년	—	667	28.5	11,207

주: 부동산관리국을 거쳐 등기 수속한 거래만의 통계.
자료: 浙江省 建设厅 내부 자료(1994년).

설립되었고, 토지거래량도 부단히 상승했다. 제7차 5개년 계획(七五计划, 1986~1990) 기간에 전국 부동산 판매량은 1.3억 m²에 이르고, 판매 수입은 700억 위안이 되었다. 그중 개인이 구매한 상품주택은 166만 m²에 이르고, 화폐 150억여 위안을 회수했다. 남아 있던 부동산거래는 5833만 m²이고, 거래총액은 124.0억 위안이었다. 경제발전 속도가 빠른 연해지역 성은 발전 추세가 더욱 빨랐다. 저장성을 예로 들면, 1993년 성의 부동산 시공면적은 이미 1984.8만 m²에 이르고, 판매면적은 425.4만 m²로(〈표 4-1〉과 〈표 4-2〉), 동시에 남아 있던 토지사용권의 거래 역시 대단히 활발했다.

주목할 만한 점은, 1992년부터 구도시 개조사업 추진이 가속화되었고, 각 도시에서 구도시 개조와 토지시장을 서로 결합시키는 정책 노선을 검토하기 시작했다는 점이다. 예를 들어 상하이, 푸저우(福州) 등의 지역에서는 시 중심의 인구가 밀집되고, 주거 조건이 떨어지고, 시설이 낙후한 위험주택(危房), 천막주택(棚户), 간이주택(簡屋)을 대량 임대 방식으로 출양해 도시계획에 부합하는 상업무역빌딩과 고층주택을 건설했다. 한편으로는 토지이용 구조조정을 통해 토지이용 효율을 높였고, 다른 한편으로는 정부가 국유토지의 자산 수익을 회수해 도시기반시설 건설과 구시가지(旧区)의 개조 및 주택 건설을 추진해 도시건설의 양성순환기제를 구축했다. 상하이에서 1992년과 1993년 두 해 동안에만 시 중심 토지를 대량 임대한 227곳 중 노후 시가지의 개조와 관계한 곳이 147곳, 위험주택·천막주택·간이주택 85.4만 m²로, 2000년이 되기 이전에 위험하고 낡은 주택을 개조하는 임무의 23.4%를 완성했다. 토지시장과 노후 시가지 개조사업을 결합시킨 후에, 수년간 어려움을 겪었던 건설자금의 부족 문제에서 벗어날 수 있었다. 즉, 도시정부가 국유토지의 자산 수익을 이용해 노후 시가지 개조를 가속화시키는 방식이 도시건설의 돌파구가 되었다.

2) 도시토지사용권시장의 형성 과정

중국에서 도시토지사용권시장 형성의 시작과 발단은 1987년 선전경제특구에서 최초로 국유토지를 합법적이고 공개적으로 출양한 것이다.[5] 그러나

---

5 1987년 9월, 선전시는 시 정부의 명의로 5321m²의 토지를 직공독신자숙소 건설용도에 사용기한 50년이라는 조건으로 협의방식에 의해 중국항공기술수출입기업 선전공업·무역중심(中航技术进出口公司深圳工贸中心)에 유상출양을 시행했다. 출양 토지의 가액은 200위안/m², 총액 106.4만 위안이었다. 이것이 공식적으로 인정되는 중국 최초의 국유토지사용권의 유상출양 사례이다(杨重光·吴次芳, 1996: 173). 다시 그해 연말에 협의, 입찰 및 경매 방식으로 5곳의 토지를 출양했는데, 면적은 모두 15만여 m²이며, 출양

이러한 조치가 시행되기까지는 비교적 긴 탐색 기간을 거쳐야 했다.

1978년 개혁·개방정책을 실행한 이후, 중국 정부는 외국 기업과 개인의 합법적인 경영 활동 종사를 독려하기 시작했다. 아울러 국제관례에 따라 선전시에서는 경영 활동에 필요한 토지의 유상사용을 시행했다. 1987년 7월 국무원 특구사무실(特区办)은 '특정 지역 토지의 유상재양도 시행에 관한 건의(关于择若干点实行土地有偿转让的建议)'를 작성했고, 상하이, 톈진(天津), 광저우, 선전의 네 개 도시를 토지 유상출양의 시범지역으로 선정했다. 이어 푸순, 충칭(重庆) 등 내륙도시에서도 잇달아 시행했다. 이러한 조치의 시행에 따라 수십 년간 지속되어온 토지의 무상사용제도에 변화의 바람이 불었고, 토지시장의 기초가 형성되기 시작했다.

그와 동시에, 이러한 추세에 상응하도록 관련 법을 정비했다. 예를 들어 1979년에 반포한 '중외합자경영기업법(中外合资经营企业法)' 제5조는 "중국 합작자의 투자는 합자기업 경영 기간에 제공하는 장소사용권을 포함시킬 수 있다. 만약 장소사용권이 중국 합작자의 투자 일부분이 아니면 합작기업은 중국 정부에 사용료를 납부해야 한다"라고 규정했다. 그리고 1980년에 반포한 '중외합자경영기업 건설용지에 관한 임시규정(关于中外合资经营企业建设用地暂行规定)' 및 1983년에 반포한 '중외합자기업 실시조례(中外合资企业实施条例)'에서는 그와 관련된 규정을 더 명확하게 규정했다.

토지제도 개혁의 법적 근거를 마련하기 위해 1988년 4월 전국인민대표대회(全人大)는 '헌법'을 수정해 토지임대 불가 규정을 삭제하고, "토지사용권은 법률에 의해 재양도할 수 있다"는 조항을 추가했다. 같은 해에 통과된 '토지관리법'에서도 상응하는 부분을 수정해 "국가는 법에 의해 국유토지의 유상사용제도를 실행한다"고 규정했다. 1990년 5월 국무원은 '도시국유토지사용권 출양 및 재양도 임시조례(城镇国有土地使用权出让和转让暂行条例)' 및

<hr />

수입은 3500만 위안으로 당년 토지사용료 수입의 2.3배에 해당했다. 이때부터 토지의 무상·무기한 사용제도가 공개적이고 합법적인 토지사용권시장으로 대체되기 시작했다.

'외국 기업의 대규모단위 토지 투자·개발·경영 임시관리 지침(外商投资成片
开发经营土地暂行管理办法)'을 공포했다. 이는 중국의 토지시장 형성에 대한
법적 근거가 되었다. 이어 중국공산당 14기 3중전회는 토지사용제도의 개
혁을 전체 경제체제 개혁의 주요 과제로 결정했다. 이는 토지시장의 규범과
발전을 명확하게 규정한 것으로서, 시장을 통한 토지의 분배 범위를 지속적
으로 확대해 토지시장을 육성한다는 것이었다.

개혁·개방 이후 중국의 토지사용제도 개혁의 핵심은 토지사용권시장의
형성 과정이라고 할 수 있다. 그 결과 토지사용권시장은 법적 구속을 받는
특정 용도의 토지를 제외하고는 소유자와 사용자 간에, 그리고 용도 간에
유통할 수 있고, 유통 과정에서 지대와 지가가 형성되고 있다. 토지시장의
형성은 경제발전과 인구 증가에 따라 나날이 증가하는 토지에 대한 수요를
지가와 지대에 의해 조절할 수 있는 시장기제의 도입을 의미하며, 이에 따
라 중국의 토지사용권시장은 (개혁·개방 이전 토지관리상의 핵심 문제였던) 무
상토지사용에 따른 토지자원의 낭비와 국유토지 지대의 유실 문제를 해결
하는 데 긍정적으로 기여할 수 있게 되었다.

선전경제특구에서의 실험 성과를 바탕으로 도시토지사용제도 개혁이 전
면적으로 전개되기 시작한 것은 1987년 11월에 국무원이 국가토지관리국
등 부서의 보고를 비준하고, 선전, 상하이, 톈진, 광저우, 샤먼, 푸저우에서
토지사용제도 개혁을 시범운영할 것을 결정하면서부터이다. 토지의 소유권
과 사용권의 분리 원칙에 따라 국가가 토지소유권을 보유한다는 전제하에
입찰, 경매, 공시경매(挂牌), 그리고 협의 등의 방식으로 토지사용권을 일정
한 가격과 기한 및 용도로 사용자에게 출양하고, 출양 후의 토지는 재양도·
임대·저당할 수 있도록 했다. 이것은 토지사용제도의 근본적인 개혁으로,
토지의 장기간 무상·무기한·무유통·단일 행정수단의 행정배정제도를 타파
하고 시장수단으로 토지를 배치하는 새로운 제도를 창조한 것이었다.

선전과 상하이는 가장 먼저 토지의 유상출양을 시행했다. 토지사용제도

개혁의 법적 근거를 위해 1988년 4월 전국인민대표대회는 '헌법'을 수정해 "토지는 임대할 수 없다"는 규정을 없애고, "토지사용권은 법률의 규정에 따라 재양도할 수 있다"라고 첨가했다. 같은 해 통과된 '토지관리법'도 상응하는 수정을 해서 "국가는 법에 의해 국유토지의 유상사용제도를 시행한다"라고 명확하게 규정했다. 1990년 5월 국무원은 '도시국유토지사용권 출양 및 재양도 임시조례'와 '외국 기업 대규모 단지 토지의 개발·경영의 임시관리 방법'을 반포했는데, 이것은 중국의 토지시장이 법치 궤도에 진입한 것을 나타내며, 토지사용제도 개혁이 전국 범위로 확산 및 추진되었다.

1992년 덩샤오핑의 남순강화(南巡讲话) 직후, 중공 14대(中共十四大, 1992.10.12~18)는 사회주의 시장경제체제의 개혁 총목표를 확립했고, 이어서 중공 14기 3중전회(1993.11.11~14)에서는 전체 경제체제 개혁의 중요한 구성 부분으로서 토지사용제도의 개혁을 결정했으며, 또한 토지시장을 규범화하고 발전시키는 내용과 요구를 명확하게 규정했다. 이로부터 시장 배치를 통한 토지의 범위는 부단히 확대되고, 유상·유기한 출양을 특정으로 하는 토지사용제도 개혁이 전국 각지로 확대되었다. 특히 경제특구와 몇몇 연해개방도시에서 건설용지 공급은 기본적으로 신제도의 궤도에 진입했고, 시장 육성과 규범 분야에서도 비교적 큰 진전이 있었다.

현재 중국 1급 토지시장의 토지출양방식은 주로 세 가지 형식을 채택한다. 즉, 협의 및 입찰, 경매, 공시경매 방식이다. 통계에 의하면 1991~1994년 전국에서 모두 국유토지사용권 11.8만 종(宗)을 출양했고, 총면적은 11.7만 ha였는데, 이는 각각 7·5계획(1986~1990) 기간의 162.2배와 59.3배이다. 전국에서 법에 의해 출양되는 토지가 신축 건설용지 공급총량에서 차지하는 비율은 개혁 초기 1%에서 1993년에 10%로, 1994년에는 20%로 증가했다. 선전시는 1988년부터 더 이상 토지사용권을 행정배정하지 않았고, 모든 토지를 유상·유기한 출양했다. 광둥성에서 출양방식의 토지공급은 이미 건설용지의 50% 이상을 차지했다. 쿤산시에서 1991~1993년 출양방식의 토지공급은 이미 전체 건설용지의 80%이상을 차지했다. 토지출양시장의 발전은 전국 각 도시정부가 대량의 자금을 획득할 수 있도록 했고, 투자 환경을 개선했다. 상하이시가 1992년에 거둔 토지출양금은 100억 위안이고, 광둥성이 1992년부터 1993년까지 거둔 토지출양금은 205억 위안이다. 8·5계획(1991~1995) 이전 4년은 전국에서 모두 토지출양금 2000억 위안을 거두었고, 토지출양 수입이 도시재정 수입에서 차지하는 비중이 25%에서 최고 80%까지에 달했다(楊重光·吳次芳, 1996: 200~201).

제5장
공간계획체계와 토지이용계획

1. 중국의 공간계획체계

1) 계획체계에 대한 접근 방식

'시장이냐 계획이냐'는 상당히 오래된 논쟁거리이다. 일단 오늘날에는 '시장 우선'이라는 논리가 지배적인 것으로 보인다. 중국에서도 개혁·개방 이전의 계획경제체제에서 (사회주의 또는 중국 특색의) 시장경제체제로 전환하면서 공간계획체계에 대한 시각과 접근 방법도 달라졌다고 할 수 있다. 즉, 시장계획체계가 주도하는 가운데, 시장계획체계의 문제점들을 해결하기 위해 공간계획체계가 거시적 통제수단으로 참여하는 구도로 나아가고 있다. 중국은 사회주의 시장경제체제로 전환하면서 발생한 '시장실패' 원인에 대해 다음과 같은 입장을 가지고 있다(毕宝德, 2006: 129).

첫째, 토지이용을 시장 기능에 맡길 경우 무수히 많은 분산된 미시적 경제주체인 기업과 토지사용자가 토지이용을 결정하게 되는데, 이들은 오직 자신이 현재 당면한 이익만을 고려할 뿐 공공이익과 장래 이익을 고려하지 않기 때문에, 거시적인 차원에서 토지자원 이용에 문제가 발생한다. 특히 농지의 경우, 경지가 갖는 경제적 이익이 상대적으로 적기 때문에, 만약 계획 기능이 조정해주지 않는다면 경지면적은 빠른 속도로 감소해 국가의 식량안전을 위협할 것이다.

둘째, 토지이용 중에 외부효과 문제가 발생하기 마련이며, 시장의 자원 배분 기능은 토지이용 효율성 저하, 환경오염, 주택·공장·사무실의 혼재 등 외부 불경제 문제를 해결할 수가 없다. 이러한 문제는 국가가 수립하고 실시하는 토지이용계획[1] 등 각종 공간계획을 통한 거시조절 기능에 의해서만 해결할 수 있다.

셋째, 시장의 조정 기능은 지연되는 특성이 있다. 시장의 수요공급 관계가 균형을 잃게 되면 우선적으로 가격에 반영되고, 가격 변화는 다시금 시장주체의 결정에 영향을 주어 최종적으로 자원 배분에 변화를 가져오게 되는데, 이러한 전체 과정에 일정한 시간이 걸려 필연적으로 자원 낭비를 초래하게 된다.

넷째, 시장기제가 작동할 수 없는 영역, 가령 행정기관, 국방, 문화, 교육 등 공공부문과 생태건설용지에 대해, 시장은 효과적인 자원 배분 역할을 수행하는 데 한계가 있다.

다섯째, 중국 농촌은 사회보장 기능도 담당하고 있는데, 등가교환과 효율만을 중시하고 사회 공평은 중요시하지 않는 시장경제 원리의 지나친 적용은 농촌의 사회보장 기능 약화 문제를 유발할 것이다.

이처럼 중국이 시장 실패에 대해 갖고 있는 인식은 시장계획체계에 대한

---

[1] 본문에서 쓰이는 용어는 '규획(规划)'과 '계획(计划)'으로 구분된다. 중국의 법률 및 행정 관련 문헌상 이 두 단어의 의미에는 차이가 있다. 가장 대표적인 것으로 중국의 전체 토지에 대해 장기간의 계획을 수립할 때는 '토지이용총체규획(土地利用总体规划)'이라고 하며, 중기(5년) 또는 매년 수립하는 계획은 '중기 토지이용계획(中期土地利用计划)' 또는 '연도별 토지이용계획(年度土地利用计划)'이라고 한다. 규획은 전략적이며 비교적 종합적이고 장기적인 계획을 지칭하며, '계획'은 '규획'을 구체화하는 실천적인 계획을 지칭한다. 중국은 2006년 '국민경제및사회발전 제11차 5개년 규획(国民经济和社会发展第11个5年规划)'부터 '계획'이라는 용어 대신 '규획'이라는 용어를 사용하기 시작했다. 따라서 의미상으로는 두 단어를 엄밀하게 구분해서 사용해야 하나, 우리의 언어 체계에서 '규획'이라는 용어를 사용하지 않고 있으므로, 이 책에서는 두 단어를 구분하지 않고 '계획'이라 통일 표기하고, 구분 설명이 필요할 경우에는 괄호 안에 한자를 병기하기로 한다.

공통적인 인식 외에도, '식량안보' 및 '농지의 사회보장 기능' 확보를 특히 중시하는 중국 특유의 인식이 더해졌으며, 이러한 배경하에서 계획 기능의 필요성을 강조하고 있다.

그러나 시장 기능과 계획 기능은 사실상 동전의 양면이라고 할 수 있다. 가령, 시장의 대표적인 주체라고 여겨지는 기업과 가계도 '계획'을 세워 꾸려나간다. 즉, 덩샤오핑이 말했듯이 "시장경제에도 계획이 있고 계획경제에도 시장이 있다". 이 같은 시각에서 보면, 시장경제란 분권적 계획경제라 부를 수도 있다. 단, '계획경제'와 '시장경제'의 차이점은 국가와 기업 및 가계 등 경제주체들이 세우는 계획들 사이의 차이라고 할 수 있다. 또한 '계획경제'는 중앙집권적이고 '시장경제'는 분권적이다. 따라서 시장과 계획이라는 기능은 대립적인 관계보다는 상호 유기적인 관계로 파악하되, 각각의 정책과제와 문제에 대한 정책적 처방을 할 때 '어느 기능을 더 강조할 것인가'라는 문제를 논하는 것이 더 생산적인 접근법이라 할 수 있을 것이다.

2) 공간계획체계의 회고와 현황

중국의 계획체계는 경제사회 전반에 대한 발전 전략을 수립하는 '국민경제및사회발전계획(国民经济和社会发展规划)'(이하 '발전계획')을 최상위로 하여 공간계획과 비공간계획의 두 가지 계획체계로 구분할 수 있다. 이하에서는 그중에서 공간계획체계를 살펴보고자 한다.

중국의 공간계획체계상 가장 큰 문제는 공간계획체계의 최상위 계획에 해당하는 국토계획(国土规划)의 위계와 역할이 전체 계획체계에서 아직도 분명하게 정립 및 공인되지 못했다는 점이며, 또한 국토자원부가 주관하는 토지이용계획과 주택및도시농촌건설부(住房和城乡建设部)가 주관하는 도시농촌계획(城乡规划) 간에도 위계와 역할 분담이 명확하지 않다는 점이다.

먼저 국토계획과 관련해 살펴보면, 중국 학계에서 국토계획은 최상위의 공간계획으로 인정되고 있다. 중국의 토지경제학자 비바오더(毕宝德, 2006: 133)는 국토계획을 중심으로 하는 공간계획체계를 다음과 같이 설명했다.

국토계획의 중심 역할은 경제발전과 인구·자원·환경과의 관계를 조화시키는 것이며, 토지이용총체계획(土地利用总体规划)은 국토계획의 하위에 있는 전문항목계획(专项规划)이다. 토지이용총체계획은 도시체계계획(城镇体系规划), 교통계획, 수리계획(水利规划), 환경계획 등과 더불어 공간계획체계 중 두 번째 위계에 해당한다. 세 번째 위계에 해당하는 계획으로는 각종 토지이용구역계획이 있으며, 그 예로 도시구역, 촌진(村镇)구역, 농업구역, 임업구역, 자연경관구역, 자연보호구역 등에 대한 계획이다.[2]

그런데 실제 중국의 발전계획을 주도하는 '국민경제및사회발전계획 강요(国民经济和社会发展规划纲要)'(이하 '강요')에서는 계획 내용을 공간계획체계와 비공간계획체계의 두 가지로 구분하지도 않을뿐더러, '강요'에서 구체적으로 국토계획이나 국토총체계획을 언급한 후 이를 통해 공간계획체계를 지도하도록 규정하고 있지도 않다. 국무원의 '국민경제및사회발전계획 수립 업무에 관한 약간의 의견(国务院关于加强国民经济和社会发展规划编制工作的若干意见)'에 따르면, '강요'에서 제시한 '국민경제및사회발전계획'의 총체계획 하위에 해당하는 전문항목계획과 구역계획을 통해 국토계획이 확정했던 국가급 개발계획 및 보호계획을 수용하도록 함으로써, 국토계획과의 연계를 도모하고 있다[国发(2005)第33号]. 현재 국토계획상의 공간계획체계와 '발전계획'하의 공간계획체계는 서로 상이해 매우 복잡한 양상을 띠고 있으

---

2   '국민경제및사회발전계획'에서 말하는 '구역계획(区域规划)'의 '구역(区域)' 개념과 국토계획에서 말하는 '구역'의 개념은 다른 것으로 이해된다. 즉, 전자의 '구역' 개념은 두 개 이상의 성(省) 행정구역에 걸치는 비교적 폭넓은 공간 범위를 말하며, 후자의 '구역'은 동일한 토지이용으로 구분되는 구역 개념이다. 따라서 '국민경제및사회발전계획'에서는 구역계획이 전문항목계획보다 상위에 위치한다.

며, 객관적으로 볼 때 이러한 공간계획체계는 정부, 과학 연구 기관 및 사회 내에서 공통의 인식을 얻지 못했을 뿐만 아니라, 상호간의 관계 역시 좀 더 바로잡아 완전하며 통일적이고 조화로운 공간계획체계를 수립할 필요가 있다(曹清華, 2008: 30~32).

이러한 배경에서 '국민경제및사회발전 제11차 5개년 계획 강요(十一五規劃綱要)'(2006~2010)에서 처음으로 주체기능구계획(主体功能区規划)의 수립을 명시했다. '강요'는 국토계획이 공간계획체계의 주도적 역할을 감당하지 못하고 있는 상황에서, 앞으로 주체기능구계획을 통해 현재의 불완전한 국토계획 기능을 대신해 각종 공간계획을 새롭게 지도할 것을 요구했다.

본 장에서는 국토계획상의 공간계획체계가 아직 확립되지 않아 실질적으로 공간계획체계를 주도하지 못하고 있다고 판단하고, 보다 안정적인 체계를 다지고 있는 '강요'에서 제시하고 있는 공간계획체계를 따르기로 한다.

(1) '국민경제및사회발전계획'의 회고와 현황

중국의 국토개발과 더불어 경제사회의 발전을 종합적으로 지도하는 계획이 '국민경제및사회발전계획(国民经济和社会发展规划)'이다. 이 계획은 신중국 건립 이후 사회주의 공업화 건설을 위해 시작한 것으로, 계획 기간을 5년으로 하여 신중국의 건립 초기 '국민경제및사회발전 제1차 5개년 계획'(1953~1957)을 시작으로 현재 '제12차 5개년 계획'(2011~2015)이 2011년 3월에 개최된 전국인민대표대회에서 확정·공포되어 시행 중이다. 각각의 5개년 계획은 사회 상황의 변화에 맞게 중국이 나아갈 방향을 제시하며, 1978년 개혁·개방 이전의 계획경제시대뿐 아니라 개혁·개방 이후 현재까지 '국민경제및사회발전계획'은 사회주의 시장경제 발전의 중심적 역할을 차지하고 있다. 이 발전계획이 공간계획에 대해 갖는 또 다른 의미는 각종 공간계획의 위계를 결정하고 방향을 지도한다는 점이다.

현행 '국민경제및사회발전계획'의 계획체계는 국무원의 '국민경제및사회

발전계획 수립 업무에 관한 약간의 의견(国务院关于加强国民经济和社会发展规划编制工作的若干意见)'(이하 '의견')에서 결정된다. 즉, 행정단위와 계획 대상 및 역할에 따라 '3급3류(三级三类)'로 할 것을 제시하고 있는데, 3급이란 국가급 계획, 성(省)·자치구·직할시급 계획, 시(市)·현(县)급 계획을 말하며, 3류란 총체계획(总体规划), 전문항목계획(专项规划), 구역계획(区域规划)을 말한다. '의견'은 또한 총체계획, 전문항목계획 및 구역계획의 위상을 명확히 할 것을 요구하고 있는데, 총체계획은 국민경제 및 사회발전의 전략적·강령성·종합적 계획으로, 본급 및 하급의 전문항목계획 및 구역계획과 유관정책 및 연도별 계획의 근거가 되며, 기타 계획은 총체계획의 요구에 부합해야 한다고 함으로써 '국민경제및사회발전계획'이 전체 계획체계뿐만 아니라 공간계획체계에서 차지하는 위상을 분명히 했다.

구역계획은 여러 행정구역에 걸치는 구역의 국민경제 및 사회발전을 대상으로 수립하는 계획으로, 특정 구역에서 총체계획을 세분화 및 구체화한 것이다. 여러 성, 자치구, 직할시의 행정구역에 걸치는 구역계획은 구역 내성·자치구·직할시급 총체계획과 전문항목계획의 근거가 된다. 구역계획은 주로 구역발전의 입지, 도시 발전과 배치, 중점산업 발전과 배치, 중요 기초시설 건설 등 전체 틀과 관련된 문제들을 다룬다. 중국은 장차 공간의 발전방향을 분산형에서 집중형으로 지속적으로 이끌어갈 계획이며, 따라서 구역계획의 수립을 절실히 필요로 하는 곳은 주로 도시군이다. '의견'은 국가급 구역계획의 범위를 합리적으로 설정해 구역계획을 수립할 것을 요구하고 있다. 즉, 국가는 경제사회 발전과 긴밀하게 관련된 지구, 여러 도시가 밀집·결합된 도시군 지구와 더불어, 국가총체계획이 확정한 중점개발 또는 보호구역 등에 대해 구역계획이 이를 받아들여 수립하도록 요구하고 있다. 현재 구역계획 수립 업무는 주로 각급 발전개혁위원회가 담당하고 있다.

전문항목계획은 국민경제 및 사회발전의 특정 영역을 대상으로 수립하는 계획으로, 총체계획을 특정 영역에서 세분화한 것이며, 또한 정부가 해당 영역의 발전 및 중요 항목의 심사비준을 지도하고, 정부투자와 재정지출에 산을 안배하며, 특정 영역 관련 정책을 제정하는 근거가 된다. 전문항목계획의 수립 대상을 살펴보면, 국민경제 및 사회발전이라는 큰 범위에 관련된 것과 국무원의 심사비준을 거치는 중대 항목 및 투자금액이 비교적 큰 영역으로 제한한다. 여기에는 토지 등 중요 자원의 개발 및 보호뿐만 아니라, 국가총체계획(国家总体规划)이 확정한 중요 전략 임무와 중요 프로젝트도 포함되어 있어, 공간계획체계의 최상위 계획으로 여겨지는 국토계획과의 관계를 설정하고 있다.

'국민경제및사회발전 제11차 5개년 계획 강요'(2006~2010)에는 각종 공간계획체계의 정립을 위한 내용이 담겨 있다. 구체적으로 살펴보면, 제48장의 '계획관리체제의 건전화' 부분에서 계획관리체제를 개혁할 것을 요구하고 있다. 즉, '국민경제및사회발전계획'으로 전체 계획을 통솔하며, 각종 계획의 위계를 분명히 하며, 상호 보완할 수 있도록 하고, 계획체계가 통일적으로 연결되도록 요구하고 있다. 또한 도시계획, 토지이용계획, 환경보호계획 및 에너지, 교통 등 전문항목계획을 심도 깊게 수립해 실시하도록 하고 있다. 또한 '제11차 5개년 계획 강요'에서 처음으로 '전국주체기능구계획(全国主体功能区域规划)'을 수립하며, 이를 통해 구역정책을 명확히 할 것을 명시했다.

또한 제25장 제2절 '토지자원 관리 강화'에서 가장 엄격한 토지관리제도를 실행할 것을 요구하고 있다. 즉, 법정 권한에 따라 토지의 심사비준과 경지점용보상제도를 엄격하게 집행하며, 지방정부가 불법적으로 가격을 낮춰 개발업자(开发商)를 유인하는 행위를 금지하고 있다. 또한 토지이용총체계획, 도시총체계획, 마을(村庄)및집진(集镇)계획의 수립 및 관리를 엄격히 하고, 토지이용계획 관리, 용도관리제도 및 항목용지예비심사 관리를 강화하며, 촌진건설용지 관리를 강화하도록 요구하고 있다.

'의견'과 '제11차 5개년 계획 강요'를 통해서 알 수 있는 사실은, 비록 '국

그림 5-1 **중국의 현행 계획체계**

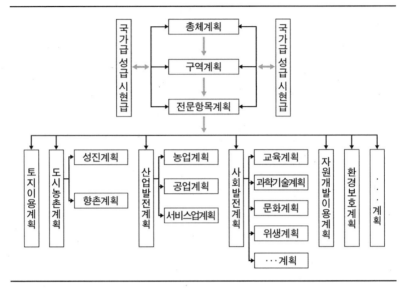

자료: 徐东(2008: 183).

민경제및사회발전계획'이라는 최상위의 계획에서 최상위의 공간계획인 국토계획의 위계를 명확하게 설정하지는 않았지만,[3] 전문항목계획과 구역계획을 통해 국토계획이 확정했던 국가급 개발계획 및 보호계획을 수용하도록 했다. 또한 더 나아가 공간계획 전체를 주도하는 국토계획의 기능이 미약하다는 한계를 극복하기 위해 처음으로 주체기능구계획을 수립하도록 해, 공간계획체계 전반을 지도하도록 했다.

그런데 중국의 '국민경제및사회발전계획'은 정치, 경제, 문화 등 전 영역에 걸쳐 매우 중요한 역할과 지위를 차지하고 있기는 하나, 그 법적 구속력

---

3 '국민경제및사회발전계획 수립 업무에 관한 국무원의 약간의 의견(国务院关于加强国民经济和社会发展规划编制工作的若干意见)'에는 '국토총체계획'이라는 용어가 사용되었으나, '국민경제및사회발전 제11차 5개년 계획 강요'를 살펴보면 '국토계획' 또는 '국토총체계획'이라는 용어가 사용되고 있지 않다.

은 약하다. 즉, '강요'는 법률적인 문건이기는 하지만, 오직 정부에 대해서만 법률적 구속력이 있는 내부 구속적 지침이라 할 수 있다. 실제로 '제11차 5개년 계획 강요'를 보면 계획 수립의 근거로 법률이 아닌 '중공중앙의 국민 경제및사회발전 제11차 5개년 계획 수립에 관한 건의(中共中央制定国民经济和社会发展第11个5年规划的建议)'에 기초하고 있다. 따라서 중국의 공간계획 체계는 '국민경제및사회발전계획'을 법적 궤도에 포함시켜, 중앙 계획이 지방 계획에 대한 지도성과 구속력을 확보하고 계획의 법적 권위를 유지해야 하는 과제를 안고 있다(郝铁川, 2007: 99~102).

(2) 국토계획의 회고와 현황[4]

중국 국무원은 개혁·개방을 결정한 중공 제11기 3중전회(1978.12) 이후 인 1981년 4월 2일 중앙서기처 제97차 회의에서 국토를 종합적이고 체계적 으로 개발 및 정비하기 위해 공간개발계획 성격을 갖는 국토개발정비계획 의 수립 및 관련 법제의 구축을 결정했다. 11기 3중전회 이후 당과 국가의 모든 역량을 경제 건설을 통한 사회주의 현대화 달성에 집중하기로 결정했 고, 이를 위해서는 국토의 체계적 개발 및 정비를 위한 입법과 계획 수립이 요구되었기 때문이다. 계획 수립의 주체는 국가건설위원회로 하고, 계획 수 립을 전문적으로 주관하는 부(部)는 따로 설치하지 않고 국가건설위원회 내 에 전문 기구인 '국토정비연구반'을 설치해 국무원의 심사비준을 받도록 했 다. 그런데 1982년 4월 국가건설위원회가 철폐되고 국토국이 국가계획위원 회에 귀속되면서 국토계획의 수립 주체도 국가건설위원회에서 국가계획위 원회로 변경되었다.

국토계획업무의 전체 전개 과정은 크게 태동 단계(1981년 9~11월), 실험 단계(1982~1984), 입안 단계(1985~1992), 실시 단계(1993년 이후) 등 네 단계

---

4   이 항목의 내용은 박인성 외(2000: 380~385)을 주로 참조해 작성한 것임.

로 구분할 수 있다(박인성 외, 2000: 380~385). 이를 개략적으로 살펴보면, 1982년에 베이징-톈진-탕산지구(京津唐地区)에서 국토자원 조사 연구를 시작했고, 지린성 쑹화호(松花湖)와 후베이성 이창(宜昌) 양 지구를 국토계획 시범지역으로 지정해 정식으로 국토계획업무의 서막을 열었다. 1985년 3월 26일 국무원이 비준해 국가계획위원회에 전달한 '전국 국토총체계획 강요 수립에 관한 보고(关于编制全国国土总体规划纲要的报告)'에서는, '전국 국토총체계획 강요'는 중요한 주제에 대해 정비계획을 수립하고, 각 중점지구의 발전 방향과 중대 개발시책을 명확히 하도록 요구했다. 또한 중요한 사항으로, 국토총체계획 중 가까운 시일 안에 실현할 수 있는 것들은 '국민경제및 사회발전계획'의 '제7차 5개년 계획' 및 '제8차 5개년 계획'과 연계하도록 함으로써, 계획체계 간 연계를 도모했다.[5] 이로써 국가계획위원회는 1985년에 '전국 국토총체계획 강요(全国国土总体规划纲要)'를 수립하기 시작해 1989년에 계획 내용을 기본적으로 완성했다. 제1차 국토총체계획의 계획 기한은 2000년까지였다.

1993년 말까지 당시 전국의 30개 성, 직할시, 자치구 모두 국토계획 수립 업무를 완성했고, 223개 지방과 640개 현이 국토계획 수립 업무를 완성해, 국토계획 수립 업무는 그런대로 무난하게 진행되고 있었다. 그러나 중국의 경제사회가 급속도로 발전하고 새로운 추세가 출현하게 되면서 ('전국국토총체계획 강요'는) 국무원의 공식적인 비준을 얻지는 못했다.

1990~1998년의 기간 동안 사회주의 시장경제의 점진적인 건립과 정부(특별히 국가 및 각급 계획위원회) 직능의 변화에 따라, 국토계획은 침체기를 맞았다. 이 시기에, 국토계획관리기구는 이름만 존재할 뿐 기능은 소멸되었으며, 인원 감소 및 구조조정이 단행되었고, 예산도 대폭 줄었으며, 계획방

---

5   실제로, '국토총체계획'이 국무원의 비준을 받지 못했음에도 불구하고, 각 지구의 국토계획의 내용 중 많은 부분이 '제8차 5개년 계획'과 10개년 계획 요강 또는 기타 계획에 포함되어 단계적으로 시행되었다(박인성 외, 2000: 384~385).

안 수립 업무는 중지 내지 반(半)중지 상태에 처하거나 폐지되어, 계획 기능을 제대로 발휘하기 어려웠다.

1998년 이후, 국무원 기구의 개혁으로 국토계획 직능이 원래의 국가계획위원회에서 신설된 성립한 국토자원부에 귀속되었다. 국토자원부는 이전의 경험과 이론 및 방법 연구와 계획시범지구 등을 종합해 새로운 상황에 맞는 국토계획을 어떻게 전개할 것인지를 적극적으로 탐색했고, 2001년부터 시작해 순서대로 톈진, 랴오닝, 신장 및 광동 선전에서 국토계획 시범지구를 지정하여, 이러한 시범지구를 통해 새로운 국토계획 모델을 모색했다. 동시에 '전기(前期) 전국 국토총체계획'에 대한 연구를 진행했다.

2007년 7월 24일에 중국과학원 지리과학및자원연구소가 진행한 연구과제인 '전국 국토총체계획 강요 전기연구(全国国土总体规划纲要前期研究)' 보고회가 중국과학원과 국토자원부 관계자들이 모인 곳에서 진행되었다. 연구과제의 목적은 새로운 '계획 강요' 수립의 필요성과 실현 가능성을 탐색하고, 정책 결정자에게 참고하도록 하며, 더불어 새로운 '계획 강요'의 구조를 탐색하는 것이었다. 그러나 회의석상에서 '계획 강요'의 수립 여부, 수립 시기, 발표 시기 등 일체는 정책 결정자가 결정하는 것이지 전기연구를 진행했다고 해서 곧바로 새로운 '계획 강요'를 수립하는 것은 아니라는 점을 분명히 했음에도 불구하고, 현재 진행되고 있는 국토개발의 난맥상 등을 이유로 새로운 '국토총체계획 강요'를 수립할 필요성이 있다는 의견을 제시했다. 또한 회의석상에서 제11차 5개년 계획에서 제시한 주체기능구계획과의 관계에 대해 다음과 같이 언급했다[地理科学与资源研究所, '全国国土总体规划纲要前期研究成果受国土资源部领导好评'(2007)].

주체기능구계획은 전국 국토계획이 아니며, 또한 그것을 대체할 수도 없다. 주체기능구계획은 과학정책관을 강조하고 인류 경제활동과 자연계의 조화에 집중하며, 구역 '내부'의 상황에 관심을 갖고 있다. 그러나 전국 국토계획의 특성은 종합적이고, 전국이라는 공간 범위에서 지역 간 상황에 더욱 관심을 가지며, 특별히 물질적인 보장체계의 건설을 목적으로 한다. 또한 국토총체계획은 주체기능구계획보다 상위의 공간계획으로 훨씬 기초적인 계획이며, 토지이용총체계획 역시 전국 국토총체계획을 기초로 해 수립해야 한다.

중국 공간계획체계 수립과 관련한 전개 양상을 종합해보면, 국토계획이 공간계획체계에서 최상위 계획으로서의 기능을 담당하고자 했지만, 1980년 대에 수립한 '제1차 국토총체계획 강요'가 비준받지 못했으며, 현재 새로운 '국토총체계획 강요'의 수립을 위해 다시금 실험 단계에 있다. 반면에 공간계획과 비공간계획 전체를 아우르는 5년 단위의 '국민경제및사회발전계획'이 지속적이고 안정적으로 수립 및 집행되고 있으며, 국토계획 기능의 미비를 '주체기능구계획' 수립을 통해 보완하고 있다. 이러한 중국 공간계획체계가 안정되려면 향후 일정 기간 시행착오가 계속될 것으로 보인다.

(3) 토지이용계획의 회고와 현황

신중국 성립 이후, 1950년대부터 둥베이(东北), 신장(新疆), 하이난(海南) 등 개간지구 건설을 중점으로 하는 토지이용계획을 전개했다. 1960년대에 이르러 경작제도, 개토 및 비옥도 증가, 관개 및 유역 개발 정비를 골자로 하는 토지이용계획을 수립했다. 이 시기 토지이용계획은 기본적으로 구소련의 토지이용계획 설계 이론과 방법을 따랐으며, 주로 농업적 토지이용계획을 위주로 국부적인 지구의 토지이용 문제를 해결하는 것에 중점을 두었다.

중국은 개혁·개방 이전에 이미 이러한 토지이용계획의 탐색 단계를 거쳤으며, 개혁·개방 이후 1980년대부터는 농촌의 개간지구 정비라는 국부적인 계획 차원에서 벗어나 국토 전체를 대상으로 하는 전면적인 계획을 수립하게 되었다. 토지이용계획 진행 단계는 크게 '제1차 토지이용총체계획'(1986~2000), '제2차 토지이용총체계획'(1996~2010), 그리고 '제3차 토지이용총체계획'(2006~2020)으로 나뉜다. 아래에서 각각의 내용을 구체적으로 살펴본다.

① '제1차 토지이용총체계획'(1986~2000)[6]

중국의 토지자원은 상대적으로 부족해서 공급이 수요를 충족시키지 못하는 상황이었음에도 불구하고, 오랫동안 국가 전체의 토지자원에 대한 거시조정정책 및 관리정책이 부실해 토지자원에 대한 계획적인 이용 및 관리가 절박한 상황이었다. 이러한 상황에서 1978년 12월 중국공산당 제11차 3중전회 이후 경제체제 개혁을 실시하게 되면서 국민경제가 신속하게 발전하기 시작했고, 여러 건설사업으로 인해 토지의 독점이 크게 증가했으며, 경지의 난점남용(亂占濫用) 현상이 갈수록 심각해졌다. 1985년에는 건설 및 경지점용이 폭발적으로 증가하면서 최고조에 달했다. 이에 중공중앙과 국무원은 이러한 현상을 심각하게 인식하고, 1986년 3월에 '토지관리 강화와 경지의 난점 규제에 관한 통지(关于加强土地管理制止亂占耕地的通知)'를 발표해 '토지관리법'을 조속히 제정할 것을 요구했다. 이후 1986년에 제정한 '토지관리법' 제15조 "각급 인민정부는 토지이용총체계획을 수립해 상급 인민정부의 비준을 거쳐 집행한다"는 규정과 중국의 현실 사회주의 현대화 건설 제2차 전략 목표의 요구 및 '국민경제및사회발전 10개년 계획과 제8차 5개년 계획 강요(国民经济和社会发展十年规划和第八个五年计划纲要)'의 요구에 따라 국가급, 성급, 시·지급, 현급, 향·진급 등 5등급의 각급 인민정부는 '제1차 토지이용총체계획'을 수립하기 시작했다.

국가급 토지이용총체계획의 경우, 1987년도부터 '전국 토지이용총체계획 강요(全国土地利用总体规划纲要)'의 수립에 착수했으며, 같은 해에 처음으로 국가급 토지이용계획인 '전국 비농업건설점용경지 연도계획(全国非农业建设占用耕地年度计划)'을 수립·실시하기 시작했다. 1988년에 이 계획은 한 단계

---

6 '제1차 토지이용총체계획'과 '제2차 토지이용총체계획'의 내용은 주로 于忠祥(2008)을 참조했다.

더 완성되어 '건설용지계획'(建设用地计划)'으로 명칭이 바뀌었으며, 1989년
에는 비교적 잘 다듬어진 토지이용계획이 완성되었다. 1993년에 이르러 '전
국 토지이용총체계획 강요'가 국무원의 비준을 거쳐 반포·실시되면서, 중국
토지이용계획의 기본 체계가 형성되었다.

이로써 중국의 토지이용관리체계는 과거의 '분산형 관리', '정치적 주체의
다양성'이라는 한계를 벗어나 '도시-농촌 토지의 통일적 관리'를 실현하게
되었으며, 토지자원의 계획적 이용 및 관리체계의 기초를 확립할 수 있었
다. 다만 이 시기에 법률 근거가 불충분했으며, 구체적인 토지 심사비준 규
정 및 토지이용계획이 도시계획에 우선한다는 등의 관련 정책이 뒤늦게 입
안되었으므로, 토지이용계획이 실시되는 동안에도 중시되지 못해 기대한
만큼의 성과를 거두지는 못했다.

② '제2차 토지이용총체계획'(1996~2010)

'제2차 토지이용총체계획'은 중공중앙의 1997년 11호 문건인 '토지관리
진일보 강화와 절실한 경지보호에 관한 통지(关于进一步加强土地管理切实保
护耕地的通知)'의 정신과 1998년에 수정된 '토지관리법'[7] 및 사회주의 시장경
제체제의 건설이라는 배경하에서 사회주의 현대화 건설 제2단계 전략 목표
의 발전 단계 필요를 온전하게 실현해야 하는 여건, 그리고 '국민경제및사회
발전 제9차 5개년 계획'과 2010년의 장래 목표의 조화를 이루려는 현실적인
여건에서 수립된 것으로, 계획 기간은 1996~2010년이다.

이 계획은 '사회주의 시장경제체제의 경지보호'라는 주제를 부각시켰으
며, '경지총량동태평형(耕地总量动态平衡)'이라는 목표를 제안했고, 농용지를
건설용지로 전환하는 '분급한도액 심사비준제도(分级限额审批制度)'를 폐지
하고, '토지용도 분구관리 시책'을 실시했다. 건설용지총량을 규제하고, 토

---

7   1998년에 수정된 '토지관리법'은 토지이용총체계획의 법률적 지위를 확립했으며, 토지
    이용총체계획을 통해 도시-농촌 토지이용에 대한 전체적인 조정 작용을 강화했다.

지통계 및 토지정보체계 구축 등의 제도를 갖추고, 동태적인 토지이용에 대해 여러 방면에서 모니터링을 전개했다.

그러나 '2차 계획' 기간 중에 중국 토지이용에 현저한 변화가 발생해 토지계획업무가 훨씬 어려운 상황에 처하게 되었다. 당시 상황을 정리하면 다음과 같다. 첫째, 중앙정부가 내수 확장을 위해 적극적인 재정정책을 도모하는 바람에 건설용지 수요가 예측량을 크게 초과했다. 둘째, 지방정부는 토지정책 집행자와 위법자라는 두 가지 임무를 담당하는 딜레마에 빠졌다. 지방의 지도자들은 사회발전관 및 정치적 업적관 사이에서 기준과 목표를 명확하게 확립할 수 없었고, 오직 GDP 성장만을 추구하고 맹목적으로 각종 개발권역을 설정해 토지를 점용했으며, 마음대로 토지계획을 조정했고, 오히려 법 집행자라는 지위와 권한을 위법행위를 덮어주는 우산으로 악용했다. 이로 인해 계획지표가 크게 초과되었으며, 특히 경지의 감소 경향이 매우 심각하게 나타났다. 2004년 11월에 중앙경제업무회의는 식량안전 문제에 직면했음을 경고하고, 시종일관 엄격하게 경지를 보호해야 하며, 무질서한 경지점용 현상을 억제해야 한다고 강조했다. 중앙의 이러한 경지보호정책을 구체적으로 실시하기 위해 주관부서인 국토자원부는 '제3차 토지이용총체계획'(수정계획)을 앞당겨서 수립해야 했다.

③ '제3차 토지이용총체계획'(수정계획, 2006~2020)

'제3차 토지이용총체계획'(수정계획) 수립의 경제사회적 배경은 이미 살펴본 대로 건설용지의 수요 급증과 무질서한 경지점용이었다. 이러한 경제사회적 배경과 맞물려, 총체계획 수립에 영향을 주는 일련의 정책적 결정들이 의결되었다. 우선 중공중앙은 2003년 중공 제16차 대회에서 '전면적인 소강사회 건설'이라는 목표를 제시했으며, 3월 14일 16차 3중전회에서 '사회주의 시장경제체제 완비와 약간의 문제 해결에 관한 결정(关于完善社会主义市场经济体制若干问题的决定)'을 결의해 '전면적이고 화합적이며 지속 가능한 발전관'을 확립했다. 16차 6중전회에서는 '조화(和諧)사회 건설'이라는 중대 시책을 제출했으며, 국무원은 2004년 10월 21일 '엄격한 토지관리 개혁 심화에 관한 결정(国务院关于深化改革严格土地管理的决定)'을 의결했다. 이 '결정'은 그동안 여러 시책에도 불구하고 토지시장 정리 정돈의 효과가 아직도 미흡하고, 여전히 맹목적인 투자가 이루어지고 있으며, 효율적인 토지이용을 저해하는 중복 건설과 토지 점거와 무분별한 경지점용 등의 문제가 근본적으로 해결되지 않았다고 인식했다. 이러한 문제를 해결하고 경제사회 발전을 보장하는 동시에 토지자원을 보호하며 건설용지량의 증가를 엄격하게 규제해 토지를 더욱 절약하기 위해, 토지관리 법률과 법규를 엄정하게 집행하고 토지이용총체계획, 도시총체계획, 농촌및집진계획(村庄和集镇规划)을 엄격하게 실시·관리하도록 요구했다.

'결정'의 구체적인 내용은 다음과 같다. 첫째, 토지이용총체계획과 도시총체계획이 확정한 건설용지 범위 이외의 용지에서 각종 개발구와 신시가지를 건설해서는 안 된다. 둘째, 토지이용계획 관리를 강화하고 농지전용 연도계획은 지령성 관리[8]를 실시하며, 차기년도로 이월된 용지계획지표는 엄격하게 규범을 준수해야 한다. 셋째, 농지를 건설용지로 전환하는 총량과 속도를 엄격하게 규제한다. 농지전용 심사비준계획의 심사를 강화하고, 토지이용총체계획과 연도별 토지이용계획을 통해 농지전용의 규제와 지도를 강화하며, 계획에 부합하지 않는 모든 사항과 농지전용 연도계획지표가 없는 경우에는 비준해서는 안 된다. 넷째, 건설항목용지의 예비심사 관리를 강화해, 토지이용총체계획에 부합하지 않으며 농지전용 계획지표가 없는 건설항목의 경우 항목용지 예비심사를 통과시켜서는 안 된다. 다섯째, 도시건설용지의 관리를 엄격하게 한다. 여섯째, 기본농지를 엄격하게 보호한다. '제3차 토지이용총체계획'(수정계획)은 반드시 현재의 기본농지총량이 감소

---

8 '지도성 관리'와 대비되는 개념으로, 중앙부문과 상위 계획에 의한 통제를 지도성 관리보다 엄격히 함을 의미한다.

하지 않도록 하고, 농지의 생산력 또한 저하되지 않도록 보장해야 한다('国务院关于深化改革严格土地管理的决定', 2004, 第28号).

그러나 '제3차 토지이용총체계획'(수정계획) 수립 시에 여러 문제에 직면하고 있었다. 첫째, 토지 관련 자료들이 너무 오래된 것들이었다. 1996년부터 현재까지 중국의 토지정보는 10여 년간 갱신되지 못했으며, 공표된 자료들은 지나치게 과장되어 있었다. 적지 않은 지방정부가 허위로 토지정보를 보고했으며, 심지어 어떤 지방정부는 기본농지면적이 전체 경지면적을 초과하는 경우도 있었다. 둘째, 지방정부는 그동안의 불법 토지점용을 합법화하려 했다. 일부 지방정부는 도시의 외연을 확장해 신속한 도시개발을 추진하기 위해 도시 외곽의 농지를 불법적으로 점용해 대단위 건설을 추진했는데, 이러한 건설은 해당 지방정부의 '제2차 토지이용총체계획'에서 확정한 토지용도와 부합하지 않는 불법이었다. 관련 자료에 의하면, '제2차 토지이용총체계획' 중 베이징시 각 구와 현의 용지계획은 실질적으로 대부분 상급정부의 비준을 얻지 못했으며, 특히 2000년부터 시작된 토지 확보 열기 기간 중에 저장, 상하이, 장쑤, 산둥 등 연해지역의 성과 시는 아예 기존 계획과 완전히 배치되는 개발을 추진하기도 했다. 이와 같은 상황에서, 관련 지방정부는 토지이용계획을 수정하고자 하는 욕구가 매우 강했으며, 그 목적은 대부분 그 동안의 불법 점용 토지를 합법화하려는 것이었다. 셋째, 도시계획의 위상이 크게 높아졌다. 대다수의 도시계획이 토지이용총체계획을 제쳐둔 채 토지이용계획의 구속을 받지 않거나, 아니면 이 계획의 규제력이 부족한 틈을 타 많은 도시들이 '대약진'을 했다. 이에 따라 일부 도시계획은 건설용지 규모를 확대했으며, 경지를 점용하고 심지어는 기본농지마저 점용했다. 이러한 현상으로 인해 도시계획이 토지이용계획의 굴레에서 벗어나게 되었으며, 이제는 토지이용계획이 필요하지 않다고 인식하는 사람도 있었다. 아직 토지이용총체계획과 도시계획의 위계 문제는 확실하게 해결되지 않았다. 넷째, 지방정부가 토지용도를 변경하고자 했다. 이는 지방정부가 기존의 '제2차 토지이용총체계획'을 수정하려는 것으로, 불법 점용된 토지의 합법화 외에 기본농지를 추가로 점용하려는 것이었다. '제2차 토지이용총체계획'에서는 경지보호라는 정책 목표의 위상을 강조하기 위해, 도시 주변과 철도, 도로 등 교통용지의 양측에 있는 우량경지를 기본농지보호구에 포함시켜, 도시의 외연 확장을 엄격하게 제약했다. 그러나 많은 지방정부는 '제11차 5개년 계획'을 수립할 때 도시 규모와 개발구역 건설을 중요한 지표로 삼아, 해당 용지의 규모를 과대 설정해 기본농지를 점용했다. 그러나 그러한 농지점용은 토지이용총체계획상의 허가를 받을 수 없었기에 기존의 '제2차 토지이용총체계획'을 수정해 '제3차 토지이용총체계획'(수정계획)을 수립하고자 했다. 이것만이 지방정부의 농지점용 문제를 해결하는 유일한 방법이었다. 다섯째, 지방정부는 개발 수요에 대응하기 위해 토지의 현 이용 상황을 변경했다. 2006년 9월, 국무원 제149차 상무회의에서 '전국 토지이용총체계획 강요 수정 방안'이 받아들여지지 않았는데, 그 이유는 세 가지 지표, 즉 1.2억 ha의 경지보유량, 기본농지총량, 매년 33.3만 ha로 한정된 건설용지총량이라는 지표 때문이었다. '제3차 토지이용총체계획'(수정계획)에서 경지보유량, 기본농지총량 및 매년 허용되는 건설용지총량은 절대로 변경될 수 없었다. 이러한 이유로 상하이, 톈진 등 일부 지방정부는 건설용지를 확대하기 위해 비경지를 경지로 바꾼 후 기존 경지와 치환하는 방식으로 건설용지를 확보하고자 했다. 여섯째, 도시-농촌 간 건설용지 규모의 연계제도에 허점이 많았다. 국무원은 2004년 28호 문건에서 "농촌건설용지 정리를 장려하고, 도시건설용지 증가는 농촌건설용지 감소와 서로 연계되어야 한다"고 언급했다. 이러한 연계제도는 국토정리사업과 경지총량 동태평형의 원칙에 중요한 기여를 했으나, 많은 지방에서 연계제도를 이용해 대책을 마련했다. 가령 토지이용총체계획의 수정 기회를 이용해 토지개발과 정리사업 및 개간 잠재력을 경지로 환산해 기본농지로 대체해 포함시키고, 그만큼 건설용지를 확보하는 방법 등이다. 그러나 문제는 이러한 연계제도의 목표를 실현할 수 있었는지, 또는 어느 정도 실현했는지 알 수가 없었다는 것이다. 일곱째, '제3차 토지이용총체계획'(수정계획) 수립의 지연이다. '수정계획'의 계획 기간은 2006년도부터임에도 불구하고, 계획의 수립이 늦어져 2005년부터 공포일인 2008년 10월 23일 이전까지 토지관리 역할을 담당하지 못했다(于忠祥, 2008: 39~44).

여러 논란과 어려움 끝에 국무원 상무회의는 2008년 8월 13일 '전국 토지이용총체계획 강요'(2006~2020)를 통과시키고, 10월 23일에 공포했다. 수정된 '강요'는 '소강사회의 전면적인 건설'이라는 전체 목표를 중심으로, 식량안전 보장, 경제 안전과 사회 안정에서 출발해 '18억 무의 경지 확보'라는 원칙을 견지하며, 전국의 경지보유량 방어선(红线)을 각각 18.18억 무에서 18.05억 무 사이에서 유지한다고 선언했다.[9]

(4) 도시농촌계획의 회고와 현황

중국에서 현대적 의미의 도시계획은 중국정부가 개혁·개방 이후인 1980 년부터 국토계획업무를 추진하면서 함께 시작되었다. 당시 중국 건설부는 국토계획업무의 한 분야인 도시계획 수립 업무에 주 담당 부처로서 적극적으로 참여했다.

중국의 도시계획을 이해할 때는 '도농통합(城乡统筹)'의 개념이 매우 중요하다. 중국에서 도농통합 개념은 이미 토지이용계획 속에 담겨 있었다. 1993년 '제1차 전국 토지이용총체계획 강요'가 국무원의 비준을 거쳐 반포·실시되기 시작하면서 중국 토지자원이용계획의 기본 체계가 형성되었고, 더불어 도시 및 농촌의 통합 계획이라는 정책 방향은 전국의 모든 토지를 대상으로 하는 행정단위별[국가-성(省)-지(地)-현(县)-향(乡)의 5급 행정단위] 토지이용총체계획(15년), 중기 토지이용계획(5년), 연도별 토지이용계획을 통해 구체화되었다.

그러나 정작 도시 및 농촌의 건설용지(예정지 포함)에 대한 계획 수립과 관련해서는 각각 별도로 관련 법을 제정해 별도의 계획을 수립해왔다. 즉, 1984년 '도시계획 조례'가 반포되었고, 1989년 12월 제7차 전국인민대회 상무위원회에서 '도시계획법(城市规划法)'이 통과되어 도시계획 및 도시건설용지 관리의 근거 법이 되었다. 이어서 1993년 6월 국무원이 '농촌및집진계획건설 관리 조례(村庄和集镇规划建设管理条例)'를 공포해 농촌건설용지 관리의 근거 법이 되었다.

결과적으로 전국을 대상으로 하는 토지이용계획과는 달리 도시와 농촌의 건설용지를 이분화해 계획관리를 하게 되었다. 이로 인해 도시와 농촌의 건설용지가 통합적으로 계획관리되지 못했고, 계획체계 간 모순이 발생했다.

이러한 계획체계 간 모순이 발생한 중요한 원인에는 여러 공간계획의 담

---

9 中国城市规划协会, 「温家宝主持召开国务院常务会议审议并塬则通过'全国土地利用总体规划纲要'(2006~2020)」, ≪城市规划通讯≫, 16号(2008). pp. 1~2.

당 행정부처가 서로 다르다는 점이 있다. 가령, 국토자원부는 국토계획 및 그 전문항목계획인 토지이용계획을, 국가발전개혁위원회는 광역계획을, 건설부는 도시농촌계획을 주관하고 있다. 이러한 주관부서의 다양성은 행정체계의 복잡성 및 법률체계의 미비와 더불어 공간계획체계가 정비되지 못한 중요한 원인을 제공했다(王金岩·吴殿廷·常旭, 2008: 62). 이러한 배경에서 2007년 10월 28일 10차 전국인민대회 상무위원회 제30차 회의에서 기존의 두 법('도시계획법'과 '농촌및집진계획 건설 관리 조례')을 통합한 '도시농촌계획법(城乡规划法)'이 통과되어 2008년 1월 1일부터 시행되고 있다.

　이전의 '도시계획법'과 비교해볼 때 도시농촌계획법의 차이점과 특징은 도농통합계획과 감독 기능 강화이며, 정부의 책임 이행을 강하게 요구하고 있다는 점이다. 그 특징과 주요 내용은 다음과 같다. 첫째, 도시농촌계획의 공공정책 속성이 두드러진다. 둘째, 도시농촌계획의 종합적 조정 지위와 작용을 강조했다. 셋째, 새로운 도시농촌계획체계를 수립했다. 넷째, 도시농촌계획의 수정 과정을 엄격하게 했다. 다섯째, 도시농촌계획 행정허가제도를 보완했다. 여섯째, 행정 권력에 대한 상급 기관과 인민대표대회 및 전(全) 사회의 감독 기능을 강화했다. 일곱째, 도시농촌계획 수립 전담 팀의 자질 등에 대한 새로운 요구를 제기했다. 여덟째, 인민대표대회의 감독 기능을 강화했다. 아홉째, 계획 수립 및 실행 등 각 방면 주체들에 대한 법률적 책임을 강조했다. 열째, 계획 수립과 집행을 법률에 의거하도록 했으며, 도시농촌계획의 법률체계를 완성했다(≪中国国土资源报≫, www.mlr.gov.cn, 2008.11.3).

　'도시농촌계획법' 제2조 제2항에 따르면 도시농촌계획은 도시체계계획,[10] 도시계획(城市规划), 진계획(镇规划), 향계획(乡规划) 및 촌계획(村庄规划)을

10　건설부는 중국의 경제사회 발전과 도시화의 진전에 따라, 도시발전 문제를 주변 도시와의 관계 및 비교적 큰 구역의 범위에서 종합적으로 고려해야 함을 깨닫기 시작했다. 그래서 2003년 이래로 건설부는 계속해서 도시(城镇)체계계획을 추진했으며, 동시에 몇 개의 경제지대에서 도시체계계획 시범지구를 선정했다.

그림 5-2 **중국 도시농촌계획의 체계**

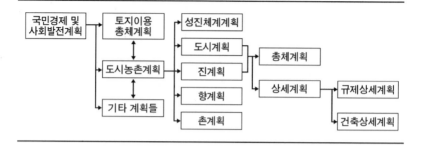

포함하며, 도시계획과 진계획은 다시 총체계획과 상세계획(详细规划)으로 나뉜다. 상세계획은 다시 규제상세계획(控制性详细规划)과 건축상세계획(修建性详细规划)으로 나뉜다(〈그림 5-2〉 참조).

한편, 〈그림 5-1〉에서도 알 수 있듯이, 현행 중국의 공간계획체계상 토지이용계획과 도시농촌계획은 대등한 관계에 있기 때문에, 공간계획의 위상에 대한 관련 법상의 해석에 모순이 발생한다. '도시농촌계획법' 제5조에 따르면, "도시총체계획·진총체계획 및 향계획과 촌(村)계획의 수립은 당연히 국민경제사회발전계획에 '의거'해야 하며, 또한 토지이용총체계획과도 부합해야 한다"고 규정하면서 두 계획 간의 위상이 대등함을 나타내고 있다. 반면에, '토지관리법' 제22조 제2항에 따르면, "도시총체계획·촌(村庄)및집진계획은 토지이용총체계획에 부합해야 하며, 도시총체계획, 촌및집진계획 중의 건설용지규모는 토지이용총체계획이 확정한 도시·촌 및 집진의 건설용지 규모를 초과해서는 안 된다"고 규정하고 있다. 즉, 역할 분담상 토지이용계획이 도시농촌계획의 상위 계획이라는 의미로 해석할 수 있다. '토지관리법' 제4조 제2항(제정 목적)에서 "국가는 토지이용의 종합적 계획을 세우고, 토지의 용도를 규정해 토지를 농경지·건설용지 및 미이용지로 구분한다. 농경지가 건설용지로 전환되는 것을 엄격히 제한하고, 건설용지의 총면적을 제어해 농경지에 대해 특별한 보호정책을 취한다"고 규정하고 있는 것

중국의 행정구역체계 해설

중국 '헌법' 제30조에 따르면 중국의 행정구역은 크게 성, 현, 향의 3급(級)으로 나뉘며, 기본적인 행정체계는 우리나라와 유사하다. 그러나 한족을 제외한 55개 소수민족이 있는 중국의 특성이 반영되어 실제로는 성급(省級), 지급(地級), 현급(县級), 향급(乡級)으로 이루어진 네 개의 구분법을 사용한다. '헌법' 제30조의 내용은 다음과 같다.

제30조 중화인민공화국의 행정구역은 아래와 같이 나뉜다.
(一) 전국은 성(省), 자치구(自治区), 직할시(直辖市)로 나뉘며,
(二) 성과 자치구는 자치주(自治州), 현(县), 자치현(自治县), 시(市)로 나뉘며,
(三) 현과 자치현은 향(乡), 민족향(民族乡), 진(镇)으로 나뉜다.
직할시와 비교적 큰 시는 구와 현으로 나뉜다. 자치주는 현, 자치현, 시로 나뉜다. 자치구, 자치주, 자치현은 모두 민족자치지역이다.

먼저 '헌법'상의 1급 행정구역인 성급에 해당하는 성, 자치구, 직할시는 우리나라의 도에 해당하는 행정단위로, 직할시를 제외한 성과 자치구의 지리적 크기는 우리나라의 도와 비교할 수 없을 정도로 큰 구역을 갖고 있다. 타이완을 제외할 경우 성은 모두 22개가 있다. 자치구는 성과 동급 행정구역으로, 소수민족이 일정 행정권한을 갖고 자치를 하는 지역이며, 현재 5개의 자치구[네이멍구(内蒙古)자치구, 광시장족(广西壮族)자치구, 시짱(西藏, 티베트)자치구, 닝샤회족(宁夏回族)자치구, 신장위구르(新疆维吾尔)자치구]가 있다. 직할시는 정치, 문화, 경제 등 다방면에서 중요성을 띠는 도시를 중앙정부에서 직접 관할하는 곳으로, 우리의 특별시에 해당한다. 직할시는 현재 베이징, 상하이, 텐진, 충칭 네 곳이다. 이에 더해 특별행정구역으로 분류되는 홍콩과 마카오가 성급 행정구역에 해당한다.

'헌법'상의 2급 행정구역에 해당하는 시는 실제 사용에서 지급이라는 명칭으로 사용되고 있다. 비교적 규모가 큰 시나 지구(地区, 현재는 대부분 시로 변경됨) 그리고 네이멍구 지역에 존재하는 맹(盟) 등이 지급에 속한다. 우리가 잘 알고 있는 조선족자치주 역시 지급에 해당한다.

'헌법'상의 또 다른 2급 행정구역인 현급은 우리나라의 군에 해당하는 행정단위로, 2007년 기준으로 모두 2860개의 현급 행정조직이 존재하며 공업이 발달된 지역에 지정하는 특구(特区)는 현의 행정조직에 속한다.

'헌법'상의 3급 행정구역인 향급은 크게 향과 진으로 구분되며, 각각 우리나라의 면과 읍에 해당되는 말단 행정구역으로, 농촌의 기본행정단위이다.

을 볼 때, 토지이용계획이 공간범위상 건설용지를 대상으로 하는 도시농촌계획에 비해 상위 계획이라고 보는 것이 타당하다고 할 수 있다. 이처럼 도시와 농촌의 통합이라는 커다란 목표를 위해 도시농촌계획법을 제정했음에도 불구하고, 토지이용계획과 도시농촌계획의 공간계획체계상 위계 문제가 존재한다.

(5) 전국 주체기능구계획의 수립

중국 정부는 2006년 3월 16일, '국민경제및사회발전 제11차 5개년 계획 강요(国民经济和社会发展第11个五年规划纲要)'(이하 '강요')를 결정하고 처음으로 국토공간을 최적개발, 중점개발, 개발제한 및 개발금지라는 네 가지 유형의 주체기능구로 구분한 '전국주체기능구계획(全国主体功能区规划)'을 수립할 것을 확정했다. 기존의 중국 국토개발전략은 960만 km²의 면적을 단순하게 동부, 중부, 서부, 동북으로 구분한 후 '동부급속발전, 서부대개발, 동북진흥, 중부굴기' 식으로 추진해왔던 반면, '전국주체기능구계획'은 기존 개발 전략이 단순히 요구와 이념에 치우쳐왔다는 한계를 극복하고, 기존 개발 전략과 이념을 실제 적용 가능한 모델로 변화시키기 위한 것이라고 할 수 있다. '강요'는 또한 주체기능구의 범위와 주체기능구의 역할에 대한 위상 정립 및 발전 방향과 임무를 명확히 했고, 점진적으로 합리적인 공간개발의 구조 및 배치를 확정하기로 결정했으며, 국무원은 '전국주체기능구계획 수립 업무 전담반'을 조직했다.

주체기능구계획은 네 가지 유형의 주체기능구로 구분·구성된다. '최적개발구'란 국토개발 밀도가 이미 비교적 높고, 자원과 환경의 부담 능력이 약해지기 시작하는 구역을 말한다. 중점개발구역이란 자원과 환경의 부담 능력이 비교적 강하며, 경제 및 인구의 집중에 비교적 좋은 조건을 갖춘 구역을 말한다. 개발제한구역이란 자원과 환경의 부담 능력이 비교적 약하며, 경제가 대규모로 집중되어 있지 않고, 인구 역시 밀집되어 있지 않으며, 또한 전국 내지 범위가 비교적 큰 구역의 생태안전과 관련된 구역을 말한다. 개발금지구역이란 법에 의해 규정된 각종 자연보호구역을 말한다. 이러한 분류에 따르면 개발금지구역의 경우 국가급 자연보호구 243곳, 세계문화 및 자연유산 31곳, 국가중점경관명승구역 187곳, 국가삼림공원 565곳, 국가지질공원 138곳을 포함하고, 계획에 의해 엄격한 보호를 받으며 인위적인 요인이 자연 생태에 간섭하는 것을 통제한다.

신중국 출범 이후 오랫동안 공간계획체계 수립에 대한 노력을 충분히 기울이지 못해 계획의 입지가 불명확하고, 계획공간이 중첩되며, 계획수단이 지나치게 남용되고, 계획위계가 불명확하며, 전체를 이끌 수 있는 계획이 부족하다는 문제를 안고 있었다. 그래서 특히 개혁·개방 이후에는 공간계획을 직접적으로 구역 개발의 입지 선정과 건설 활동에 연결시키고, 지속가능한 발전을 추진하기 위해 노력해왔음에도 불구하고, 여전히 국민경제 및 사회발전을 지도할 만한 기초적이고 장기적인 국토계획 기능이 미흡했다. 이러한 배경에서 '강요'를 통해 결정된 새로운 국토개발 사상과 국가 발전 전략을 공간상에 반영해 안배한 '전국주체기능구계획'이 완성되면 다른 각종 공간계획을 지도하게 될 최고급 계획이 되며, 또한 기타 전문항목계획 수립의 근거 및 기초가 될 것이다.

3) 중국 공간계획체계 개혁 경험의 평가

공간계획체계는 계획운영체계(계획의 수립 및 실시를 포함), 법률체계 및 행정체계를 포함한다. 그런데 현재 중국의 공간계획체계를 전체적으로 평가한다면, '중앙으로부터의 종적 계획체계(条条)'가 서로 조화를 이루지 못하고, '지방 각급 당정부문의 지휘계통(块块)'의 관계 또한 혼란스러우며, 원래의 총체계획 기능들이 여러 행정주관부문들로 분산되어 총체계획의 통합적인 기능이 약화되었다. 중국의 현행 공간계획체계는 계획경제 시기에 형성된 것으로, 국가의 공공정책이 여러 차례의 조정을 거쳤음에도 불구하고, 계획체계는 여전히 제대로 갖추어지지 않았고, 계획의 운영에 여러 문제가 발생하고 있다. 이는 계획의 유효성을 떨어뜨릴 뿐만 아니라 막대한 행정비용 낭비를 초래한다.

(1) 공간계획 행정 및 운영상의 어려움

중국 공간계획의 행정체계 주체는 3개의 종적인 주체(중앙부문-중앙부문 계획행정 주관부문-지방정부 계획행정 주관부문)로 이루어져 있다. 즉, 국토자원부, 국가발전및개혁위원회(国家发展和改革委员会), 주택및도시농촌건설부(住房和城乡建设部)[11] 등의 중앙부문은 그 하위에 각각 '국토계획행정 주관부문', '구역계획행정 주관부문' 및 '도시농촌계획행정 주관부문'을 두고 있으며, 이러한 중앙 계획행정 주관부문은 각급 지방정부의 국토자원부문, 국가발전및개혁위원회, 주택및도시농촌건설부문 소속 지방정부 계획행정 주관부문을 두고 있다. 이러한 부문들은 각 하위 행정구역에서의 계획 업무에 대한 관리 업무를 진행하며, 또한 동급 정부에 대해 책임을 진다. 상급 계획행정 주관부문은 하급 계획행정 주관부문에 대해 업무 지도와 감독을 진행한다.

---

11 2008년 3월 11일 개최된 '제11기 전국인민대표대회 제1차 회의'에서 국무원이 제출한 정부기구개혁방안을 심의·비준했고, 기존의 건설부를 '주택및도시농촌건설부(住房和城乡建设部)'로 기능과 명칭을 조정했다. 기존 건설부의 기능 중 대중교통을 포함한 도시여객 지도업무가 '교통운수부'로 이관되었고, 도시 원림 조경, 도시 홍수 조절과 도시계획 구역 내 지하수의 개발 및 이용 등의 업무도 '수리부'와 협조·조정하도록 되었으므로, 관할 업무와 직능이 줄어들었다. 조정 이후의 '주택및도시농촌건설부'의 주요 직책은 주택 및 도시농촌건설정책 수립, 도시농촌 통합계획관리, 전국 주택 건설과 주택제도 개혁, 건설시장의 감독 및 관리, 건설안전과 부동산시장 등이다. 부서의 새 명칭에 '주택(住房)'이라는 명칭을 붙인 것은 최근에 중앙당과 정부가 중시하고 있는 민생의 기본인 주택보장직무와 책임을 강조하고 명확히 하기 위한 것이며, '도시농촌(城乡)'을 붙인 것은 급속한 도시화 과정 중 돌출되고 있는 도시개발 및 농촌문제에 역점을 두겠다는 의지의 표현이다.

계획 수립의 기본 측면에서 살펴보면, 국토계획은 국토공간에 대한 종합적인 안배를 강조하며, 비교적 강한 구속력을 지닌다. 구역계획은 적극적이며 전략적으로 국토공간의 발전을 이끌 수 있도록 추진한다. 도시농촌계획은 도시농촌 공간에 대해 구체적인 용량 조정, 경관 형성 및 정책 안배를 담당하며, 실천계획을 실시한다. 여기서 도시농촌계획은 국토계획 및 구역계획을 공간상에 투영시키는 것만을 의미하지는 않고, '전략계획'과 '실천계획'이라는 관계를 갖는다. 이러한 행정체계는 전문화된 계획체계를 형성할 수 있다는 장점이 있지만, 또한 문제점도 내포하고 있는바, 그 구체적인 내용은 다음과 같다.

첫째, 계획을 추진하는 중에 횡적인 모순이 발생한다. 세 개의 행정주관부문이 각자의 행정체계 내에서 계획을 수립·실시하고 있으며, 통일적인 계획운영을 위한 조정기구가 빠져 있다. 이것은 계획 간 연결을 어렵게 만들뿐만 아니라, 세 가지 계획이 국토공간을 규제하는 목적이나 가치관이 서로 동일하지 않은 문제가 생긴다. 시장경제 조건하에서, 여러 줄기로 갈라진 계획체계는 정부의 거시조정 기능을 제대로 담당할 수 없다. 왜냐하면 계획을 구체적으로 운영하는 중에 세 가지 계획이 서로 일치하지 않고 각자 집행되기 때문이다. 심지어는 도시농촌계획 중에서 '위로는 구역계획과 국토계획의 지도가 없으며, 아래로는 건설세칙이라는 법률 보장이 없는' 곤란한 상황도 발생한다.

둘째, 계획을 추진하는 중에 종적인 모순이 발생한다. 각 행정주관부문 주도하의 각종 계획 운영은 본래 구조적인 장애가 존재해서 국토계획 이론과 방법이 체계를 이루고 있지 못하며, 법규 보장도 없다. 도시농촌계획에 포함되어 있는 총체계획의 심사비준체계는 효율성이 떨어져, 계획이 심사비준을 통과한 후에 이미 계획 기간의 초기년도를 넘어버리는 경우가 태반이며, 도시농촌 공간에 대해 정상적인 조정 작용을 할 수 없어 계획의 조정 능력이 매우 떨어지거나 아니면 아예 조정 능력이 결핍되어 있다. 대부분의 도시는 '도시발전전략계획'을 수립하는 방식으로 도시총체계획의 부족한 부분을 보충하고 있다.

셋째, 계획 운영 중에 자원 낭비가 심하다. 세 가지 유형의 계획을 중복해서 수립하기 때문에, 이에 따른 계획자원(인력자원, 물적자원, 재정자원)의 낭비가 심각하다. 부문 내부에서 상하급 간에 중복해서 계획을 수립하는 현상이 빈번하게 발생하고 있으며, 이로 인해 지대추구행위를 조장하게 된다. 이러한 현상이 국가행정의 효율성을 떨어뜨리고 행정비용의 낭비를 초래한다. 이와 동시에, 각종 계획주관부문은 자주 계획 인력의 부족으로 인한 계획 작업 관리 및 조직상의 어려움을 겪는다. 또한 도시계획사(城市規划师)들은 자기의 전문 영역에 해당하는 문제에만 관심을 가질 뿐, 기타 전문 영역의 관련 정책과 의견을 고려하지 않는다. 이러한 외재적·내재적 모순들로 인해 공간계획의 효용성이 크게 떨어졌고, 그 결과 공간계획은 그저 '벽에 걸린 그림'이 되기도 한다.

(2) 공간계획 법률과 법규상의 어려움

공간계획 관련 법률의 제정은 공공 공간 정책의 순조로운 실행을 위해 중요한 기능을 하며, 도시계획법규의 제정을 촉진하는 작용도 한다. 완비된 법률 및 법규의 제정은 계획 수립 및 집행에 대해 감독 기능 및 구속력을 갖는다. 현재 중국에는 전문적인 공간계획 관련 법률로 '도시농촌계획법'만이 있을 뿐이며, 그 밖에 공간계획 수립과 직접적인 연관성을 갖는 법률로 '토지관리법'이 있다. 이 두 법률과 관련되어 구속력을 갖는 법률로는 '환경보호법(环境保护法)', '부동산관리법(房地产管理法)', '문물보호법(文物保护法)' 등이 있으며, 이러한 법률 모두 공간계획 수립에 법률적 근거를 제공한다. 2008년도에 통합 제정된 '도시농촌계획법' 역시 도시농촌계획 내부의 제도와 법률 개선에 속한다. 더 구체적으로 살펴보면 다음과 같다.

첫째, 위에서 살펴본 세 가지 유형의 법률 간의 관계가 모호하다. '도시농촌계획법' 제7조에는 "도시총체계획은 마땅히 국토계획, 구역계획, 강하천 유역계획(江河流域規划), 토지이용총체계획과 조화를 이루어야 한다"고 명시되어 있다. 그러나 조화를 위한 방식과 내용 및 감독 순서에 관해서는 구체적으로 명시되어 있지 않다. 이로 인해 각종 공간계획 간 분담 및 협조 관계상 혼란이 야기된다.

둘째, 국토계획과 구역계획의 운영은 법률의 진공 상태에서 이루어진다. 국토계획과 구역계획의 법률적 지위문제는 관련 법률에 명시되어 있지 않은바, 이로 인해 국토계획과 구역계획의 성격과 내용은 단지 '실천을 위한 공통의 인식'일 뿐이어서 심사비준 구조와 과정에 구체적인 규정을 제공하고 있지 못하다. 이 두 계획은 국가공간 발전에 대해 매우 중요한 의의를 갖는 '비법정 계획'으로 인식되고 있을 뿐이고, 그래서 종종 "정당한 명분도 없이 출병한다(出师无名)"고 평가된다.

셋째, 부문별 법규와 규장(规章)은 심각한 중첩의 문제를 안고 있다. 가령, 강하천유역 등 수변경관구역계획을 수립할 때 참고해야 할 법규가 두 가지가 있다. 하나는 건설부가 반포한 '풍경명승구계획 수립 규범(风景名胜区规划编制规范)'이고, 다른 하나는 수리부(水利部)가 반포한 '수리풍경구계획 수립 규범(水利风景区规划编制规范)'이다. 이러한 중첩은 계획 수립 및 관리 중에 종종 정부 및 계획수립부서를 어려움에 처하게 한다(王金岩·吴殿廷·常旭, 2008: 61~63).

(3) 계획체계의 혼란

앞서 살펴본 대로 운영상, 행정상 및 법률상의 문제로 인해 계획체계가 혼란스럽게 되었다. 첫째, 국민경제및사회발전계획은 공간 개념이 부족하다. 각급 행정부가 수립하게 되는 국민경제및사회발전계획은 가장 중요한 1급의 총체계획으로, 구역 내의 기타 계획 수립의 근거가 된다. 다만 공간 개념이 강하지 않다는 결점이 있고, 내용이 지나치게 거시적이어서 구체적인 개발 활동을 지도하는 기능을 담당하기에는 역부족이다. 그래서 국민경제 및 사회발전계획을 근거로 하는 전문항목계획과 구역계획이 공간계획으로 서 구체적인 공간 발전의 방향을 제시하고 있다(耿海淸, 2008: 478).

둘째, 각 계획의 역할에 대한 위계가 불명확하고, 계획 간 조화가 결여되어 있다. 가령, 근래에 중국의 시장경제체제가 점차 완성되고 국가의 자원환경 보호, 도시-농촌 통합 및 지역 간 조화로운 발전이 중시되면서, 공간계획은 그 역할이 갈수록 중요해지고 있으며, 이미 국가 거시경제 조정의 중요한 수단이 되었다. 그러나 종합적인 공간계획이 마련되지 않은 탓에 공간을 유효하게 조정하는 데는 한계가 있다. 이를 공간계획과 관련한 부문들과 관련해서 다음과 같이 설명할 수 있다. 중국의 '주택및도시농촌건설부'가 주관하는 도시계획이 가장 높은 수준의 기술 및 관리 능력을 가지고 있으나, 이 부서는 전문관리부문에 속해 있어서 도시계획이 전체적인 기능을 발휘하기에는 한계가 있다. 국가발전및개혁위원회도 비록 종합적인 조정과 발전을 이끌고 있지만, 공간계획의 기술적 역량과 관리 기초가 상대적으로 뒤떨어져, 법률 및 법규와 전국 공간계획이 없는 조건하에서 공간계획의 역할을 감당하기에는 역부족이다. 역시 전문관리부문인 국토자원부가 주도하는 토지이용총체계획은 주로 경지보호를 주요 목표로 삼으며, 비교적 단일한 계획체계를 갖고 있어서 공업화·도시화 추진 과정 중에서 종합적인 조정 작용을 발휘하기가 어렵다. 따라서 결함을 갖고 있는 전략적·기초적 공간계획을 '머리'로 삼은 채, 각종 계획은 공간상에서 중복되고 교차하는 현상이 매우 심각하며, 개발 프로젝트가 있는 주체가 먼저 토지를 이용하고, 계획 간 통합적인 조화가 결핍되어 있으며, 계획 실시의 혼란 현상이 보편적으로 존재한다.

셋째, 현행 계획체계는 아직도 계획경제의 색채가 농후하다는 문제가 있다. 즉, 계획체계에서 계획과 시장이 유기적으로 결합되는 전환이 순조롭게 이루어지지 못하고, 여전히 계획경제 시기의 방법과 관성이 작용하면서 계획체계 기능의 혼란을 초래하고 있다(徐东, 2008: 181~182).

넷째, 환경보호계획의 기능이 취약하다. 선진국에서는 환경보호계획이 공간개발 활동을 지도하는 측면에서 아주 중요한 작용을 한다. 그러나 현재 중국에서 각급 인민정부가 수립하는 환경보호계획은 관련 부문과 이익 주체는 많으나, 아직도 지표와 원칙 요구 위주이고, 공간적인 내용은 미약하다(耿海淸, 2008: 478).

2. 중국의 토지이용계획

1) 토지이용의 기본 원칙

국가 형성의 배경, 사회제도, 토지자원의 조건이 다르면 토지이용의 기본 원칙도 다르기 마련이다. 그런 점에서 볼 때, 중국은 농민을 위한 토지혁명을 통해 국가를 수립했으며, 사회주의 계획경제체제 국가에서 사회주의 시장경제체제로 전환 중인 국가로, 인구가 많고 토지자원은 상대적으로 부족한 편이다. 중국의 1인당 평균 경지면적은 1000m²(1.5무)로, 세계의 1인당 평균 경지면적의 절반에도 미치지 못한다. 이러한 특성들이 일반적인 토지이용의 원칙과 결합되어 중국 토지이용의 기본 원칙을 형성하는 데 영향을 미쳤다. 토지이용의 주요 기본 원칙들은 다음과 같다.

첫째, 인구가 13억이 넘는 나라로서 식량 공급 보장을 위해 농업과 농업 생산용지를 우선적으로 보장한다. 물론 농업발전을 위해서도 농업용지 외에도 교통운수업, 공업, 건축, 에너지, 상업, 문화교육, 위생, 전신 등 제2·3차 산업을 위한 토지공급도 필요하다. 제2·3차 산업이 발전해야 농업의 발전에 충분한 자본, 기계, 화학비료, 기술, 인적 자본 등을 공급할 수 있기 때문이다.

둘째, 토지의 집약적 이용을 강화한다. 농업을 우선시하면서 제2·3차 산업용지도 충분히 공급하기 위해서는 집약적 토지이용을 추구해야 한다. 과학기술의 발달, 자본 축적의 심화 및 인적 자본의 배양 등은 토지의 집약적 이용을 가능하게 했다. 토지의 집약적 이용은 투입 내용에 따라 자본집약형과 노동집약형으로 나뉜다. 과학기술의 발전이라는 장기적 관점에서 보면, 자본집약형 토지이용은 필수적인 과제이며, 특히 인구가 많은 중국의 특수 상황을 고려할 때 자본집약형과 노동집약형의 상호 결합은 포기할 수 없다.

셋째, 경제효과를 생태효과 및 사회효과와 연계·통합시킨다. 토지의 다양성 및 토지이용의 사회성 때문에 토지이용은 여러 종류의 효과, 즉 경제효과, 생태효과 및 사회효과를 유발하고, 이러한 세 가지 효과는 사실상 하나로 연결된다.

넷째, 개발과 합리적인 보호를 서로 결합한다. 인류는 장기간 토지를 이용하면서 지나치게 사람의 주관적이고 능동적인 역할을 강조했다. 토지의 개발에서도 적게 투입하고 많이 획득하거나 자연과의 조화는 무시한 채 정복만을 강조하는 풍조가 난무했다. 이로 인해 개발되었던 토지의 퇴화가 심각한 상황이며, 그 피해 범위가 인간의 발이 닿지 않았던 곳들로 까지 확대되기에 이르렀다. 이제는 이러한 인간과 토지의 대립 국면에서 탈피해 인간과 토지의 조화로운 관계를 형성해야 한다. 이러한 관계의 변화는 경제효과-생태효과-사회효과의 조화를 추구할 수 있는 기초가 될 것이다.

다섯째, 여러 경제주체 간의 조화 및 효율과 공평의 조화를 함께 추구한다. 경제가 발전하면 토지의 용도와 수요주체가 다양해진다. 이때 주체 간 갈등이 형성되기 마련인데, 각 부문 간의 이익 분배를 조정하는 것은 매우 중요하다. 특히 농지와 건설용지 간의 분배를 고려해 경지를 잘 보호하면서, 토질이 우수한 토지는 우선적으로 농지로 활용하고, 건설용지에 필요한 용지를 공급한다. 토지는 공공자원일뿐더러 개인 토지사용자에게는 하나의 자산이기에 국가가 건설용지 공급을 위한 토지징용, 도시 재개발을 위한 노후주택 철거 등을 실시할 때 반드시 효율과 공평을 모두 만족시켜야 한다(毕宝德, 2007: 25).

2) 토지이용계획의 수립

(1) 토지이용총체계획의 수립

현재 중국 토지이용계획체계는 기본적으로 15년의 장기에 걸친 토지이용총체계획과 중기(5년) 및 연도별 토지이용계획으로 구성된다. 토지이용계획은 형식상 국토계획의 하위 계획에 속하는 종합적인 계획으로, 이 계획을 전문항목별로 구체화하는 계획이 토지이용전문항목계획이다.

'토지이용총체계획'은 종합적이고 전략적이며 장기적인 계획으로, 전체 토지자원을 계획 대상으로 해 토지자원의 개발·이용·정비 및 보호와 토지수급의 전면적인 조절, 토지이용의 구조·배치 및 토지이용 방식에 대해 전략적인 지도 방침과 목표를 제시한다. 동시에 토지용도를 구체적으로 결정하고, 중기 토지이용계획 및 연도별 계획의 근거가 된다.

토지이용총체계획은 여러 층의 계획체계로, 〈그림 5-3〉에서 보듯이 행정구역에 따라 전국 토지이용총체계획(강요), 성급 토지이용총체계획, 지급[12] 토지이용총체계획, 현급 토지이용총체계획, 향급 토지이용총체계획의 5급으로 나뉜다. 이 중 전국·성·지급 계획은 관련 범위가 넓고 거시조정 기능이 매우 강한 반면, 향급 계획은 미시적인 계획으로 그 핵심은 토지이용구역을 획정하는 것이며, 각종 토지이용구역의 용도와 사용 원칙을 명확히 하는 것이다.

각급 토지이용총체계획은 서로 밀접한 관련성을 가지며, 상위 계획은 하위계획수립의 근거가 되고, 하위 계획은 상위 계획의 실시계획이라는 성격

---

12 '지(地)급 도시'라는 명칭은 '지구(地区)급 도시'에서 유래했다.

그림 5-3 **중국 토지이용계획체계**

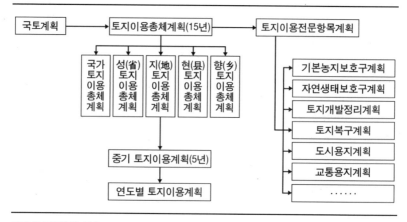

자료: 毕宝德(2006: 131).

을 갖는다. 행정구역에 따른 토지이용총체계획 외에도 필요가 있을 경우에
는 행정구역을 뛰어넘는 자연구역 또는 경제구역에 따라 토지이용총체계획
을 수립할 수 있으며, 그 예로 상하이시를 중심으로 하는 '장강삼각주지구
토지이용총체계획(长江三角地区土地利用总体规划)', 베이징·톈진을 중심으로
하는 '환보하이경제구 토지이용총체계획(环渤海经济区土地利用总体规划)' 등
이 있다.

중기 토지이용계획은 5년을 계획 기간으로 하며, 연도별 토지이용계획의
근거가 된다. 중기 토지이용계획은 토지이용총체계획이 확정한 목표와 계
획지표에 근거해, '중기 국민경제및사회발전계획'이 요구하는 토지자원의
공급량을 고려한 후 토지이용 구조와 배치의 변화를 예측하고, 중기 토지이
용의 목표, 임무 및 채택해야 할 시책 등을 확정한다.

연도별 토지이용계획은 중기 토지이용계획 기간 동안의 경제의 연도별
변동에 근거해 토지수요 구조의 변화와 국가의 거시경제정책을 예측하고,
구체적인 대책을 마련해 토지공급을 조절하고 중기 토지이용계획의 목표를

구체화한다. 이는 당해 연도 국민경제 발전의 요구를 만족시키고, 중기 토지이용계획을 점진적으로 실시해 토지이용총체계획의 목표를 실현하기 위해서이다.

종합하면, 중국 토지이용계획의 기본 체계는 도시토지의 전민소유제와 농지의 집체소유제가 병존하는 사회주의 시장경제체제 토대 위에서 국가·성·지·현·향 5급의 장기 토지이용총체계획, 중기 토지이용계획 및 연도별 토지이용계획으로 구성된다.

(2) 토지이용전문항목 계획의 수립

토지이용전문항목계획은 토지이용총체계획의 틀이라는 규제 아래서, 특정의 목적을 위해 토지의 개발, 이용, 정리 및 보호 등에 맞추어 진행하는 단일 항목의 전문적인 계획이다. 토지이용전문항목계획은 토지이용총체계획의 유기적인 구성 부분으로서, 토지이용총체계획을 심화·보완하며, 토지이용총체계획에서 수립한 중요 시책을 실시하도록 한다. 현재 국가의 규정에 근거해 각급 토지이용총체계획은 반드시 상응하는 토지이용전문항목계획을 포함해야 한다.

토지이용전문항목계획의 성격은 크게 '목적 적합성', '국부성', '구체성' 및 '선택성'이라는 특성을 갖는다. '목적 적합성'이라 함은, (토지이용전문항목계획이) 총체계획과는 달리 토지이용 과정 중의 토지의 개발, 이용, 정리 및 보호 중 어느 하나의 전문적인 문제 또는 한 유형의 토지이용 문제에 대해 계획을 수립하는 것으로, 매우 강한 목적 적합성을 갖는다. '국부성'이라 함은, 총체계획의 공간 범위가 토지 전체인 것과는 달리, 전문항목계획은 계획구역 내의 일부 토지를 대상으로 한다. 토지이용전문항목계획은 토지이용의 어느 한 방면에 대해 진행하는 계획으로, 일정 시기에 개발·정리 또는 보호를 필요로 하는 토지의 범위는 국부적이기 때문에 전문항목계획 역시 국부성을 띤다. '구체성'이라 함은, 전문항목계획이 토지이용의 어느 한 방면에서의 전문적인 계획이며, 계획의 내용·시책·해결의 토지이용 문제 모두 비교적 구체적이라는 뜻이다. 전문항목계획은 상대적으로 지도성보다는 실용성이 커서 구체적인 실시 방법을 포함하고 있다. 마지막으로 '선택성'이라 함은, 토지이용총체계획이 전체 토지를 대상으로 실시하는 동일한 유형의 계획으로, 계획의 목적·임무·내용·순서·방법 등이 기본적으로 일치한다. 그러나 전문항목계획은 목적 적합성이 강하고, 동일한 총체계획구역 내의 토지이용 문제의 성질이 다르기 때문에 선택하는 전문항목계획 역시 다르다. 따라서 총체계획구역 내의 토지이용의 구체적인 문제에 근거해 토지이용전문항목계획의 유형을 선택한다.

(3) 토지이용전문항목계획의 유형

토지이용전문항목계획의 유형은 매우 다양하며, 각 유형의 토지이용 방식은 모두 상응하는 전문항목계획을 수립할 수 있다. 그러나 전문항목계획과 관련된 토지이용의 내용에 따라, 현재 토지이용전문항목계획은 대체로 다음의 세 가지 유형으로 구분된다.

① 토지개발정리 유형

주로 토지자원 중 임시적으로 이용하기 어렵거나, 이미 개발되어 파괴되었거나, 개발이용이 불충분한 토지에 대해 수립하는 것이다. 가령 간석지, 잡초지, 소택지, 농업생산성이 낮은 토지, 폐기된 광산지, 폐기된 마을용지, 교통시설 공사 후 버려진 용지 등이다. 토지개발계획(土地开发規划), 토지정리계획(土地整理規划), 토지복구계획(土地復墾規划) 등이 이에 해당한다. 이러한 유형의 전문항목계획은 계속적으로 예비토지자원서비스를 제공하기 위한 것이다.

② 토지보호 유형

주로 토지자원 중 중요한 경제, 생태, 사회 및 기타 특수한 의의가 있는 토지를 대상으로 하여, 토지생산력을 보호하고, 토지의 생태환경을 안정적으로 유지하는 중요한 시책과 수단이 된다. 예를 들면, 기본농지보호구계획 (基本农田保护区规划), 자연생태보호구계획(自然生态保护区规划), 특산물보호 구계획(土特产保护区规划), 명승고적풍경보호계획(名胜古迹风景保护规划) 등이 있다.

③ 건설용지 규제 유형

각종 건설용지의 적절한 계획들과 합리적인 배치를 연구하는 것으로, 가령 도시용지계획(城镇用地规划), 수리용지계획(水利用地规划), 교통용지계획 (交通用地规划) 등이 있으며, 건설용지를 규제하는 중요한 수단이다(张正峰, 2008: 116~122).

현재 중국의 여러 유형의 토지이용전문항목계획 중에서 가장 중요한 계획은 기본농지보호구계획이라 할 수 있으며, 계획의 목표는 토지이용총체계획을 경지보호 측면에서 심화시키는 것이다. 자세한 내용은 3절에서 다루기로 한다.

3) 토지이용계획체계의 문제점

(1) 불완전한 계획체계

현재 중국의 토지이용계획체계는 토지이용총체계획과 토지이용전문항목 계획의 두 개 층으로 나누어져 있을 뿐, '국민경제및사회발전계획' 및 '도시 체계계획'과 비교하면 계획체계는 매우 불완전하다. '국민경제및사회발전계획'은 '국민경제및사회발전계획-5개년 계획-전문계획-부문계획'의 네 개 층으로 나뉘어 있다. 또한 '도시체계계획'은 '도시체계계획-도시총체계획-규제 및 상세계획-각 분구계획'의·네 개의 층으로 나뉘어 있다.

(2) 각급 지방정부별 토지이용총체계획의 불명확한 역할 분담

현재 중국의 토지이용총체계획은 국가-성-시-현-향의 5급으로 구분되어
수립된다. 그런데 각급 지방정부별 토지이용총체계획의 역할 분담이 불명
확하다. 게다가 국가급·성급·시급의 토지이용총체계획 형식이 동일하고 내
용도 유사하다. 현급 및 향급의 토지이용총체계획의 차이 역시 크지 않다.
즉, 거시적인 측면은 지나치게 자세하고, 반면에 미시적인 측면은 지나치게
엉성하다.

무엇보다 각급의 토지이용총체계획 간 연결이 제대로 이루어지지 않고
있는데, 그 원인은 다음과 같다. 첫째, 규제성 지표의 배치 및 구조상 연결
이 충분하지 않다. 둘째, 규제성 지표에 따른 엄격한 제한을 가하지 않으며
임의로 해당 지표를 어기는 현상이 보편적이다. 셋째, 각 성과 시가 계속해
서 현급 및 향급 계획을 수정하고 있는데, 국가 및 성급 중점 항목과 관련된
계획을 수정한 지표가 현 및 향급 계획에 반영되지 않아 국가급·성급·시급
계획과 현 및 향급 계획 간의 조화가 어렵다. 토지이용전문항목계획의 경우
실질적으로 기본농지보호구계획과 토지개발정리계획만이 제대로 운용되고
있을 뿐이다.

(3) 토지이용총체계획 기간과 수립 시점 불일치

이러한 문제는 '제3차 토지이용총체계획' 수립 기간이 비교적 길어 토지
이용총체계획의 계획 기간(2006~2020)의 시작 연도가 본 계획의 수립 및 실
시 시작 연도와 불일치하는 데서 발생했다. 2008년 현재 전국에서는 제3차
토지이용총체계획을 수립하고 있었다. 국가급 계획 수립 작업은 2002년에,
성급은 2005년에 시작했고, 현 및 향급 계획은 아직도 전면적으로 시작하지
않았다. 즉, 현 및 향급 토지이용총체계획의 수립이 늦어져 계획의 실시 시

작 연도가 계획 기간의 시작 연도에 비해 3년 이상 흘러가 버렸고, 이 때문에 토지이용총체계획과 현실의 토지이용 간 모순이 발생하게 되는 것이다.

이러한 현상은 제3차 토지이용총체계획뿐만 아니라 제2차 토지이용총체계획(1996~2010) 수립 시에도 나타났다. 국가급 계획은 1997년에 국무원의 비준을 통과했으나, 성급 계획은 1999년 비준을 통과했고, 현급 계획은 2000년에 비준을 통과했으며, 향급 계획은 2001년 이후에 비준을 통과했다. 따라서 계획 기간 시작 연도와 향급 계획의 실시 시작 연도 간에 4년 정도의 격차가 발생했다.

(4) 토지이용총체계획과 산업배치계획의 연결이 불충분

산업을 담는 그릇의 역할을 하는 토지는 이동 불가능성과 이용의 배타성이라는 특성을 갖고 있으므로, 각 생산 영역에서 어떻게 토지를 분배할 것인지의 문제가 발생하게 된다. 현재의 토지이용 상황이 곧 공간적으로 결정된 산업 구조를 표현하는 것으로, 이미 결정된 토지이용 공간 구조는 동시에 산업 구조의 변화와 발전을 크게 제약하게 된다. 왜냐하면 산업이 발전하게 되면 이에 상응해서 토지에 대한 수요의 증가 및 공간 구조의 변화가 수반되어야 하는데, 이를 토지이용총체계획이 규제하고 있어 공간 구조 변화가 쉽지 않기 때문이다. 결국 남은 대안은 유한한 토지자원을 집약적으로 이용하고, 동시에 토지이용 공간 구조의 이러한 특성을 반영해 합리적인 산업배치계획을 수립하는 것이 된다.

그러나 실제로는 토지이용총체계획과 산업 배치가 어긋나 산업 간 연계성이 부족한 경우가 빈번하게 발생한다. 가령 여러 지방에서 지방정부 주도의 공업단지가 우후죽순 식으로 조성되고 있으며, 대학들이 무질서하게 신(新)캠퍼스를 확장하고 있는 문제에 대해, 토지이용총체계획이 제 역할을 다하지 못하고 있다.

(5) 토지이용총체계획과 도시계획의 부조화

토지행정 주관부문과 건설행정 주관부문이 개별적으로 토지를 관리하는 중국의 관리체제 특성으로 인해 토지이용총체계획과 도시계획은 서로 분리되어 있다. '토지관리법'에서 도시총체계획은 토지이용총체계획의 계획지표를 받아들이고 서로 연계되어야 한다고 규정하고 있어서 발생 가능한 계획 간 모순을 해결하기 위한 법적 장치가 마련된 것처럼 보이지만, 실제 운영에서는 도시계획이 관할하고 있는 도시용지 규모가 토지이용총체계획이 확정한 도시용지 규모보다 크고, 도시계획의 권위가 토지이용총체계획보다 큰 것이 사실이다. 이로 인해 도시계획을 실시하면서 (상위 계획이라 할 수 있는) 토지이용총체계획을 수정하는 일이 빈번하게 발생한다. 근래에 중국의 경지면적이 대량 유실된 이유도 도시 규모의 끊임없는 확장에서 찾을 수 있다(周雪华·赵小敏, 2008: 23~25).

현재 중국의 도시총체계획과 토지이용총체계획 간의 기본적인 차이와 모순은 네 가지 측면으로 개괄할 수 있다(胡俊, 2010: 20~21).

첫째, 도시총체계획은 공격, 토지이용총체계획은 수비의 형상이라고 비유할 수 있다. 도시총체계획은 일정한 시기의 도시경제와 사회발전목표에 근거해 도시 기능과 위상, 전체 규모, 발전 방향과 공간 배치 형태 등을 종합연구 및 확정하고, 도시건설용지를 종합적으로 안배하며, 기반시설을 합리적으로 배치하고, 도시발전전략지구를 개발 및 육성하며, 신전략지구와 도시의 종합적인 배치 구조의 과학적이고 질서 있는 발전을 위해 노력하므로, 도시 발전의 용머리(龍头)로 비유되기도 한다. 한편, 토지이용총체계획은 사회경제와 자연 조건 그리고 국민경제 발전의 요구에 근거해 토지의 총공급과 총수요를 고려하고, 토지이용의 총량 안배를 하면서 토지자원을 절약 이용하며, 특히 농경지 자원의 보호를 중시하고, 토지사용에 대한 보호와 감독관리 특성이 두드러지므로 도시 발전의 갑문(闸门)이라고 불리기도 한다. 이 두 계획을 비교하면, 도시계획은 경제사회 변천의 영향을 더욱 직접적이고 명확하게 받고 있으며, 기술 측면의 공간 배치 특화 방안을 선택할 가능성과 융통성이 크고, 변화가 빈번하다. 반면에 토지이용총체계획은 인구는 많고 예비토지자원은 부족하다는 한계와 국가의 층차별 지표에 의한 관리 및 규제를 받으므로, 계획의 경직성이 강하다. 최근에는 기본농지(基本農田)[13]계획에 대한 조정권이 국무원으로 상향 이양되면서 계획관리와 규제상의 경직성이 더욱 강화되었다.

둘째, 업무 내용 범위상의 도시와 농촌의 차이이다. 도시총체계획 수립 업무의 주요 내용은 도시 성격과 기능의 위상, 인구 및 용지 규모, 도시의 종합적 배치 구조, 항목별 건설용지 배치, 교통체계계획, 도시기반시설계획, 단기건설계획 등이고, 도시화지구 특히 중심도시지구의 공간 배치, 기능분구의 합리성과 건설 공정의 기술성 등을 중점 연구한다. 여기서의 도시 개념은 도시행정구역 범위 내의 도농(城乡) 공간 전략과 도시체계를 포함하기는 하지만, 주요 내용은 중심 도시지구의 도시계획에 집중되어 있다. 한편, 토지이용총체계획 수립 업무의 주요 내용은 전체 도시행정구역의 토지이용 현황과 형세, 항목별 용지의 기본 규제 목표, 토지이용 분구, 농용지의 보호와 합리적 이용, 건설용지의 절약과 집약 이용, 주요 공정의 안배, 계획 실시 보장 등이다. 토지이용 분구 중 중심 도시에 대한 연구도 포함하지만, 돌출되는 중점은 전 도시 지역 내 유형별 용지수량 구조의 안배와 기본농지의 보호를 위한 배치이다. 따라서 도시총체계획은 도시건설용지를 중시하고, 토지이용총체계획은 광대한 농촌 지역의 농용지를 중시한다는 점에서 차이가 있다.

셋째, 발전 규모상의 팽팽함(紧)과 느슨함(松)의 차이이다. 토지이용계획은 농경지 자원 보호를 구체화하기 위해, 국가-성-지급시(地市)-현급시(县市)-향진(乡镇)의 행정 급별로 기본농지를 구체화하고, 건설용지 규모도 행

---

13 우리나라의 절대농지에 해당한다.

정 급별로 구체화해, 토지이용계획도에 표시하는 과정이 필연적으로 팽팽하게 진행된다. 반면에 도시총체계획은 주로 각급 도시정부가 상이한 시기에 경제사회 발전과 도시화 건설에 유형별 수요를 반영하며, 이같이 획정하는 건설용지 배치 공간이 토지이용총체계획이 설정한 지표를 초과하는 경우가 빈번하게 발생하고, 상대적으로 느슨한 상황을 형성한다. 상하이시의 예를 보면, '전국토지이용총체계획 강요'(2006~2020)가 하달한 상하이시 건설용지의 총량은 2981km²였으나, 2009년 말까지 상하이시 각급 정부가 심사비준한 도시, 신도시(新城, 新市鎭) 총체계획의 합계 계획건설용지 범위는 3300km²에 달했다.

넷째, 공간 배치상 가깝고(近) 먼(远) 차이에서 형성되는 모순이다. 토지관리부문은 도시의 미래 발전 및 배치 방향 관련 정보의 측면에서 볼 때, 도시계획 관리 부문처럼 1차 자료를 장악하고 있지 못하고, 그 직무가 기본농지보호구 범위 안에서 우선적으로 상태가 우량한 농경지를 대상으로 구획지정을 한다. 그런데 일반적으로 이들 우량 농경지 중 대다수가 도시 근교에 분포되어 있는바, 이는 도시공간 확산 과정에서 경제적 한계효용이 가장 크므로, 도시계획 배치와 신전략 확산전개지구(扩展区)에서 가장 선호되는 건설용지 선택 범위이다. 따라서 도시 근교에서는 도시계획과 토지이용계획 간의 모순과 충돌이 빈발해, 도시 근교에 위치한 기본농지는 종종 도시계획에 따른 건설용지에 공간을 양보하고, 원교(远郊)로 재배치되어야 하는 요구에 직면하게 된다.

3. 토지의 배치 및 이용과 관련된 계획

중국에서 '토지의 배치 및 이용과 관련된 계획'은 토지이용총체계획, 도시농촌계획, 기본농지보호구계획 및 건설용지계획 등으로 구성된 종합적인 체계이다. 이들은 각각 다른 부문들에 의해서 입안·수립되며, 계획의 출발점, 각도, 중점 등도 다르다. 이하에서는 이미 살펴본 토지이용총체계획과 도시농촌계획을 제외한 나머지 두 가지 유형의 계획들을 살펴보고, 어떻게 토지배치 과정에 적용되는지 간단하게 살펴보기로 한다.

1) 건설용지계획

경지와 농업용 토지의 감소 추세를 통제하기 위해 중국 국가계획위원회와 국가토지관리국은 1987년에 '건설용지계획 관리 잠정지침(建設用地計劃管理暫行辦法)'을 공포해 각급 행정단위의 토지관리부문이 건설용지계획을 수립하도록 규정하고, 건설용지계획을 국민경제및사회발전계획의 하위계획인 토지이용계획에 포함시켰다. 건설용지 계획지표는 '도시국가건설용지', '농촌집체건설용지', '농민주택건설용지'의 세 종류로 구분된다. 점용된 토지의 성격에 의해 모든 지표는 다시 경지점용지표와 비경지점용지표로 구분되며, 전자는 지령성 지표이고, 후자는 지도성 지표에 해당한다. 1996년에 국가계획위원회와 국가토지관리국은 '건설용지계획 관리지침(建設用地計劃管理辦法)'을 공포해, 토지관리부문은 건설항목의 타당성 연구보고서를 평가하고 초보설계안을 심사할 때는 토지관리법규와 건설용지의 관련 규정에 근거해 심사를 진행하고, 대상용지에 대한 의견을 제출해야 한다고 규정했다.

건설용지계획의 수립 방법과 절차는 ① 우선 국가 토지관리국이 이전의 전국 고정자산투자액과 기본건설규모(그중 설비투자 부분은 제외) 및 이전의 건설용지량을 상호 비교해, 1만 위안당 고정자산투자점용토지의 평균량을 산출하고, 국민경제계획에 따라 배분된 고정자산투자의 규모를 근거로 해 향후 필요한 전국 건설용지량을 개략 산정한다. ② 이 건설용지량을 각 지구의 1인당 경지면적, 고정자산투자량, 기본건설규모의 차이를 분석 및 반영해 각 지구에 적정하게 조정·분배한다. ③ 이 지표에 대해 각 지구가 토론을 거쳐 수정 의견을 국가토지관리국에 제출하면, 국가토지관리국은 취합된 각 지구의 지표들을 다시 종합하고 재조정한다. ④ 마지막으로, 국가토지관리국이 계획통제지표를 각 성에 하달한다. 중앙정부와 성급 행정단위에 속한 건설항목의 용지지표는 각각 중앙과 성급 행정단위에 건설항목별로 하달되고, 그 밖에 농촌집체건설용지와 농민주택건설용지 계획지표는 시·현이 토지이용을 주관한다. 위의 세 가지 건설용지 계획지표는 상호 간에 조정이 가능하다.

2) 기본농지보호구계획

기본농지보호구계획은 그 지역의 자연·사회·경제 조건에서 출발해 계획 기간 내의 농산품 수요량, 경지 수요량 및 각 유형의 건설용지 수요량을 산출하고, 기본농지 보호의 목표를 확정하며, 구역을 구분해 경지의 양과 질, 위치 및 관리 절차를 정하는 등 행정·법률·경제수단을 사용해 기본농지를 보호하는 계획이다. 1992년 국무원이 국가토지관리국과 농업부에 '전국 기본농지보호업무의 전개에 관한 통지'를 비준·통보한 이래, 특히 1994년에 '기본농지 보호 조례(基本農田保护条例)'를 공포한 이후에 대부분의 성급 인민정부의 토지관리부문과 농업행정 관리부문은 모두 농지보호를 위한 계획과 구획업무를 추진하기 시작했다.

'기본농지보호구계획'이 규정하고 있는 '기본농지'란 농산품에 대한 기본수요를 보장하기 위해 일정한 계획 기간 동안 반드시 확보해야 할 농지를 말한다. 따라서 중국은 기본농지량을 계획 기간 동안의 임계수준으로 파악하는데, 만약 기본농지량이 임계수준보다 적으면 예정된 총생산량을 달성할 수 없게 되고, 더 나아가 국민경제 건설의 지속적이며 안정적인 발전을 이룩하기 어렵게 된다고 보고 있다.

'기본농지보호구계획'의 핵심 내용은 기본농지 보호의 수량지표와 배치계획을 확정하는 것이다. 지표는 각급 행정단위의 역할에 따라 나누어 하달하고, 계획구역 내의 경지는 '1급 기본농지'와 '2급 기본농지'의 두 개의 등급으로 구분한다. 1급 기본농지는 생산 조건이 양호하고, 생산량이 많으며, 장기간 점용을 불허하는 경지이다. 2급 기본농지는 1급 기본농지보다는 조건이 떨어지는 경지로서, 계획 기간 내에 점용을 불허한다. 기본농지보호구계획은 계획을 수립한 행정단위의 인민정부 심사비준을 거친 후, 상급 인민정부에 보고하고 비준을 받아야 한다.

경지보호와 건설용지 간의 갈등 심화

중국 국무원은 2007년 12월 30일 자로 '농촌집체건설용지와 관련된 법률과 정책의 엄격 집행에 관한 통지'(이하 '통지')를 발표·하달했다. 다섯 개의 소제목에 나타난 '통지'의 주요 내용은 ① 토지용도관리제도를 엄격하게 집행, ② 농민집체 소유 토지를 사용한 건설행위의 규범화, ③ 농촌집체건설용지 규모의 엄격한 규제, ④ '건설업자가 형식상 농지를 임대하면서 실제로는 농지를 건설용지로 전환(以租代徵)'하는 법규 위반행위의 금지 및 엄격한 조사와 처벌, ⑤ 토지법규 집행에 대한 관리감독 강화이다. '통지'의 실천 수단과 관련해 두드러진 점은, 각 정부부문 간의 연동과 협조를 강조하고 있다는 점이다. 즉, 합법적 토지이용 수속과 절차를 거치지 않은 농촌집체 건설항목에 대해 각 유관 부문은 항목 심사비준, 계획 허가, 재산권 등기, 자금 대출과 기업 등기 등을 해주지 말 것을 강조하고 있다.

최근 중국공산당 중앙과 국무원이 '엄격한 토지관리와 규제 강화'에 관한 일련의 정책 문건을 연이어 공포·하달하고 있는데, 이는 그만큼 최근 집체 소유 농업용지를 불법으로 건설용지로 전용하는 사례가 빈발하고 있기 때문이다. 토지시장에 대한 이른바 '치리 정돈(治理整頓)'을 더욱 강조하게 된 계기는 2004년 10월 21일 국무원이 '엄격한 토지 관리와 개혁 심화에 관한 결정(关于深化改革严格土地管理的决定)'(이하 '결정')을 발표·하달하고, 이어서 10월 28일에 개최한 '전국 개혁 심화와 엄격한 토지관리 화상회의'에서 원자바오(溫家宝) 총리가 '결정'의 내용을 더욱 강조한 후부터라고 할 수 있다.

이같이 국무원이 토지관리와 경지보호를 매우 중시하고, 일관된 방침임을 확인·강조하고 각 지방정부에 하달한 후에는 각급 지방정부의 토지관리와 토지이용 방면에서 용지 절약과 집약적 토지이용 의식이 증대되고, 각급 국토관리부문의 토지이용에 대한 감독관리 강도가 상당 부분 강화되기는 했다. 그러나 그 이면에는 암암리에 다른 형태의 위법·위규행위가 증가하고 있으며, 특히 농업용지를 불법으로 토지시장에 진입시키고 있는 행위가 두드러진다.

위성 관측 자료를 근거로 산출한 결과, 일부 지방에서는 농업용지를 건설용지로 불법 전용한 비중이 매년 신규 증가 건설용지의 95%에 달하는 경우도 있으며, 전국 평균 개념으로 보면 1997~2006년 전국 농촌 주거지의 연평균 신규 증가 면적은 91만 무로, 신규 건설용지 총량의 15%를 점한다. 또한 최근에 출현한 새로운 문제는, 농촌집체건설용지에 대한 토지의 비준 등 법률 및 법규 위반행위의 주체가 시 정부로부터 현과 향·진 지방정부와, 심지어는 촌민위원회와 같은 기층 촌 조직으로까지 확산되고 있다는 점이다. 특히 일부 지방에서는 촌 조직의 명의로 농촌집체건설용지의 성격과 용도를 임의로 변경해, 건설용지 위법 공급을 주요 재정 확보 수단으로 악용하고 있기도 하다. 이 중 특히 두드러지는 형식이 임대료로 대체징수(以租代徵)를 통해 의도적으로 토지이용계획 규제 및 법으로 정한 농업용지 전용을 위한 토지징용 심사비준 절차와 토지사용 관련 세금 등을 회피하고, 농업용지에 직접 비농업건설을 진행하는 행태다.

이 같은 문제에 대응해, 2007년 8월 원자바오 국무원 총리가 국토자원부와 관련 부서, 위원회가 토지관리와 관련된 법률·법규·정책을 엄격히 집행하는 것에 관한 통지를 연구·제정해 일부 지방에서 나타나고 있는 농촌집체건설용지의 성격과 용도를 변경하고, 농업용지를 난점·남용하는 풍조를 근절하라고 지시했다. 이에 근거해 국토자원부가 중앙농촌업무지도판공실, 법제판공실, 국가발전개혁위원회, 건설부, 농업부의 담당자들과 공동 작업으로 작성해 국무원 판공청이 발표·하달한 것이다.

그러나 "위에는 정책이 있고, 아래에는 대책이 있다"는 말이 있다. 지방 기층 촌 조직의 입장에서는 농촌집체토지를 건설용지로 전환해줌으로써 생기는 수익을 포기하기가 쉽지 않을 것이므로, 중앙 또는 성급 정부가 엄격하게 단속한다 해도 새롭고 다양한 편법을 만들어낼 것이다. 한편, 집체 소유 농지를 건설용지로 변경하려면 상급 정부가 집체 소유 토지를 징용한 후 전민 소유(국유)로 전환한 뒤에라야 가능하다는 법률과 법규, 정부 방침에 대한 촌민위원회의 반발도 갈수록 커지고 있다. 즉, 경제성장과 도시화 추세 속에서 응당 농민에게 돌아가야 할 집체 소유 토지 사용으로부터 파생되는 혜택을 정부와 부동산개발업자가 가로채고 있다는 인식과 반감이 확산되고 있다. 따라서 중앙과 성급 정부의 단속 위주 강경책이 명분과 권위를 유지하기는 어려울 것으로 판단된다.

※ 자료: 국무원, '엄격한 토지관리와 개혁 심화에 관한 결정'(2004.10.21); 국무원, '농촌집체건설용지와 관련된 법률과 정책의 엄격 집행에 관한 통지'(2007.12.30).

제6장
지가관리와 토지 관련 세제

1. 도시지가체계와 지가관리정책

1) 지가체계의 형성

도시토지사용제도의 개혁이 추진되면서, 이에 부응해 도시지가체계가 건립되었다. 국가토지관리국은 1989년에 먼저 장쑤성 난징(南京), 저장성 닝보(宁波), 랴오닝성 다롄(大连) 등의 도시에 토지평가 시범실시구역을 지정하고, 중국이라는 특수한 토지자산시장 조건하에서의 토지평가 원칙과 방법 등을 탐색하기 시작했다. 이후 각지의 토지사용제도 개혁이 심화되면서, 샤먼(厦门), 진저우(锦州), 잉커우(营口) 등 연해도시에서 도시토지평가업무를 전개하기 시작했다. 이상의 경험에 기초해, 국가토지관리국은 1993년 6월 '도시토지 평가 규정'(임시)을 공포하고, 기준지가(基准地价)와 표준지가(标定地价)를 핵심으로 하는 지가체계 및 이에 상응하는 평가 방법을 구축했다. 이로부터 도시토지평가업무는 전국적인 범위에서 신속하게 전개되기 시작했다. 1994년 말에 이르러, 전국에는 이미 1000개의 도시가 토지등급평가업무를 완성했으며, 성(省)의 수도(省会) 및 계획단열시 중 27개 도시가 기준지가평가업무를 완성했다. 또한 저장, 푸젠, 랴오닝에 속한 현급 이상의 도시가 우선적으로 기준지가평가업무를 완성했다(吴次芳·靳相木, 2009: 82~83).

2) 지가체계의 내용

중국의 지가체계는 크게 다섯 가지 유형으로 구성된다(葉艶妹, 2001: 134). 첫째는 도시 전체의 지가 수준을 반영하고, 정부가 지가에 대해 거시적 관리와 규제를 실행하는 기준으로서의 기준지가(基準地价)이다. 둘째는 일반 시장 조건 아래서 표준지(宗地)의 정상 지가 수준을 반영하고, 정부가 지가와 부동산시장에 대해 구체적으로 관리하는 근거로서의 표준지가(标定地价)이다. 셋째는 서로 다른 시장 조건과 교환 방식에서 표준지의 지가 수준을 반영하고, 공급 토지의 교환 또는 교환 쌍방에게 거래최저가로서의 희망가격에 참고가 되는 거래저가(交易底价) 또는 거래평가가격(交易评估价)이다. 넷째는 구체적인 표준지의 부동산거래나 교환 등에서 거래 쌍방이 서로 인정하고 지급한 거래성사지가(成交地价) 또는 거래가격(交易价)이다. 다섯째는 구체적인 표준지의 부동산임대 또는 저당 등에서 거래 쌍방이 인정한 토지임대가격(土地租赁价格) 및 토지저당가격(土地抵押价格)이다.[1]

이러한 다섯 가지 지가는 서로 영향을 주면서 지가체계를 구성하고, 각기 다른 지위를 갖는다. 지가의 성질로 볼 때, 기준지가, 표준지가, 거래저가 및 이로부터 파생된 기타 표준지 지가는 과거에 거래가 성립된 지가 및 토지수익 상황의 평가에 근거해 얻어진 평가 지가이다. 그리고 거래성사지가는 부동산거래를 통해 직접적으로 실현된 현실가격이다. 지가의 특징으로 볼 때, 기준지가는 지역평균지가의 일종으로서, 현재 중국에서 가장 많이 볼 수 있는 지역평균지가 형식이다. 표준가격, 거래저가, 거래성사지가 및 그 밖에 파생된 지가도 모두 구체적인 표준지 지가 유형에 속한다.

각 지가가 지가체계에서 갖는 작용과 지위에 따라 분석하면, 기준지가와

---

1   이 같은 분류가 지가 유형의 본질적인 특징과 유형별 차이 및 관련성을 정확하게 반영하기 힘들기 때문에, 지가체계를 정부가 공표하는 공시지가체계, 평가지가체계 및 거래가격체계의 세 가지로 구분해야 한다는 주장도 있다(何芳, 2009: 31).

표준지가는 정부가 지가와 부동산시장을 관리하기 위해 평가한 것으로서, 다른 지가를 유도하거나 규제하는 중국 지가체계의 핵심이다. 거래저가 또는 거래평가가격은 부동산시장에서 가장 자주 볼 수 있고 대량으로 생산되는 지가 형식으로서, 지가체계의 주요 구성 성분이다. 거래성사지가는 부동산시장에서 이루어진 실제 거래가격을 반영하는 것으로서, 지가체계에서 가장 민감한 참고지표이다.

3) 지가관리정책

지가관리정책은 정부가 토지시장을 중심으로 토지거래행위를 규범화하기 위해 토지시장의 지가 변화 통제, 토지시장의 안정 도모, 소유자와 사용자 권익의 합법적 보호를 목적으로 시행하는 일련의 관리시책을 말한다. 현재 중국의 지가관리정책은 다음의 다섯 가지로 구성된다(周江, 2007: 205~209).

(1) 협의출양 국유토지사용권에 대해 최저가 적용

'도시부동산관리법' 제12조의 규정에 의하면, 쌍방이 협의방식으로 출양한 토지사용권의 출양금은 국가에서 정한 최저가보다 낮아서는 안 된다. 협의출양 국유토지사용권의 최저가는 상업, 주택, 공업 등 서로 다른 토지용도와 토지등급별 기준지가의 일정 비율로 결정하며, 구체적인 적용 비율은 성, 자치구, 직할시가 정한다. 그러나 직할시, 계획단열시(计划单列市)[2] 및 성,

---

2   계획단열시란 중국 행정구역 명칭 중의 하나로, 국가가 직접 계획을 하달하고, 경제적으로 성급의 계획결정권과 경제관리권에 해당하는 권한을 누리며, 시 예산이 중앙정부와 직접적으로 연결되어 있는 도시를 말한다. 계획단열시의 설립 목적은 지역 분할, 도농 분할을 해결하고, 정치 및 경제가 적절하게 분리되어 경제발전을 도모하기 위한 것으로, 1983년 2월 국무원이 최초로 충칭시(重庆市)를 계획단열시로 지정한 이래 실험을 거쳐 대도시에 의탁하는 경제구 모델을 도출했다. 현재는 선전(深圳), 다롄(大连), 칭다오(青岛), 닝보(宁波) 및 샤먼(厦门) 다섯 개의 계획단열시가 있다.

자치구 인민정부의 소재지 도시는 구체적인 적용 비율을 국토자원부에 보고하고 심사받는다. 국가가 지원하거나 중점적으로 추진하는 산업 및 건설 사업용지는 업종 또는 사업에 따라 협의출양 최저가를 별도로 정할 수 있다.

국가토지관리국이 공포한 '협의출양 국유토지사용권 최저가 출양 판법 (国家土地管理局协议出让国有土地使用权最低价出让办法)'(1995) 제2호도 동일한 규정을 두고 있다. 이 판법에 따르면 국가는 협의방식으로 출양하는 토지사용권 출양금에 대해 최저가를 규정해 토지사용권 출양 과정에서 지방정부가 임의로 지가를 내리는 것을 막고, 토지사용권 출양을 투명하게 진행하도록 했다. 또한 적용되는 협의출양 토지사용권 지가의 우대 폭을 토지투자자가 다른 지역이나 다른 업종과 비교해 쉽게 파악할 수 있도록 했다.

(2) 토지사용권 재양도 시 정부가 우선구매권 행사 가능

'도시국유토지사용권 출양과 재양도 임시조례' 제26조 제1항에서 "토지사용권 재양도(转让) 가격이 시장가격보다 현저히 낮을 경우, 시와 현 인민정부가 우선구매권을 갖는다"고 규정하고 있다. 이처럼 토지사용권의 재양도 가격이 시장가격보다 현저히 낮을 경우에 정부가 우선구매권을 행사하는 목적은, 거래 쌍방이 지가를 허위 보고해 토지시장에 혼란을 불러일으키는 것을 방지하고, 토지시장을 건전하게 유지하기 위해서이다. 정부가 우선구매권을 행사할 경우 적용하는 지가는 일반적으로 기준지가를 기초로 해서 일정한 변동 범위를 반영하지만, 경우에 따라서는 표준지가를 적용할 수도 있다.

(3) 지가 상승에 대한 행정수단

'도시국유토지사용권 출양과 재양도 임시조례' 제26조 제2항에서, "토지사용권 재양도 가격이 과도하게 상승할 때, 시와 현 인민정부는 필요한 시책을 취할 수 있다"고 규정하고 있다. 정부가 지가 상승을 규제하는 주요 수단은 다음과 같은 다섯 가지가 있다. 첫째, 지가가 과도하게 상승하는 지역에 대해 지가 동결과 거래 제한을 시행할 수 있다. 둘째, 새로운 건설용지를 적절한 시기에 개발하고 도시의 토지공급량을 늘려 토지가격을 내릴 수 있다. 셋째, 토지시장의 투명도를 높이고, 거래 쌍방이 동등한 시장가격 정보를 얻을 기회를 보장한다. 넷째, 토지자산에 대해 누진세율을 적용하고, 개인의 토지 사재기 및 미사용 행위를 방지한다. 마지막으로, 토지 보유를 제한해 토지 사재기와 독점으로 인한 지가의 불합리한 상승을 방지한다.

(4) 토지증치세 징수 및 개발이익의 환수

'토지증치세 임시조례(土地增値税暫行条例)'는 토지증치세 징수의 목적을 토지와 부동산시장의 질서를 확립하고, 토지가치의 증가로 인한 수익을 합리적으로 조절해 국가의 권익을 보호하는 것, 그리고 토지증치세를 과학적이고 합리적으로 징수하고, 토지거래 쌍방의 거래가격 허위 보고를 방지하기 위해 거래가격을 공개토록 함으로써, 토지투기와 토지자원의 낭비를 방지하는 것이라고 밝히고 있다. '토지증치세 징수 조례'에 의하면, 이 조세는 국유토지사용권 및 그 부착물 등의 출양으로 수입을 얻은 단체와 개인에 대해서만 징수한다. 과세표준은 취득한 수입에서 국가가 정한 토지사용권의 취득과 관련된 비용 및 건설비용을 공제한 토지가치 증가액이며, 세액은 과표액에 누진세율을 적용해 계산한다.

(5) 토지사용권 조기 회수

'도시국유토지사용권 출양과 재양도 임시조례' 제42조에 의하면, 국가는 토지사용자가 법에 의해 취득한 토지사용권을 앞당겨 회수할 수 없다. 그러나 공공이익을 위해 필요하거나 특수한 경우, 법적 절차에 따라서 이를 조기에 회수할 수 있다. 이때 국가는 토지사용자가 토지를 사용한 기간과 토지개발 및 토지이용의 실제 상황에 근거해 상응하는 보상을 해야 한다. 토지사용권 보상금액은 단체나 개인이 국가에 토지사용을 신청하고 사용 허가를 얻은 후, 납부한 토지거래가격을 근거로 해 토지개발 상태, 토지사용 기한 및 실제 지가 상황을 고려해 확정한다.

4) 지가관리제도

중국의 지가관리제도는 '도시 기준지가 및 표준지가의 정기 갱신 및 공표 제도', '토지거래가격 신고제도', '토지가격 평가제도', '토지가격 동향의 파악 및 분석제도', '농업용지등급의 평가 및 공표제도', '지가평가위원회 신설', '지가평가사 자격 인증 및 지가평가기구의 자격등급 평가제도' 등으로 구성 되어 있다(周江, 2007: 209~211; 葉艶妹, 2001: 138~140).

(1) 도시 기준지가 및 표준지가의 정기 갱신 및 공표제도

'도시부동산관리법(城市房地産管理法)' 제32조는 기준지가 및 표준지가를 정기적으로 확정·공표하도록 규정하고 있다. 이에 따라 기준지가 조정 및 갱신에 관한 정책과 기술 방법이 제정되었다. 또한 도시 기준지가의 확정 및 공표 방법을 제정해, 2~3년마다 기준지가를 공표하는 1차 기준지가제도 를 마련했다.

도시기준지가제도는 투자자가 투자 지역의 지가 수준을 이해하고, 투자 방향과 투자 지점을 선택하는 데 크게 기여한다. 또한 외자 유치 촉진 및 토 지거래와 부동산거래의 질서를 보장해 토지사용자와 토지소유자인 국가가 모두 합리적인 이익을 얻을 수 있으며, 정부 행정 업무의 투명도와 투자 환 경을 개선하는 데 목적을 두고 있다.

(2) 토지거래가격 신고제도

'도시부동산관리법' 제34조는 부동산거래가격 신고제도를 규정하고 있다. 부동산권리인이 부동산을 재양도할 때에는 반드시 현급 이상의 인민정부가 정한 부서에 거래가격을 신고해야 한다. 이때 허위 신고나 부실 신고를 할 수 없도록 관련 법에서 규정하고 있다. 이에 따라 토지권리인은 토지관리부서에 토지권리의 관할, 면적, 경계 지점 등 변경된 내용에 대해 토지등기를 신청하고, 토지자산 가격 또는 토지거래가격을 신고해야 한다.

토지관리부서는 등기를 할 때에 기준지가와 표준지가를 근거로 신고된 지가와 임대료를 심의한다. 이를 통해 지가를 규제하거나 합리적인 가격 수준을 유지하고, 토지시장의 정상적인 운영을 도모한다. 또한 기준지가, 표준지가, 지가우대액, 거래성사지가, 임대료, 저당 및 기타 항목에서 권리 상태를 완전하게 등기한다. 이에 더해 토지가치 증가분을 계산해 관련 세금을 징수하고, 우선구매권 및 최고 한도가 시책의 시행 여부도 검토한다.

(3) 토지가격 평가제도

'도시부동산관리법' 제33조에 의하면, 국가는 부동산가격 평가제도를 실시한다고 규정하고 있다. 부동산가격의 평가는 공정·공평·공개의 원칙에 입각해 국가가 규정하는 기술표준과 평가 절차에 따른다. 평가는 충분한 자료, 특히 시장거래가격의 사례를 수집하고 적절한 방법을 채택해 수행한다. 토지가격의 평가를 통해 지가의 객관성, 공정성과 과학성을 확보하고, 국유기업 개혁을 촉진하며 국유토지자산의 유실을 방지한다.

(4) 토지가격 동향의 파악 및 분석제도

토지거래와 지가 변화를 반영하는 지표를 제정하고, 지가지수를 공표한다. GIS 기술을 활용해 지가관리정보체계(기준지가, 표준지가 및 시장거래가격의 갱신 및 조정)를 구축하고, 지가정보서비스의 제공을 촉진하며, 지가관리 정책과 제도 마련의 근거를 제공한다.

(5) 농업용지등급의 평가 및 공표제도

'토지관리법'에 근거해 농업용지등급을 구분하고, 농지가격의 평가 작업을 적극적으로 추진하며, 농촌토지제도와 농업세수제도를 개혁하며, 농지 징용보상의 기준을 합리적으로 확정한다.

(6) 지가평가위원회 신설

지가관리는 정책적 성격이 강하고 관련된 영역이 다양해, 지가관리정책의 영향은 매우 광범위하다. 따라서 지가관리정책을 잘 시행하기 위해 각 도시지가평가 전문가 및 정부 부서 공무원으로 구성된 지가평가위원회(地价评估委员会)를 조직하고, 매년 정기적으로 회의를 개최해 지가평가와 지가 관리에 관한 주요 정책과 기술 문제를 연구·심의한다.

(7) 지가평가사 자격 인증 및 지가평가기구 자격등급 평가제도

토지의 출양 및 재양도 등이 점차 빈번해짐에 따라 토지관리부서는 관련 부서와 함께 자격 인증을 통해 지가평가사의 수준을 높이고, 평가된 결과가 시장의 실제 상황을 잘 반영토록 해 토지시장이 건전하게 발전할 수 있도록 노력하고 있다.

또한 지가평가기구가 중개기구의 설립 조건에 부합하면, 지가평가사는 공상(工商)부서에 등기를 한 후 토지관리부서에 등록된 지가평가기구에서 평가 업무를 담당할 수 있다. 이와 동시에 토지관리부서는 지가평가기구에 소속된 지가평가사의 수준과 가격 평가의 질, 신용 수준 등을 평가해 지가 평가기구의 자격등급을 매기고, 이를 정기적으로 공표한다. 이를 통해서 지가평가기구의 업무 수준을 높이고, 신용을 유지할 수 있도록 함으로써 지가 평가기구에서 제공하는 서비스가 정상적이며 건전하게 발전하도록 촉진하고자 한다.

5) 기준지가 평가

기준지가는 정부가 지가를 관리하는 주요 수단이다. 중국은 10여 년에 걸쳐 전국 시가지 기준지가의 평가 작업을 완료했으며, 동남 연해지역은 이미 여러 차례의 정기 평가를 거쳐 기준지가를 갱신했다.

(1) 기준지가 평가 원칙

기준지가는 시가지 공유 토지에 대해 일정한 시기에 용지의 종류, 거래 상황 및 토지의 실제 수익 상황에 따라 과학적인 평가 방법으로 지가를 추산한 평균가격이다. 평가 결과는 정부의 심의를 거쳐 정기적으로 공고된다. 따라서 기준지가는 일정한 절차와 원칙 및 방법에 따라 토지이용의 수익, 지가 수준 및 입지를 조사해 평가해야 한다. 그리고 용도지역의 토지등급별로 평균지가를 추산·평가해 전문가의 심의·조정을 거친 후 확정한다. 시가지 토지의 용도는 상업용지, 주택용지, 공업용지의 세 가지로 분류할 수 있다. 거래도 이 세 가지 용지에 집중되어 있다. 따라서 시가지 기준지가 평가는 사실상 이들 용지에 대한 평가이다.

기준지가 평가는 다음 세 가지의 기본 원칙에 따라 수행한다. 첫째, 토지의 평가 용도와 실제 용도가 부합되어야 한다. 도시의 확장에 따라 토지의 용도가 끊임없이 변하므로, 시가지 토지의 가격 수준을 제대로 나타내기 위해서는 기준지가를 평가할 때 토지의 용도는 실제 상황과 일치해야 한다. 둘째, 토지의 사용가치 평가와 실제 경제 수익 수준의 추산이 결합되어야 한다. 토지의 사용가치가 같은 구역에 있는 토지의 실제 경제 수익 수준을 비교해 비정상적인 지가의 영향을 제거하고 기준지가를 평가한다. 셋째, 시가지 조건과 시장 상황에 따라 적정한 평가기술 방법을 선택한다. 기업이 주로 입지하고 있어서 토지시장이 제대로 형성되지 못한 도시에서는 차액수익법(差額收益法) 위주로 평가를 하고, 부동산임대나 소매경제(小商品経

济)가 발달한 시가지에서는 수익환원법(賃貸料剝离法)이 적합하다. 토지시장이 발달되어 있고 토지사용권의 거래가 많은 도시에서는 토지시장에서 거래된 가격으로 기준지가를 추산하는 방법을 검토하고 있다(葉艷妹·黃鴻鴻, 2001: 392~393).

(2) 기준지가의 평가 절차와 방법

① 자료 조사 및 수집

지가는 정치·경제·사회·자연·역사·심리 등 많은 요소의 영향을 받는다. 따라서 기준지가 평가에 필요한 자료의 수집과 조사 내용은 매우 다양하다. 예를 들면, 상업·서비스업의 성장, 교통 편익, 기반시설과 생활위락시설, 환경 조건, 인구, 토지 및 부동산거래, 기업의 토지이용 효과, 사회경제통계연감 및 사회발전 5개년 계획과 10개년 계획, 도시계획, 관련 법규 및 정책 자료 등이 있다.

② 기준지가 평가구역 지정

기준지가는 특정 구역의 평균지가이다. 평가구역은 지가에 영향을 끼치는 요소의 상대적 일치성 또는 지가의 근사성에 따라서 나눈다. 구체적으로는 시가지 토지의 이용가치에 영향을 주는 요소를 이용해 토지등급을 구분하고, 시가지 구역 내 토지이용 조건의 차이에 따라서 평가구역을 구분한다.

평가구역 구분 방법은 크게 두 가지가 있다. 하나는 국가의 '시가지 토지등급 확정규정(市街地土地等级確定規程)'에 의해 토지등급이 구분된 시가지에서는 토지등급을 기준지가 평가구역으로 설정하는 방법이다. 다른 하나는 토지등급 확정의 기준이 되는 총득점의 분포 규칙에 따라 평가구역을 구분하는 방법이다. 같은 등급의 구역이라도 면적이 넓고 내부 균일성에 차이가 나는 구역은 세분해 기준지가를 평가한다.

③ 기준지가 평가

기준지가를 평가하기 위해서는 수집·조사한 자료를 분류·정리하고, 각 표준지의 지가 수준을 파악해 적절한 평가 방법을 선택한다.

먼저 표준지의 지가 자료를 직접 사용해 기준지가를 평가할 수 있다. 이 방법은 토지시장이 형성되어 토지사용권의 출양, 이전, 임대 등 표준지 지가 자료가 많고, 분포 또한 비교적 균일한 시가지의 기준지가 평가에 적용된다.

둘째는 토지의 질과 지가 간의 모델을 이용해 기준지가를 평가한다. 이 방법은 이미 토지등급이 확정되었거나, 균일한 구역의 토지 질(质) 지수가 있으며, 일정한 수량의 표준지가 존재하는 시가지의 기준지가 평가에 이용된다. 용도별 표준지 지가와 토지등급 또는 균일구역의 토지 질 지수 간 수학적 모델(지수모델 또는 선형모델 등)을 만들어 등급별, 균일구역 용도별로 기준지가를 계산한다.

셋째는 요소비교법에 의한 기준지가 평가이다. 이 방법은 표준지 지가 자료가 적거나 없는 시가지의 기준지가 평가에 적용된다. 기준지가 평가가 완료된 구역 또는 등급에 대해 지가에 영향을 주는 구역, 개별 요소 및 구체적 기준을 조사해 시가지 기준지가 수준과 영향 요소 간의 상관관계를 분석한 수정계수표를 작성한다. 그리고 평가할 구역이나 등급을 기준지가가 있는 구역 또는 등급과 비교해 조건이 일치하는 곳은 해당 기준지가를 적용하며, 조건이 일치하지 않을 경우에는 가장 근접한 구역의 기준지가계수를 수정해 평가한다.

넷째는 토지이용 효과 자료에 의한 기준지가 평가이다. 이 방법은 차액수익법(差额收益法)에 의한 기준지가 평가라고도 하며, 거래 자료가 거의 없고 토지이용 효과 자료만 있는 시가지의 기준지가를 평가하는 데 적용한다. 대도시인 상하이, 베이징 등에서는 기업이 많아 통계학적 요구에 부합되므로 이 방법을 통해 차액지대를 추산할 수 있다. 그러나 이 방법은 이론적으로 여러 가지 문제점이 있다.

④ 기준지가의 확정 및 수정계수표의 작성

시가지는 그 상황이 천차만별이므로 토지수익, 지대, 지가 등 이용한 자료가 다르고 평가 방법 역시 다르기 때문에, 평가등급별 또는 평가구역별 기준지가는 같을 수 없다. 따라서 시가지의 특징, 자료의 조건, 평가 방법의 운용 상황 등을 근거로 정부의 산업정책을 감안해 실제로 적용할 시가지 기준지가를 확정한다. 기준지가를 이용해 신속하고 효율적으로 개별 필지의 지가를 평가해 지가에 대한 다방면의 수요를 만족시키고, 또한 정부가 토지관리 기능을 원활히 수행할 수 있도록 표준지 조건에 대한 조사를 기초로 수정계수표를 작성한다. 기준지가 평가의 성과물은 용도별 기준지가 성과도면, 용도별·등급별 기준지가표, 기준지가요소 수정계수표, 기준지가 평가 보고서로 구성되어 있다.

(3) 기준지가의 운용

시가지 기준지가의 성과는 여러 부문에서 활용된다. 과학적으로 평가한 지가는 토지재산의 시장관리제도를 형성하는 기반을 제공할 뿐만 아니라, 토지자산의 규모를 산정하고 토지과세와 비용 징수, 도시계획, 시가지 토지의 적절한 이용 등의 중요한 준거가 되고 있다.

기준지가는 첫째로 건전한 지가체계와 지적관리제도를 확립하고, 토지이용자와 경영자에게 유용하다. 토지이용자와 경영자로 하여금 제때에 지가의 고저와 분포 상황을 파악할 수 있도록 함으로써 토지의 관리 및 이용과 경영활동에 기초 자료를 제공한다.

둘째로 토지관리와 관련된 정책, 법규 및 조치를 마련하기 위한 토지의 '질'에 관한 자료를 제공한다. 토지나 부동산과 관련된 정책·법규·조치의 입안과 결정은 토지나 부동산의 질 또는 양에 관한 기초 자료 없인 곤란하다.

셋째로 투자 방향과 토지이용을 적절히 유인한다. 시가지 기준지가를 정기적으로 평가·공시함으로써 토지이용자와 투자자가 지역별·용도별 지가 수준과 이용가치를 파악할 수 있다. 따라서 투자 대상 위치와 토지이용 방식을 선택하는 데 큰 도움이 되며, 정보의 투명성을 높이고 투자 환경을 개선하는 데 유리하다.

넷째로 토지사용권의 출양과 행정배정에 대한 관리를 보강한다. 기준지가의 성과는 구역별·용도별로 토지의 평균가격과 개별 필지의 표준지 지가를 제공해 정부의 토지사용권 출양가격 설정의 기준으로 이용한다. 아울러 토지사용권의 행정배정에서 '토지사용권 지출 관리에 대한 임시조치'의 규정에 따라 행정배정토지사용권 지가의 일정한 비율을 수취하는 근거로 이용된다.

마지막으로 정부의 토지시장 관리에 필요한 가격 자료를 제공한다. 기준지가의 성과에서 거시적·미시적 지가를 제공함으로써 토지이용자와 거래자의 행위를 유도·관리한다. 토지를 거래할 때 구체적으로 표준지 조건을 분석하고, 기준지가 평가계수표와 요소 조건 설명표를 적용해 당해 필지의 표준지 지가를 산정함으로써 당사자가 신고한 거래가격 또는 임대료를 심의하는 근거로 이용한다. 또한 선매권(先买权) 및 관련 조세와 비용 징수의 실행 여부를 결정함으로써 정부의 행정행위와 거래자의 시장거래행위를 규범화한다.

6) 기준지가체계의 문제[3]

(1) 표준지가 구축의 지체

1999년 중국 국토자원부가 새로운 토지가격조사를 실시한 이래로, 전국

---

3   현행 기준지가체계가 갖고 있는 문제와 관련해서는 何芳(2009: 31~32)을 참조.

99% 이상의 도시, 85% 이상의 현급 도시와 70% 이상의 건제진(建制鎮)이 이미 기준지가 갱신 작업을 완료하고, 초보적으로 전국 도시(城鎮)기준지가 체계를 건립했으며, 여러 도시는 이미 수차례 기준지가 갱신 작업을 진행했다. 그러나 기준지가체계의 건립 및 발전에 비해 표준지가의 구축은 크게 지체되고 있는 실정으로, 일부 도시만이 표준지가를 구축했을 뿐이다. 중국 정부가 공표하는 공시지가체계는 기준지가를 핵심으로 하고 있어, '도시토지등급 규정'과 '도시토지 평가 규정'에서 표준지가 평가에 관한 기술 규정을 두고 있지 않다.

(2) 기준지가의 응용상의 문제

① 과학성 부족과 이론상의 결함

전국 각 도시의 기준지가는 개별 지가 및 주택가격 평가에서 가장 광범위하게 응용되고 있으나, 여러 가지 문제를 내포하고 있다. 첫째, 기준지가의 갱신에 드는 시간과 비용이 너무 크고, 결과가 현실을 크게 반영하지 못한다. 둘째, 기준지가 수정계수가 과학적이지 못해서 수정 작업 중에 임의성이 크다. 셋째, 기준지가계수 수정법이 이론상 중대한 결함을 가지고 있다. 기준지가는 일정한 균질구역의 일정 수량의 표본지가의 평균가격으로, 수리 통계의 각도에서 볼 때, 이러한 평균가격을 이용해 개별적인 수치를 추산할 방법이 없다.

② 신뢰성과 조절 효과에 의문

중앙정부 법률에서 협의지가는 기준지가의 70%보다 낮아서는 안 된다고 규정하고 있으며, 중국 대부분의 도시는 토지출양금 추가납부금액을 기준지가의 30~40%로 규정하고 있다. 그러나 여러 도시가 기준지가의 수준을 결정할 때, 엄격하게 평가 시점의 토지시장 가격 수준에 따라 기준지가를 확정하지 않고 있으며, 또한 지가 수준을 낮추는 처리 방식을 채택해 최종 적인 기준지가를 확정하기 때문에, 국유토지자산의 유실을 초래한다. 동시에, 기준지가 갱신 결과가 토지가격의 시장 변화를 따라가지 못하기 때문에 기준지가의 조절 효과가 제한을 받게 된다.

③ 세금 및 이전보상금 평가의 현실성과 신뢰성 부족

기준지가를 기초로 한 세금 및 이전보상금 평가 결과의 현실성과 신뢰성이 불충분해, 일부 도시는 세금 징수 및 이전보상금 평가의 근거로 기준지가를 사용하지 않거나 아니면 사용할 방법이 없어, 별도의 가격표준을 마련하고 있다. 이로 인해 토지등급(土地级差)체계의 통일을 이루지 못해, 업무의 중복과 낭비를 초래하고 있다.

2. 토지 관련 세제

1) 현행 토지 관련 세제의 성립 과정

중국의 현행 세제는 경제체제 개혁의 추진과 상품경제의 발전, 시장경제의 형성에 부응하면서 성립되었다. 1950년 이후 일련의 세제 수정 및 개혁이 이루어졌는데, 1950년 1월 27일 정무원(政务院)은 '전국 세수 실시요칙(全国税收实施要则)'을 반포하고 세제를 통일해 새로운 세제를 수립했다. 그이후에는 '공상업세 임시조례', '계약세 임시조례', '인지세 임시조례'를 반포해 가옥세, 토지재산세, 계약세, 인지세, 상속세 및 공상업세(工商业税)를 과세하기 시작했다.[4] 가옥세와 토지재산세는 1950년에 부동산세로 통합했다.

---

4   상속세 과세는 아직까지 시행되고 있지 않다.

1951년 8월에는 부동산세를 도시부동산세로 변경했다. 이와 같은 과정을 거쳐 건국 초기의 세목은 도시부동산세, 계약세, 인지세, 공상업세 등 네 가지로 구성되었다.

1958년에는 세제를 간소화하고, 공상기업(工商企業)에 대해 징수하는 주요 세목인 상품유통세, 화물세, 영업세, 인지세를 상공통일세로 통합했다. 같은 해 6월 3일, 제1차 전국인민대회 제96차 회의에서 '농업세 조례'를 반포한 이후 건국 이전부터 시행되던 농업세가 현대적인 모습을 갖추게 되었다. 1973년 세제 개편에서는 국영집체기업에 부과하는 도시부동산세와 공상통일세를 공상업세에 편입했다. 그리고 도시부동산세는 가옥관리부문, 개인, 외국 거주민, 외국 기업 및 외국 투자기업에 한해서만 부과했다. 이로써 토지 관련 세제는 도시부동산세, 계약세, 공상업세의 세 가지 세목으로 통합되고 징수 범위도 크게 감소되었다.

1978년 개혁·개방 이후 경제 이익 및 소유제도가 다원화되면서 토지 관련 세제의 세목도 증가했다. 1983년 국무원은 제1차 이개세(利改稅)를 시행해 국영기업소득세를 설치하고, 국영기업의 이윤 납부를 소득세 납부로 변경했다. 같은 해 10월 1일부터는 건축세를 징수하기 시작했다. 이어서 1984년에는 제2차 이개세를 시행했다. 1984년 4월 1일에는 농경지를 보전하고 농업생산의 안정을 도모하기 위해 '경지점용세 임시조례'를 공포하고, 반포일로부터 경지점용세를 징수하기 시작했다. 또한 공상업의 세제를 전면적으로 개혁하고, 동년 9월에는 부동산세의 회복을 결정했다. 아울러 도시부동산세를 가옥세와 시가지토지이용세로 고치고, 기존 공상업세에서 영업세를 분리해 독립적 세목으로 신설했다.

1985년 2월 8일 국무원은 '도시유지보수건설세 임시조례'를 반포하고, 그해 10월 1일부터 전면적으로 실시했다. 1988년 6월 '인지세 임시조례'를 반포하면서 인지세를 다시 독립된 세목으로 신설해 10월부터 징수했다. 또한 같은 해 9월에는 '시가지토지이용세 임시조례'가 반포되고, 11월 1일부터 시행되었다. 1991년 4월 7일에는 건축세를 '고정자산투자방향조절세'로 대체했으며, 동시에 중외합작기업소득세와 외국기업소득세를 통합해 '외상투자기업 및 외국기업소득세'를 신설했다.

1994년 1월 1일의 세제 개혁으로 전체 세목을 32개에서 25개로 줄이고, 토지증치세(土地增値税)를 신설 및 징수했다. 1997년 7월 7일에는 '계약세 임시조례'를 공포하고 10월 1일부터 징수했다. 1998년 9월 27일에는 '도시토지사용세 임시조례'를 공포하고 11월 1일부터 시행에 들어갔다.

이후 세목의 주요 변화들을 살펴보면, 1991년 4월 16일에 신설된 '고정자산투자방향조절세'는 2000년 1월 1일부터 새로운 투자액에 대한 과세를 중단해 현재에 이르고 있다. 3농 문제 해결 및 도농 간 세제 일치를 통한 형평성 확보를 위해 2006년 1월 1일 자로 '농업세'가 폐지되었다. 2008년에는 내국 기업과 외자기업의 세수 부담 형평성을 도모하기 위해 기업소득세와 외상투자기업및외국기업소득세를 통합해 통일적인 기업소득세제를 실시하기 시작했으며, 같은 해 12월 17일 국무원은 경제위기를 극복하고 부동산개발 기업으로 하여금 적극적으로 시장 변화에 대응하게 하고, 상품주택의 소비를 촉진하기 위해 '도시부동산세'를 폐지했다(王春雷, 2009: 3).

따라서 2011년 2월 현재 부과되는 토지 관련 세목은 도시토지사용세, 토지증치세, 경지점용세, 영업세, 도시유지건설세,[5] 기업소득세(외상투자기업및외국기업소득세 통합), 개인소득세, 인지세, 가옥세, 계약세까지 총 10개이다.

2) 토지 관련 세제의 주요 내용

중국의 현행 세제는 과세 대상에 따라 〈표 6-1〉과 같이 크게 네 가지로 나눌 수 있다. 즉, 현행 19개 세목 가운데에서 토지와 직접적으로 관련된 세

---

5 도시유지건설세는 일종의 지방부가세로, 공상업 경영에 종사해 부가가치세, 소비세, 영업세를 납부하는 직장단위와 개인들에게 부가적으로 부과된다(王春雷 主编, 2009: 98).

표 6-1 **중국의 현행 세제 중 직간접 토지 관련 세목**

분류	세목(전체 19종)
상품세류(9종)	부가가치세, 영업세, 소비세, 자원세, 자동차구입세, 담뱃잎세, **도시유지건설세**(부가세), 교육비(부가세), 관세
소득세류(2종)	**기업소득세**(외상투자기업및외국기업소득세 통합), 개인소득세
재산세류(7종)	**토지증치세, 도시토지사용세, 가옥세, 자동차선박세, 인지세, 계약세, 경지점용세**
기타세류(1종)	**고정자산투자방향조절세**(잠시 중단)

주: 세목의 종류 중 굵은 글씨체로 표기한 것은 토지와 직간접적으로 관련된 세목임.
자료: 王春雷(2009: 13).

목은 재산세류 중에서 도시토지사용세, 토지증치세, 경지점용세 세 종류 밖에 없다. 한편, 중국은 토지공유제를 실시하고 있고, 개인은 토지에 대해 사용권만 가지므로, 토지에 대한 조세 징수는 대부분 사용권을 기초로 한다.

또한 건물과 토지를 나누지 않고 있어 부동산경영 활동과 관련된 세목은 모두 토지와 관련된다. 따라서 위의 세 가지 세목 이외에 영업세, 도시유지건설세, 기업소득세(외상투자기업및외국기업소득세 통합), 개인소득세, 인지세, 가옥세, 계약세, 고정자산투자방향조절세 등 8가지도 토지와 간접적으로 관련이 있다.

(1) 직접적인 토지 관련 세목의 주요 내용

① 도시토지사용세(城镇土地使用税)

중국 국무원은 1988년 9월 27일 '도시토지사용세 임시조례(城镇土地使用税暂行条例)'를 공포하고 같은 해 11월 1일부터 시행했다. 도시토지사용세는 경제적 수단을 이용해 토지의 규제와 관리를 강화하고, 서로 다른 지역과 다른 지대 간의 토지등급 차이에 따른 수입을 조정하며, 도시용지를 절약하고 토지의 효율적 이용을 도모하기 위해 도입했다. 도시토지사용세는 매년 세금을 납부하는 보유세에 해당한다.

㉠ 과세 대상 및 납세자

도시토지사용세의 과세 대상은 도시[시구(市区)와 교구(郊区)를 포함], 현 정부 소재지(县城), 건제진(建制镇)과 공·광업지구의 토지로서, 납세자가 실제로 점유하는 토지면적이다. 납세자는 토지를 사용하는 직장단위와 개인이다. 토지사용권을 가진 납세자가 토지소재지에 없으면 대리 관리인이나 실제 사용자가 납부한다. 토지사용권이 확정되지 않았거나 권리에 관한 분쟁이 해결되지 않은 경우에는 실제 사용자가 납부한다. 토지사용권을 공유할 때는 공유자별로 실제 사용하는 토지면적의 비율에 따라 구분해서 납부한다.

㉡ 세율

도시토지사용세는 유형과 등급에 따라 부과하는 진폭정액세율(幅度定额税率)을 적용한다. 이를 등급구분진폭세율(分等级幅度税率)이라고도 한다. 구체적으로, 도시를 그 크기에 따라 4등급으로 나누어 실제로 점용해 세금을 납부해야 할 토지면적(㎡)에 〈표 6-2〉에서 정한 연간 세액을 곱해 부과한다.

도시의 등급별로 세액의 범위를 정해 차등 부과하는 이유는 서로 다른 지구와 지역 간의 수입차를 조절해 가능한 한 균등하게 세금을 징수하기 위함이다. 비슷한 유형의 지역 범위에서 세금의 차이를 20배로 정하면, 지방은 자기 지역의 상황에 따라 적당한 세액을 확정하는 데 편리하다. 경제가 낙후된 지역은 세액을 적절히 내리고, 경제가 발달된 지역은 세액을 올릴 필요가 있다. '토지사용세 임시조례'는 성·자치구·직할시 인민정부의 허가로 세액을 내릴 수 있다고 규정되어 있으나, 인하 폭은 최저세액의 30%를 초과할 수 없다. 경제가 발달한 지역에 적용하는 세액은 적절히 높일 수 있지만,

표 6-2 **도시토지사용세의 제곱미터당 연간 세액**

등급	연간 세액 범위 (위안/m²)
대도시(50만 명 이상)	1.5~30
중등도시(20만에서 50만 명)	1.2~24
소도시(20만 명 이하)	0.9~18
현 정부 소재지, 건제진, 공광업 지구	0.6~12

자료: 王春雷(2009: 196).

재정부의 비준을 받아야 한다(치佐, 2006: 50~51; 张蔚文, 2001a: 168).

ⓒ 감면 규정

ⓐ 국가기관과 인민직장단위, 군대 사용 토지, ⓑ 국가재정부가 사업 경비를 지불하는 직장단위 사용 토지, ⓒ 종교사원, 공원, 명승고적으로 사용하는 토지, ⓓ 시 관할 도로, 광장, 녹화지대 등의 공공용지, ⓔ 농업, 임업, 목축업, 어업에 직접적으로 사용되는 생산용지 등은 토지사용세를 면제받는다. 이러한 면제 대상 외에도 9가지 유형의 감면 대상이 있다.

ⓓ 운용 실태

중국의 도시토지사용세 수입은 1994년도부터 과세한 이후로 매년 꾸준히 증가하고 있다. 과세 첫 해인 1994년에 32.5억 위안이었으며, 10년 후인 2004년에 106.2억 위안으로, 처음으로 100억 위안을 넘어섰다. 2007년도에는 385.5억 위안을 거두어들여, 전년도에 비해 117.9% 증가했다(〈표 6-3〉 참조).

② 경지점용세(耕地占用税)

경지점용세는 점용한 경지에 건물을 짓거나, 기타 비농업건설에 종사하는 직장단위나 개인이 점용한 경지면적에 대해 부과하는 일종의 일회성 특

표 6-3 **중국 도시토지사용세 수입 현황(1994~2007년)** (단위: 억 위안)

항목	1994년	1995년	1996년	1997년	1998년	1999년	2000년
도시토지 사용세 수입	32.5	33.6	39.4	44.0	54.2	59.1	64.9

항목	2001년	2002년	2003년	2004년	2005년	2006년	2007년
도시토지 사용세 수입	66.2	76.8	91.6	106.2	137.3	176.9	385.5

자료: 国家税务总局 홈페이지(www.chinata.gov.cn), 세수수입총계.

별토지세이다. 그 목적은 토지를 함부로 점유하거나 경지의 남용을 규제해 토지자원의 보호와 합리적 이용을 도모하며, 농업을 위해 자금을 제공하고 농업의 종합적인 개발을 추진함으로써 농업의 지구력을 증강시키기 위해서이다(张尉文, 2001a: 168~169). 정부는 1984년 4월 1일에 처음으로 '경지점용세 임시조례'를 공포해 실시해오다가 2007년 12월 1일에 동 조례를 개정했고, 2008년 1월 1일부터 시행했다(王春雷, 2009: 199).

㉠ 과세 대상 및 납세자

과세 대상은 납세자가 실제로 점용하는 경지면적이다. 여기에서 경지란 현재 보유하고 있는 농업생산용지를 가리키며, 농작물을 재배하는 토지, 과수원, 채소밭, 양어장 및 기타 농업용지를 포함한다. 경지점용세의 납세의무자는 경지를 점용해 건축 또는 기타 비농업건설에 종사하는 직장단위나 개인이다.

㉡ 세율 및 감면

경지점용세는 지역별 고정단위세액(固定单位税额)을 적용한다. '경지점용세 임시조례'는 현을 단위로 1인당 평균 점유 경지에 따라 등급을 나누어 단위면적(m²)당 세액의 범위를 정하고 있다(〈표 6-4〉 참조).

표 6-4 **1인당 평균 경지면적별로 징수하는 경지점용세액 표준(현을 단위로)**

지구 (이하 현급 행정구역을 단위로)	세액 범위 (위안/m²)
1. 1인당 평균 경지면적이 1무(畝) 이하인 지구	10~50
2. 1인당 평균 경지면적이 1~2무인 지구	8~40
3. 1인당 평균 경지면적이 2~3무인 지구	6~30
4. 1인당 평균 경지면적이 3무를 초과하는 지구	5~25

자료: 王春雷(2009: 200).

표 6-5 **재정부 결정 각 성·자치구·직할시의 단위면적당 평균 세액**

지역	평균 세액 (위안/m²)
상하이시(上海市)	45
베이징시(北京市)	40
톈진시(天津市)	35
저장(浙江), 푸젠(福建), 장쑤(江苏), 광둥(广东) 4성	30
후베이(湖北), 후난(湖南), 랴오닝(辽宁) 3성	25
허베이(河北), 산둥(山东), 장시(江西), 안후이(安徽), 허난(河南), 쓰촨(四川), 충칭(重庆) 7성	22.5
광시(广西), 하이난(海南), 산시(陕西), 구이저우(贵州), 윈난(云南) 5성	20
산시(山西), 헤이룽장(黑龙江), 지린(吉林) 3성	17.5
간쑤(甘肃), 닝샤(宁夏), 네이멍구(内蒙古), 칭하이(青海), 신장(新疆), 시짱(西藏, 티베트) 6성	12.5

자료: 王春雷(2009: 200).

재정부는 〈표 6-5〉와 같이 각 성·자치구·직할시의 단위면적(m²)당 평균 세액을 규정하고, 성, 자치구, 직할시의 인민정부는 이 범위 안에서 현지 실정에 따라 각 현(시)과 교외 지역의 세액을 정한다. 모든 성의 평균 세액은 재정부가 책정한 평균 세액보다 낮을 수 없다. 만약 하나의 현 안에서 향진 간의 세액 차이가 크면 현 인민정부가 향진에 적용할 세액을 정할 수 있다.

또한 경지남용을 제재하기 위해 직장단위나 개인이 점용 허가를 받은 경지를 2년 이상 사용하지 않을 때는 2배 이하 범위 내에서 경지점용세를 추가로 징수한다. 그러나 특수점용토지의 경우 경지점용세를 면세하며, 납세가 어려운 세대와 특수가정, 농촌 주민의 주택건설용지는 세액을 감면한다.

③ 토지증치세(土地增値税)

중국 정부는 주로 토지투기를 막기 위해 1993년 12월 13일 '토지증치세임시조례(土地增値税暫行条例)'를 정식 공포하고, 1994년 1월 1일부터 징수를 시작했다.

㉠ **납세자 및 과세표준액**

토지증치세는 국유토지사용권, 지상건축물 및 그 부속물을 유상양도해 수익을 얻은 단위와 개인에게 부과하는 세금으로, 양도차액을 과세 대상으로 한다. 토지증치세 세액 결정은 납세자가 부동산을 양도하면서 얻은 수입에서 규정된 비용을 공제한 나머지 액수이다.

양도에 따른 수입이란 화폐수입, 실물수입, 기타수입을 포함한 모든 수입을 말한다. 그리고 공제금액은 토지사용권을 취득할 당시에 지불한 금액, 토지개발 비용, 새로 건설한 건물 및 부설 설비의 원가와 비용 또는 구(舊)건물 및 건축물의 평가 가격, 양도부동산과 관련된 세금, 재정부가 규정한 기타 공제항목이다.

㉡ **세율**

토지증치세의 세율은 〈표 6-6〉과 같다. 토지가치 증가액의 공제액을 초과한 금액, 즉 과세표준액과 공제액의 비율에 따라 4등급으로 구분해 이 비율이 50% 이하이면 세율은 30%이고, 200%를 초과하는 경우에는 60%를 적용하는 초과누진세율 구조이다.

표 6-6 **토지증치세의 세율 구조**

급수	토지가치 증가액의 공제항목을 초과한 금액의 비율 (%)	세율 (%)
1	〈 50	30
2	50~200	40
3	100~200	50
4	≥ 200	60

자료: 王春雷(2009: 196).

ⓒ 감면 규정

다음에 해당하는 경우 토지증치세가 감면된다. 우선, 납세자가 보통의 표준주택을 건축해 팔 때 토지증치세액이 공제항목금액의 20%를 초과하지 않으면 면세한다. 국가 건설에 필요해 법에 따라 징용 또는 회수한 부동산도 면세한다. 개인이 전근 등의 이유로 일정 기간 이상 자신이 거주한 주택을 재양도할 경우에는 상황을 감안해 토지증치세를 감면한다. 그리고 1994년 1월1일 이전에 개발 및 재양도계약을 체결한 부동산은 상황을 감안해 면세 기간을 연장해준다.

② 운용 실태

토지증치세는 1994년에 신설된 이후 부동산 경기의 침체로 인해 1990년대 말까지 제대로 기능을 발휘하지 못했다(李进都, 2000: 26~27). 징수액 규모 면에서도 2001년에 가서야 겨우 10억 위안을 넘어섰다. 그러다가 2005년에는 140억 위안의 수입이 확보되었으며, 2007년에는 403.1억 위안이 걷혀, 2007년도의 도시토지사용세 수입인 385.5억 위안을 넘어섰다(〈표 6-7〉 참조).

표 6-7 **중국 토지증치세 수입 현황(1994~2007년)** (단위: 억 위안)

연도	1994년	1995년	1996년	1997년	1998년	1999년	2000년
토지증치세 수입	—	0.3	1.1	2.5	4.3	6.8	8.4
연도	2001년	2002년	2003년	2004년	2005년	2006년	2007년
토지증치세 수입	10.3	20.5	37.3	75.1	140.0	231.3	403.1

자료: 국가세무총국 홈페이지(www.chinata.gov.cn), 세수 수입 총계.

토지증치세 폐지 논의

토지증치세는 토지사용권 및 부동산의 매매에 대해서만 징수하므로 토지사용권의 임대, 부동산의 증권화, 기업의 합병, 건물의 합작건설 등과 같은 다른 거래 방식에 대해서는 과세할 수 없어 과세 범위가 좁고 과세의 공평성 원칙에도 부합하지 않는다는 비판을 받아왔다. 또한 토지증치세 세율만 고려한다면 30~60%의 세율은 크게 높지 않지만, 중국에서는 부동산개발에 대해 토지증치세 이외에 5%의 영업세와 33%의 기업소득세를 납부하고, 여기에 기타 부가세와 비용을 더하면 총 세금 부담은 50~70%에 이르게 되어 성장기에 진입하고 있는 중국 부동산시장의 발전을 제약하고 있다는 비판도 받아왔다. 다른 한편으로는 조세의 감면 범위가 지나치게 넓다는 문제가 있다. 예를 들면 1994년 1월 1일 이전에 이미 계약을 체결한 부동산의 재양도에 대해서는 모두 토지증치세를 면세한다. 그리고 토지사용권을 취득한 이후, 일정량의 개발을 진행하기만 하면 투자 규모에 관계없이 일률적으로 20%를 추가 공제한다. 이로 인해 부동산의 거래 및 개발행위를 토지의 투기매매행위로 변질시키고 있다는 비판도 함께 받아왔다(李进都, 2000: 26~27).

2009년 8월 국가세무총국 관계자가 논란의 대상이 되어 왔던 토지증치세를 향후 부동산보유세 등의 부동산세제 개혁 과정에서 폐지할 수 있다고 언급했다. 2009년 8월 24일 자 ≪중국망(中国网)≫ 보도에 따르면, 폐지 시기는 제12차 5개년 계획 기간(2011~2015)일 것으로 예상된다. 이 보도가 밝히고 있는 폐지의 핵심 이유는, 토지증치세가 세수입이 적은 반면에 징수는 어렵다는 것이다. 가령, 2008년 전국 토지증치세 세수입이 537억 위안이었던 것에 비해 부동산거래에 부과되는 계약세 수입은 1300억 위안이었다. 게다가 토지증치세의 과세행정이 상당히 어려운 것으로 알려져 있다. 그 이유는, 세수의 과표 대상이 많음에도 불구하고 실제로 징수되는 비율이 그리 높지 않아 세수입이 적은 세목으로 전락했다는 것이다. 또한 세목의 개념상 매매차익에 토지증치세

(2) 간접적인 토지 관련 세목의 주요 내용

　간접적인 토지 관련 세목으로 영업세, 도시유지건설세, 기업소득세(외상투자기업 및 외국기업소득세 통합), 개인소득세, 가옥세, 인지세, 계약세, 고정자산투자방향조절세 등 8개가 있음을 이미 살펴보았다. 현재 과세가 중단된 고정자산투자방향조절세를 제외한 나머지 7개 세목의 주요 내용을 살펴보면 다음의 〈표 6-8〉과 같다.

3) 물업세 도입 준비

　'물업(物业)'이란 본래 홍콩에서 중국 대륙으로 전파된 용어로, 보통 토지 및 토지 위의 건축물 형식으로 존재하는 부동산을 의미한다. 따라서 물업은 주택뿐만 아니라 업무 빌딩, 상가 건물, 호텔, 병원 등에 대해 포괄적으로 쓰이는 용어이다. 중국 정부가 도입 준비중인 물업세는 지방세이면서 부동산 보유세 성격을 갖는 재산세(property tax)에 해당한다.

　물업세를 선진국형 세제로 파악하고 있는 중국 정부는 2003년 10월에 중공 제16기 3중전회에서 결의한 '중공중앙의 시장경제체제 개선을 위한 약간의 문제에 대한 결정'에서 "조건이 갖추어지는 대로 부동산에 대해 통일된 물업세를 징수하며, 이에 따라 관련된 세제와 비용을 폐지한다"고 밝혔고,

표 6-8 **간접적인 토지 관련 세제 개요**

세목	관련 법령	납세의무자	과세 대상	세율
영업세	营业税暂行条例 (1993)	납세 대상 노무 제공, 무형자산 재양도 또는 부동산 판매 직장단위와 개인	납세 대상 노무 제공, 무형자산 재양도 또는 부동산 판매 영업액	업종별 차별적 세율을 적용: 건축업 3%, 부동산 판매 5%
도시 유지 건설세	城市维护建设税 (1985)	토지증치세, 소비세, 영업세를 납부하는 직장단위와 개인	납세자가 실제 납부한 토지증치세, 소비세, 영업세 세액	시구(市区) 7%, 현정부 소재지와 건제진 5%, 기타 1%
가옥세	营业税暂行条例 (1993)	건물재산권을 가지고 있는 직장단위와 개인(경영 관리자, 담보자, 건물 대리 관리인, 사용인)	건물의 세금계산가치 또는 임대료 수입	• 가격 기준: 1.2% • 임대료 기준: 12%
기업 소득세	企业所得税暂行 条例(2008)	중국 경내에서 소득을 얻은 기업. 개인독자기업은 개인소득세 적용	기업의 여러 소득으로, 그중 토지와 관련된 것으로 재산양도소득, 임대료 소득이 있음	25% 비례세율
개인 소득세	个人所得税暂行 条例 (1986)	중국에 주소가 있거나 주소 없이 만 1년 이상 거주한 주민, 중국에 주소도 없고 거주하지도 않거나, 주소 없이 거주한 지 만 1년이 안 된 비주민	각종 개인 소득으로, 그중 토지와 관련된 것으로는 재산임대소득, 재산양도소득이 있음	초과누진세율(월수입) • 5천 위안 초과: 5% • 5천~1만: 10% • 1만~3만: 20% • 3만~5만: 30% • 5만 위안 초과: 35%
계약세	契税暂行条例 (1997)	토지나 건물의 권리를 이전받은 직장단위와 개인	• 국유토지사용권 양도, 토지사용권 매매, 건물매매: 거래성사가격 • 토지사용권 증여, 건물 증여: 토지사용권 및 건물매매 시장가격 • 토지사용권 교환, 건물 교환: 교환한 토지사용권, 건물가격의 차액	• 3~5%(세율은 관할 인민정부가 현지 상황을 고려해 범위 내에서 결정) • 2008년 1월 1일부터 90m² 이하의 생애 첫 주택을 구입하는 경우는 1%
인지세	印花税暂行条例 (1988)	'영수세법'이 규정한 세금증명서를 받아야 하는 직장단위와 개인	• 재산임대계약: 임대 금액 • 재산권이전증서: 증서 기재금액	• 재산임대계약: 1% • 재산권 이전: 0.05%

자료: 张蔚文(2001a: 427); 王春雷(2009: 3).

중공 제16기 5중전회(2005. 10)에서도 "점진적으로 물업세 징수를 추진한다"면서 물업세 도입 의지를 분명히 했다.

이러한 정책 의지에 따라 중국 정부는 시범연구도시를 선정해 정책 도입을 위한 구체적인 연구를 진행해왔다. 2005년에 베이징, 선전, 충칭, 닝샤, 랴오닝, 장쑤 등 여섯 곳을 1차 시범연구도시로 선정했으며, 2차로 2007년 9월에 안후이, 허난, 푸젠, 톈진 등 네 곳을 추가로 선정했다. 시범연구도시에서는 실제로 물업세를 징수하는 것은 아니고 징수와 관련한 제반 연구를 진행하게 된다. 물업세의 과세 대상, 과표, 세율 및 통합 대상이 되는 기존 토지 관련 세제 등 관련 세부 사항에 대한 논의는 마무리 단계에 도달했다. 다만 완만한 개혁을 위해서는 우선적으로 임대용 부동산인 상가 건물, 업무 빌딩 등 전체 부동산에서 비교적 적은 면적을 차지하는 업종을 대상으로 과세하기 시작한 이후에, 다주택 보유자 및 최종적으로 부동산을 가지고 있는 모든 소유자를 대상으로 확대하는 것이 바람직하다는 연구 결과가 있다(北京大学中国经济研究中心宏观组, 2007: 11). 임대용 부동산이 내고 있는 건물재산세(房产税) 세율은 임대료 수입의 12% 또는 부동산 잔여 가치의 1.2%에 해당한다.

위의 연구에서 제시하고 있는 물업세 도입 목적은 다음과 같다. 첫째, 지방정부에 안정적인 세원을 제공하고, 둘째, '토지재정'에서 '공공재정'으로 변화를 유도하며, 셋째, 빈부격차를 축소하고, 넷째, 주택투기를 억제하고 주택가격을 내리기 위해서이다.[6] 이러한 도입 목적에서 유추할 수 있듯이,

---

6 물업세 도입 효과는 다음과 같다. ① 중앙정부와 지방정부의 관계를 개선한다. ② 지방정부에 더 많은 입법권을 부여하며, 지방정부의 안정적인 재원이 된다. ③ 부동산 세제를 최적화한다. ④ 보유세를 강화하고, 이전세는 간소화하고, 세율을 낮춘다. ⑤ 건설 환경에 유리하며 자원절약형 사회에 유리하다. ⑥ 정부 기능에 변화를 주어 공공건설을 제공하게 하며, 공공서비스의 발전에 기여한다.
물업세 도입의 시행 원칙은 다음과 같다. ① 중앙이 정책을 결정하고, 입법권은 성급 지방정부에 있으며, 징수 및 각종 규범의 집행은 하위 단위의 현급 지방정부가 실시한다. ② 징수 대상은 주택 전체여야 한다. 자가주택도 포함되어야 하며, 면세 대상을 최소화

물업세 도입의 중요한 배경은 부동산을 통한 지방재정의 안정적인 확보이다. 중국 지방정부는 1980년대 초부터 토지유상사용제도를 실시하기 시작하면서, 토지사용권 기한에 대해 주택용지는 최대 70년, 상업용지는 40년, 공업용지는 50년으로 하고, 토지사용권을 매각해 재정수입을 확보했으며, 이 토지출양금을 활용해 주로 도시기반시설 건설 등 도시화를 위한 재정으로 사용했다. 두 번째 도입 목적의 '토지재정'이란 바로 지방정부가 그동안 토지사용권 매각을 주요 재원으로 삼았다는 것을 의미한다. 그러나 도시화가 일정 수준에 이른 상황에서 도시 주변부의 농촌토지 외에는 더 이상 팔 수 있는 토지가 남아 있지 않게 되고, 이미 사용권을 매각한 토지는 일시에 토지출양금을 받았기 때문에 도시의 성장에 따른 토지가치 상승분을 효과적으로 흡수할 수 없게 되었다. 이와 같은 상황에서 지방정부가 '공익'을 내세워 무리하게 도시 주변부 농촌토지를 징용하고 있고, 이 과정에서 '농민 저항' 현상이 곳곳에서 빈발하고 있다.

이러한 배경과 목적에서 부동산보유세에 해당하는 물업세를 도입하려는 중앙정부의 정책 의지와 시범연구에 대해, 관련 전문가들은 물업세 징수는 재산권 관계가 보다 명확해지고, 부동산평가업무가 자리를 잡고, 토지소유제가 더욱 개혁된 이후에 시작하는 것이 바람직하므로, 앞으로도 3~4년의 세월이 더 필요하다는 의견이 지배적이었다. 그러나 2008년에 국제금융위기를 맞게 되면서 이전과는 전혀 다른 상황이 되었다. 체제 개혁과 산업 구조 조정의 중요성을 인식한 중국 국무원은 2009년 5월 25일 '물업세 부과 시작'이라는 내용이 포함된 '발전개혁위원회의 2009년 경제체제 개혁업무

___

한다. ③ 납세자의 경제 능력을 충분히 고려하고, 세율을 합리적으로 결정한다. ④ 기존 부동산 관련세(부동산세, 도시부동산세, 토지가치증가세 등)를 정비·통합해 징수하되, 소득세 세율 인하, 관련 건설비용 폐지 등의 방법을 통해 총부담액에 변화가 없게 한다(패키지형 세제 개혁). ⑤ 3~5년에 한 번씩 지가 및 지대를 재평가한다. ⑥ 세율은 시장 주택가격을 기준으로 할 경우 0.3~0.7%가 적정하고, 월 시장임대료를 기준으로 할 경우 임대료의 0.4~0.8배가 적정하다(北京大学中国经济研究中心宏观组, 2007: 1~11).

심화에 관한 의견에 대한 국무원의 비준 및 통지의 전달'을 발표해 2009년 도부터 물업세 부과를 시작할 의지가 있음을 다시 표명했다.[7] 이 통지 이후 중국에서는 물업세 부과가 부동산시장, 특히 부동산가격에 어떤 영향을 끼칠 것인지에 대한 논의가 다시금 점화되었다. 그러나 실제로 2009년도부터 물업세를 부과하기 시작한 것은 아니다. 다만 2010년도에 들어서면서, 2009년도에 이루어진 9조 2000억 위안에 해당하는 사상 최대의 신규 대출로 부동산시장의 버블 우려가 고조되고 있는 가운데, 부동산을 중심으로 한 버블이 2010년 중국 경제에 가장 커다란 위험 요소가 될 것이라는 경고가 나오고 있으며, 최악의 경우 '중국판 서브프라임 모기지 사태'가 벌어질 수 있다는 전망도 있다. 이러한 상황에서 원자바오 총리는 부동산 관련 세금과 대출금리 조정을 통해 부동산 버블을 억제하겠다는 강력한 의지를 표명했으며, 이에 세무당국이 호응해 2010년도부터 물업세 징수 시범업무(시뮬레이션)를 전국으로 확대하기로 했다.[8]

부동산 세제를 부동산 보유에 대한 과세 위주로 개혁하려는 중국의 정책 방향은 일단 바람직한 것으로 평가된다. 그러나 중국 세무당국이 취한 방식은 단지 물업세 징수 시범업무를 10개 시범도시에서 전국으로 확대해 전개할 뿐 실제적인 징수를 주저하고 있는 듯한 인상을 주고 있고, 부동산시장에 불확실성만을 더해주고 있다. 따라서 물업세 징수 시범업무를 전국으로 확대하기보다는 이미 연구가 진행된 기존 시범도시를 대상으로 구체적으로 물업세를 징수하는 '실험 단계'에 진입하는 것이 더 효과적이라는 의견도 제기되고 있다.

---

7 "国务院: 研究开征物业税和环境税", ≪中国证券报≫, 2009년 6월 12일 자.
8 "物业税渐行渐近 '空转' 今年将推广至全国", ≪上海证券报≫, 2010년 1월 5일 자.

4) 농업세 폐지 결정

(1) 농업세 폐지 결정의 내용

2005년 12월 29일에 개최된 제10차 전국인민대회 상무위원회 제19차 회의에서 농업세 폐지(안)가 통과되어 2006년 1월 1일에 '농업세 조례(农业税条例)'가 폐지되었다. 이로써 2600년 동안 중국 역사와 함께한 농업세가 역사 속으로 사라지게 되었다.

(2) 농업세의 역사적 배경

춘추시대 노(魯)나라의 '초세무(初稅亩)'에서부터 시작한 농업세는 한나라(B.C. 206~A.D. 220) 초기에 제도화되었다. 신중국 성립 전에 중국의 혁명근거지(해방구)에서 실시된 농업세는 혁명전쟁 시기에 재산세와 수익세의 두 가지 성격을 가졌으며, 신중국 성립 이후 토지세인 전부(田賦)제도가 폐지되면서 농업세는 순수한 수익세가 되었다. 농촌토지개혁이 진행되어 농업합작화가 실시된 이후인 1958년 6월 3일 제1차 전국인민대표대회 제96차 회의에서 '농업세 조례'를 반포한 후에는 징수 범위나 조세 부담 및 부과 방법 등에서 여러 차례의 개혁이 있었지만, 농업세 제도의 통일적인 근거가 되었다(毕宝德, 2005: 424).

(3) 농업세의 개요

소득세의 일종인 농업세는 국가가 농업·임업·목축업·어업 생산을 통해 얻은 소득에 대해 부과하는 세금이다. 일단 주요 생산 자원이 토지이기 때문에 농업세는 농업용지에서 발생하는 소득에 부과되는 세금으로 보면 된다. 따라서 농업생산에 종사하며 농업소득이 있는 단위와 개인은 모두 농업세를 납부해야 했다. 구체적으로 살펴보면, 농업세 납부자는 농업생산합작사와 농업을 겸영하는 기타 합작사, 국유농장, 지방국유농장 및 공사합영농장, 농업수입이 있는 기업·기관·부대·학교·단체 및 사원, 농민과 농업수입이 있는 기타 주민 등이었다. 이때 농업세는 지방정부가 징수 책임을 지며, 세수 역시 지방정부로 귀속되었다.

농업세액은 과표에 해당하는 평균 생산량에 세율을 곱해 계산했다. '농업세 조례'에서는 평균 생산량을 평가해 결정한 후 5년 내에는 재조정하지 않는다고 규정하고 있는데, 실제로는 30여 년 동안 한 번도 조정되지 않아서 평균 생산량은 실제 생산량에 비해 매우 낮은 수준이었다. 농업세는 비례세율로, 전국 평균세율이 15.5%였으며, 국무원은 전국 평균세율을 기초로 각 지방의 경제 상황에 맞도록 재조정했다. 가령 신장(新疆)의 경우 13%, 저장(浙江) 등 일부 성은 16%, 헤이룽장(黑龙江)은 19%였다(毕宝德, 2005: 424).

(4) 농업세 폐지의 배경과 과정

중국 정부가 농업세를 폐지하기로 결정하게 된 중요한 배경은 1990년대 후반 이후 3농 문제가 심각해져 농민의 각종 부담을 줄여주어야 할 필요성과 도농(城乡) 간 세제 일치를 통한 형평성 확보의 필요성이 부각되었기 때문이다.

이에 국무원이 2004년부터 5년 이내에 농업세를 폐지하기로 결정한 이후, 농업세의 감면 또는 면제정책을 실시하기 시작했다. 우선적으로 국무원은 2004년에 농업세 세율을 인하하기로 결정했으며, 일부 식량 주산지에서는 농업세 징수 면제 개혁을 시범실시하기로 결정했다. 국무원 비준을 거쳐 재정부, 농업부, 국가세무총국은 2004년에 공동으로 하달한 '2004년 농업세 세율인하와 일부 곡물 주산지에 대한 농업세 징수 면제 개혁 시범실시와 관련된 문제에 관한 통지'에서 지린, 헤이룽장을 농업세 면제 개혁 시범지역으로 선정했다. 또한 허베이, 네이멍구, 랴오닝, 장쑤, 안후이, 장시, 산둥, 허난, 후베이, 후난, 쓰촨 등 11개 곡물 주산지에서는 농업세 세율을 3% 낮추는 한편, 나머지 지역에서는 1% 낮추었다. 이와 더불어 농업세 세율 인하 및 면제로 인해 발생한 지방의 재정수입 감소 부분은 중앙재정에서 보조해 주었다(新華社, 2004.4.15). 이러한 과정을 거쳐 2005년 들어 중국 내 27개 성(자치구, 직할시)이 농업세를 전면 폐지했으며, 결국 국무원은 2006년 1월 1일 자로 '농업세 조례'의 폐지를 선포해 농업세의 법적 근거가 사라지게 되었다. 이는 당초 2008년까지 농업세를 폐지하기로 했던 계획을 앞당겨 실현한 것이다.

농촌 세제 개혁이 2003년 3월부터 정식으로 가동된 이후 단계적으로 추진되면서 농민의 부담이 크게 줄어들었다. 2004년 중국 전역에 있는 농민의 부담은 1999년 대비 총 1045억 위안이 감소했으며, 1인당 부담액은 110위안이 감소했다. 중앙정부는 또한 일괄적으로 지방의 정책 결정자에게 농업세 면제권한을 부여하기로 결정해, 농민의 부담액은 220억 위안(1인당 24위안)가량 추가로 감소될 수 있었다. 관련 보고에 따르면 2005년에 이르기까지 약 8억 명의 농민이 농업세 면제의 직접적인 혜택을 입은 것으로 조사되었다(中新网, 2005.6.22).

(5) 향진 지방정부의 재정적자 문제

농업세 폐지로 인해 농민들의 세부담은 줄어들었지만 지방정부의 재정적자가 가중되어 농촌사회에 대한 각종 서비스 공급이 더욱 어려워지는 문제가 발생했다. 2006년 농업세 폐지 이후 향진(乡镇) 지방정부의 부채 문제는 현재 전국 농촌이 당면한 주요 문제 중 하나가 되었다. 국가통계국 조사에 따르면, 현재 전국의 향진 지방정부의 총부채 규모가 2000~2200억 위안에 달하며, 향진 지방정부의 평균 부채 규모는 400만 위안에 달한다. 더욱이 이러한 채무 문제가 해소될 기미가 보이지 않는다는 것이 더 큰 문제이다(王珏, 2009: 51~52).

'농업세 폐지'를 지대(농지사용료)와 연관해서 보면, 농민이 토지사용 대가인 지대를 납부하지 않는 것을 의미한다. 농업세는 형식상 농업소득세에 해당하지만, 농지사용에 대한 대가인 지대를 환수하는 다른 세제가 없는 실정에서 농업세가 지대 환수의 역할도 감당했다고 볼 수 있다. 차액지대이론에 따르면, 농지지대를 환수하지 않게 될 때, 농민은 불로소득을 누리는 주체가 될 수 있으며, 농지는 투기의 대상이 될 수 있고, 지방정부는 재정적자에 빠지는 문제가 발생하게 된다. 농지세 폐지정책이 농민의 부담을 경감시킨다는 좋은 의도를 가지고 추진되었다 할지라도, 경제법칙에 어긋나는 경우에는 이에서 파생된 역효과가 결국 부메랑이 되어 향진 지방정부 및 농민에게 돌아오게 될 것이다.

제7장

토지비축 및 부동산금융제도

1. 중국 토지비축제도의 형성과 발전

토지비축제도란 일반적인 의미의 토지은행을 일컫는 것으로, 도시정부가 법에 의거해 토지소유권이나 사용권을 회수한 후, 도시건설용지의 수요에 부응하거나 이를 조절하기 위해 토지이용총체계획 및 도시계획에 따라 토지의 정리 및 비축을 실시하는 도시토지관리제도를 말한다. 토지비축제도는 가장 먼저 네덜란드, 스웨덴 등 유럽 국가에서 실시하기 시작한 이후로 현재 세계의 여러 국가, 특히 토지사유제를 기초로 하고 있는 국가에서 실시하고 있다.

중국의 토지비축제도는 1996년 상하이시가 처음으로 '상하이시 토지발전 중심(上海市土地发展中心)'을 발족하면서 시작한 이후, 항저우(杭州), 난퉁(南通), 칭다오(青岛), 우한(武汉) 등의 도시에서 유사한 토지비축기구가 출범했으며, 2008년에는 전국에서 2000여 개의 토지비축기구가 운영되었다. 중국은 도시토지비축제도를 토지사용제도 개혁의 새로운 돌파구로 삼아 토지시장을 관리하며 기업 보유의 토지자산을 활성화하고, 토지자원의 배치를 최적화하고, 정부와 기업 간 토지수익 분배 관계를 합리화하며, 토지의 무상사용제도하에서 발생한 국유자산의 유실 문제 등을 해결하고자 노력하고 있다(卢新海, 2008: 1).

1) 도시토지비축제도의 성립 배경[1]

　국유기업 개혁 과정에서 불거져 나온 기업 보유의 토지자산 문제를 해결하고자 한 것이 중국 토지비축제도 성립의 가장 중요한 목적이자 배경이다. 1990년대에 국유기업의 경쟁력을 높이기 위해 합병, 파산 처리, 구조조정 등을 진행하면서 국유기업이 보유하고 있던 토지자산의 관리와 처리 문제가 불거져 나왔다. 이에 중공은 제15차 중앙전체회의에서 "비상장기업은 허가를 거쳐서 국가가 행정배정으로 기업에 분배한 토지사용권을 유상양도하고 기업자산을 현금화해, 여기서 발생하는 소득으로 증자, 채무 해결 또는 구조조정을 단행한다"는 방침을 제출했다. 그러나 현실적으로 기업 보유의 토지자산 현금화는 여러 가지 문제를 내포하고 있었다. 우선, 토지개발은 전문성이 매우 강할 뿐만 아니라, 국유기업 경영자들의 능력에 한계가 있어 제때 토지시장에 관한 정확한 정보를 파악하기가 어려워서 토지의 실제 시장가치를 평가할 방법이 없었다. 둘째, 국유기업과 개발회사 간의 직접적인 거래는 국유기업 책임자의 부패를 초래했을 뿐만 아니라, 개발회사의 지가 대금 납부가 늦어져 다음 단계의 사업계획에 영향을 주었다. 셋째, 개발회사 대부분의 자금이 단기간에 수익을 극대화할 수 있는 토지개발에 집중되면서, 도시 재개발과 공공건설부문은 토지와 자금이 부족해져 도시의 종합적인 개발이 이루어지지 않았다. 이로 인해 도시 전체의 배치와 장기적인 계획이 영향을 받았다. 넷째, 국유기업은 기업의 개혁 과정에서 줄기차게 정부에 특혜를 요구하면서 음성적으로 토지수입의 일부를 감추어 국유자산의 유실을 초래했다. 이러한 상황에서 정부는 토지비축제도를 실시해 국유기업 토지자산의 현금화 능력을 강화하고, 국유자산의 유실을 피하며, 국유기업의 경영 문제 해소를 위한 자금 지원을 목표로 하게 된 것이다.

---

[1]　본 내용은 주로 卢新海(2008: 1~5)의 내용을 참고했다.

표 7-1 **신규 건설용지 공급면적 현황(1999~2006년)** (단위: ha)

연도	출양		행정배정		임대		기타 방식		합계
	면적	(비율)	면적	(비율)	면적	(비율)	면적	(비율)	
1999	45,390.7	(34.0)	54,163.4	(40.6)	28,842.9	(21.6)	4,921.0	(3.7)	133,318.0
2000	48,633.2	(20.1)	80,568.6	(33.3)	105,438.2	(43.6)	7,118.8	(2.9)	241,758.8
2001	90,394.1	(50.6)	73,979.5	(41.4)	10,128.3	(5.7)	4,176.4	(2.3)	178,678.3
2002	124,229.8	(52.8)	88,052.1	(37.4)	17,555.8	(7.5)	5,599.1	(2.4)	235,436.9
2003	193,604.0	(67.6)	65,258.2	(22.8)	10,551.6	(3.7)	17,022.9	(5.9)	286,436.7
2004	181,510.4	(70.4)	62,054.0	(24.1)	8,772.5	(3.4)	5,582.8	(2.2)	257,919.7
2005	165,586.1	(67.8)	64,623.4	(26.5)	8,044.1	(3.3)	6,015.9	(2.5)	244,269.5
2006	146,065.5	(71.5)	54,160.6	(26.5)	2,420.4	(1.2)	1,631.3	(0.8)	204,254.6
합계	995,413.8		542,859.8		191,753.8		52,068.2		

자료: 吳次芳·靳相木(2009: 146).

　토지시장의 운영 과정에서 발생한 각종 문제들 역시 토지비축제도의 필요성을 가져왔다. 토지시장이 발전하는 과정에서 제도의 허점을 악용하는 토지투기 현상이 심각해졌고, 개인이 토지를 징용해 출양하는 음성적 토지시장이 자생해 도시의 계획적인 배치에 영향을 주었다. 음성 시장이 형성되는 과정은 크게 세 가지로 구분할 수 있다. 첫째, 일부 국유기업들이 행정배정으로 분배받은 토지자산을 경영성 용도에 투입했다. 즉, 국유기업들이 재정 부족을 이유로 자체적으로 사용하고 있던 행정배정토지를 경영성 용도에 투입하면서 행정배정토지들이 토지시장에 진입하게 되었다. 둘째, 행정배정토지의 취득비용이 매우 낮은 반면에 토지시장의 각종 규제들이 실시 과정에서 많은 허점을 노출해, 행정배정방식을 통해 새로운 토지사용권이 1급 토지시장에 공급되었다. 〈표 7-1〉에 따르면 1999년도의 경우 신규 건설용지 공급 중에서 행정배정방식을 통한 공급 비율이 40.6%를 차지해 출양방식을 통한 공급 비율인 34.0%를 앞섰다. 그러나 지속적인 토지개혁을 통해, 행정배정방식을 통한 공급 비율이 2006년도의 26.5%까지 꾸준히 감소한 반면, 출양방식을 통한 공급은 2006년도의 71.5%까지 꾸준히 상승해, 출양방식이 토지공급의 주된 방식이 되었다.

마지막으로, 도시화에 따른 강력한 토지수요와 자본 흡인력으로 인해 대량의 농촌토지가 불법적으로 도시토지시장에 흘러들어갔다. 최근 여러 지방에서 개발회사들이 건축이 허용되지 않은 도시 근교의 농촌토지 위에 상품주택을 짓는 현상이 확대되면서, 농촌의 저렴한 토지가 도시토지시장에 심각한 충격을 주고 있다. 또한 재산권을 충분히 보장받지 못하는 이른바 '소재산권 주택(小产权房)'이 사회문제화되고 있으며, 이 같은 주택의 합법화 여부를 놓고 논쟁이 진행 중이다. 이러한 문제들은 토지시장 단독으로 토지자원의 배치를 효과적으로 처리할 수 없음을 인식하게 해주었다.

토지비축제도 성립의 또 다른 중요한 배경은 '도시경영'이다. 도시화가 심화되면서 도시경영은 일종의 혁신적인 도시관리 이념이 되었으며, 중요한 사회경제 발전 전략이 되었다. 도시경영에서 도시토지와 기초시설은 중요한 대상이 된다. 도시경영의 본질은 시장경제수단을 운용해 도시공간 내에서 각종 시설들을 집적시킨 후, 조직 및 운영을 통해 최대한도로 보유 토지를 활성화하고 새로운 토지를 확보하면서, 도시경영을 통해 새로운 도시를 건설하고 발전시키는 도시건설의 시장화이다. 1990년대 말에 이미 전국 국유자산 총량이 약 33조 위안에 이르렀고, 이 중 국가 소유 도시토지자산 총량이 많게는 25조 위안으로, 전체 국유자산의 약 76%를 차지하고 있었다. 그런데 이전에 행정배정방식으로 무상·무기한의 토지사용권을 획득한 기업과 개인들은 도시경영을 위한 재정수입원의 역할을 감당하지 못할 뿐만 아니라, 도시정부가 도시토지를 새롭게 배치하고 계획하려는 시도에 반대했다. 이러한 배경하에 중국 정부는 토지비축제도의 수립을 통해 다시 토지관리권을 회복하고자 했다. 또한 정부는 '투자자가 소유하고 이익을 향유하는' 원칙에 근거해, 가치 증식 능력이 뛰어난 토지를 우선 구매해 토지를 정리 및 비축한 후에 이를 출양하는 식으로 도시건설자금을 확보하고자 했다(周京奎, 2007: 294~295).

2) 토지비축제도의 태동과 보급 확대[2]

(1) 토지비축제도의 태동

상하이시는 영국, 미국, 프랑스, 캐나다, 네덜란드 등의 해외 사례 경험과 홍콩의 경험을 참고해 1996년에 중국에서 처음으로 '시장화 운영모델 방식'의 토지비축제도를 수립했다. '상하이시 국유토지사용권의 구매·비축·출양 시범운영 판법(上海市国有土地使用权收购储备出让试行办法)'에 따르면, 상하이시의 토지비축제도 실시 목적은 "국유토지 사용제도의 개혁을 한층 더 심화하고, 정부의 토지공급에 관한 거시조정 능력을 강화하며, 보유 토지의 활용도를 높이며, 투자 환경을 개선하는 것"이었다. 상하이시 토지발전중심은 자체적인 토지구매계획과 시정부의 요구에 근거해 토지매각단위와 협상을 통해 매입가격을 결정하거나 또는 토지수익 비율을 약정한 후, 약정에 따라 매입금을 지불하고 토지를 취득해, 당시 규정에 따라 토지소유권 이전등기 수속을 마쳤다. 토지발전중심은 토지를 취득한 후, 지상 건물에 대한 철거 작업, 토지정리 작업 및 관련 기초시설의 배치에 대한 책임을 졌으며, 토지 사용권 이전이 준비된 토지에 대해서는 토지행정 주관부문이 새로운 토지 사용자에게 출양하는 방식을 따랐다.

상하이시에 이어 저장성 항저우시 국토자원국은 1997년 8월에 국유기업 개혁 과정 중의 토지자산 현금화 문제를 해결하기 위해 정부주도형 토지비 축제도를 수립해 그 담당 기구로 토지비축중심을 두었다. 동시에 각 부문 간의 협조를 위해 항저우시 정부는 국토자원, 재정, 건설, 계획 등 관련 부문을 포괄하는 협의체인 토지구매비축관리위원회를 조직했다. 토지비축중심

---

2 본 내용은 주로 卢新海(2008: 9~11)를 참조했다.

의 우선적인 임무는 경영이 어렵거나 파산한 국유기업의 남겨진 토지를 구매하는 것이었다. 이러한 기업들은 경영상의 문제 해결, 직원들의 직장 재배치, 외상채무 상환 등의 문제를 해결하기 위해 대체로 토지자산의 현금화에 의존하는 상황이었다. 그러나 기업 스스로 토지자산을 현금화하기가 쉬운 일이 아니었다. 왜냐하면 기업이 독자적으로 토지구매 희망자를 찾아서 적당한 가격으로 토지를 매각하기가 쉽지 않아 토지보상비를 적시에 확보하기가 어려웠기 때문이다. 이러한 상황에서 항저우시는 토지비축제도의 운영을 통해 기업의 긴급한 자금 문제 해결을 도울 수 있었을 뿐만 아니라, 기업이 확보해야 할 이익을 지켜주었다. 1998년 6월, 항저우시는 토지구매비축관리위원회의 결정에 따라 구매비축 범위를 확대해 시 구역에서 토지이용을 활성화할 필요가 있는 모든 토지로 확대했다. 2000년 하반기에는 구매비축 토지의 범위를 확대해 도시 재개발 토지, 도시건설중점구역 및 신규 건설용지 등으로 확대했다. 이러한 목적은 1급 토지시장에서의 독점적인 공급을 보장하고, 정부로 하여금 토지공급의 주도권을 확보하도록 돕기 위한 것이었다.

(2) 토지비축제도의 보급 확대

상하이와 항저우가 시범적으로 토지비축업무를 시작한 이래, 각 성(省)을 중심으로 토지구매비축업무를 점진적으로 전개하기 시작했다. 1999년 6월, 국토자원부는 내부 통보 형식으로 전국에 '항저우시 토지구매비축 실시조례(杭州市土地收购储备实施办法)'와 '칭다오시 인민정부의 토지비축제도 수립에 관한 통지(青岛市人民政府关于建立土地储备制度的通知)'를 발송해 두 도시의 경험을 전국에 확대 보급했으며, 이를 통해 토지비축제도를 동남연해지역과 여러 지급시(地级市)[3]에 빠르게 확대 보급하고자 했다. 이 외에도 국무원은

---

3   지급(地级)이란 비교적 규모가 큰 시(市)나 지구(地区, 현재는 대부분 시로 변경됨)로, 우리가 잘 알고 있는 조선족 자치주, 네이멍구 지역에 존재하는 맹(盟) 등이 지급에 속한

표 7-2 **토지비축기구 수립 연도별 통계**

연도	1996	1997	1998	1999	2000	2001	2002	2003
해당 연도	1	8	8	32	134	346	581	490
누적 수	1	9	17	49	183	529	1,110	1,600

자료: 張浩 等(2009: 42~43).

2001년 15호 문건을 제출해, "정부의 토지시장에 대한 조정 능력을 강화하기 위해, 조건이 갖추어진 지방정부는 건설용지에 대해 시범적으로 토지구매비축제도를 실시하도록 한다"고 명시했다. 2001년 12월에 개최된 전국 토지자원관리업무회의 및 2002년 5월에 진행된 '경영토지, 경영도시'를 주제로 한 제8차 국토자원 관리 연구토론회에서, 국토자원부는 전국 각지에서 15호 문건의 정신을 구체화해서 적극적으로 토지구매비축업무를 추진하도록 했다. 이러한 정책적 지원 결과, 토지비축제도는 매우 빠른 속도로 보급되어, 2001년 11월에 이르러 전국 각지의 토지구매비축기구는 이미 1000개를 넘어섰다. 또한 국토자원부 토지정리중심의 조사 결과에 따르면, 2002년 9월에 전국에 이미 1308개의 토지비축기구가 수립되었으며, 2008년에는 전국에는 각종 명칭의 도시토지비축기구가 2000여 개나 수립되었다(〈표 7-2〉참조).

현재 중국의 토지비축제도는 기본적으로 완성된 상태이며, 그중 일부 지역의 토지비축업무는 이미 성숙 단계에 진입했다. 토지구매비축업무를 비교적 일찍 시작해 이미 성숙 단계에 진입한 항저우를 예로 들면, 업무의 중점이 시가지 지역의 기존 보유 토지에서 벗어나 도시 주변의 신규 농촌집체토지로 확대 발전했으며, 기존에는 토지구매에 주력하다 이제는 토지구매와 토지정리 모두를 중시하는 방향으로 전환했다. 다만 소도시는 중·대(中

___

다. 지급시(地級市)는 바로 지급이면서 시에 해당하는 행정구역으로, 그 명칭은 원래 '지구(地区)'라고 불렸던 것에 기인한다.

大)도시에 비해 여전히 초보 단계와 발전 단계에 머물러 있으며, 아직 성숙 단계에 접어든 곳은 없다.

3) 토지비축제도의 내용

(1) '토지비축관리 판법'의 입법

중국이 1996년도부터 토지비축제도를 실시한 이래로 2007년까지 그 법률적 근거가 지방법률체계에 머물러 있었으며, 국가입법 단계에까지 이르지는 못했다. 그러다가 2007년 11월 19일, 국토자원부, 재정부 및 중국인민은행이 공동으로 '토지비축관리 판법(土地儲備管理办法)'(이하 '판법')을 작성하면서 토지비축제도가 정식으로 입법화되었다. 전체 7장 30개 조항에 달하는 '판법'의 입법화를 통해 중국의 토지비축제도는 그동안의 실험적 성과를 인정받았을 뿐만 아니라 국가 수준의 법률체계에서 보다 완비되고 충분한 법적 근거를 마련하게 되었다(孟祥舟, 2008: 16~17). 이 '판법'의 핵심 목적은 토지비축제도의 개선, 토지조정 강화, 토지시장 운영의 규범화, 토지의 집약적·절약적 이용 촉진 및 건설용지 공급 능력의 향상에 두고 있다('판법' 제1조).

(2) '토지비축관리 판법'의 내용

① 연도별 토지비축계획의 수립과 관리

토지비축업무를 담당하는 토지비축기구가 시와 현 인민정부의 비준을 받고 수립되면 독립된 법인 자격을 갖게 되며, 국토자원 관리부문에 속해 행정관할구역의 토지비축업무를 수행하는 유일한 기관이 된다('판법' 제3조). 각 지방 인민정부에 속한 국토자원 관리부문, 재정 및 인민은행 지역지부는 공동으로 국민경제및사회발전계획, 토지이용총체계획, 도시총체계획, 토지이

사진 7-1 **토지사용권 경매가 진행되는 강당** (2010년 5월 31일 촬영)

용 연도계획 및 토지시장의 수요공급 상황 등을 살펴 연도별 토지비축계획
을 수립하고, 동급 인민정부의 비준을 받은 후 상급 국토자원 관리부문에 보
고한다(판법 제6조). 연도별 토지비축계획에는 매 년도의 비축 토지 규모, 비
축 토지 전기(前期)개발 규모, 비축 토지의 공급 규모, 비축 토지 임시이용계
획 및 계획년도 말의 비축 토지 규모에 관한 내용을 담게 된다('판법' 제8조).

② 토지비축의 범위와 절차

토지비축 범위에 포함되는 대상은, ㉠ 법에 근거해 회수한 국유토지, ㉡ 구
매 토지, ㉢ 우선구매권을 행사해 취득한 토지, ㉣ 이미 농용지 전용을 마치
고 토지징용 허가를 받은 토지, ㉤ 기타 법률에 의해 취득한 토지가 해당된다
('판법' 제10조).

토지비축의 절차는 대상 토지별로 다르다. 가령 시나 현 인민정부 또는

국토자원 관리부문이 법에 의해 무상으로 회수한 국유토지는 토지등기기관이 토지등기 취소 절차를 거쳐 비축하게 된다('판법' 제11조). 또한 도시계획에 따라 도심 재개발을 실시하면서 해당 지역의 토지사용을 재조정할 필요가 있을 때에 국토자원 관리부문은 해당 인민정부의 비준을 얻은 후, 기존 토지사용권자에게 보상한 후 토지사용권을 회수한다. 토지등기기관은 토지등기 취소절차를 거쳐 토지를 비축한다('판법' 제12조). 토지비축계획에 근거해 국유토지사용권을 매입하는 경우, 토지비축기구는 토지사용권자와 토지사용권 매매계약을 맺어야 하며, 매매가격은 평가된 토지가격을 기초로 해 쌍방이 협상해 결정한다('판법' 제13조). 모든 비축 대상 토지는 마지막에 토지등기기관의 토지등기 취소 절차를 거치게 된다.

중국에서 농경지 보호는 매우 중요한 의미를 지닌다. 제정된 판법 역시 이 점을 충분히 고려하고 있다. 토지비축제도가 실시되면서 (기존의 도시 내 재고 토지를 중심으로) '비축 위주(存量为主)'와 (도시 주변의 농경지를 대상으로) '증량 위주(增量为主)' 중 어느 쪽을 택해야 하는 문제를 놓고 논쟁을 벌였다. 도시화가 심화되는 과정에서 용지의 공급 확대는 매우 중요한 사안이 되었으며, 이는 도시 근교 농경지의 용도 및 형질 변경을 둘러싼 갈등을 일으킬 수밖에 없었기 때문이다. 이러한 상황에서 일부 지방정부는 농경지를 비축 토지의 주요 대상으로 삼았으며, 심지어는 이 비율이 90%를 초과하는 곳도 있어 국가농경지보호정책과 상충했다(田春华, 2008: 38~39). 판법은 이에 대해 분명하게 규정하고 있는데, 우선적으로 유휴 및 저효율의 국유 건설용지를 비축 대상으로 하며, 그런 후에야 "이미 농용지 전용을 마치고 토지징용 허가를 받은 토지"를 비축할 수 있도록 했다. 이로써 지방정부가 토지비축을 이유로 저가로 농경지를 구매한 후 고가로 출양하는 행위를 차단할 수 있게 되었다.

③ 토지공급을 위한 비축 토지 개발과 임시 이용

토지비축기구는 비축 토지의 공급을 위해 사전에 필요한 절차들을 진행하게 된다. 비축된 토지는 시와 현 인민정부 국토자원 관리부문의 비준을 거친 후, 토지비축기구가 비축 토지의 전기개발, 보호, 관리, 임시이용 등의 업무를 담당하며, 특히 토지비축과 전기개발을 위해 자금융자 활동을 하게 된다('판법' 제16조). 그런데 여기서 주목할 것은, 준비를 마친 비축 토지를 공급하기 이전에 토지공급에 영향을 주지 않는 범위 내에서 토지 및 지상 건물을 임대 또는 임시사용 등의 방식으로 일시적으로(일반적으로 2년) 이용할 수 있도록 허용하고 있는 것이다('판법' 제21조).

④ 비축 토지의 공급

토지공급 준비를 마친 토지는 해당 지역의 토지공급계획에 포함되어 토지비축기구가 출양방식을 통해 토지사용권을 공급하게 된다('판법' 제22조). 출양방식은 시장경쟁 원리를 도입한 공시경매(挂牌), 경매(拍卖), 입찰(招标) 중 한 가지 방식을 거쳐 출양하게 된다.

⑤ 토지비축자금 관리

'판법'에서 토지비축기구가 토지비축업무의 수행에 필요한 자금을 확보하기 위해 은행 담보대출 등의 활동을 할 수 있다고 규정하고 있는데, 토지비축기구의 자금 관리는 별도로 마련된 '토지비축자금 재무관리 임시판법(土地储备资金财务管理暂行办法)'(2007, 17호)을 따르도록 규정하고 있다('판법' 제24·25조). 그런데 토지비축기구의 대출 규모가 큼에 따라 금융기관이 위험에 노출되기 쉬운데, 이러한 문제는 이미 여러 정부 부문이 주목하고 있다. 특히 중국인민은행 연구보고서에서 지적하고 있듯이, 토지구매 및 토지개발의 주요 자금은 은행의 담보대출로, 대출액의 회수는 주로 토지출양금에 의존하고 있으나, 여기에 따르는 변수가 많아서 토지자산가격이 변동하고 있는 상황에서는 담보대출은 위험에 노출될 수밖에 없다(孟祥舟, 2008: 16~17). 따라서 금융기관이 위험에 빠지는 상황을 예방하기 위해서 각 부문 간 토지비축기구의 대출 관련 정보를 신속하게 공개 및 공유하도록 법으로 정해놓았다.

4) 토지비축제도 운영모델의 비교

중국의 각 도시들은 고유의 토지관리 특성에서 출발해, 실천과 이론 연구를 거쳐 각 도시의 특성에 적합한 토지비축제도 운영모델을 끊임없이 개선해왔다. 따라서 각 시의 토지비축제도는 그 역할에 대한 위치 설정과 목표에 따라 실제 운영모델이 다르게 발전해왔다. 현재 중국에서 시행되고 있는 토지비축제도 운영모델을 종합적으로 분석해보면 '시장주도형', '정부주도형' 및 '정부-시장 결합형'의 세 가지 유형으로 구분할 수 있다(卢新海, 2008: 19~25).

(1) 시장주도형 운영모델

시장주도형 토지비축제도 운영모델의 대표적인 예는 '상하이 모델'로, 비록 정부가 비축 토지의 범위를 규정하고 있지만, 토지를 비축하고자 할 때 결코 강제력을 행사하지 않으며, 다른 토지수요자들과 시장에서 경쟁해야 한다. 토지비축기구가 성공적으로 토지를 비축할 수 있는지 여부는 토지비축기구와 토지사용 기업의 협상 상황에 따라 결정된다. 만약 토지구매가격이나 토지수익 분배 비율의 약정 등 방면에서 합의가 이루어지지 않아 협상이 결렬될 경우, 더 이상 토지비축을 진행할 수 없게 된다. 이처럼 토지비축의 주요 역량은 정부에 있지 않고, 시장과 토지사용기업에 있다. 이러한 모델에서 토지비축기구는 정부의 위탁을 받아 토지의 구매비축업무를 담당하는 기구로, 도시토지이용총체계획, 연도별 토지공급계획 및 시장수요에 근

그림 7-1 **상하이시 토지비축제도 운영모델**

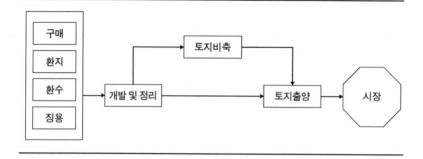

거해 적시에 토지를 구매·비축한 후 토지개발을 거쳐 시장에 공급한다(周京奎, 2007: 300). 1997년 3월 13일 공포된 '상하이시 국유토지사용권 구매·비축·출양 임시운영 조례(上海市国有土地使用权收购储备出让试行办法)'는 바로 이와 같은 내용을 담고 있다. 그 운영 과정은 〈그림 7-1〉과 같다.

(2) 정부주도형 운영모델

정부주도형 운영모델을 채택하고 있는 대표적인 예가 '항저우 모델'이다. 이 모델에 따르면, 도시구역에서 새롭게 토지시장에 공급되는 모든 토지는 반드시 정부가 독점적으로 구매 및 비축해야 하며, 기타 어떠한 단위나 개인도 토지를 구매 및 공급할 수 없고, 행정배정된 토지의 사용자 역시 출양 절차를 거친 후 스스로 토지사용권을 양도할 수 없다. 시 토지비축중심은 정부를 대표해 법률에 근거해 강제성을 띠고 토지를 구매할 수 있으며, 토지사용자는 가격 협상의 권한이나 기회를 부여받지 못한다. 시장의 모든 토지는 토지비축중심이 공급하며, 정부는 통일구매권, 통일출양권을 통해 도시토지시장에 대한 독점과 통제를 실현한다. 그 운영 과정은 〈그림 7-2〉와 같다.

그림 7-2 **항저우시 토지비축제도 운영모델**

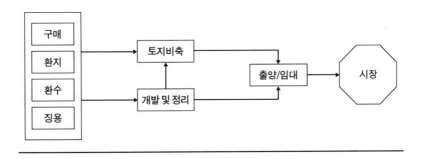

(3) 정부주도와 시장조절의 결합 모델

우한(武汉)의 토지비축제도는 토지의 강제 비축과 토지거래 허가를 상호
결합한 모델로, 경영성 부동산개발용지에 대해서는 우한시 토지비축중심이
강제적으로 통일 구매, 통일 비축, 통일 출양을 실시하나, 항저우 모델과는
달리 기존 토지사용자에게 토지가격협상권을 부여하고 있다. 이와 동시에,
기타 비경영성 부동산개발용지, 이전(移转)한 오염배출기업의 보유 토지 및
비축 범위에는 들어가지만 구매 및 비축에 부적합한 토지는 거래허가제도
를 시행한다. 만약 토지사용자가 토지거래허가제를 통해 시장에서 직접 토
지를 양도하게 될 경우 반드시 두 가지 조건을 충족해야 한다. 첫째로, 토지
사용자는 토지비축중심의 거래 허가를 받아야 하며, 둘째로, 토지사용자는
공개 토지시장에서 거래를 진행해야 한다. 이러한 운영 과정은 〈그림 7-3〉
과 같다.

'우한모델'은 자신의 실제 상황을 고려한 후 '시장주도형' 모델과 '정부주
도형' 모델을 비교·검토해 새롭게 돌파구를 마련한 것으로, 정부의 1급 토
지시장 독점이라는 목표를 실현함과 동시에, 현재의 법률 공간을 충분히 이
용하면서 효과적으로 토지비축기구 운영의 재정 위험을 낮출 수 있었다.

그림 7-3 **우한시 토지비축제도 운영모델**

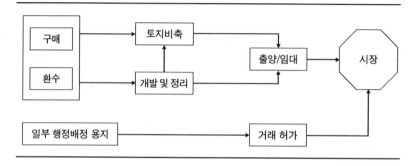

(4) 세 가지 운영모델의 비교 및 평가

세 가지 유형의 토지비축제도 운영모델을 비교·평가해 볼 때, 정부주도형의 항저우시와 정부 주도 및 시장조절을 서로 결합한 우한시의 토지비축제도가 비교적 원활하게 운영되고 있다. 그 이유는 첫째, 토지비축행위는 그 본질이 일종의 정부행위로, 정부 통제하에서 진행하는 (이윤 획득을 목적으로 하지 않는) 토지자원의 효율적인 배치 및 자산 운영이기 때문이다. 둘째, 토지비축제도를 통해 1급 토지시장을 통제하고자 하는데, 정부는 1급 토지시장의 독점 공급자이기 때문이다. 셋째, 토지가 국가 소유라는 제도적 조건으로 인해 토지비축모델이 완전한 시장주도형이 될 수 없기 때문이다. 지금까지 살펴본 세 가지 유형의 모델을 중요 항목별로 비교·정리하면 〈표 7-3〉과 같다.

표 7-3 **세 가지 유형의 중국 토지비축모델 비교**

분류	시장주도형 모델	정부주도형 모델	결합 모델
대표 도시	상하이	항저우	우한
시작 시기	1996년 8월	1997년 8월	2000년 7월
정책 목적	정부의 토지공급에 대한 거시조정 강화, 보유 토지의 활성화, 토지공급 방식 규범화	보유 토지의 활성화, 1급 시장 독점, 토지시장의 규범화, 정부 수입 증가	토지유형시장의 구축, 도시 토지자산의 경영
실시 지구	시내	시내	중심 시가지
주요 특징	시장 시스템에 따라 운영, 시·구(市区) 양급 토지비축시스템	행정지도와 시장 운영을 서로 결합	행정지도와 시장을 결합, 토지비축과 거래허가제를 조화
토지취득방식	구매, 환수, 환지, 징용, 계획 통제	환수, 구매, 환지, 징용	환수, 구매, 징용
토지처리방식	대부분 성숙토지 출양, 일부 미성숙지 협의출양	재산권 정리 토지 출양 (경매, 입찰)	출양(경매, 입찰, 협의)
토지비축기구	토지발전중심	토지구매비축관리위원회+ 토지비축중심	토지비축중심
토지보상비용	구매가격을 협상해 확정하거나, 토지수익의 분배를 약정	계약에 근거해 약정, 환지는 가격 차이를 결산	'구매보상협의서'를 체결해 확정
주요 정책	—	통일 구매, 통일 비축, 1급시장 독점, 재산권 정리 토지 출양, 은행대출, 자금 집중 관리	토지시장 구축, 토지비축과 토지거래 허가 결합, 성숙토지 출양
비축 방식	실물 비축	실물 비축, 홍선 비축,* 정보 비축	실물 비축, 홍선 비축
자금 출처	주로 담보대출, 일부 시(市) 재정 차관	초기 4000만 위안 재정 투자. 주로 은행대출	초기 2000만 위안 재정 투자, 토지출양금 수입, 토지구매비축 공급의 수입, 특별 자금 융통, 은행대출
정부우선구매	우선권 없음	절대 우선권	조건부 우선권
비축토지공급	엄격한 공급계획 없음	토지공급계획 있음	토지비축계획과 거래허가계획 결합
자금수요	최소로 통제 가능	매우 큼	일정 정도까지 통제 가능
시장독점방식과 효과	비강제성, 비축 효과 낮음	강제적, 비축 효과 큼	비축과 거래 허가를 결합, 효과 이상적
비축범위 내의 토지거래	토지발전중심과 토지사용자 함께 진행	반드시 토지비축중심이 완성	일부 토지비축중심 완성, 일부 토지사용자 완성
비축범위 외의 토지거래	토지사용자 자유거래	범위 이외의 토지거래 존재하지 않음	토지사용자 거래허가제도에 따라 허가를 받은 후 완성

* 홍선(红线)이란 도시 건축 설계도상의 건축용지와 도로용지의 경계선으로, 흔히 붉은 선으로 구분하기 때문에 붙여진 명칭이다. 홍선비축이란 농경지를 침범하지 않으면서 비축하는 것을 말한다.
자료: 卢新海(2008: 25~27).

사진 7-2 **베이징시 하이뎬구(海淀区)에 위치한 비축용 토지**(2010년 5월 31일 촬영)

5) 중국 토지비축제도의 순기능과 문제점

(1) 토지비축제도의 순기능

중국의 도시토지비축제도는 다음과 같은 순기능을 담당하고 있다. 첫째, 1급 토지시장에서 토지수요자들 간에 공정하고 공개적인 경쟁을 촉진할 수 있으며, 불법적인 거래행위를 차단할 수 있다. 둘째, 토지공급량의 조절을 통해 지가의 폭등이나 폭락을 예방할 수 있다. 셋째, 도시정부의 재정수입을 올려주며, 국유자산의 유실을 감소시킨다. 넷째, 바람직한 도시계획의 실시를 보장할 수 있어, 도시경제의 건강한 발전과 주민 생활수준의 향상을 도모할 수 있다. 마지막으로, 도시의 유휴토지를 활성화하며, 도심 토지의 집약적인 이용을 촉진해 도시의 무분별한 확장을 일정 정도 억제할 수 있고, 도시 근교의 농지를 유효하게 보호할 수 있다.

(2) 토지비축제도의 현실적인 문제들

상술한 순기능들에도 불구하고 중국 토지비축제도는 제도적 한계와 실행
상의 문제점들을 드러내고 있으며, 크게 네 가지로 요약된다.

① 토지출양을 통한 재정수입 확보에 치중

현재 중국의 토지비축제도는 정부의 재정수입 확보라는 목적에 지나치게
치중하고 있다. 실제로 중국 지방정부의 평균적인 토지수입은 재정수입 중
에서 약 33%를 차지하고 있으며, 일부 도시의 경우에는 50%에 이르기도 한
다. 이렇게 토지수입이 지방정부 재정수입의 중요한 부분을 차지하고 있기
때문에, 지방정부는 토지수익을 최대화 할 수 있는 방식으로 제도를 운영하
려는 유혹에 빠지기 쉽고, 이를 위해 도시 근교의 농경지에 대해 과도한 징
용을 하게 된다. 토지출양가격이 지나치게 높게 형성되는 경우에는 도시지
가의 상승을 유발하고, 부동산개발 비용을 증대시키며, 주택가격을 상승시
킨다.

② 담보대출로 인한 토지비축기구 및 금융기관의 금융위험 노출

중국은 토지출양제를 통해서 일시에 40년 내지 70년의 토지사용료를 지
불해야 하는 제도를 시행하고 있기 때문에, 토지가격 형성이 토지사유제를
실시하고 있는 나라들의 토지가격과 마찬가지로 높은 가격을 형성할 수밖
에 없는 구조이다. 따라서 토지비축기구를 운영하는 데 대량의 자금을 필요
로 하며, 안정적인 자금 확보는 토지비축제도의 성공적인 운영을 위한 중요
한 요건이다.

현재 토지비축기구의 주요 자금 출처는 정부지원금, 은행 담보대출, 미리
받은 토지매각대금(預售土地款), 토지출양 수익 중에서 일부로 조성한 토지
비축기구 발전기금이다. 정부지원금은 일반적으로 토지비축기구의 구축에
필요한 재원이 되며, 은행대출이 토지비축기구의 핵심적인 자금 공급원이

된다. 그 외에도 토지비축기구의 자금 출처로 토지비축기구의 경영수입과 토지채권의 발행수입 등이 있다.

토지비축기구는 운영에서 은행의 담보대출에 지나치게 의존하고 있어 자기 자신은 물론 은행권까지 함께 금융위험에 노출되기가 쉽다. 즉, 토지비축기구는 토지사용권을 담보로 해 대출을 받으며, 상환에 필요한 자금은 토지출양 후의 '증가한' 수입에 의존하기 때문에 부동산시장이 안정된 국면에서는 금융위험에 빠지지 않는다. 그러나 일단 부동산시장에 파동이 나타나면 그 결과를 예측하기가 어렵게 된다.

이 외에도 토지비축기구의 자금 운영상에 문제가 있다. 대체로 토지비축기구는 토지출양금을 우선적으로 지방정부의 재정에 납부하게 되며, 지방정부는 정산 후에 최소 반년이 지나서야 토지출양금을 토지비축기구에 되돌려준다. 따라서 토지비축기구가 부담해야 할 금융 비용이 비교적 크고, 토지구매 시에 은행의 대출에 의존하는 구조가 반복되면서 토지비축기구는 확장성 채무 부담에 빠지게 된다(張浩 等, 2009: 42~43).

③ 토지 보상가격 설정 기준의 모호성

토지구매 과정 중 보상과 관련되는 주요 비용은 토지가격, 지상건축물 보상비용, 직원 또는 주민의 이주비용, 기업의 이전비용 및 기업 채무 등이다. 그중 토지가격은 두 가지 유형으로 나뉘는데, 토지의 원래 용도에 따른 가격과 도시계획하에서 결정되거나 최선의 사용조건하에서 결정되는 토지개발권 가격이 그것이다. 토지구매보상가격의 결정 조건이 불명확한 상황에서 토지구매-토지매각 양측은 보상가격에 대해 커다란 견해차를 보이기 마련이다. 토지매각자는 두 가지 유형의 보상 조건을 충족하길 원한다. 첫째, 도시계획이 결정한 용도에 의해 기대되는 시장가격을 기준으로 토지 보상가격을 결정하는 것이다. 둘째, 기업 자체적으로 해결해야 할 상술한 문제를 처리하는 데 소요되는 비용을 토지 보상가격 결정의 근거로 삼는 것이다. 반면 토지구매 측인 정부나 정부의 위탁을 받은 토지비축기구는 비축 과정 중의 자금 형평 문제에 더 신경을 쓰게 되어, 구매가격 원칙상 토지 재 개발 기대소득에서 기초시설 비용을 뺀 나머지 범위 내에서 확정하게 된다. 따라서 현재 토지구매 과정 중에서 구매가격의 결정은 토지매각 측이나 토 지구매 측 모두 토지의 실제 가격에서 출발하는 것이 아니라 자신의 해결해 야 할 문제에서 출발해 가격을 결정하려고 한다. 이는 결국 양측의 보상가 격 합의를 어렵게 만들며, 가격 결정의 임의성으로 인해 보상가격을 지속적 으로 상승시키게 된다(张浩 等, 2009: 42~43).

④ 토지비축기구의 토지공급 효율성 낮음

항저우 토지비축모델을 따르는 중국의 토지비축모델들은 1급 토지시장 에의 토지공급을 위해 '반드시' 토지비축기구를 통해야 한다고 규정하고 있 다. 이렇게 토지비축 기능이 지나치게 강한 경우, 토지비축기구의 토지공급 효율성을 떨어뜨려 도시화의 진전에 따라 급증하는 토지수요에 대응하지 못하게 된다. 이는 결국 토지공급의 부족 및 토지가격의 상승 등의 문제를 유발하게 된다.

토지비축 기능이 지나치게 강하면 공공이익을 위한다는 본래의 토지비축 제도의 목적과 어긋날 수 있으며, 반면 토지비축 기능이 지나치게 약한 경 우에는 이 기능을 발휘할 여지가 사라지게 된다. 따라서 시장 기능에 완전 히 위탁해 해결할 수 있는 기능들은 토지비축을 통해 공급할 필요는 없으며, 마찬가지로 토지비축을 통해서만 해결할 수 있는 기능들은 반드시 토지비 축 기능에 위탁하는 것이 더 바람직할 것이다. 이같이 정부의 토지비축 기 능과 시장 기능의 조화로운 협력 관계를 구축하기에 적합한 것이 우한모델 이라고 할 수 있다.

2. 주택공급체계와 부동산금융제도

중국에서 부동산금융제도 건립 필요성이 제기된 것은 개혁·개방 이후 주택제도 개혁이 시작되면서부터이고, 특히 1998년 실물주택분배가 폐지되고 주택분배의 화폐화 개혁이 추진되면서 부동산금융 수요가 형성되고 나서부터이다. 이하에서는 중국의 주택공급제도 개혁과 함께 발전 중인 부동산금융제도에 대해 살펴보고자 한다.

1) 주택공급체계 개혁

신중국 출범 이후, 중국의 주택제도는 수차례 변화를 겪었다. 전통적인 계획경제시대의 주택제도는 국가가 투자해 주택을 짓고, 기업들이 주택을 분배하며, 노동자 가정은 무상 혹은 낮은 임대료로 사용하는 방식이 주된 내용이었다. 그러나 이 같은 방식이 장기간 운영되면서 필연적으로 주택의 재생산과 주택자금의 선순환을 가로막게 되었고, 결국 주택의 건설과 공급을 감소시키게 되었다. 이러한 배경에서 1980년대 이후의 주택제도 개혁은 큰 폭으로 주거 수준을 향상시켰고, 개혁 과정 중에 추진한 주택의 상품화 프로그램이 일정한 효과를 발휘했으나, 지나치게 시장에 의존하는 바람에 적지 않은 지방정부가 최저소득계층의 주택보장 문제를 소홀히 해 주택공급 구조가 불균형에 빠지고 주택보장 기능이 약화되었다. 이러한 현상이 2005년 이후로 점차 나타남에 따라 중국의 주택제도는 다시금 개혁을 필요로 하게 되었다.

1949년 신중국 출범 이래, 중국 도시주택의 공급체계 변화는 크게 다음과 같이 다섯 단계로 구분할 수 있다(谢经荣 等, 2007: 213~216).

사진 7-3 **개혁·개방 이전에 건설되어 철거 중인 베이징시 노후주택** (2010년 4월 16일 촬영)

(1) 1단계: 단일 행정공급제도 시기(건국 이후~개혁·개방 이전)

이 단계에서는 계획경제체제하에서 주택공급체계와 주택실물복지분배제도가 서로 연결되어 있었다. 새로운 주택건설자금은 전부 국가의 공공기금에서 나왔으며, 주택건설계획은 국가가 통일적으로 하달했고, 주택은 정부부문 혹은 기업이나 사업단위가 건설했으며, 그 후에는 낮은 임대료로 노동자들에게 무상분배되었다. 이러한 종류의 주택공급체계는 신중국 성립 초기에 신속하게 도시 노동자의 주거 조건을 개선하고, 사회의 질서를 바로잡으며, 사회주의 건설을 추진하는 데 중요한 역할을 했다.

그러나 공업화와 도시화가 빠르게 진행되면서 기존 주택공급체계의 폐단이 드러나기 시작했다. 국가가 주택 건설을 위해 투입한 대량의 자금을 회수할 방법이 없었으며, 게다가 주택의 유지보수를 위해 국가는 다시금 자금을 투입해야만 했다. 국가는 재정력의 한계에 봉착해, 단일한 행정적 공급체계로는 증가하는 대중의 주택수요를 충족시킬 수가 없게 되었으며, 신규 주택의 공급부족과 재고 주택의 유지보수 미흡으로 인해 거주 조건은 오히려 악화되었다.

(2) 2단계: 주택시장화 공급의 탐색과 시범실시(1978~1998)

이 단계는 계획경제체제에서 계획적인 상품경제 및 더 나아가 사회주의 시장경제체제로 전환하는 시기였다. 당시 심각한 주택부족 문제를 해결하기 위해 주택의 상품화와 사회화를 목표로 하는 도시주택제도 개혁을 시작해, 국가·단위·개인 3자의 합리적인 부담 원칙을 명확히 했다. 이에 상응하여 새로운 주택공급체계 건립을 위한 탐색이 시작되었다. 특별히 1994년 국무원은 중저소득계층을 대상으로 하는 사회보장성 경제적용주택(经济适用住房) 공급체계와 고소득층을 대상으로 하는 상품주택 공급체계를 세운다는 내용을 골자로 하는 '도시주택제도 개혁 심화에 관한 결정(关于深化城镇住房制度改革的决定)'을 하달했다.

이 단계에서 주택건설 방식도 근본적으로 전환되기 시작했다. 1980년대 중반에는 도시주택 '통일대체건설(统代建)' 모델이 형성되기 시작했다. 이 모델은 필요한 주택건설은 국가가 비준한 주택건설계획에 위탁해 정부가 조직한 사업단위인 '통일건설판공실(统建办公室)'이 통일적으로 계획하고 통일적으로 건설하며 통일적으로 결산하는 것으로, 건설자금은 건설 참여 사업단위로부터 나왔다. 주택의 상품화 및 토지유상사용제도의 진전에 따라, 각지의 통일건설판공실이 점차 부동산개발기업으로 변모해갔으며, 서비스 제공 대상도 점차 시장을 통해 선택하게 되었다. 이로써, 시장공급을 위주로 하는 부동산시장이 자리를 잡기 시작해 시장기제를 기초로 하는 주택공급체계가 한 단계 더 발전했다.

이 기간 동안 도시주택 건설은 비교적 큰 발전을 이룩했다. 통계에 따르면, 1979년부터 1997년까지 중국 전국 도시에 건설된 주택면적이 31.5억

m²였으며, 1997년도의 상품주택 완공면적은 이미 도시주택 완공면적의 30.8%를 차지했고, 도시 주민의 1인당 주거면적이 8.8m²로 증가했다. 그러나 당시의 주택제도는 여전히 실물분배가 주된 방식이었다. 상품주택의 비율은 여전히 그다지 높지 않은 편이었으며, 그 공급 대상도 주로 사업단위와 소수의 고소득층이었다. 경제적용주택정책은 국가안거공정(国家安居工程)과 자금모금합작주택건설(集资合作建房)을 통해 일정 부분 공급되었을 뿐이다.

(3) 3단계: 경제적용주택의 등장(1998~2003)

1998년에 국무원은 '도시주택제도 개혁을 한층 더 심화해 주택건설을 가속화하는 것에 관한 통지(国务院关于进一步深化城镇住房制度改革加快住房建设的通知)'를 하달하고 다음과 같은 네 가지를 요구했다. 첫째, 주택의 실물분배 금지 및 주택 분배의 화폐화와 동시에 경제적용주택 위주의 주택공급체계를 건립·완성해, 서로 다른 소득계층에 대해 서로 다른 주택공급정책을 시행한다. 즉, 최저소득가정은 정부 또는 사업단위가 제공한 염가임대주택(廉住房) 임대, 중저소득가정은 경제적용주택 구매, 기타 소득이 높은 가정은 시장가격의 상품주택을 구매 또는 임대하도록 한다는 것이다. 둘째, 경제적용주택 건설투자 원가의 보호 및 약간의 이윤 창출을 위한 가격 결정(定价) 원칙을 명확히 했고, 더 나아가 토지의 행정배정, 세금, 비용의 감면 등 지원정책을 제시했으며, 주택산업의 현대화를 서둘러 추진할 것을 요구했다. 셋째, 염가임대주택의 공급원, 공급주체 및 가격 결정 방식과 심사제도 등에 관해서도 원칙적인 규정을 담고 있다. 넷째, 2급 주택시장의 육성 및 주택금융의 발전에 관한 요구를 제시했다. 이로써 시장기제를 기초로 하고 주택보장을 함께 결합한 초보적인 주택공급체계를 건설했다.

시장기제의 작용 아래, 도시주택은 빠른 속도로 건설되었다. 1998~2002년의 5년 동안 도시주택 완공면적이 27.6억 m²에 달했으며, 도시 주민 1인

사진 7-4 **베이징시 근교에 건설된 경제적용주택** (2010년 5월 31일 촬영)

당 평균 건축면적이 22.8m²로 증가했다. 특히 2002년 도시주택 완공면적이
5.98억 m²로 1997년도에 비해 1.5배 증가했으며, 그중 상품주택이 2.85억
m²로 1997년보다 2.3배나 증가해, 개인은 이미 상품주택 소비의 주체가 되
었다. 또한 1998~2003년 경제적용주택의 누계 완공면적이 4.77억 m²였으
며, 이를 통해 600여만 중저소득가정에 주택을 공급했다. 이와 동시에 공공
주택 위주의 다수 기존 주택이 시장에 진입하면서 주택시장의 공급 경로가
확대되었으며, 기존 주택 및 신축 주택의 연동체계를 초보적으로 형성했다.
그럼에도 불구하고 경제적용주택은 객관적인 공급객체로 발전하지 못했고,
염가임대주택(廉租房)제도의 구축이 늦어지면서 임대시장의 발전도 지체되
었다. 또한 시장을 통하지 않은 주택공급량은 전체 공급량에서 여전히 큰
비중을 차지했다(〈표 7-4〉 참조).

표 7-4 **1998~2002년 도시주택 완공면적 현황** (단위: 만 m²)

연도	도시주택 완공면적(A)	상품주택 완공면적(B)	비율(B/A)
1998	47,617	14,126	29.67
1999	55,869	17,641	31.58
2000	54,860	20,603	37.56
2001	57,476	24,625	42.84
2002	59,794	28,525	47.71

(4) 4단계: 상품주택 위주, 보장성 주택 보완(2003~2006)

경제 상황이 지속적으로 호전되고 부동산시장이 빠르게 발전함에 따라, 거시조정기제의 보완, 부동산시장의 지속·건강한 발전 촉진, 주택공급체계의 보완, 그리고 저소득계층의 주택문제 해결이 새로운 주택 발전 단계에서 중요한 임무가 되었다. 이를 위해 2003년 8월에 국무원이 하달한 '부동산시장의 지속·건강한 발전 촉진에 관한 통지(关于促进房地产市场持续健康发展的通知)'에서는 도시주택제도의 개혁 과정과 주민 주택 상황 및 수입 수준의 변화에 근거해 주택공급체계를 완비하고, 주택공급 구조를 조정하며, 점진적으로 대다수 가정이 보통상품주택을 구입 또는 임대하도록 추진한다고 밝혔다. 따라서 현지 상황에 근거해 경제적용주택 및 염가임대주택 공급 대상의 구체적인 수입 기준과 범위를 합리적으로 확정하고, 주택보장업무를 실시해야 한다. 이 통지는 다음과 같이 밝히고 있다.

경제적용주택은 보장성 기능을 담은 정책성 상품주택으로, 임대나 매입이 가능하며, 유효한 시책을 채용해 보통상품주택의 발전을 이끌고, 시장공급량에서의 비율을 높이며, 재정 예산을 위주로 해 다양한 경로로 자금을 모으고, 안정적이며 규범적인 주택보장자금원을 형성한다. 염가임대주택(廉租房)은 원칙상 임대 보조금 지급을 주(主)로 하고, 2급 주택시장을 활성화하며, 주택산업의 경제 및

사진 7-5 **베이징시 근교에 건설된 상품주택** (2010년 5월 31일 촬영)

기술 관련 정책을 제정하고, 주택산업의 현대화를 촉진한다.

또한 2005년 5월, 국무원은 건설부 등 7개 부문에 '주택가격의 안정화 업무 의견에 관한 통지(关于做好稳定住房价格工作意见的通知)'를 하달하고, 계획에 의한 조정을 더욱 강화하고, 주택공급 구조를 개선하고자 했으며, 토지공급 조정 능력을 확대하고, 토지관리를 엄격하게 하며, 보통 주택의 수혜 조건을 명확히 하고, 주택건설과 소비를 합리적으로 지도하며, 여러 경로로 주택공급을 증가시키고, 주택보장 능력 등 일련의 정책을 향상하며, '18호 문건'에서 제출한 주택공급정책을 구체화 및 완비한다고 밝혔다. 이로써 중국의 주택공급은 계획체제에서 시장체제로의 전환을 기본적으로 완성했으며, 제도 측면에서 초보적으로 상품주택을 주로 하고, 시장기제와 보장기제를 상호 유기적으로 결합시킨 주택공급체계가 형성되었다.

(5) 5단계: 보장성 주택 강조(2006~2010년 현재)

제4단계를 거치면서 주택공급이 지나치게 시장에 의존하게 되고, 여러 지방정부가 최저소득계층의 주택보장에 소홀하게 되면서, 주택공급체계가 불균형에 빠지고 주택보장 기능이 약화되었다. 이에 따라 2006년에 국무원 판공실이 건설부 등의 부문에 '주택공급체계 조정 및 주택가격의 안정 의견에 관한 통지(关于调整住房供应结构稳定住房价格意见的通知)'를 전달하고, 제5단계에서 처음 제시된 중저소득층을 위한 가격상한주택을 포함해 경제적용주택 및 염가임대주택 등 보장성 주택정책을 강화하는 내용을 담은 주택건설계획을 수립해, 해당 지방정부의 제11차 5개년 계획(2006~2010) 및 단기건설계획에 포함시킬 것을 요구했다.

베이징시는 국무원 통지에 따라서 2006년에 "'베이징시 11차 5개년 계획(十一五计划)' 보장성 주택 및 '두 가지 제한(两限)'의 상품주택용지 배치계획(北京市'十一五'保障性住房及'两限'商品住房用地布局规划)"(2006~2010)을 수립해 추진 중이다. 이 계획의 특징 중 하나는 2009년부터 처음으로 새로운 개념의 '공공임대주택(公共租赁房)'을 도입해, 최저 소득층을 위한 염가임대주택의 공급 대상 조건에도 부합하지 않고 중저소득층을 위한 경제적용주택을 구입할 능력이 없는 '샌드위치 계층(夹心层)'의 주거문제 해결을 도모하기 시작했다는 점이다.

정리하면 염가임대주택, 공공임대주택, 경제적용주택 및 상한가 주택, 즉 네 가지 유형의 보장성 주택은 주로 정부가 나서서 해결하고, 고급주택은 주로 시장을 통해 공급하는 식으로 도시주택 공급체계의 개혁 방향이 더욱 분명해졌다.

그림 7-4 **중국의 현행 주택공급체계**

주택 공급 체계	신규 주택	상품 주택	고급상품주택 ··· 소수 고소득가정에 적합
			보통상품주택 ·· 대다수 가정에 적합
			경제적용주택(자금모집합작주택 포함) ················· 중·저소득 보장 대상에 적합
			공공임대주택 ··· 저소득 보장 대상에 적합
			주민자체건축주택 ·· 소수 가정에 적합
	기존 주택		중고주택(리모델링 주택 포함) ··························· 대다수 가정에 적합
		임대 주택	단위나 주민이 자유주택의 임대 ····························· 대다수 가정에 적합
			직영 관리나 자체 관리의 공공주택 ······················ 현 세대에 적합
			염가임대주택 ······················· 소수의 최저저소득가정 보장 대상에 적합

자료: 谢经荣 等(2007: 216).

베이징시, 토지연조제로 공공임대주택용지 출양 계획

2009년 7월 27일, 베이징시는 공공임대주택(公共租赁房)의 공급 시작에서 더 나아가, 중국에서 처음으로 부지 전체를 공공임대주택의 공급 조건을 담은 토지사용권을 공시를 통해 출양한다고 발표했다. 이 부지의 전체 면적은 5만 m²이며, 주택의 크기는 90m² 이하(방 수 2개 이하)로 제한되고, 민간 건설업체가 건설한 후에 정부가 5700위안/m²으로 구매하는 방식이다.

2009년 출양 예정 부지 주변 중고 주택의 판매가격이 이미 m²당 1만 위안을 넘었으며, 방이 2개인 주택의 월 시장임대료가 대략 1800~2500위안 선에서 형성되었다. 따라서 베이징시 정부는 공공임대주택을 구매한 후에 주변의 시장 임대료인 1800위안보다는 낮게 책정할 것으로 예상된다.

베이징시는 일반 주택용지의 경우 최대 70년 기간의 토지사용권을 구매하고 비용을 일시에 납부하는 '토지출양제'를 적용해오고 있는데, 이번 공공임대주택의 공급은 처음으로 매년 토지임대료를 납부하는 '토지연조제(土地年租制)' 방식을 적용, 시행할 방침이다. 이렇게 되면 건설업자는 토지사용권 획득을 위해 일시에 토지출양금을 납부해야 하는 재정적 부담을 덜고, 과도한 은행대출을 받지 않아도 된다. 다만 중국에서 토지연조제가 아직도 실험 단계에 있기 때문에, 상품주택용지로의 확대 적용은 단시간 내에는 어려울 것으로 보인다.

2003년 이후 지금까지 중국의 주택공급은 상품주택 건설이 주(主)가 되어왔으며, 보장성 주택의 공급은 보통상품주택 건설을 위한 토지사용권 출양계약 시 일정 비율의 보장성 주택도 함께 공급하도록 하는 조건을 추가해 공급해왔다. 따라서 이번 베이징시의 출양 소식은 기존의 보장성 주택개발 모델을 뛰어넘는 것으로, 보장성주택건설정책의 위상을 한 단계 더 승격시켰다는 데 의의가 있다. 이로써 보장성 주택(염가임대주택 및 공공임대주택, 경제적용주택 및 가격상한주택)은 주로 정부가 나서서 해결하고, 고급상품주택은 시장을 통해 공급한다는 주택개혁 방향이 더욱 분명해졌다. 따라서 앞으로 공급되는 주택의 70%는 보장성 주택으로 공급되고, 나머지 30%는 시장을 통해 고급주택으로 공급될 계획이다.

※ 자료: "房改进行时: 中国住宅市场正在裂变为三分天下", ≪商业价值≫, 2009년 10월 12일 자.

2) 부동산금융제도의 시작과 발전[4]

(1) 주택금융업무의 시작

중국의 주택금융은, 주택개혁 시범지역으로 지정된 산둥성의 옌타이시(烟台市)와 안후이성(安徽省)의 벙부시(蚌埠市)가 주택개혁을 추진하면서 1980년대 중반부터 시작되었다. 주식제 형식을 띤 옌타이 주택저축은행과 벙부 주택저축은행이 중국인민은행 본점의 비준을 거쳐 각각 1987년 12월 1일과 12월 8일에 설립되었다. 중국이 전문 주택금융기구를 설립한 주요 목적은 주택개혁을 지원하며, 주택기금제도를 수립하고, 주택채권(住房券)의 결산을

---

4 邓宏乾 主编(2006: 5~8)의 내용을 주로 참고했다. 宋佐军·李向峰(2009: 3~5)의 연구에서는 중국 부동산금융제도 개혁 과정을 주택개혁 과정과 연계해 '1단계: 주택제도 개혁의 탐색, 부동산금융의 시작(1978~1990)', '2단계: 주택제도 개혁의 전면적인 추진, 부동산금융의 동조적 전환(1991~1997)', '3단계: 주택제도 개혁의 심화, 부동산금융의 발전(1998~2008)' 등 세 단계로 나누어 분석하고 있다.

처리하기 위한 것이었다. 또한 상품주택의 개발과 판매를 지원하고, 개인의 주택 구입을 위한 대출 업무를 처리하기 위한 것이었다.

중국의 2단계 주택개혁에서 살펴보았듯이, 주택제도 개혁의 핵심 방향은 보장성 주택과 상품주택을 공급하는 두 공급체계를 구축하는 것이었다. 이에 부응해 금융체계 역시 보장성 주택 개혁을 지원하는 복지정책 지향적인 금융체계와 상품주택 개발을 지원하는 상업 지향적인 금융체계의 두 가지로 구분되었다. 두 체계가 구분되었다는 근거를 살펴보면, 첫째, 담당 기구를 명확히 했다는 점이다. 옌타이, 벙부 두 도시가 주택개혁을 지원하는 주택저축은행을 설립한 것 외에도, 다른 도시의 지방정부는 은행에 위탁해 상업 지향적인 '부동산 신용대출부서'를 설립해서 전문적으로 주택 생산과 소비자금의 총괄, 자금 융통 및 신용대출 등의 업무를 처리하도록 했다. 둘째, 담당 업무에 대해서 정책적 성격과 상업적 성격의 구별을 분명히 했다. 정책성 신용대출업무는 전문 항목을 두어 자금 사용처를 명기하고 주택개혁 신용대출기금을 만들며, 국가는 계획적으로 신용대출 규모, 이자율, 세수 등의 방면에 대한 혜택 수준을 결정했다. 반면 상업성 신용대출업무는 각 금융기구의 적극성을 충분히 발휘하도록 해서 업무의 범위를 부동산개발 신용대출까지 확장했다. 셋째, 상업성 금융기구에 개인의 주택 구입을 위한 신용대출업무를 적극적으로 추진하는 주택담보대출업무를 시작할 것을 요구했다.

(2) 정책성 주택금융제도의 건립

정책성 주택금융제도의 건립은 여러 단계를 거쳐 진행되었다. 우선적으로 추진된 '임대료 인상 및 재정보조(提租補貼)' 방안은 기존에 주택건설에 투입되던 자금을 재정보조로 전환하는 방식에 기초하고 있다. 즉, 이 방식은 원래 주택의 수리·관리·건설에 사용되던 자금을 직원들의 주택보조금으로 전환해 주택사용료 상승에 따른 부담을 덜어주며, 더 나아가 주택 구입을 촉진하고 주택의 상품화를 실현하기 위한 것이었다.

이후 1990~1991년에 베이징과 상하이 두 도시에서 진행된 주택개혁은 기본적으로 주택임대료는 인상하되 재정보조는 하지 않는 방식을 점진적으로 확대하는 것이었다. 1991년 6월에 국무원은 '지속적·적극적·합리적인 도시주택제도 개혁 추진에 관한 통지(关于继续积极稳妥地推进城镇住房制度改革的通知)'를 발표하고, 단계적인 임대료 인상, 월세보증금 납부, 신주택 신제도 적용, 자금 모집 및 합작주택 건설, 공공주택 매각 등 다양한 형식으로 주택개혁을 전개한다는 방향을 제시했다. 같은 해에 제2차 전국주택개혁업무회의에서 상하이 등의 접근 방식을 지지해 주택의 임대·매각·건설을 병행한다고 명확히 했으며, 주택임대료 인상을 중점으로 해 '임대료 대폭 인상, 작은 폭의 재정보조' 또는 '임대료 소폭 인상, 재정보조 폐지'라는 임대료 개혁 원칙을 제시했다. 중국은 주택제도 개혁의 시작 단계에서부터 이러한 원칙을 중시했으며, 이로써 전면적인 주택제도 개혁이 전국적으로 확대되었다.

1991년, 상하이는 싱가포르의 방식을 참고해 전국에서 가장 먼저 직원의 주택자금 마련을 위한 장기저축인 '주택공적금(住房公积金)'제도를 구축했다. 1993년 말에 이르러 전국의 지급(地级) 이상 도시 중 131개 도시가 주택공적금제도를 구축했으며, 이는 전체 지급 도시의 60%를 차지했다. 초기에 모인 주택공적금 규모는 110억 위안에 달했으며, 주택제도 개혁과 발전을 위한 안정적인 기초 자금원이 되었다.

3) 주택금융제도의 초보적 확립

중공중앙 제14차 3중전회에서 통과된 '중공중앙 사회주의 시장경제체제 건립에 있어서 약간의 문제에 관한 결정(中共中央关于建立社会主义市场经济体制若干问题的决定)'은 도시주택제도 개혁의 방향과 목표를 명확히 했으며,

1994년 국무원의 '도시주택제도 개혁 심화에 관한 결정(关于深化城镇住房制度改革的决定)'은 중국 주택제도 개혁이 새로운 단계에 접어들었음을 분명히 제시했다. 1994년 '결정'은 주택제도 개혁의 근본 목적, 기본 내용 및 최근의 개혁 중점 업무에 대해 원칙적인 규정을 제시했다. 이 결정에 따르면 주택 개혁의 근본 목적은 사회주의 시장경제체제와 서로 조화를 이루는 새로운 도시주택제도를 수립하는 것으로, 주택의 상품화와 사회화를 실현하고, 주택건설을 촉진하며, 주거 조건을 개선하고, 지속적으로 증가하는 도시 주민의 주택수요를 만족시키기 위한 것이었다.

이로써 중국은 주택개혁의 전면적인 추진과 연관된 정책성 및 상업성 주택금융체계를 초보적으로 확립했다. 그 구체적인 내용은 다음과 같다.

(1) 주택공적금제도 구축

주택공적금은 국가기관, 국유기업, 도시(城镇)집체기업, 외상투자기업, 도시 자영기업 및 기타 도시기업, 사업단위, 민영 기관 및 사회단체와 직장단위에 재직 중인 직원이 자신의 주택문제 해결을 위해 정기적으로 납부하는 장기주택저축이다. 국무원 주택제도개혁추진위원회와 중국인민은행 및 재정부가 공동 발표한 '주택공적금제도 건립 임시규정 통지(建立住房公积金制度的暂行规定的通知)'는 주택공적금이 일종의 장기주택저축임을 명확히 했다.

이 통지에 따르면 주택공적금제도의 수립 목적은 안정적인 주택자금원을 형성하고, 주택자금의 축적 및 융통과 정책성 담보제도 건립을 촉진하고, 주택분배제도를 전환하며, 직원의 주택문제 해결 능력을 향상하는 것이었다.

현행 규정에 따르면 회사와 직원이 납부한 주택공적금은 모두 직원의 개인 소유가 되며, 주택공적금의 사용 범위와 순서는 직원의 자가주택 구입 및 건설을 위한 담보대출, 직원의 주택 수리를 위한 대출, 도시 서민주택 건설을 위한 대출, 회사의 주택 구입 및 건설을 위한 담보대출이다. 또한 직원은 다음과 같은 경우에 주택공적금 구좌 내의 예금 잔액을 인출할 수 있다.

① 자가주택을 구입·건설·개축·보수할 경우

② 이직·퇴직할 경우

③ 노동능력을 상실해 회사와 노동관계를 종료할 경우

④ 외국에 정착할 경우

⑤ 주택 구입을 위해 받은 대출의 원금과 이자를 상환할 경우

⑥ 주택임대료가 가족 전체 수입의 규정 비율을 초과할 경우

앞의 ②, ③, ④의 경우에는 주택공적금을 인출할 때 인출과 동시에 직원의 주택공적금 구좌를 취소해야 한다. 당사자가 사망하거나 사망으로 선고되었을 경우, 당사인의 승계인·등기권리자는 주택공적금 구좌 내의 예금 잔액을 인출할 수 있다. 승계인이나 등기권리자가 없을 경우, 당사자 주택공적금 구좌 내의 예금 잔액은 주택공적금의 평가절상 수익으로 한다.

(2) 정책성 및 상업성 주택신용대출업무의 구분

중국인민은행의 주도하에, 국가유관부문이 정책성 및 상업성 주택신용대출업무의 성격과 범위 등 관련 규정을 제정·공포했다. 정책성 주택신용대출업무는 각급 정부와 군대, 석탄·철도·석유 기업 등의 위탁을 받아 지정된 은행이 정책성 주택자금을 출처로 해 경영하는 주택신용대출업무를 가리킨다. 정책성 주택자금의 출처는 도시주택기금, 행정·기업·사업단위의 주택기금, 행정·기업·사업단위에서 받은 주택임대보증금, 직원의 주택공적금, 지방정부가 발행한 주택건설채권, 국제금융기구가 지방정부를 위해 제공한 주택대출자금 등이다. 정책성 주택자금의 운용 범위는 주택개혁을 추진하는 사업단위의 직원이 자가주택의 구입·건축·수리 시 신청하는 담보대출, 도시 경제적용주택 개발을 위한 대출, 위탁자의 동의를 거친 국가채권의 구매 등이다. 중국인민은행은 정책성 주택신용대출업무를 위탁받았음을 명확히 밝혔으며, 중국건설은행, 중국공상은행 및 중국농업은행은 정책성 주택

신용대출업무를 위해 지정된 은행이다.

반면 상업은행이 담당하는 상업성 주택대출업무란 상업은행이 국내저축 및 외환저축을 자금원으로 하여 스스로 경영하는 주택대출업무를 말한다. 상업은행의 주택대출은 주택개발대출과 개인주택대출을 포함한다.

(3) 주택담보대출시스템 구축 시작

중국인민은행이 1997년 4월 28일에 '개인주택담보대출 관리 임시시행 판법(个人住房担保贷款管理试行判法)'을 공포했다. 이는 주택의 소비를 위한 신용대출이 드디어 정책 근거를 갖게 되었음을 의미한다. 이 '판법'은 개인에게 주택담보대출을 실시하는 대상과 공간적 범위 및 취급 은행을 규정했다. 개인주택대출 대상은 오직 주택공적금으로 건설한 자가(自家)거주용 보통 주택을 구입하는 경우로만 한정하며, 도시 주민의 자가주택 수리 및 건설은 해당되지 않았다. 대출의 공간적 범위도 국가의 주거안거공정을 실시하는 도시로 한정되었다.

1998년 6월 말에 이르러, 전국에서 집계된 주택공적금 합계액은 980억 위안에 달했다. 또한 중국건설은행, 중국공상은행, 중국농업은행 등 국유상업은행의 개인주택대출 총액이 710.05억 위안에 이르렀으며, 그중 상업성 대출 총액이 490.64억 위안으로, 1997년 말에 비해 151%나 증가했다.

4) 주택금융제도의 완성 및 발전

1998년 7월 국무원이 '도시주택제도 개혁의 진일보 심화와 주택건설 가속화에 관한 통지(关于进一步深化城镇住房制度改革加快住房建设的通知)'를 발표하고, 도시주택제도 개혁 목표를 다음과 같이 제시했다. 첫째는 주택의 실물분배 중지 및 주택보조금 방식으로의 점진적인 전환 실시이며, 둘째는 경제적용주택을 중심으로 하면서 다양한 수준의 주택을 공급하는 도시주택공급체계의 건립 및 완성이고, 셋째는 주택금융의 발전과 주택거래시장의 형성 및 규범화이다. 이 통지를 기점으로 중국 주택금융제도는 진정한 주택 상품화의 기초 위에서 건립 및 발전하는 계기를 마련하게 되었다. 이 통지의 보다 구체적인 내용은 아래와 같다.

① 1998년도 하반기부터 시작해 주택의 실물분배정책을 중지하며, 점진적으로 주택보조금 방식으로 전환하며, 새롭게 결정된 경제적용주택 중심의 주택공급 원칙하에서 주택을 판매할 뿐 임대 목적으로 공급하지 않는다. 직원들의 주택 구입 자금 출처는 주로 개인 월급, 주택공적금, 개인주택대출, 정부재정 및 직장이 원래 확보하고 있던 주택건설자금을 전환한 주택보조금 등이다.

② 가계소득수준에 따라 서로 다른 주택공급정책을 실시한다. 최저소득가정에게는 정부 또는 직장이 제공하는 염가임대주택을 공급한다. 중저소득가정에게는 경제적용주택을 공급한다. 고소득가정은 시장에서 상품주택을 구입하거나 임차해 주택문제를 스스로 해결한다.

③ 다음과 같은 정책을 통해 주택금융제도를 발전시킨다. 첫째, 개인에 대한 주택대출 범위를 확대한다. 모든 상업은행이 모든 지역에서 주택대출을 할 수 있으며, 개인에 대한 주택대출의 규모 제한을 취소하며, 개인주택대출의 대출 기간을 적절하게 늘린다. 둘째, 경제적용주택 건설을 위한 대출은 지도성 계획관리를 실시한다. 상업은행은 자산부채비율의 관리 요구 내에서 우선 경제적용주택 건설을 위한 대출을 실시한다. 셋째, 주택재산권 담보 및 등기제도를 완비한다. 주택대출보험을 발전시키고, 대출위험을 예방하며, 대출안전을 보장한다. 넷째, 주택공적금 대출 방향을 조정해 주로 직원 개인의 주택 구매, 건축, 수리를 위한 대출에 사용한다. 다섯째, 주택공적금의 대출과 상업은행 대출을 서로 결합한 주택대출업무를 발전시킨다.

1998년 5월 중국인민은행은 '개인주택대출관리 판법(个人住房贷款管理办法)'을 공포해 개인 주택대출 조건을 완화했으며 대출 범위도 확대했다. 이로써 매우 빠른 속도로 주택금융이 발전하기 시작했고, 주택대출의 구조도 개발대출 위주에서 개인주택 소비대출 위주로 바뀌었다. 정책적 성격과 상업적 성격이 병존하는 주택금융제도는 이렇게 완성되었다.

　2001년 6월 19일 중국인민은행은 '주택금융업무 규범화에 관한 통지(关于规范住房金融业务的通知)'를 발표해 주택금융업무를 규범화하고 주택대출 위험을 예방하고자 했다. 통지의 주요 내용은 다음과 같다. 첫째, 주택개발 대출 조건을 엄격하게 심사하고, 주택개발대출 관리를 강화한다. 주택개발 대출 대상은 부동산개발 자격을 가지며, 신용등급이 비교적 높은 부동산개발회사여야 하고, 대출은 주로 수요에 부합하는 잘 판매되는 주택개발에 주어져야 하며, 기업의 자본금은 개발 프로젝트 총투자액의 30% 이상이어야 하고, 개발 프로젝트는 반드시 '네 가지 증명서'를 구비해야 한다. 둘째, 개인주택대출 관리를 강화하고, 선납금을 전혀 부담하지 않는(零首付) 개인주택대출은 엄금한다. 대출자가 개인주택대출을 신청해 '시공중인 주택(期房)'을 구입하는 경우, 이러한 주택 구입은 반드시 건물 외관이 이미 완성된 다층주택이어야 하고, 고층주택일 경우 총투자분의 3분의 2 이상 투자된 후라야 한다. 셋째, 개인의 상업용 주택대출 관리를 규범화한다. 대출자가 신청한 개인의 상업용 주택대출 한도(대출액/주택구입가격)가 60%를 넘어서는 안 되고, 대출 기한이 최장 10년을 넘어서는 안 되며, 상업용 주택의 구입은 '완성된 주택(现房)'이어야 한다.

　이상 살펴본 바와 같이 중국의 주택금융은 1998~2002년 동안 관련 제도가 정비되고, 정책 목적에 맞는 정책수단이 갖추어지면서 빠르게 발전했다. 2002년을 예로 들면, 부동산개발대출 총액은 2149.1억 위안, 개인주택대출 총액은 8258억 위안에 이른다. 이후 중국의 주택금융제도는 2001년 WTO 가입에 따른 금융시장 개방화와 더불어 부동산 증권화(Mortgage-Backed

Security: MBS) 등 선진 금융기법을 도입하려는 시험을 실시함과 동시에, 세계 경제 및 중국 경제의 주기적인 경기변동에 따라 거시경제를 조정하거나 경기부양을 위한 부동산금융정책을 실시했다.

3. 2003년 거시조정 이후의 부동산금융정책

1) 부동산대출 절차와 요건의 규범화

중국에서 부동산개발을 위한 융자 방식은 직접융자와 간접융자로 나뉜다. 그중 간접융자 방식이 가장 많이 쓰이며, 가장 대표적인 간접융자 방식인 은행대출이 부동산개발 융자 총액의 약 55%를 차지한다. 중앙은행의 조사에 따르면, 부동산 개발자금의 출처 중 스스로 조달한 자금은 주로 상품주택 판매수입이며, 대부분은 주택구매자의 은행 담보대출로, 선납금이 30%라고 계산할 때, 기업 스스로 조달한 자금 중 대략 70%는 은행대출을 통해서 확보한 것으로 추정된다(龙胜平·方奕, 2006: 13~14).

중국의 부동산업은 발전 잠재력이 큼에도 불구하고 제도적인 측면에서 아직도 충분히 성숙되지 못한 상황이라고 볼 수 있다. 특히 부동산업이 자금 집중형 산업이라는 특성상 제도적 미성숙이 부동산금융을 통해 나타나게 된다. 특히 2003년의 부동산대출액이 1조 위안을 초과했으며(〈표 7-5〉 참조), 은행대출이 부동산 개발자금에서 차지하는 비중이 70%를 넘게 되면서 은행대출 의존도가 지나치게 높아졌다.

이러한 배경에서 중국인민은행은 2003년 6월 13일 '부동산 신용대출업무 강화에 관한 통지(关于进一步房地产信贷业务管理的通知)'를 발표하고 상업은행의 부동산대출 절차와 요건을 더욱 규범화하고 강화했으며, 이에 따라 중국의 부동산금융정책이 본격적인 조정기에 들어가게 된다. '통지'의 주요 내

표 7-5 **부동산 개발자금 출처 구성** (단위: 억 위안)

연도	총계	국내 대출	채권	자체 조달	예약금 및 선수금
2000	5,685.95	1,289.12	6.37	1,599.15	2,153.96
2001	7,377.58	1,639.53	0.67	2,100.5	2,848.03
2002	9,541.63	2,149.1	2.4	2,720.44	3,683.2
2003	13,127.83	3,125.1	0.34	3,758.24	5,085.2
2004	17,168.77	3,158.4	0.19	5,207.56	7,395.3
2005	21,178.48	3,834.7	21.41	7,038.95	7,749.2

그림 7-5 **은행대출자금의 부동산개발 참여 과정**

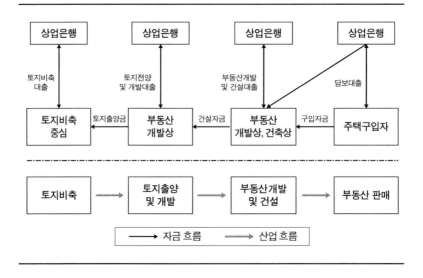

용은 다음과 같다.

(1) 부동산개발기업의 자본금 및 자격요건 강화

개발기업(开发商)에 대한 대출의 경우, 기업자본금은 개발항목 총투자액의 30%를 넘어야 하며, 개발항목은 토지사용증, 건설용지계획허가증, 건설공정계획허가증, 공정시공허가증 등 네 가지 증서를 구비해야 한다.

(2) 개인의 주택대출업무 규범화

선납금이 없는 개인주택대출을 금하고, 대출한도금 비율(대출액/주택구입 가격)이 최고 80%를 초과하지 않도록 했으며, 건설 중인 주택(期房)을 구입 하는 개인주택대출에 대해서는 반드시 건물 외관이 이미 완성된 다층주택 이어야 한다. 고층주택의 경우 총투자액의 3분의 2 이상이 투자되어 있어야 한다. 집을 두 채 이상 구입하는 경우, 선납금 비율을 상향 조정한다.

(3) 개발기업의 유동자금 대출 제한

'개발대출'이라는 계정 하나만을 사용해 개발기업에 대출해주어야 하며, '부동산개발 유동자금 대출' 및 기타 형식의 대출계정으로 대출하는 것은 금 한다. 부동산개발기업이 이미 대출받은 비(非)부동산개발대출에 대해, 각 상업은행은 더 이상 대출하지 않고, 대출금은 회수한다.

(4) 토지비축기구에 대한 대출 관리 강화와 지가 거품 발생의 방지

토지비축기구에 대한 대출은 반드시 매입한 토지를 담보물로 삼아야 하 며, 담보대출액 한도는 매입한 토지의 평가 가치의 70%를 초과해서는 안 되 며, 대출 기한은 최장 2년을 넘어서는 안 된다. 또한 부동산개발기업은 대출 금을 토지출양금 납부에 사용해서는 안 된다.

2) 대출이자율 및 자본금 비율의 상향 조정

2003년 8월 국무원이 '부동산시장의 지속적이고 건강한 발전 촉진에 관 한 통지(关于促进房地产市场持续健康发展的通知)'를 발표했고, 다음 달인 9월 25일 중앙은행은 예금준비율을 6%에서 7%로 올리고 1400억 위안을 국고로 환수했다.

2004년 2월에 은행감독회는 '상업은행 부동산대출 위험 관리 안내(商業銀行房地産貸款风险管理指引)'를 실시했고, 같은 해 3월에는 중앙은행이 대출이자율상향조정제도(贷款浮息制度)를 실시했다. 4월 25일에는 두 번째로 예금준비율을 7%에서 7.5%로 다시금 상향 조정하고, 1100억 위안을 국고로 환수했다. 이어서 4월 27일에는 부동산, 강철, 시멘트 등 과열된 업종의 자본금 비율을 35%까지 올렸다. 또한 9월 21일에는 중앙은행은 '상업은행 부동산대출 위험 관리 안내'를 발표했으며, 이는 주로 부동산대출 위험을 통제하기 위한 것이었다. 10월 29일에는 중앙은행은 예대기준율을 0.25% 상향 조정했다.

2005년 3월 17일에는 개인주택 대출이자율을 다시 상향 조정하고 개인주택 대출이자율에 대한 혜택을 취소해, 이전 동기(同期)의 대출이자율 수준으로 회귀했다. 또한 하한선 관리를 실시해 이자율의 하한선 수준이 기준이자율의 0.9배가 되게 했다. 이와 더불어 선납금 비율을 30%까지 인상했다.

2006년 4월 28일에는 예대기준율을 다시 0.27% 올렸다. 2006년 5월에 국무원 판공청이 건설부 등 부문에 전달한 '주택공급 구조의 조정과 주택가격 안정 의견에 관한 통지(关于调整住房供应结构稳定住房价格意见的通知)'에서, 2006년 6월부터 개인주택담보대출 선납금 비율이 30% 이상이어야 한다고 명확하게 규정했다. 다만 자가거주 주택이면서 건축면적이 90m² 이하인 경우는 계속해서 기존의 선납금 비율 20% 규정을 적용했다. 2006년 8월 19일 다시 예대기준율을 각각 0.27%씩 상향 조정했다. 1년 만기 예대기준율은 2.25%에서 2.52%로 상향 조정했고, 1년 만기 대출이자율은 5.85%에서 6.12%로 상향 조정했다.

기타 각각의 예대기준율도 상응하게 조정하며, 장기이자율의 상향 조정폭은 단기이자율의 상향 조정 폭보다 크게 했다. 한 걸음 더 나아가 상업성 개인주택대출 이자율의 시장화를 촉진하고, 이자율 하한을 대출기준이자율의 0.9배에서 0.85배로 낮추었다. 단, 기타 상업성 대출이자율 하한선(0.9배)과 개인에 대한 주택공적금 대출이자율은 변하지 않았다.

3) 외자의 부동산시장진입 규범화

2006년 7월에 중국인민은행 등 6개 부서는 '부동산시장 외자 진입과 관리 규범화에 관한 의견(关于规范房地产市场外资准入和管理的意见)'을 발표하고서 다음과 같이 규정했다. 외국 투자자본이 부동산기업을 설립해 투자총액이 1000만 달러를 초과하는 경우, 등록한 자본금이 투자총액의 50%보다 낮아서는 안 된다. 또한 투자총액이 1000만 달러 이하인 경우, 국외 투자자가 국내 부동산기업을 인수합병하는 방식으로 투자하며, 경영관리 등의 부문에 대해서는 관련 법률과 법규 및 정책 규정에 따라 엄격하게 심사비준을 진행해야 한다. 외국 투자자는 '국유토지사용권 출양계약서', '건설용지계획허가증', '건설공정계획허가증' 등의 보증서와 '국유토지허가증', 건설 주관부문의 '변경등록증명서' 및 세무기관이 발급한 납세증명자료를 제출해야 한다.

4. 최근 부동산금융정책 기조의 변화

중국인민은행은 2007년 9월 27일 '상업성 부동산 신용대출 관리 강화에 관한 통지(关于加强商业性房地产信贷管理的通知)'(이하 '9·27 통지')를 발표하고, 부동산시장 과열과 주택가격 급등을 막기 위해 부동산대출에 대해 긴축적인 금융정책을 실시할 뜻을 분명히 했다. 이 통지는 두 번째 이후 구입하는 주택에 대해 1회 대출상환금과 대출이자를 대폭 올린다는 내용이 핵심이다(≪城市开发≫, 2008: 67~69).

이어서 2008년 3월에 국무원이 '용지의 절약 및 집약 촉진에 관한 통지

(关于促进节约集约用地的通知)'를 발표해 그 같은 기조를 더욱 구체화했다. 이러한 일련의 정책 이후, 2008년 8월 28일 중국인민은행과 중국은행업감독관리위원회는 '금융의 토지 절약·집약 이용 촉진에 관한 통지(关于金融促进节约集约用地的通知)'를 발표해 상업성 부동산대출에 대한 규제와 동시에 토지를 절약 및 집약적으로 이용하는 부동산개발에 대해서만 금융 지원을 허용하겠다고 밝혔다.

그러나 2008년 하반기에 세계금융위기에 따라 중국 국내 실물경기가 위축되자, 중국 정부는 경착륙을 막고 경기부양을 위해 같은 해 12월 '10항 조치'를 발표했다. 경기부양책의 전체 기조는 적극적인 재정정책과 적절한 금융정책을 실시해 내수를 확대하고 사회기초시설 투자를 확대하겠다는 것이었다. 이러한 금융정책의 내용 중에는 주택 구입을 위한 주택소비대출의 확대도 포함되어 있었다. 이렇게 중국의 부동산금융정책 기조가 불과 2개월여 만에 규제에서 경기부양 기조로 역전되었다.

중국 부동산금융제도가 1998년에 완성된 이후 거시경제의 조정을 위해 순환적인 '미세조정' 단계에 접어들었다. 1998년 이후의 부동산금융정책 기조의 변화를 살펴보면, 1998년 외부적으로는 아시아 금융위기를 만났고, 내부적으로는 자연재해를 입어 경제가 어려운 상황이었던 중국은 '온건(稳健)'한 금융정책을 실시해 어려움을 극복했으며, 2005년에 이르러 경제가 완전히 회복되었다. 이렇게 약 10년 동안 느슨한 상태로 유지되던 부동산금융정책이 2007년 하반기에 들어서면서는 물가가 급상승하고 투자 및 신용대출 증가율이 급상승하면서 다시 '옥죄는(从紧)' 기조로 선회했고, 이때 '9·27 통지'가 발표되었다. 그러고 나서 1년 후에는 10대 산업진흥계획을 발표하면서 금융정책의 기조가 다시금 '적당히 느슨한(适当宽松)' 기조로 변했다. 이렇게 1998년 이후 부동산금융정책의 기조는 1998년 온건 기조에서 2005년 느슨한 기조로, 그리고 2007년 다시 옥죄는 기조를 거쳐 2008년 다시 적당히 느슨한 기조로 회귀하면서 거시적 경기변동에 부응해왔다고 할 수 있다.

주택가격 안정 대책과 '40세 이후 주택구입론' 논쟁

국가발전개혁위원회와 국가통계국의 조사 결과에 따르면, 2009년 12월 중국 70개 중대형 도시의 집값이 동기 대비 7.8%, 전월 대비 1.5% 상승한 것으로 나타났다. 집값 상승의 주요 원인은 사상 최대 9조 2000억 위안에 달하는 부동산 신규 대출로 인한 부동산 거품 현상이라는 분석이 나왔다. 이에 따라 주택가격의 급격한 상승에 대처하기 위해 주택및도시농촌건설부(住房和城乡建设部)의 장웨이신(姜伟新) 부장은 전국 주택노동건설업무회의에서 "유효 공급을 늘리며, 계속해서 토지, 신용대출, 조세 등 수단을 종합적으로 운용해 집값의 빠른 상승을 억제하고, 보장성 주택 건설에 박차를 가한다"고 밝혔다. 실제로 중국 국가세무총국은 2010년부터 재산세 시범징수 범위를 전국으로 확대한다고 발표했으며, 국무원 판공청도 2010년 1월 10일 높은 집값을 억제한다는 내용의 '부동산시장의 안정적이고 건강한 발전 촉진에 관한 통지(关于促进房地产市场平稳健康发展的通知)'(이하 '통지')를 발표했다. '통지'에서 밝힌 11개 조치는 저소득층의 주거문제 해결을 위해 △ 중저가·중소형 일반 상품주택의 건설 촉진, △ 2012년 말까지 저소득층 1540만 가구의 주택문제를 기본적으로 해결, △ 보장성 주택의 건설에 대한 중앙정부의 지원 강화 및 중서부 지역 염가임대주택(廉租房) 건설의 보조금 지급 기준 상향 조정 등의 내용을 포함하고 있다.

이러한 상황에서 광둥성 정치협의회 위원이자 포산시(佛山市) 위원회 서기인 린위안허(林元和)가 내부 토론회에서 밝힌 "40세 이전에는 임대주택에서 살고, 40세 이후에는 주택을 구입하는 것이 좋다(40岁买房论)"는 견해가 누리꾼 사이에서 강한 반발을 일으켰다. 이 견해의 핵심은 이제 막 직장 생활을 시작해 주택 구입 능력이 없는 젊은 층은 임대주택에 거주해 삶을 질을 희생하지 않으면서 재정력이 갖추어지는 40세 이후에 주택을 구입하라는 것이다. 이에 대한 젊은 누리꾼들의 의견은 중국 청년이 주택을 구입하려는 이유와 고민을 대변해준다고 할 수 있다. 흥미 있는 의견은 다음과 같은 것이 있다.

"만약 우리가 주택이 없으면 기성세대인 당신들이 우리를 어떻게 보느냐, 우리로 하여금 가족들 볼 면목도 없도록 기성세대가 사회 분위기를 조성하지 않았는가?"(碧翰峰).

"주택을 사지 못하면 결혼도 못하고, 농촌 호적인 경우 결혼하려면 도시 외곽으로 이사를 가야 하는데 그렇게 되면 불법 호적(黑户)이 되어 자녀들의 학교 입학이 어려워진다. 가장 중요한 주택 구입의 이유로, 앞으로 주택가격이 안정되거나 혹은 하락한다면 우리가 그렇게 조급하게 주택을 구입하겠는가? 만약 회사 기숙사에 거주할 수 있으며 동시에 지속적으로 연장이 가능하고, 호적 문제를 해결할 수 있다면 기꺼이 40세까지 임대주택에 거주할 의사가 있다"(fred991).

※ 자료: "佛山市委书记: 40岁以前租房可提高生活质量, 网友驳斥:你们带个头吧", ≪南方周末≫ 2010년 2월 1일 자 기사 및 ≪中国网≫ 등 최근 보도자료 종합.

제8장

주요 토지제도 및 정책

1. 토지관리법

'중화인민공화국 토지관리법'은 1986년에 제정·공포되었고, 이후 1988년, 1998년, 2004년 세 차례 개정되었다.

1) 1986년 제정 '토지관리법'

(1) 제정 배경

1949년 10월 사회주의 신중국 출범 이후, 중공중앙이 농업부에 지시해 진행된 '토지법' 제정 작업은 '대약진운동'과 '문화대혁명'으로 중단되었다.

1976년 국무원 수뇌부가 재차 '토지법' 제정을 지시했고, 1978년 12월 중공 11차 3중전회에서 원칙적으로 통과된 '농업발전을 가속화하기 위한 약간의 문제에 관한 결정(关于加快农业发展若干问题的决定)' 초안에 "빠른 시간 안에 '토지법'을 제정·공포한다"는 내용을 삽입했다. 이어서 중공중앙의 결정에 근거해, 1981년 농업부와 국가농업위원회가 연합해 국무원에 '중화인민공화국 토지법'(초안)을 보고했고, 국무원 경제법규연구중심(国务院经济法规研究中心)에서 수정 작업을 진행했다.

이 기간에 국민경제가 신속하게 발전했고, 각종 건설 프로젝트의 실시에 따른 토지점용이 대폭 증가했으며, 경지의 난점남용(乱占滥用) 현상이 갈수록 심각해졌다. 특히 1985년에 건설용지 수요 및 경지점용이 폭발적으로 증가하면서 최고조에 달해, 중공중앙과 국무원이 이러한 문제를 중시하게 되었다. 이어 1986년 3월에 발표한 '토지관리 강화와 경지의 난점 규제에 관한 통지(关于加强土地管理制止乱占耕地的通知)'에서는 "토지관리법규의 건립 및 완비가 필요하고, '토지관리법'을 조속히 제정해야 한다"는 개혁 방향을 다시 표명했다. 그 후에 '토지법' 초안 작성과 심의 작업이 빠르게 진전되었고, 1986년 4월 농업부가 '토지법(초안)'을 보고했다. 이후 국무원 상무회의와 제6차 전국인민대표대회 상무위원회 심의를 거쳐 법률로서 의결되었다.

하지만 이 법안은 주로 토지관리 강화, 무계획적인 토지의 전용(转用) 문제 해결에 중점을 두고 있고, 국토계획, 국토정리, 국토개발 등의 문제에 대해서는 충분한 규정을 마련하지 못하고 있다는 이유로 법률 명칭을 '토지관리법'으로 수정했다. 이 법은 1986년 6월 25일 공포되었으며, 1987년 1월 1일부터 시행에 들어갔다.

(2) 주요 내용

1986년 제정·공포된 '토지관리법'은 7장 57조로 구성되어 있다. 제1장 총칙에서 이 법의 입법 원칙을 제시하고 있다. 주요 원칙은 다음과 같다.

① 사회주의 토지공유제 유지, 토지소유자와 사용자의 합법적인 권리 보호
② 일체 토지의 합리적인 이용, 경지보호, 건설용지의 경제적 이용
③ 행정·경제·법률 수단의 종합적 운용을 통한 토지관리 강화
④ 도시-농촌 토지의 통일적인 관리 시행

제2장은 토지소유권 및 사용권에 관한 규정을 담고 있다. '토지관리법'은 이전에 오랜 기간 행정명령 형식으로 운영되어오던 토지공유제의 권리관계를 법률 형식으로 완성했다는 점에 의의가 있다. 또한 '민법통칙'의 미비점

을 보완해 "촌농민집체 소유 토지를 농촌 내 2개 이상 농업집체경제조직의 농민집체 소유로 할 수 있다"고 규정하고 있다. 즉, 원래 인민공사 생산대가 소유했던 토지에 대한 소유권 귀속을 명확하게 규정했다. 이와 더불어 농촌에서 진행되어 형성된 가정연산승포책임권을 법률상 물권으로 인정했고, 동시에 30년 동안 방치되어오던 지적관리제도를 회복했다.

제3장은 토지이용 및 보호와 관련해 토지의 조사와 통계 및 전반적인 사항에 관해 '민법통칙'의 미비점을 수정·보완했다. 동시에 농지징용 외에 "비준(批准)을 받은 후 농업집체경제조직이 협의에 의해 토지사용권을 전민소유제 및 도시집체소유제 형식의 기업에 투자해 공동경영 기업을 세울 때, 공동경영의 조건으로 농지를 사용할 수 있다"는 규정을 추가했다. 이로써 농지징용이라는 방법 외에도 농업집체경제조직과 기업의 공동경영 방식을 통해 농지사용권을 유동화 할 수 있는 길을 열어놓았다.

제4장의 국가용지와 제5장의 도시-농촌 건설용지 부분은 이전부터 시행되고 있던 '국가건설토지 징용건설 조례(国家建设征用土地条例)'와 '촌진주택 건설용지 관리 조례(村镇建房用地管理条例)'를 대체하는 규정들이다. 이 부분은 기존의 2개 조례에서 유효한 규정들을 그대로 존치한 것 외에, 토지징용의 허가 절차의 과정 중 토지관리기구의 작용 및 각종 허가권한에 대해 보완하는 규정을 담고 있다.

제6장은 법률 책임 부분으로, 각종 위법행위에 대한 처벌 규정을 넣음으로써 엄격한 토지관리 법정신을 구현하고 있다. 제7장은 부칙에 해당한다.

2) 1988년 개정 '토지관리법'

(1) 개정 배경

1987년 선전경제특구 등에서 국유토지사용권에 대한 유상출양 및 양도가 시행되는 등, 국유토지사용권 유통에서 시장기제가 작동하기 시작했다. 같은 해 7월 국무원 특구 판공실에서 '토지사용권 유상재양도 시범실시지점 선정에 관한 건의(关于选若干点实行土地使用权有偿转让的建议)'를 제안했고, 상하이, 톈진, 광저우, 선전경제특구 등 4개 도시를 시범실시 지역으로 지정했다.

토지사용권의 유상양도에 관한 법률적인 장애를 해소하고자 1988년 4월 전국인민대표대회에서 '헌법' 수정안을 통과시켰는데, 이 '헌법' 수정안 10조 4항은 기존의 "어떤 조직이나 개인도 점유, 매매, 임대 또는 기타 형식의 불법 토지 재양도(转让)를 할 수 없다"는 규정을, "어떤 조직이나 개인도 점유, 매매 또는 기타 다른 형식의 불법 토지 재양도를 할 수 없다. 토지사용권은 법률 규정에 의거해 재양도할 수 있다"고 개정했다.

개정 '헌법'의 규정을 구체화하기 위해, 1988년 12월 7차 전국인민대표대회 상무위원회 5차 회의에서는 '헌법' 수정안과 국무원의 '토지관리법' 개정안에 근거해 '토지관리법'에 대한 개정 작업을 진행했다.

(2) 주요 개정 내용

'토지관리법' 제2조의 "어떤 단위 또는 개인도 점유, 매매, 임대(出租) 또는 기타 형식으로 불법 토지 재양도를 할 수 없다"는 규정에서 '임대'라는 단어를 삭제했다. 이와 더불어 "국유토지와 집체 소유 토지사용권은 법에 의거해 재양도(转让)할 수 있다. 토지사용권 재양도의 구체적인 방법은 국무원 규정에 의한다"는 규정과 "국가는 국유토지 유상사용제도를 시행한다. 국유토지의 유상사용에 관한 구체적인 방법은 국무원 규정에 의한다"는 2개 항을 새롭게 추가했다. 법률 책임을 규정한 47조에서도 '임대'라는 단어를 삭제했다.

또한 40조의 농촌 공공시설, 공익사업건설용지에 대한 허가권한을 현 이상 지방정부로 상향 조정했고, 집행 및 법률 책임에 관한 51조와 52조에 대해서도 일부 개정했다.

3) 1998년 개정 '토지관리법'

1988년에 개정된 '토지관리법'이 7장 57조였던 것에 비해, 1998년에 개정된 '토지관리법'은 법률 내용과 구조를 합리적으로 보완해 총 8장 86조로 정비되었다. 주요 개정 내용은 여덟 가지로 요약할 수 있다.

① 경지에 대한 특수보호조치로, 각 성·자치구·직할시 정부가 필요한 조처를 수행해 해당 행정구역 내에서 경지총량이 감소하지 않도록 했다. 농지보호제도를 법률로 보장하면서 기본농지보호구역이 경지의 80% 이상이 되도록 하고 있으며, 농지전용보상제도를 도입했다.

② 개별적인 토지이용허가제도를 종합적인 토지이용관리제도로 조정했다. 국가는 토지이용총체계획을 수립해야 하며, 토지용도를 지정해야 한다. 이 계획에 의해 토지를 농용지, 건설용지 및 미이용지로 구분하고 건설용지 총량 감독을 강화했다. 토지사용자는 용도관리제에 따라 토지를 이용해야 하며, 토지이용총체계획의 토지용도에 의거해 토지를 사용해야 한다.

③ 토지이용총체계획에 정부 토지용도 관리의 법률적 근거로서의 지위를 부여했다. 토지이용총체계획과 유관 계획 간의 관계를 명확히 규정해 집행계획이 총체계획의 개정 없이 변경될 수 없도록 했다. 도시총체계획, 농촌계획에서 건설용지 규모가 토지이용총체계획에서 지정한 규모 이상을 초과할 수 없도록 했다.

④ 토지징용(징수)권한을 중앙정부 및 성급 정부로 상향 조정하고, 징용(징수) 방식을 개선했으며, 보상기준을 상향 조정했다.

⑤ 농용지전용허가제도를 신설했다. 농용지의 건설용지로의 전용을 엄격히 제한해 건설용지총량을 통제했다.

⑥ 국유토지의 자산관리제도를 개선했다. 국무원이 국유토지소유권의 대표임을 명확히 규정했고, 토지의 유상사용에 대해 임대 이외에 다양한 형식

을 채택했다. 또한 국유토지의 수익 배분에서 중앙정부와 지방정부의 관계를 합리적으로 조정했다.

⑦ 토지 관련 법률 집행의 감독을 강화했다. 토지 관련 법률 집행에 관한 감독을 국무원 토지행정 주무부서의 중요 업무로 지정했다. 또한 국무원 토지행정 주무부서에 토지 위법 사안에 대한 조사권을 부여했고, 토지행정 주무부서 공무원의 조사권과 불법점유행위에 대한 저지권을 규정하고 있다.

⑧ 토지관리체제 개혁 과정에 대한 법률 보장을 강화했다. 국무원 토지행정 주관부서를 국토자원부로 지정해 전국 토지에 대한 관리와 감독 책임을 부과했다. 현급 이상 지방정부의 토지행정 주관부서의 설치 및 직책에 관한 규정을 명확히 하고, 성·자치구·직할시 정부는 국무원 유관 규정에 근거해 토지행정에 관한 규정을 제정하도록 했다.

4) 2004년 개정 '토지관리법'

(1) 개정 배경

'토지관리법' 개정 전에 정부문건 및 보고서에는 '토지징용(土地徵用)'과 '토지징수(土地徵收)' 두 용어가 혼용되어 있었다. 이는 당시 문서 작성자들이 두 용어를 모호하게 이해하고 있었을 뿐만 아니라, 표현 방식이 다를 뿐 실질적으로는 구별되지 않는다고 생각했기 때문이다. 대표적인 혼용 사례로, 2004년 개정 전까지 '헌법'과 '토지관리법'에서 두 용어를 구분해 사용하지 않고 모두 '징용(徵用)'이라고 한 것을 들 수 있다. 가령, '토지관리법'은 농민집체 소유의 토지를 '징용'해 국유토지로 한다고 규정했는데, 이는 실제로는 징수(徵收)에 해당한다.

이와 같은 배경에서, 두 용어의 혼용으로 발생하는 서로 다른 재산 관계를 바로잡기 위해 입법기관은 2004년에 '헌법'을 수정했으며, 뒤이어 '토지관리법'의 관련 조문을 개정해, '징용'이라는 표현을 전부 '징수'로 개정했다.

(2) 주요 개정 내용

제2조 4항을 "국가는 공공이익을 위해서 법에 의거해 집체 소유 토지를 징수(征收)하거나 징용(征用)하고 보상할 수 있다"고 개정했다. 또한 43조 2항, 45조, 46조, 47조, 49조, 51조, 58조, 79조 중 '징용'을 '징수'로 개정했다.

(3) 징수와 징용의 개념

징수는 피징수 물권에 대한 완전한 박탈 과정으로, 징수자는 해당 물건에 대한 소유권을 점유하게 된다. 이런 점유는 영구적인 것으로, 징수자는 피징수자에게 그에 상응하는 재산 손실에 대한 비교적 높은 보상을 제공해야 한다. 이는 한국의 수용(收用)에 해당하는 개념이라고 볼 수 있다.

한편, 징용은 긴급한 상황일 때 국가 또는 직능부문이 개인 또는 집체 소유의 물건과 노동에 대해 일시적인 점용 또는 사용을 하고, 긴급한 상황이 완료된 이후에는 피징용된 대상을 반환하고 물건의 손실 및 훼손 또는 노무 지출에 대해 보상을 하는 것이다. 징수와 다른 점은 징용은 소유권의 변화를 수반하지 않는다는 것이다. 즉, 해당 물건 또는 노무의 소유권은 변동이 없이 사용권에만 영향과 제한을 받는다. 이런 영향과 제한은 일시적인 것이므로 피징용자는 상대적으로 낮은 수준의 보상을 받게 된다.

토지징수와 토지징용의 개념 차이는 다음과 같다. 첫째, 법률 효과의 차이이다. 토지징용은 토지사용권의 변경이지만, 토지징수는 토지소유권의 변경이다. 이런 법률상의 효과 차이는 두 개념 간의 가장 중요하고 본질적인 차이이다. 둘째, 보상의 차이이다. 토지징용은 징용한 물건의 멸실이나 훼손이 없다면 응당 해당 물건을 반환해야 한다. 그러나 토지징수는 반환의 문제가 존재하지 않는다. 토지징수는 소유권의 이전이기 때문에 그에 대한 보상 또한 상대적으로 높은 수준으로 이루어져야 한다. 셋째, 양자의 활용 조건이 다르다. 토지징용은 일반적으로 일시적인 긴급한 상황에서 이루어지며, 그 활용도 임시적인 공공용도에 한정된다. 그러나 토지징수는 긴급한 상황이 존재하지 않더라도 공공이익의 수요가 있으면 토지징수를 시행할 수 있다. 넷째, 적용되는 법률이 다르다. 토지징용은 긴급 상황에 대한 조정과 관련한 법률의 적용을 받는다. 그러나 토지징수는 '토지법'과 '도시계획법'의 적용을 받는다. 다섯째, 절차가 다르다. 토지징수는 소유권의 이전이 발생하므로 시행 절차가 토지징용에 비해 훨씬 엄격하다.

한편, 징용과 징수의 공통점은 모두 공민의 토지권리에 대해 공권력을 통해 권리를 제한하며, 공공이익이라는 필요와 법정 절차가 필요하고, 법에 의거한 보상이 행해진다는 점이다.

5) '토지관리법' 관련 주요 개정 의견 및 유관 동향

중국 내 학계에서는 '토지관리법'에 대해 주로 다음과 같은 내용에 대해 개정 의견을 제시하고 있다.

① '토지관리법' 제55조에서는 "출양 등의 유상사용 방식으로 국유토지사용권을 취득한 건설단위는 국무원이 규정한 기준과 방법에 따라 토지사용권 출양금 등 토지유상사용비와 기타 비용을 납부한 후, 토지를 사용할 수 있다. 본 법의 실행일로부터 새로 증가한 건설용지의 토지유상사용비는 30%를 중앙재정에 납부하고, 70%는 유관 지방 인민정부에 남기며, 모두 경지의 개발 확충을 위해서 사용해야 한다"라고 규정하고 있다. 이 규정은 무분별한 경지전용을 강하게 억제하는 작용을 한다. 그러나 이 규정에는 토지사용권 출양대금 납부와 출양대금 분할귀속 규정이 혼재해 있고, 이 두 개념 간에 혼동이 발생할 수 있기 때문에, 새롭게 공급된 건설용지에 대한 유상사용비의 막대한 유실을 효과적으로 방지하지 못하고 있다. 따라서 법률로 새롭게 공급된 건설용지에 대한 유상사용비의 유실을 방지하고, 경지보호와 이용을 더욱 강화해야 한다.

사진 8-1 **주요 법안을 의결하는 중국인민대회당** (2010년 2월 20일 촬영)

　②'토지관리법' 제10조의 경지보호와 관련된 조항에서 법률 집행의 실현 가능성과 강제집행력을 제고할 필요가 있다.

　③'토지관리법' 중 토지징수에 대해 다음과 같은 측면에서 보완이 필요하다. ㉠징수 범위 규정 내용과 현실과의 모순, ㉡권리주체 불명확, ㉢징수 보상기준 불합리, ㉣징수 절차에서 농민 참여 불충분, ㉤토지징수 과정에서 정부의 위법행위에 대한 조사 규정 미비 등.

2. 도시국유토지사용권 출양 및 재양도 임시조례

1) 배경

중국은 토지사용제도 개혁의 법적 근거를 확보하기 위해 '헌법'과 '토지관리법'을 개정했다. 그러나 이 두 법률은 국유토지사용권의 출양 및 재양도와 관련한 원칙만을 규정했기 때문에 토지사용제도의 개혁을 위해서는 국유토지사용권 출양과 재양도의 각 절차 및 방식에 대한 세부적인 규범이 요구되었다. 1990년 5월 국무원은 총리령의 형식으로 '도시국유토지사용권 출양 및 재양도 임시조례(城镇国有土地使用权出让和转让暂行条例)'(이하 '임시조례')를 공포했다.

2) 주요 내용

'임시조례'는 토지사용권의 출양, 재양도, 임대 및 저당에 대해 기한과 방식 및 절차 등을 규정함과 동시에 그 종료에 대해서도 규정하고 있다. 또한 토지사용권 출양 및 재양도와 관련된 토지관리부문의 관리권한과 책임을 명확하게 규정하고 있다. 이로써 토지사용제도 개혁을 위한 법률적인 근거를 제공했을 뿐만 아니라, 도시와 농촌의 토지관리체계를 더욱 강화했다.

3. 도시부동산관리법

1) 배경 및 의의

'토지관리법'이 공포된 이래 8년간의 경험과 '국유토지사용권 출양 및 재양도 임시조례'가 실시된 이후 4년간의 경험을 바탕으로, 당시 부동산시장에 존재했던 각종 문제에 대처하기 위해 8차 전국인민대표대회 상무위원회는 1994년 7월에 '중화인민공화국 도시부동산관리법(城市房地产管理法)'을 통과시키고 1995년 1월부터 시행에 들어갔다.

이 법은 도시와 도시계획구역 내에서 ① 부동산개발과 거래를 조정하고, ② 부동산시장 규범을 제공하며, ③ 토지재산권과 주택재산권의 관리체계를 보완하고, ④ 정부와 부동산권리자 사이의 행위규범을 규정한 법률이다. 이 법은 '토지관리법' 이후 제정된 가장 중요한 토지관리 법률이며, '토지관리법'과 연계해 부동산시장 관리에 관한 국가의 권한을 보장하는 법률적 근거이다.

2) 주요 내용

'도시부동산관리법'은 8년간의 개혁 성과를 수용하면서, 국유토지의 출양범위 및 유상·유기한 사용제도를 명확히 제시하고 있다. 이러한 방침은 30여 년간 시행된 단일한 토지자원 관리 방식의 종료를 의미한다.

'도시부동산관리법'은 국토 관리 원칙 및 도시농촌토지 통일 관리 원칙이라는 '토지관리법'의 두 원칙을 계승하면서, 토지관리와 부동산관리의 관계 및 토지관리부문과 건설행정 주관부문의 직책을 명확히 규정하고 있다. 또한 "현급 이상 지방정부의 주택관리 및 토지관리부서의 설치 및 권한 범위는 성·자치구·직할시 인민정부가 규정한다"라는 항목을 포함하고 있다. 이러한 규정들은 이후의 부동산관리체계 개혁을 위한 여지를 남겨두기 위한 것이다.

'도시부동산관리법'은 국가를 국유토지자산의 관리주체로 명시하고, 토지자원의 시장화와 토지관리에 대한 시장경제 원리의 적용을 표명하고 있다. 국가의 토지자원관리 능력을 강화하기 위해 이 법은 ① 부동산개발용지 총량규제와 행정허가제도, ② 출양 토지의 용도, 사용 기한, 양도 방식 및 회수 방법, ③ 국가와 사용자 간의 출양계약서 체결, ④ 국유토지출양금, 토지수익금 등 이익 환수와 국고 귀속 등을 규정했다. 국유토지사용권의 시장화를 위해서 이 법은 출양과 재양도라는 두 가지 유통 방식을 규정하고, 토지출양 시 경매와 입찰 방식의 적용 범위를 규정했다. 이와 동시에 협의출양을 통해 공급되는 토지사용권의 가격 관리를 위해서 국가가 협의출양 최저가격을 규정하도록 했다. 이 밖에 이 법률은 ① 기준지가, 표준지가 및 주택 재평가 가격의 정기 공시제도, ② 부동산가격평가제도, ③ 중개서비스기구 설립 조건 및 감정평가사 자격인증제도 등을 규정했다.

이 법은 부동산업 주관부서가 부동산개발기업에 대한 자격 심사를 실시할 수 있도록 허용했던 규정을 삭제했으며, 부동산개발기업의 설립 조건과 설립등기제도를 규정함으로써 개발기업 간의 공정한 경쟁을 보장했다. 또한 부동산의 양도, 저당, 임대 및 상품주택의 예약 조건 등에 관해 엄격하게 규정했다. 그리고 부동산개발과 경지보호를 조화시키기 위해 부동산개발 과정 중에 나타날 수 있는 토지의 방치 및 낭비 행위에 대한 엄격한 관리조치를 규정했다.

'도시부동산관리법'은 부동산권리의 귀속에 관한 구체적인 규정들을 포함하고 있다. 구체적으로, 토지등기증서와 주택등기증서의 발급 절차를 합리적으로 조정하고, 일부 도시에서 발생한 특수 상황을 고려해 "부동산 권리증서의 등기와 발급을 동시에 할 수 있다"고 규정했다. 이 밖에도 부동산개발 및 거래 중에 발생하는 위법행위에 대한 엄격한 처벌 규정도 포함하고 있다. 이 같은 규정은 도시부동산 관리, 부동산시장 질서 확립, 국가 및 부동산권리자의 합법적인 권익 보장, 토지사용권제도 및 주택제도 개혁 심화 등에 중요한 작용을 하고 있다.

4. 국유토지자원 관리 강화에 관한 통지

1) 배경

경제체제 개혁 및 시장경제체제의 발전과 더불어 토지문제는 지속적으로 논란의 대상이 되었으며, 이로 인해 더욱 큰 차원의 토지사용제도 개혁 요구가 대두되었다. 이 중 중요한 문제는 토지사용에 시장경제 원리가 적용되기를 희망하는 시장의 요구인데, 이러한 요구는 다름 아니라 국유토지사용제도가 시장경제 운영에 제약이 되고 있다는 인식에서 나오는 것이다.

2) 주요 내용

2001년 5월 30일 국무원은 '국유토지자원 관리 강화에 관한 통지'를 발표하고, 국유토지자원 관리에 시장경제 원칙을 적용한다는 정부 방침을 확고히 했다. 이를 위해 토지사용권 거래에서의 공개, 공평 및 공정 원칙을 확립하고, 토지사용권에 대한 공개입찰 및 경매 방식의 적용을 강력히 제시했다. 국유건설용지의 공급은 국가 안전 및 기밀 보호 이외에는 모두 사회에 공개하도록 하고 있다. 상업용 부동산개발용지와 기타 토지공급계획을 공개한 이후 해당 토지에 대해 두 명 이상의 지원자가 있을 경우, 시·현 정부 토지행정 주관부서는 규정에 의거해 공개입찰이나 경매를 통해 토지를 공급해야 한다. 국유토지사용권의 입찰과 경매는 반드시 공개적으로 진행되어야 한다고 규정되어 있다. 토지사용권 거래는 규정에 근거해 토지시장에서 공개적으로 이루어져야 한다. 국무원의 '통지'는 ① 건설용지 공급총량의 엄격한 통제, ② 국유토지에 대한 유상사용제도의 전면적 시행, ③ 공개입찰 및 경매제도의 전면적인 적용, ④ 토지사용권 양도 관리 강화, ⑤ 토지가격 관리 강화, ⑥ 토지심사비준행위의 규범화 등 6개 방면에서 구체적인 기준

국무원, 78개 중앙기업을 부동산 사업에서 퇴출

중국 중앙정부가 관리감독하는 중앙기업은 국유기업 경제의 주축으로, 경제사회 발전을 이끄는 역할을 담당하고 있다. 반면 중앙기업이 다양한 사업 영역에 참여하는 등, 사업 집중도가 약하다는 문제가 지적되었다. 이러한 상황에서 2010년 3월 18일, 국무원 국유자산감독관리위원회(国有资产监督管理委员会, 이하 '위원회')가 기자회견을 열어서 부동산업을 주 사업 분야로 하는 16개의 중앙기업을 제외한 나머지 78개의 (부동산을 주 사업 분야로 하지 않는) 중앙기업에 대해 조직개편을 진행하고, 이들 기업이 진행중인 토지개발 또는 프로젝트가 완료된 이후 부동산 사업에서 퇴출시킨다고 발표했다. 위원회가 확정해 공표한 '부동산개발 및 경영'을 주 사업 분야로 하는 16개 중앙기업 명단은 다음 표와 같다.

위원회가 확정한 16개 중앙기업

중국건축공정본사(中国建筑工程总公司)
중국금속과학공정그룹유한회사(中国冶金科工集团有限公司)
중국부동산개발그룹회사(中国房地产开发集团公司)
중국우광그룹회사(中国五矿集团公司)
중국바오리그룹회사(中国保利集团公司)
중국수리수전건설그룹회사(中国水利水电建设集团公司)
중국철로공정본사(中国铁路工程总公司)
중국거저우댐그룹회사(中国葛洲坝集团公司)
중국철도건축본사(中国铁道建筑总公司)
홍콩중국관광그룹유한회사(港中旅集团有限公司)
중국중화그룹회사(中国中化集团公司)
투자유치국그룹유한회사(招商局集团有限公司)
중량그룹유한공사(中粮集团有限公司)
화룬그룹유한회사(华润集团有限公司)
화차오청그룹회사(华侨城集团公司)
난광그룹유한회사(南光集团有限公司)

자료: "国资委: 78家央企将退出房地产业务", ≪인민일보≫, 2010년 3월 18일 자.

사실, 이러한 중앙기업 구조조정은 이미 2003년 '위원회'가 성립된 이후 두 차례에 걸쳐 단행된 바 있다. 2003년도에 '위원회'가 성립되자 곧바로 부동산업에 참여하는 중앙기업을 대상으로 대폭적인 조직 개편을 단행해, 부동산업을 주 사업 분야로 하는 16개

의 중앙기업을 확정·공표했으며, 또한 3급 이상의 부동산 자(子)회사 수를 원래의 728
개에서 373개로 축소해 사업 집중도를 향상시킨 바 있다. 또한 2008년도에는 부동산
자회사에 해당하는 3급 이상의 227개 기업을 부동산 업무 영역에서 퇴출시켰으며, 이
때 퇴출 기업의 영업수익은 전체의 15%에 불과했고, 순수익 역시 7%만을 차지하고 있
었다.

이번 제3차 구조조정 대상에서 제외된 16개 중앙기업의 2009년도 영업실적 및 자산
통계에 따르면, 부동산 분야 자산총액이 5616억 위안, 영업수익이 1899억 위안, 순수
익이 188억 위안으로, 전체 중앙기업 부동산 분야 자산총액의 85%, 영업수익의 86%
및 순수익의 94%를 차지하고 있다. 이러한 통계가 보여주듯이, 중앙기업의 부동산 사
업은 주로 16개 중앙기업에 집중되어 있다.

※ 자료: "国资委: 78家央企将退出房地产业务", ≪인민일보≫, 2010년 3월 18일 자.

을 제시해 새로운 토지자산관리제도를 마련했고, 이를 통해 부정부패를 예
방하고자 했다. 특히 토지시장에 대한 정부의 조정 능력을 강화했으며, 일
부 여건이 충족되는 지방정부로 하여금 건설용지에 대한 구매비축제도를
시범적으로 시행할 수 있도록 했다.

3) 의의

'국유토지자원 관리 강화에 관한 통지'에서는 국유토지에 대한 공개입찰
및 경매 범위와 한계를 구체적으로 제시함으로써 경영 목적의 토지공급에
서 임의적인 협의출양에 대한 제약을 최초로 명시했다. 이 통지는 국유토지
와 시장경제의 조화를 위한 최초의 국가정책으로, 경영 목적의 토지공급에
대해 비시장적 원칙에서 시장친화적 원칙으로 전환하는 분수령이 되었다.

5. '물권법'의 주요 내용

1) 중국 '물권법' 제도 수립의 의미

2007년 3월 16일 제10기 전국인민대표대회 제5차 회의(第十届全国人民代表大会第五次会议)에서 '물권법(物权法)'이 통과되었고, 같은 해 10월 1일부터 시행되고 있다. 1949년 사회주의 신중국 출범 이후, 중국에서는 공법(公法)과 사법(私法)에 대한 논의조차 허용하지 않았다. 예를 들면, 20년 전에 제정·공포된 '민법통칙(民法通则)'에서는 '물권(物权)'이라는 단어조차 사용할 수 없었으며, 개혁·개방정책 추진 이후에도, 물권 관련 내용을 포함하는 법규들이 '민법통칙', '토지관리법', '농촌토지도급법(农村土地承包法)', '담보법' 등 각종 민사 및 행정법률의 법규상에 산재해 있었다. 2007년 3월에 통과된 '물권법'의 제정 과정에서도 "재산 보호가 사유재산 위주여야 하는가, 아니면 공유재산 위주여야 하는가"라는 점이 핵심 쟁점이었다.[1]

중국의 물권제도 수립은 매우 중요한 의미를 갖는 개혁조치 중의 하나이다. 법률의 변혁이란 경제사회 발전에 상응하는 사회규범의 체계를 실질적으로 수립 및 완비하는 과정이라 할 수 있다. 소위 '사회주의 시장경제'의 발전 요구에 적응하기 위해 2002년 11월 중공 16차 대회에서, '개인 재산을 보호하기 위한 법률제도 완비'의 필요성을 제출했고, 2003년 10월 중공 16기 3중전회에서는 '모든 시장주체의 평등한 법률 지위와 발전 권리 보장'의 필요성을 제출했다. 2004년 3월 10기 전국인민대표대회 2차 회의에서는, "공민의 합법적 사유재산은 침해받지 않는다"는 규정이 삽입된 '헌법' 수정안이 통과되었다.

'물권법'은 '민법'의 주요한 구성 부분으로서, 국가·집체·개인에 대한 물

---

1 「走进'物权法'时代」, ≪中国土地≫, 2007.3, p. 7.

권 평등보호 원칙을 최종적으로 확립하고, 국가·집체·개인의 물권과 기타 권리인의 물권은 법률의 보호를 받으며, 어떤 단위나 개인도 침범할 수 없다고 명확히 규정했다. 이 같은 규정은 '민법'의 "각 유형의 재산주체를 평등하게 보호한다"라는 조항과 중국 '헌법' 정신에도 부합하며, 또한 중국의 기본 경제제도와 시장경제 규율의 객관적 요구라고 해석할 수 있다.

오랫동안 중국에서는 법률 규정에서든 인민들의 사상 관념에서든 국가와 민사주체는 평등하지 않았으며, 그들의 재산도 평등하게 보호받을 수 없었다. '물권' 법률제도에서 평등보호의 개념이 결여되었기 때문에, 사유재산의 보호와 국가재산의 보호가 충돌할 경우에는 개인의 재산권익을 희생시키고 국가의 재산권익을 확보했다. 개인의 사유재산이 정부가 남용한 행정권력의 침해를 당하는 경우에도, 법률의 해석과 적용은 정부쪽으로 편향되었다. 최근에 빈번하게 발생하고 있는 대량의 강제 토지징용과 토지구획선 긋기 열풍(圈地热) 등, 공권력을 남용해 농민의 토지권리를 침범하는 사건들이 그 생생한 사례라고 할 수 있다.

비록 2003년 수정 '헌법'에서 "국가는 공공이익의 수요에 부합하기 위해, 법률 규정에 의거해 토지에 대한 징수 또는 징용을 시행할 수 있고, 이에 대해 보상한다"고 규정하고 있으나, 징수 또는 징용의 근거가 되는 '공공이익' 명분은 단지 정부가 농민의 토지권리를 침범하기 위한 구실에 불과하다는 인식이 농민들 사이에 널리 퍼져 있었다. 이러한 이유로 '공공이익'의 범위에 대한 명확한 규정은 '물권법' 제정 과정에서 중요한 쟁점이 되었다.

2) 주택건설용지 사용권 기한 자동 연장

토지사용 기한 문제와 관련해, '물권법' 제149조에 "주택건설용지 사용권이 기간 만기에 달하면 자동 연장된다. 비주택 건설용지 사용권 기한 만료 후의 연장은 법률 규정에 의해 처리한다"라고 규정했다. 이는 토지사용권을 유상출양받은 토지 위에 건립된 주택을 소유한 수많은 군중들이 부단히 제기해온, "70년 기한 만기에 도달한 후에 우리들의 주택과 재산권은 어떻게 되는가"라는 의문과 불안감을 고려한 조치라고 할 수 있다.

중국 국무원 규정인 '도시국유토지사용권 출양 및 재양도 임시조례'가 정한 건설용지사용권의 최고 기한은 거주용지 70년, 공업용지 50년, 상업용지 40년, 종합용지 50년이다. 중국의 개혁·개방은 1970년대 말부터 시작되었고, 토지사용권 유상출양은 1980년대 중반부터 본격화되었으므로, 70년을 기한으로 하는 대부분 주거용지들은 2010년에는 아직 45년 이상의 기한이 남아 있기는 했다. 그러나 대중은 토지가 만기에 도달한 이후, 주택이 회수될 수도 있는 것인지, 또는 회수되지는 않더라도 예상치 못한 비용을 지불해야 되는 것인지 여부와 관련해 불안한 심정을 갖고 있었다. 새로 제정된 '물권법'은 "주택용지 70년 만기 이후에 자동 연장"이라 규정해, 이 같은 불안감을 어느 정도 해소해주었다. 그러나 기간 연장 이후의 토지사용비 지불기준과 방법에 대한 명확한 규정은 아직 없다.

3) 농경지 도급 기한의 자동 연장

'물권법' 초안 작성을 위한 의견을 수렴하면서, 적지 않은 농민들이 "농경지 도급(承包) 기간 만료 후 어떻게 해야 하는가"라는 문제를 제기했다. 이후 통과된 '물권법'은 농촌토지의 용도별 사용 기한에 대해 "농경지(耕地)는 30년, 초지(草地)는 30~50년, 임지(林地)는 30~70년"으로 정하고, 특히 농경지 사용기간이 만료된 후, 기존 토지사용 농민이 관련 규정에 의해 계속 사용할 수 있다고 규정했다.

'물권법'은 또한 농촌토지도급경영권(承包经营权, 이하 '도급경영권')을 분배받은 자가 누릴 수 있는 권리에 대해서도 규정하고 있다. 물권법에 따르면, "도급경영권을 분배받은 자는 법에 근거해 농경지, 임지, 초지 등에 대해 향유·점유·사용·수익의 권리를 향유하고, 식목업(种植业), 임업, 목축업 등 농업생산에 종사할 권리를 갖는다"고 규정했다.

도급경영권의 양도 문제에 대해 '물권법'은 "도급경영권자는 '농촌토지도급법(承包法)'의 규정에 의거해 도급경영권을 재도급(转包), 상호교환, 양도 등의 방식으로 이전(流转)할 수 있는 권리가 있다"고 규정하고 있다. 이전한 도급권의 기한은 "원래 도급 기한의 잔여 기간을 초과할 수 없으며, 법에 따른 비준을 거치지 않고 도급 토지를 비농업용 건설의 용도로 이용할 수 없다"고 규정하고 있다. 이러한 규정은 현행 법률체계와 국가가 현재 추진하고 있는 농촌토지 관련 정책을 보호하고 있지만, 앞으로 법률 개정과 정책 조정을 위한 여지를 남겨놓고 있다.

6. 농촌토지도급경영권의 양도에 관한 결정

2008년 10월 12일 중공 제17기 중앙위원회 제3차 전체회의는 '농촌 개혁 발전 추진에 관한 약간의 중대 문제 결정(中共中央关于推进农村改革发展若干重大问题的决定)'(이하 '결정')을 발표하고, 농민들이 도급경영권을 자유롭게 임대·양도할 수 있도록 해 소농 위주의 농업을 대규모 경영 위주로 개편하는 토지개혁안을 발표했다.

'결정'의 핵심 내용을 살펴보면, 도급경영권을 '영구화'했으며, 관련 시장을 설립해 농민들이 자발적으로 도급경영권을 임대·양도·교환할 수 있도록 허용했다. 또한 농민들이 도급경영권을 기반으로 기업이나 조합을 설립하고 주주로 참여할 수 있도록 했다. 더 나아가 집체건설용지의 사용 범위를 확대해, 국유토지가 아닌 집체건설용지에 건설되어 '법적 보호를 충분히 받지 못했던 주택(小产权房)'을 합법화하는 내용을 담고 있다.[2]

도급경영권의 양도를 허용한 경제적·사회적 배경은, 기계화 영농에 부적합한 소농제도의 한계로 대규모 경영제의 필요성이 부각되었고, 2007년도에 발생한 미국발 금융위기를 거치면서 내수 확대의 필요성이 커졌으며, 이에 더해 갈수록 확대되는 도농 간 소득 격차를 해소하고,[3] 낮은 보상비 탓에 끊임없이 발생하는 농민 시위를 예방할 필요가 있었다는 데 있다.

1) 농촌토지도급경영권 양도를 위한 기초: 사용권의 '영구화'

'결정'은 "더욱 충분한 보장을 받는 농촌토지도급경영권을 농민에게 부여하며, 현재의 토지도급 관계가 안정을 유지할 수 있도록 영구적으로 불변이어야 한다"고 밝히고 있다. 이는 농촌토지사용권이라고 할 수 있는 도급경영권이 과거의 충분한 보호를 받지 못했던 채권적 성격에서 벗어나, 물권법 제정 이후 더 강한 보호를 받는 물권적 성격으로 변했음을 의미한다. 도급경영권의 물권화를 통해 농민의 토지수익권을 더욱 강하게 보장하겠다는 것이다.

그런데 도급경영권의 '영구화'를 농촌토지의 '사유화'로 보는 견해가 있다. 이 견해에 따르면 도급경영권의 '영구화'는 토지사용권의 효율적인 양도를 위한 중요한 기초가 된다는 것이다.[4] 개혁·개방 이후 30여 년 동안 약 2

---

2   '결정'은 특히 건설용지제도와 관련해 농촌의 주택용지(宅基地) 개혁 방향을 명확히 하고, 농지와 건설용지 사이에서 발생하는 충돌의 처리 원칙을 제시했다. 또한 농지징수제도 개혁과 보상제도의 정비를 통한 건설용지의 시장화 등에 관한 내용을 담고 있다.

3   2008년 8월 28일 전국인민대표대회 상무위원회 회의에서 발표한 '농민 소득의 안정적 증대 촉진 현황'에 따르면, 도시-농촌 간 소득비가 3.33 : 1로 벌어지고, 절대 격차가 9646위안에 이르러 개혁·개방 이래 최대치를 기록했다("我国城乡居民收入比扩大到3.3:1 差距达9646元", 新华社, 2008년 10월 13일 자).

4   齐春宇(2009: 29~31)의 내용을 참조할 것. 그러나 이러한 견해와 반대로, 농지소유권은 여전히 농촌집체가 가지며 농민은 용익물권적 성격의 토지사용권을 갖는다는 점에는 큰 변화가 없다는 견해가 있다. 그동안 재연장이 가능했던 30년 기한의 농지사용권을 무기한으로 변경한 것에 불과하다는 것이다. 단, 2006년에 농업세가 폐지된 상황에서 무기한의 농지사용권은 실질적으로는 조세 부담을 지지 않는 '농지소유권'으로 볼 수도 있다.

억이나 되는 농촌의 유효 노동력이 도시로 이동하면서(이른바 '농민공' 문제), 농민이 보유하고 있던 농지사용권의 양도 문제가 야기되었다. 이와 동시에 농민들이 자기에게 분배된 농지를 경작하지 않고 방치한 채 도시로 이동하게 되면서 유휴농지 및 경작지 감소 문제가 발생했다.

2) 주식합작 형식으로 농촌토지도급경영권 양도 허용

2008년 '결정'은 농민들의 자유의사를 존중하고 주식합작(股份合作) 형식으로 도급경영권을 자유롭게 양도할 수 있도록 허용해, '도급경영권의 양도시장 수립'이라는 목표를 분명히 제시하고 있다. 이와 동시에 '결정'은 "토지의 집체 소유 성격과 토지용도를 변화시켜서는 안 되며, 도급경영권을 침해해서도 안 된다"는 제도 변화의 하한선을 설정했다. 도급경영권을 주식합작 형식으로 임대 내지 양도하게 되면 소농 위주의 경영 형태를 탈피해 대규모 경영 형태가 출현할 수 있게 된다.

3) 집체건설용지에 지어진 도시주택의 합법화

2008년 '결정'에서 가장 특징적인 내용이라 할 수 있는 것은, 집체건설용지의 사용 범위를 확대해 더 많은 자유를 부여하고 있는 것이다. 즉, 집체건설용지는 토지이용계획의 비준을 받은 후에 비공익성 건설항목에 사용될 수 있으며, 농민은 건설주체의 일원으로 개발경영에 참여할 수 있는 권리를 부여받는 동시에 '합법적인 권익'을 보장받게 된다. 이는 집체건설용지가 정부의 토지징수를 거치지 않고 직접 교외화 현상에 따른 도시주택 건설에 사용될 수 있음을 의미한다. 중국은 현재 급속한 도시 성장에 따른 토지수요를 주로 도시 주변의 집체건설용지 개발을 통해 해결하고 있는데, 문제는 정부의 징수 과정을 거치지 않고 집체건설용지를 도시용 건설용지로 사용하는 현재의 행위가 위법이므로, 이 같은 방법을 통해 개발·건설된 주택재산권은 충분한 법적 보호를 받을 수 없었다는 점이다. 이것이 이른바 '소재산권 주택(小产权房)' 문제로 불려왔는데, 2008년 '결정'은 '소재산권 주택'을 합법화하겠다는 것이었다.

4) 경지보호체계의 수립

2008년 '결정'은 임대 및 양도 과정에서 경지가 줄어들어 장기적으로 식량안보 위기가 도래할 가능성에 주목해, 전국 경지총량을 일정 수준으로 유지하는 경지보호체계를 수립한다고 밝혔다.

토지합작사 실험 최초 사례: 산둥성 쉬좡진

2008년 10월 제17기 3중전회 '결정'이 제시한 농지사용권 주식합작화의 실현 가능성을 탐색하기 위한 실험이 같은 해 7월 중국에서 처음으로 공상업 등록을 마친 산둥성 쉬좡진(徐庄镇) 토지합작사에 의해 진행되고 있다. 쉬좡 토지합작사의 실험 방식은 '결정'의 방안대로 개별 가정이 보유하고 있는 도급경영권(농지사용권)을 자유의사에 따라 합작사에 출자한 후에 대규모 경영농에게 경작을 위탁하는 시스템이다. 자신의 토지를 출자한 농민들은 기준 이상의 보상비와 매년 발생한 이익을 배당받게 된다.

농민들이 자신의 농지사용권을 출자하기 전에 한 가지 해결해야 할 문제는 채권적 성격이었던 농지사용권을 물권적 성격으로 확정하는 것이었다. 2006년 '물권법' 시행으로 농지사용권이 물권적 권위를 부여받게 되었으나, 실제적으로 물권적 보호를 위한 농지사용권증을 발급받지는 못했다. 따라서 농민들이 농지사용권을 합작사에 출자하기 위해서는 농지사용권의 물권적 보호라는 선결 조건을 해결해야 했다. 이러한 배경에서, 정식 허가를 받은 쉬좡 토지합작사는 관할 지방정부를 통해 처음으로 물권적 성격의 농지사용권증을 농민들에게 발급했다.

2008년 7월부터 지금까지, 쉬좡진에 속한 투산(土山), 스항(柿行), 첸쉬(前徐), 후거우(湖沟), 훙스주이(红石嘴) 등 5개 행정촌에서 모두 394호(户) 3540.4무(亩)의 농지사용권이 합작사에 출자되었고, 이 중 161.9무가 보리 경작용 경지였다. 이 토지는 37개의 대규모 경영농에게 위탁 및 경작되었다. 농지사용의 계약 기간은 원래 3년이었으나, 농기계 구입을 위해 25만 위안을 대출받은 이후 3년 안에는 원금도 회수할 수 없다고 판단하고, 2009년 3월 주민대표대회의의 동의를 얻어 계약 기간을 20년으로 연장했다.

합작사 설립 이후 이러한 투자에 힘입어 생산 효율성이 크게 증가했다. 1년이 지난 2009년 7월 토지합작사에 출자한 지 만 1년이 된 회원 농민들은 계약에 따라 처음으로 보리를 이윤으로 배당받았다. 농민 장더쭌(张德拨)의 예를 보면, 자신이 소유하고 있는 2무의 보리밭과 3무의 산지를 2008년 7월에 모두 쉬좡 토지합작사에 출자해 20년 계약을 맺었고, 다음 해인 2009년에 토지합작사에 출자된 자신의 보리밭 2무에 대한 배당으로 1200근의 보리를 받았다. 이는 시가 기준 1080위안의 소득을 얻은 셈이다. 이전에는 보리밭 1무당 300근 정도의 생산밖에 기대할 수 없었으나, 올해는 합작사를 통해 1무당 1000근의 보리를 생산하게 되어 생산성이 330%나 증가한 것이다. 그동안 생산량이 낮았던 주요한 이유는, 스스로 경작할 때에는 관개 문제를 해결할 방법이 없었으며, 가뭄을 만나게 되면 소출은 더 줄었기 때문이다. 또 다른 이유는 가장들이 소위 '농민공'으로 도시에 나가 건설업 등의 일에 종사하면 농업소득보다 많은 소득을 기대할 수 있어, 결국 농사는 농촌에 남겨진 부녀자와 노인들이 담당하게 되면서 농업생산성이 더욱 저하되었기 때문이다.

쉬좡 토지합작사는 장래에 종합적인 농산품 생산기업으로 발전할 계획까지 가지고 있다. 이러한 농산품 생산기업이 단순한 농업공사와 다른 점은, 농지사용권의 출자 및 대규모 경작을 기초로 정부의 체계적인 정책 지원을 받는다는 것이다. 다만 현재 토지합작사 발전의 가장 큰 걸림돌로 지적되고 있는 것은 자금지원이다. 자금 대출이 행정촌 위주로만 제공되고, 토지합작사에는 아직 제공되고 있지 않기 때문이다. 시범실시되고 있는 쉬좡 토지합작사는 기존 생산 방식들의 결함을 해결하고 농민의 토지사용권 유지 및 대규모 생산 방식이라는 장점을 결합한 방식으로 평가된다.

※ 자료: "徐庄到了分红时", ≪经济观察报≫, 2009년 7월 13일 자.

제9장

중앙-지방정부 관계의 변화

1. 재정개혁과 중앙-지방정부 관계의 재정립

1) 재정·조세체계와 토지문제의 상관관계

　토지문제는 재정 및 금융문제와 직결된다. 1980년대 이후 중앙정부로의 재정집중도는 계속 하락했고, 전국 재정수입에서 중앙재정이 차지하는 비율이 10%에도 미치지 못해 중앙정부가 매우 어려운 처지에 놓이게 되었다. 1994년 중앙-지방 간의 재정 분배에 관한 분세제(分稅制) 개혁을 시행해 국세와 지방세로 세수를 구분했고, 이 조치 이후 중앙-지방 간 재정 구조는 점차 역전되는 구조로 변화했다. 2000년을 전후해 재정수입 구조는 '5 : 3:2'라는 근본적인 변화가 출현했다. 즉, 전국 재정수입 중에서 중앙정부 50%, 성(省)·시(市)정부 30%, 현(县)·향(乡) 정부 20%라는 배분 구조가 성립된 것이다. 현·향 정부에서 지출하는 인건비는 전국 재정인건비의 67%를 차지하고 있지만, 전국 재정의 20%만이 현·향 정부에 배분되기 때문에 현·향 정부의 재정적자는 계속해서 확대되었다.

　지방정부로 귀속되는 세수 중에는 건축과 부동산 방면의 세수가 포함된다. 이에 따라 지방정부의 간부들은 토목과 부동산개발이 업적 평가에서뿐 아니라 재정 확보에도 유리하다는 것을 인식하지 않을 수 없게 된다. 1999년, 2000년 이후 전국적으로 일어난 부동산개발 열기는 우연한 일이 아니라 재정체계의 변화에서 기인되었던 것이다. 국무원발전중심의 저장성(浙江省) 사례 조사에 의하면, 샤오싱(紹兴), 진화(金华), 이우(义乌) 등 상대적으로 발전한 시·현에서의 부동산·건축 방면 세수가 지방세 수입의 37%에 달했다. 이런 조세수입 이외에 비조세수입도 있는데, 중요한 것이 토지출양금이다. 이 조사 결과에 의하면 저장성의 비교적 발전한 시·현 정부에서 토지출양금이 년간 10억~20억 위안에 달하고 있으며, 예산 외 수입의 60~70%에까지 달했다.

2) 지방정부의 토지재정

세제 개혁 이전 지방정부의 재정수입에서 가장 중요한 재원은 조세수입이었다. 그러나 세제 개혁이 강화되면서 지방정부 수입 중에서 조세수입이 차지하는 비중이 계속해서 감소되었다. 이와 동시에 중국 경제의 고속 성장과 중앙정부 업무의 지방 이양이 확대되면서 지방정부의 부담은 나날이 가중되었다. 이런 상황에서 지방정부가 자유롭게 활용할 수 있으면서도 가장 중요한 경제자원이 토지, 즉 토지재정이 되었다.

(1) 지방정부의 '토지정책' 현황

최근 많은 지방정부가 토지정리사업을 추진하고, 과학기술단지나 공업단지 등의 이름을 붙여 경매를 통해 출양하고, 출양금을 기반으로 건설사업을 진행하고, 건설사업을 통해 해당 지역과 주변 지역의 토지가격을 동반 상승시키며, 토지가격이 상승한 지역의 토지를 경매를 통해 출양해 더욱 많은 재정수입을 확보하고 있다. 이러한 개발 방식은 지방정부가 돈 한 푼 안 들이고도 도시개발을 추진하는 수단이 되었다.

(2) '토지정책'이 유발하는 문제

지방정부의 수중에는 토지라는 유효한 자원이 있기 때문에 이를 활용한 자본 유치, 신산업단지, 신도시 개발 등을 통해 수익 최대화 전략을 구사할 수 있다. 그러나 이 같은 전략은 다음과 같은 문제점을 발생시킨다.

첫째는 주택가격의 상승이다. 정부가 나서서 토지개발을 시행하고 주택 개발업자에게 토지를 출양하기 때문에 주택건설원가의 급속한 상승을 야기한다. 건설원가 상승은 상품주택가격 인상을 부추겨 최종적으로 소비자의 부담으로 전가된다. 이러한 현상은 개혁·개방이라는 중국의 거시적 구조조정 이후 지방정부의 이미지가 개발업자 이미지로 변화하고, 지방 주민들의 비판을 받는 원인이 되고 있다.

둘째는 토지를 징용당한 농민 문제이다. 정부에 의한 토지징용이 날로 증가하고 있는 추세 속에서 토지를 징용당한 농민 문제는 계속 그 심각성이 증대되고 있다.

(3) 지방정부 '토지재정'의 형성 원인

현행 체제하에서 지방정부의 재정권한과 사무권한의 비대칭 문제가 '토지재정'을 야기하는 근본적인 원인이 되고 있다. 재정권한과 사무권한의 비대칭 문제는 중앙정부의 재정권 강화와 지방정부로의 대규모 사무이양 두 방면에서 나타나고 있다. 중국의 성(省)급 지방정부는 국외의 중급 규모 국가와 유사한 규모의 행정구역을 담당하고 있으며, 지방정부의 재정지출 규모 또한 막대하다. 성급 지방정부는 지방 사회의 관리, 사업 진흥, 복지 및 사회경제 발전 등 직무와 해당 행정구역 안에 있는 막대한 국유자산의 소유자 기능을 수행해야 한다. 그러나 중앙-지방 간의 조세수입 배분에 관한 분세제 개혁 이후 재정권은 중앙정부에 집중시킨 반면, 국가 사무는 지방정부로 적극적으로 이양했다.

중공중앙의 2010년 제1호 공문, '7년째' 3농 문제

중공공산당 중앙위원회(이하 '중공중앙')와 국무원은 2010년의 '중앙 제1호 공문(中央 一号文件)'으로 '중공중앙과 국무원의 도농 발전 역량을 더욱 통합하고 농업·농촌의 발 전을 위한 기초를 한층 더 견고히 하는 것에 관한 약간의 의견(中共中央国务院关于加 大统筹城乡发展力度进一步夯实农业农村发展基础的若干意见)'을 발표했다(2010. 1. 31). 중공중앙은 2003년부터 2010년까지 '7년째' 3농 문제(三农问题)를 국가정책 우선 순위에서 가장 핵심에 두고 있으며, 이미 1982년부터 1986년까지 '중앙 제1호 공문'의 주제로 3농 문제를 다룬 바 있다. '중앙 제1호 공문'은 중공중앙이 매년 발표하는 첫 번 째 공문으로, 중국이 당면한 문제 중에서 한 해 동안 중점적으로 해결하고자 하는 시급 한 문제를 다루며, 국가의 한 해 업무에 대한 강령성 및 지도성 지위를 가진다.

2010년 발표된 '중앙 제1호 공문'의 주요 내용은 다음과 같다. 첫째, 농촌 경쟁력 강 화 및 농촌 우대정책의 체계를 정비하고, 더 많은 자원 요소가 농촌에 분배되도록 한다. 둘째, 현대농업 장비 수준을 제고하고, 농업발전 방식을 전환한다. 셋째, 농촌의 민생을 서둘러 개선하고, 도시-농촌 간 공공사업 발전 격차를 줄인다. 넷째, 도농개혁을 협조적 으로 추진하고, 농업·농촌의 발전 활력을 증대시킨다. 다섯째, 농촌 기층조직의 건설을 강화하고 당의 농촌에서의 정치적 기초를 공고히 한다. 이 중에서 가장 강조하고 있는 것은 첫 번째 항목이다. 이를 위해 3농 문제를 해결하기 위한 예산 투입의 양과 비율을 모두 지속적으로 증가시키고, 농업보조금의 지급 범위를 확대하며, 지역 금융기관으로 하여금 농민의 주택건축 및 자동차와 가전 구입에 소비대출을 실시한다는 내용을 담고 있다.

지난 6년간 정부는 지속적으로 3농 문제 해결에 주력한 결과, 문제가 많이 개선된 것 으로 파악하고 있다. 또한 6년 연속 농업생산량이 증가했고, 농민의 1인당 수입도 6년 연속 6% 이상 증가해 처음으로 연소득 5000위안을 넘어섰다. 그럼에도 불구하고 올해 에도 3농 문제에 주력하는 이유는 3농 문제가 아직 충분히 해결되지 않은 상황에서 이 러한 발전 추세를 지속적으로 이끌기 위해서이다. 게다가 눈여겨볼 내용은, 3농 문제를 다룬 '중앙 1호 공문' 중 처음으로 '도농통합(城乡统筹)'이라는 문구를 삽입했다는 사실 이다. 중앙농촌업무지도팀 판공실(中央农村工作领导小组办公室)의 부주임 탕런지엔 (唐仁健)에 따르면, 이는 급속한 공업화와 도시화를 경험하고 있는 중국에서 도농통합 을 이루어야 진정한 3농 문제 해결이 가능하다는 인식에서 비롯된 것이다. 즉, 이제는 도시가 그동안 발전에서 소외된 농촌에 '보은(反哺)'하는 동시에, 도시가 농촌의 발전을 견인해가는 새로운 발전 전략을 추진하겠다는 것이다.

전체 인구 13억 중 농촌 인구가 9억을 차지하는 중국의 특성, 개혁·개방 이후 도시- 농촌 간 소득 격차가 더 심화되고 있는 상황, 금융위기를 거치면서 내수 확대를 위해 농촌의 가처분소득 확대 필요성 등이 맞물려 제2기 후진타오 정부(2008~2012)도 여전히 3농 문제를 중요한 의제로 삼고 있다.

※ 자료: "专家解读: 2010年中央一号文件锁定三农", ≪中财网≫, 2010년 2월 1일 자.

(4) 재정권한의 중앙 집중

첫째, 중앙정부는 재정수입을 고도로 중앙 집중화하고 있다. 이를 위해 조세수입 배분 구조에서 지방정부로의 귀속 비중을 절대적으로 감축시켰다. 예를 들어 상업세 세목은 지방정부 세수 재원의 중요한 항목이었는데, 분세제 개혁 이후 '증치세(增值税)'라는 세목으로 변경되어 국세에 포함되었다.

둘째, 규모가 크고, 안정적이며, 발전 잠재력이 큰 세목을 중앙정부 고유 수입으로 전환하거나 중앙과 지방의 공동수입으로 조정했다. 예를 들어 철도, 은행, 보험회사 등의 영업세 세목을 중앙정부 재정수입으로 전환했다. 지방정부의 조세수입원으로는 조세 규모가 작고, 불안정하며, 징수 비용이 클 수밖에 없는 등, 징수 관리가 어려운 세목들을 주로 배정했다. 분세제 개혁 이후 중앙정부의 재정수입은 1992년 22.3%에서 2002년 55.7%로 급속히 확대된 반면, 지방정부의 재정수입은 극도로 위축되었다.

(5) 사무권한 이양

사무권한 이양과 관련해 중앙정부는 더욱 많은 국가 사무를 지방정부로 이양하고 있음과 동시에, 지방재정을 통해 중앙정부 정책들을 수행하도록 하고 있다. 예를 들어 중앙정부 정책인 구조조정 대상 노동자들에 대한 재취업 우대정책, 저가임대주택과 경제적용주택 등 저렴한 주택의 제공 및 우대정책, 기술 혁신 및 기술 개선 지원 우대정책, 의무교육계획 지원 등 국가 정책을 영업세, 개인소득세, 기업소득세 등 지방재정으로 충당하도록 하고 있다. 이러한 전략은 지방정부의 재정지출을 급속히 증대시켜 재정자급률을 현저히 떨어뜨리고 있다. 경제발전지역으로 조세수입 재원이 풍부한 저장성의 예를 보면, 1993년에는 재정자급률이 133.3%에 달했으나, 1994년 이후 대폭 하락해 60% 정도에 머무르고 있다. 중·서부지구 재정곤란지역 등의 사정은 더욱 열악하다.

(6) 지방정부의 선택: 토지출양금

지방정부가 부족한 재정수입 구조에서 균형재정을 달성해야 할 경우 취할 수 있는 방법은 오직 두 가지이다. 첫째는 중앙정부로부터의 재정이전이고, 둘째는 예산 외 수입 개발이다. 중앙정부가 지방정부에 지원하는 지방교부금은 일반적으로 용도를 한정해서 지원하는 보조금이다. 일반성 재정이전 비중은 매우 작은 규모이기 때문에 지방정부의 재정 부족을 만족시키기에는 한계가 있다.

지방정부의 재정 중 예산 외 수입은 일반적으로 행정사업 수수료, 정부성 기금과 토지출양금 세 가지이다. 최근 들어 '행정허가법'의 시행 등 중앙정부의 지방정부 행정사업 수수료 징수에 대한 규제가 갈수록 엄격해지고 있기 때문에 행정사업 수수료의 예산 외 수입 비중은 크게 감소했다. 이에 반해 토지출양금을 통한 재정수입 확대의 중요성은 갈수록 커지고 있다.

국무원 발전연구중심의 조사에 의하면 지방정부가 징수하는 토지의 용도 배분은 다음과 같다. ① 기초시설, 도로, 학교 등 공공용지 30~40%, ② 공업용지 30~40%, ③ 상업 및 주택용지 30%이다. 30%의 상업 및 주택용지에서 15%를 경제적용주택(经济适用房)용지로 배정한다면 지방정부가 징수하는 토지 중 15%만이 진정으로 상업용지와 부동산개발에 이용할 수 있다. 다시 말해 지방정부가 징수하는 토지 중에서 85%는 수익이 발생하지 않으며, 오직 15%에서만이 수익을 발생시킬 수 있다는 것이다. 더욱 정확하게 말한다면 15%의 징수 토지에서 나오는 개발이익이 전체 징수 토지의 개발 비용을 충당하고도 남을 수 있을 때만이 비로소 지방정부의 재정수입 외 재원이 될 수 있다. 이런 구조하에서 지방정부는 자연스럽게 15%의 상업용지의 가치를 극대화해서 이윤을 창출하고자 노력하고 있다.

2. 지방정부의 실적주의와 지방주의의 문제

1) 현행 지방정부 실적평가제도하의 위법 토지이용행위

중국 정부는 일관되게 경제발전 위주의 정부 고위관리자 업적평가제도를 시행해오고 있다. 엄격한 토지이용허가제도를 시행하라는 중앙정부의 지시 아래 지방정부 공무원들은 위법적인 방법을 활용해 지역 GDP를 성장시키려는 충동과 압력에 직면해 있다. 많은 지방정부가 암묵적이고 관용적인 분위기에서 토지이용에 대한 위법행위를 빈번하게 자행하고 있다.

(1) 지방정부 주도하의 위법 토지이용행위

일부 지방정부에서는 농지전용 허가, 농경지전용 보상조치, 국유토지 유상사용비 납부 등을 회피하기 위해 '징용을 대체한 임대' 방식으로 편법을 사용한다. 국토자원부 유관 책임자의 진술에 의하면 이러한 현상은 많은 지방정부에서 광범위하게 진행되고 있다. 2005년의 한 직할시 1개 구역에 대한 조사 결과, 위법 토지이용면적은 새롭게 공급된 건설용지 총면적의 70.3%를 차지하며, 위법 토지이용 건수는 전체 토지이용 건수의 79.3%를 차지하고 있다. 이런 위법 토지이용행위의 91.3%는 경지전용을 포함하고 있다. 위법 토지이용의 대상이 된 토지는 농촌집체경제조직으로부터 임대 형식으로 사용하는 토지로, 농지전용 수속이 이루어지지 않았고, 상당 부분은 토지이용총체계획도 위반하고 있었다. 가령 서부 모 도시의 1개 공업지구는 2000무의 면적으로 조성되었는데, 전체 면적이 농촌집체토지에서 임대한 형식이었다.

일부 지방정부는 투자 유치를 위해 편법적인 공개입찰공시와 경매를 시행하고 있다. 사전 결정된 개발업체의 능력에 해당되는 입찰 조건을 제시한 공개입찰공시를 통해 공개입찰 및 평등경쟁의 원칙을 회피하고 있다. 일부 기업은 지분 참여 형식으로 먼저 경영권을 확보한 다음 증치세(부가가치세), 계약세 등의 세금을 회피하고, 출양받은 토지를 다시 양도함으로써 이중 혜택을 받고 있다.

일부 지방정부는 전시행정, 업적행정을 위해 불법적으로 골프장이나 고급 빌라촌 등을 건설하고 있다. 일부 성 정부는 토지이용총체계획의 변경 허가권한을 하위 지방정부에 위임함으로써 기본농지를 지방정부 임의로 처분할 수 있는 환경을 조성해주고 있는 등 기본농지를 전용할 경우에는 반드시 국무원의 허가를 받아야 한다는 규정을 사문화(死文化)하고 있다. 또한 일부 지방정부는 '신농촌 건설'이라는 구호하에서 농지를 무단 전용하고, '개혁시범지구'라는 명의로 농지를 전용하는 등 토지이용총체계획과 도시농촌계획을 회피해 비합법적인 방법으로 농지를 전용하고 있다.

일부 지방정부는 각종 '개발구' 지정으로 위법적인 토지이용 행태를 보이고 있다. 토지이용에 관한 감사 과정에서 적발된 불법 토지이용행위가 감사가 끝난 이후 여전히 진행되는 모습도 나타나고 있다. 예를 들어 불법 개발구 설치, 불법 대학도시(大學城), 위락지역 지정이 감사 기간 중 위법행위로 적발된 이후에도, 감사 기간이 끝난 이후 이런 불법 토지이용행위가 여전히 진행되고 있고, 심지어는 더욱 확대되어 진행되는 경우도 있다.

실적평가의 압박 속에서 중서부 지역 지방정부가 동부 지역 개발업체의 각종 개발사업을 맹목적으로 유치함으로써 불법 토지이용행위의 '점진적인 서진(西進)' 행태도 출현하고 있다. 서부 내륙 지역 지방정부들은 토지를 근거로 한 외자 유치, 대규모 개발, 신도시운동 등 동부 연해 지역에서 이미 실

사진 9-1 **베이징시 근교에 위치한 고급 저층주택단지** (2010년 5월 31일 촬영)

사진 9-2 **베이징시 외곽에 건설 중인 주택단지** (2010년 5월 31일 촬영)

패로 판명된 개발행위를 무비판적으로 적용하기도 한다. 또한 토지이용총체계획과 연도별 계획도 작성하지 않은 상태에서 개발업체에게 막대한 토지를 출양해 대단위 토지개발행위를 허가하는 계약을 체결하는 등 무계획적인 토지이용행위를 하고 있다. 일부 계약에서는 40~50km²라는 대규모 토지를 출양하는 경우도 있어 토지자원의 대량 낭비를 초래하는 위법 토지개발행위를 허용하고 있다.

(2) 위법 토지이용행위의 부작용

지방정부의 위법 토지점용행위는 첫째, 유한한 경지자원을 잠식하고 있다. 일부 지방에서 눈앞의 이익을 위해 대량의 경지, 심지어는 기본농지에 대한 전용 허가 획득 이전에 먼저 개발 시행 또는 편법적인 임대 형식의 위법 농지전용을 하고 있어, 경지보유량이 일시적인 통제 불능의 상태에 처할 지경이다. 국토자원부 통계에 의하면 2005년도에만 허가 획득 이전의 개발 시행으로 점용된 경지면적만 해도 30.8만 무에 달한다.

둘째, 중앙정부의 거시조정정책을 무력화하고 있다. 중앙정부의 정책과 법규가 일부 지방에서는 무시되고 있는데, 특히 토지문제에서 이러한 경향이 더욱 뚜렷하게 나타나고 있다. 2007년 상반기 도시 고정자산투자는 전년 동기 대비 31.3% 성장했는데, 이러한 수치는 3년 이래 가장 높은 증가율이다. 중앙정부는 엄격한 거시조정정책을 통해 과열된 경기를 진정시키려 했으나, 지방정부 주도하의 위법 토지행위에 대해서는 아무런 효과도 나타내지 못했다.

셋째, 토지를 징수당한 농민의 합법적인 권익을 침해하고 있다. 현재 토지 위법행위는 농민 이익의 침해라는 특징을 가지고 있으며, 낮은 토지징수 보상기준과 토지보상비의 늑장 지급 행태가 가장 일반적으로 나타나고 있다. 낮은 토지징수 보상기준은 낮은 출양원가 수준의 토지출양과 연계되어 있다. 지방정부가 보유한 재정 여력이 열악하고 낮은 토지출양원가를 유인

책으로 외자를 유치하려는 지방정부의 행태로 토지징수 대상 농민에 대해 낮은 토지징수 보상기준을 제시할 수밖에 없다. 이에 더해 토지보상비 지급도 지나치게 지연 지급되고 있다.

2) 업적평가 개혁

(1) 신(新)업적평가 방법의 개발

① '과학발전관 실현을 위한 종합업적평가 시범방법'

2006년 7월 중앙조직부에서 공포한 '과학발전관 실현을 위한 지방 당정간부 및 고위공직자 종합업적평가 시범방법'에서는 지방 당정간부의 업적평가에 대해 전면적으로 새로운 평가 원리를 도입하고 있다. 농지자원 보호는 각급 당정간부 업적평가항목에서 가장 중요한 항목을 차지하고 있다.

② '성급 정부 경지보호책임목표 평가 방법'

2005년 10월 '엄격한 토지관리 개혁 심화에 대한 국무원 결정'을 효과적으로 수행하기 위해 국무원 판공청은 '성(省)급 정부 경지보호책임목표 평가방법'을 하달했다. 2006년부터 국무원이 각 성·자치구·직할시에 대해 5년을 계획 기간으로 정하고, 매 계획 기간의 중간과 말에 평가를 수행한다는 내용이다.

이 방법에서 규정하고 있는 평가 항목은 다음과 같다. ㉠ 성급 행정구역 내의 경지보유량이 국무원에서 하달한 경지보유량 평가기준에 부합하는지 여부, ㉡ 성급 행정구역 내의 기본농지 보호면적이 국무원에서 하달한 기본농지 보호면적 평가기준에 부합하는지 여부, ㉢ 성급 행정구역 내에서 적법한 경지 및 기본농지전용 허가 이후 진행된 비농업적 건설행위에 대한 대체경지 및 기본농지 조성면적과 조성대체농지의 질이 전용 이전의 면적과 질에 상당한지에 대한 평가항목 등이 포함되어 있다.

③ '경지전용 보완 상태 심사 방법'

국토자원시스템 내부의 심사 방법도 계속해서 보완되고 있다. 이 과정에서 2006년 8월 1일부터 '경지전용 보완 상태 심사 방법'이 정식 적용되고 있다. 이 규정은 적법한 농지전용 허가에 의해 시행된 비농업건설용지로의 전환에 따른 대체농지 조성계획에 따라 대체농지 조성을 계획 기간 내에 시행할 것을 의무로 규정하고 있고, 시행 달성 여부를 경지전용 보완 상태 심사 범위에 포함하고 있다. 상위 국토자원 관리부문은 농지전용항목에 따른 대체농지 조성 합격률이 비교적 저조한 지역에 대해 기한을 정해 개정을 명령할 권한을 갖는다. 만약 개정 명령이 있고 나서도 대체농지 조성 실적이 불합격될 경우, 해당 지역의 농지전용과 징용 허가 신청을 일정 기간 불허할 수 있다.

④ 기능지역별 업적평가 방식 개발

국가발전개혁위원회는 '11차 5개년 계획(十一五计划)'(2006~2010) 기간 동안에 전국 국토를 ㉠ 개발관리구역, ㉡ 중점발전구역, ㉢ 제한발전개발구역 ㉣ 개발금지구역 등 4개 대기능구역으로 구분한다. 이런 기능구역에 따라 재정정책, 투자정책, 산업정책, 토지정책, 인구관리정책 등 차별화된 지역관리정책을 적용한다. 이에 따라서 기능구역에 맞춘 업적평가체계를 구축한다. 차별화된 구역별 업적평가항목은 다음과 같다. ㉠ 개발관리구역: 경제구조, 자원 소비 구조, 자주혁신 능력의 발전 정도 및 경제성장 관리에 대한 평가, ㉡ 중점발전구역: 경제성장, 성장 효율성, 공업화 및 도시화 수준 등에 대한 종합평가, ㉢ 제한발전개발구역: 생태환경 보호, 경제성장, 공업화 및 도시화 수준 관리 평가, ㉣ 개발금지구역: 생태환경 보호의 중점 평가 등의 내용이다.

(2) 개혁 방향

경지보호에 관한 업적평가 방법은 이제 막 시작되는 단계이다. 경지보호라는 목적을 달성하기 위해서는 구체적인 업적평가체계를 수립하고 단계별 평가항목들을 설정해야 한다. 이와 동시에 효과적인 감독체계와 보상·처벌 조항도 완비되어야 한다.

'성급 정부 경지보호책임목표 평가 방법'에서는 평가를 받는 정부가 달성해야 할 지표와 조건을 제시하고 있지만, 규정 위배 시 그에 대한 처벌 규정은 충분하지 않다. 또한 정부 책임목표가 조직 구성 법규에 삽입되고, 책임 귀책 조항이 명확해야 바라는 효과를 기대할 수 있을 것이다.

3. 국토자원관리체계 개혁

계층적인 행정구역관리체계 아래 각급 토지행정 주관부문은 상위 토지행정 주관부문의 업무상 지휘를 받을 뿐만 아니라, 동급 인민정부의 직접적인 지휘를 받고 있다. 중국에서의 위법 토지이용의 주체는 주로 각급 지방정부이다.

1) 토지자원 이용 및 관리상의 주요 갈등

(1) 경지보호와 건설용지 공급 간의 갈등

경지보호를 통한 식량안전 확보는 중국 토지관리의 가장 중요한 임무이다. 그러나 공업화와 도시화가 급격히 진행되고 있는 단계에서 건설용지에 대한 수요가 막대하기 때문에 경지보호와 건설용지 공급 간의 갈등이 심각하다.

경지보호와 건설용지 공급 간의 갈등에 관한 종합적인 조정을 위해서는 시장기제에만 전적으로 의존할 수는 없다. 즉, 보이는 손(정부)의 작용이 필요하다. 그러나 중앙정부와 지방정부의 관심이 일치하기가 어렵다. 중앙정부의 주요 관심은 경지보유량, 국가식량안전, 농민 이익 보호 및 사회 안정 등과 같은 전체적·전략적 거시목표인 데 비해, 지방정부의 관심 사항은 공업 발전, 도시건설, 토지자산의 수익 증대 등 국지적이고 단기적인 발전 목표들이다. 경지보호와 건설용지 공급 간의 갈등에 대한 처리 문제에서 중앙정부와 지방정부의 우선순위가 다를 수밖에 없고, 계층적 관리체계에서 지방정부가 국가 유관 법규와 토지이용총체계획에서 요구하는 토지관리 지침들을 성실하게 준수하기를 기대하기는 어렵다.

계층적 관리체계하의 지방정부는 '토지를 담보로 한 지역 발전'과 업적관리를 위해서, 각종 위법과 편법으로 상위 계층 정부의 계획과 허가를 통한 관리에서 벗어나 불법으로라도 토지를 징용해 낮은 가격으로 시장에 토지를 공급하고자 한다. 이런 의도는 대량의 토지전용과 토지의 무계획적인 이용을 초래해 토지시장에 혼란을 불러일으킨다. 특히 토지징용 과정에서 낮은 보상비로 농민의 토지를 징용하면서, 해당 농민들의 실업 등을 야기해 생활보장마저 위태롭게 하고 있다. 성 이하 지역의 토지에 대한 수직적 관리의 목적은 중앙 및 성 정부의 거시조정 능력을 강화하고, 국유토지자원 이용에 대한 전체적·전략적 목표를 달성하는 데 있다.

(2) 공공관리자와 토지소유자 간의 갈등

현행 토지제도하에서 지방정부는 토지자원에 대한 공공관리자로서의 기능과 국유토지소유자로서의 기능을 동시에 보유하고 있다. 지방정부는 공공관리자의 신분으로서 토지징수권을 행사하고, 낮은 보상비용으로 농민집체토지를 징수해 국유토지로 전환하고, 국유토지소유권의 대리인 신분으로 이 토지를 출양해 해당 토지에서 발생한 부가가치를 지방재정으로 흡수한다. 이 과정에서 토지사용권 저가 출양을 통해 합법 또는 불법적으로 임대

수입을 취득하기도 한다.

(3) 지방정부와 상위 부문과의 갈등

지방정부에 속한 토지행정 관리부문은 집행 과정에서 지방정부 및 상급 토지행정 관리부문의 상충하는 업무 목표를 동시에 추구해야 하는 딜레마에 처하게 된다. 한편으로는, 계층적 토지이용총체계획의 통제하에서 상급 토지행정 관리부문이 정한 토지이용계획 기준을 준수해야 하고, 건설용지 공급, 보충경지 개발 등 토지자원 이용에 관한 상급 토지행정 관리부문의 지휘를 받아야 한다. 또 한편으로는 지방정부가 추진하는 경제사회발전계획과 건설용지 수요에 대한 공급 보장 등 지방정부의 기대에 부응하는 국유토지자산 관리 기능을 수행해야 한다.

지방정부의 일개 직능부문에 해당하는 지방 토지행정 관리부문 책임자에 대한 임면권은 해당 지방정부가 행사한다. 그러므로 지방 토지행정 관리부문은 지방정부의 영향을 더욱 강하게 받을 수밖에 없다. 이런 상황에서 상하 토지행정 관리부문이 통일적으로 수행해야 하는 계획관리, 계획조정, 용지 허가 등의 관리업무체계는 각각이 속한 해당 지방정부의 중대한 간섭에 직면하게 된다. 실제로 위법 토지이용행위는 일반적으로 해당 지방정부와 상급 토지행정 관리부문의 묵인하에 이루어지고 있으며, 일부 지방정부 토지행정 관리부문은 해당 지방정부의 압력 아래 편법적으로 토지전용(轉用), 경지점용 등을 수행하고 있다.

2) 시·현 국토자원 관리부문에 대한 이중관리체계 시행

2004년 4월 21일 국무원은 '성급 이하 국토자원관리체계 개혁 문제에 관한 통지'를 발표했고, 4월 29일 중앙조직부는 '성 이하 국토자원 주관부문의 간부체계 조정에 관한 통지'를 발표했다. 이 두 개의 '통지' 발표 이후, 시·현 국토자원 관리부문의 고위책임자에 대한 이중관리체계를 시행하고 있다. 이 체계는 상위 국토자원 관리부문 당조직이 주로 관리하면서 지방 당조직이 협조적으로 관리하는 체계이다.

제10장
북한 토지개혁에 주는 함의

1. 중국 토지개혁 경험 총결

1949년 10월, 중공 정권 출범 직후 약 3년간의 토지사유제 허용 기간을 거친 후, 사회 전 분야와 부문에 걸쳐 사회주의 국가의 건설을 위한 사회주의 개조를 추진했다. 이 시기에 중공이 추진한 토지개혁의 핵심은 전국 토지를 전민(全民) 소유와 집체(集体) 소유로 구분하는 토지의 국공유제를 수립한 것이다. 이 과정은 마르크스 정치경제학 이론을 바탕으로 하는 토지 및 생산요소 국유화의 당위성 선전과 강압적인 분위기하에서, 초기에는 인수, 몰수, 구매 그리고 매우 짧은 기간의 토지사유권 인정 기간을 거친 후에 토지사유제를 소멸시켰다. 1978년 12월 중국공산당 11기 3중전회에서 '대외 개방과 대내 개혁' 방침을 결정·발표한 이후부터 1980년대에 토지사용제도 개혁이 추진되기 전까지, 중국의 토지사용제도는 행정배정에 의한 무상(无償)·무기한(无期限)·무유통(无流通)이라는 소위 '3무(无)'를 특징으로 했다. 이 시기의 토지사용제도는 고도로 집중된 계획경제체제 아래서, 지대 및 지가 법칙을 무시하고 토지가 갖는 자산 및 상품으로서의 성격을 인정하지 않았다.

개혁·개방 이후 각 분야에서 개혁이 추진되면서, 계획경제체제 아래서 형성된 무상·무기한 토지사용제도의 문제점이 돌출되기 시작했다. 이러한 문제를 해결하기 위해 국유토지사용권을 소유권으로부터 분리해 상품화하고, 이에 부응하는 방향으로 토지시장을 육성한다는 방침하에 토지사용제도 개혁을 추진하기 시작해, 현재까지 심화·확대되면서 진행되고 있다. 개혁·개방 이후 오늘에 이르기까지 중국 토지사용제도 개혁의 전체 흐름은 크게 네 단계로 구분할 수 있다.

첫 번째 단계는 1982년 개혁·개방 선언 이후 1990년 이전까지의 시기이다. 이 시기는 토지의 유상사용을 위한 개혁 방안의 탐색 및 실험시기이다. 1982~1987년 선전, 푸순 등의 도시에서 토지사용료 징수 실험을 진행했고, 1987~1988년에는 도시토지사용제도를 근본적으로 변혁하기 위해 선전경제특구에서 토지사용권 유상양도 실험을 실시했다. 이어서 1990년까지의 기간에는 도시토지사용제도 및 토지의 유상·유기한 사용을 제도화했다. 토지사용료 징수의 필요성이 대두된 중요한 계기 중의 하나는, 경제특구에서 중외합영기업(中外合營企業)이 사용하는 공장용지 사용료 징수의 필요성 때문이었다.

두 번째 단계는 1990년부터 2000년까지의 기간으로, 이 시기에는 토지의 유상사용을 전면적으로 추진했고, 토지사용권 유상출양 및 관리업무 규범화를 위한 제도 수립 및 정비를 추진했다. 이 시기에 토지사용료 징수 대상이 전국 도시로 확대되었고, 농촌의 주택용지(宅基地)에 대해서도 유상사용을 시행했다. 이 밖에 이 시기에 진행된 중요한 내용은, 국유토지사용권의 임대[1] 또는 주식화 출자 형태 등 새로운 형태의 토지유상사용 방식의 시도, 토지사용권시장 혼란에 대한 통제, 행정배정토지와 국유기업용지에 대한 개혁 추진, 토지비축 방안 탐색, 집체건설용지의 자발적 유통, 토지징용 관리와 경지보호 관련 업무와 제도의 정비 등이다.

세 번째 단계는 2001년부터 2011년까지로, 이 시기에는 토지시장 질서 확립과 규범화가 진행되었다. 이 같은 분위기는 2001년 국무원이 하달한

---

1   여기서 말하는 임대 방식은 후술하는 토지연조제(年租制)를 뜻한다.

'국유토지자산 관리 강화에 관한 통지'에서 토지사용 거래의 공개(公开)·공평(公平)·공정(公正)을 확보하기 위해 각 지방정부에 토지사용권의 입찰·경매·공시경매(挂牌) 방식으로 출양할 것을 촉구하면서부터 시작되었다. 이 요구를 구체화하기 위해 국토자원부는 '토지시장 질서의 정돈 및 규범에 관한 통지'(2001.6)를 하달했다.

마지막 네 번째 단계는 2010년 초반 이후 지금까지의 시기로, 토지사용제도의 최근 개혁 단계에서 자본주의적 토지사유화 및 부동산투기 문제가 발생하고 있다. 주택과 관련해 토지사유화 경향 및 부동산투기 수단의 성격이 강화되면서 그 대응책 마련에 집중하고 있다. 토지사유화 경향을 막기 위해 보유세 실험을 전개하고 있으며, 부동산투기를 막기 위해 각종 규제 정책을 추진하고 있다.

이 같은 중국의 토지개혁 경험에 대한 전면적 고찰을 통해 얻을 수 있는 함의는 대략 두 가지로 대별된다. 하나는 토지라는 특수상품이 시장경제체제와 계획경제체제에서 갖는 근본적인 성격과 여타 경제요소와의 관계를 종합적으로 천착(穿鑿)해볼 수 있다는 점이다. 또 다른 하나는 중국의 토지개혁 경험은 북한 토지정책에도 매우 중요한 시사점을 줄 것이라는 점이다. 북한당국이 파탄 상태인 지령성 계획경제체제를 어떠한 형태로건 변화시키려 할 것이고, 그때 중국이 개혁·개방정책을 채택한 이후에 직면했던 토지와 기업 분야의 개혁이 관건 과제가 될 것이다. 특히 북한의 개혁 및 경제체제 전환 과정의 중요 고비마다 상응하는 토지사용제도 개혁의 필요성에 직면하게 될 것인바, 이 경우 중국이 축적한 토지사용제도 개혁 경험은 가장 유용한 참고 사례가 될 것이다.

한편, 중국 토지제도의 현황과 문제점을 올바르게 인식하기 위해서는 먼저 그 모태가 되는 중국 사회주의 계획경제체제라는 틀 속에서 공유제와 계획경제체제의 성격 및 그와 연관된 개념들을 올바로 이해해야 한다. 이는 북한의 현행 토지제도의 성격을 올바르게 이해하려면 그 모태인 북한의 지령성 계획경제체제와의 연관성에 대한 올바른 이해가 전제되어야 하는 것과 같은 맥락이다.

중국이 추진하고 있는 경제체제 개혁의 방향은 '국공유제-산품-계획경제'에서 '사유제-상품-시장경제' 요소를 확대하는 것이다. 다만 원래의 지령성 계획경제체제를 점진적으로 시장경제체제로 전환하기 위한 경제 개혁을 확대해나가면서도, '사회주의 고수'와 공유제 유지를 견지하고 있다. 이는 공산당의 통치 기반을 유지 및 강화해나가기 위해, 통치 이데올로기 차원에서 사회주의를 유지하면서 세계 경제의 변화 흐름에 적극적으로 대응해나가려는 전략이라 할 수 있다. 중국의 경험 중에서 북한이 주목하는 부분은 바로 통치 권력과 사회주의 체제를 고수하면서도 성공적으로 개혁·개방을 추진하고 있다는 점일 것이다.

1) 공공토지의 실질적 사유화 경향

본서 1장에서 9장까지 중국의 토지개혁 경험을 고대로부터 중국공산당 창당, 신중국 성립, 개혁·개방 등 획기적인 시점을 기준으로 그 전개 과정과 특징을 고찰했다. 이 중 개혁·개방 이후 중국의 토지개혁 경험이 주는 핵심적인 함의는, 토지공유제를 유지하면서도 토지소유권으로부터 토지사용권만 분리해 토지시장을 통해 유상양도하는 공공토지임대제를 실시하면 토지공유제와 시장경제가 조화를 이루고 경제가 번영할 수 있음을 경험적으로 검증했다는 점이다. 중국은 공공토지임대제의 구체적 유형으로 지대를 일시불로 받는 토지출양제와, 매년 받는 토지연조제(土地年租制) 두 가지 방식을 활용하고 있다.

그런데 중국의 부동산시장은 현재 지가 거품 등 토지사유제를 기반으로 하는 자본주의 시장경제가 겪는 문제를 고스란히 안고 있다. 그 핵심 이유는 중국이 공공토지임대제를 실시하면서 토지사용권 매각대금을 일시불로 받는 출양방식을 선택했기 때문이라 할 수 있다. 이는 미래의 토지사용 기간의 지대를 모두 자본화해 일시불로 받으면서, 경제성장에 따라 증가할 지대를 포함해 환수되지 못한 많은 지대가 시장을 통해 개발회사 및 개인에게 귀속됨을 의미한다. 이러한 불로소득의 사유화 허용은 부동산투기 등 갖가지 문제를 일으켰다. 더군다나 2006년 제정된 '물권법' 조항 중 주택용지의 자동 재연장 조항 등에서도 보이듯이, 개인의 토지사용권은 '작은 토지사유권'화 되고 있는 상황이 이루어지고 있다(조성찬, 2016). 최근 진행되고 있는 공공토지의 사유화 경향은 사실 중국의 개혁·개방 초기 정책에 내포되어 있었다.

사유화를 막기 위한 중국 정부의 정책적 노력은 크게 세 가지 차원에서 접근이 이루어지고 있다. 첫째는 토지출양제 자체를 극복하기 위해 토지연조제 실험을 전개하는 것이다. 둘째, 지대의 사유화를 막기 위해 개발이익을 공유하는 방식이다. 충칭시 지표(地标)거래 사례가 대표적이다. 셋째는 토지출양제의 한계를 '보완'하면서 동시에 지대 사유화를 막기 위한 부동산 보유세 실험이다(조성찬, 2016: 98~125).

그중 개혁·개방 초기부터 보조적으로 적용되어온 토지연조제는, 2016년 4월경에 저장성 원저우시에서 출양방식으로 공급된 주택의 토지사용권 만기가 도래하면서 토지사용료 재납부 여부가 중요한 사회문제가 되었을 때, 그 대안 중 하나로 제시되었다(≪中国日报≫, 2016.4.17). 또한 베이징시는 토지사용권 기한 만료 후의 대책으로 고려하고 있기도 하다.[2] 이하에서는 아직 제대로 된 토지개혁을 추진하지 않고 있는 북한에 더 큰 시사점을 줄 수 있는 토지연조제를 중심으로 살펴보고자 한다.

---

2   2016년 8월, 국가발전개혁위원회 거시(宏观)경제연구원 가오궈리(高国力) 박사 인터뷰.

2) 토지연조제 실험

(1) 토지연조제의 이론적 장점

토지연조제란 매년 지대를 국가나 지방정부에 납부하는 제도이다. 이는 지대를 토지사용권 기간만큼 40~70년 단위의 일시불로 내는 방식인 토지출양제(土地出让制)와 대비되는 제도이다. 중국의 '토지관리법 실시조례(土地管理法实施条例)' 제29조에서는 국유토지 유상사용 방식으로 토지출양제, 토지연조제 및 토지사용권 주식 출자 방식 등 세 가지를 규정해 토지연조제 방식에 법적 지위를 부여했다. 이어서 1999년 8월 1일 국토자원부가 '국유토지임대 규범화에 관한 약간의 의견(规范国有土地租赁若干意见)'을 발표했다. 이 발표를 통해 신규 건설용지 공급 방식에서 토지출양제 방식을 주된 방식으로 삼으면서도, 토지연조제 방식을 토지출양제 방식의 보조적인 방식으로 적용할 수 있도록 위상을 정립했다. 그런데 이러한 개혁으로 인해 토지연조제 방식이 법적 지위를 부여받은 반면, 시간이 흐르면서 그 역할은 오히려 축소되었다. 통계에 따르면, 1999년에 21.6%, 2000년에는 43.6%를 차지하던 토지연조제 방식의 공급 비율이 2001년도부터 현저히 줄어들어 2006년에는 1.2%에 불과했다.

토지출양제는 지대를 일시불로 받기 때문에 지방정부의 입장에서 일시에 대규모 재정수입을 확보해 도시개발의 재원으로 활용할 수 있다는 장점이 있다. 그러나 다음과 같은 단점도 있다. 첫째, 지속적이며 안정적인 재정수입의 근원을 포기하게 된다. 둘째, 일시불로 지대를 납부하기 때문에 토지개발업자와 부동산 구입자들은 큰 재정 부담을 지게 된다. 셋째, 재정적 부담을 해결하기 위해 불가피하게 부동산 담보대출을 받아야 하는데, 이는 부동산 거품을 조장하게 된다. 넷째, 현재에 미래의 수십 년의 지대를 예측해 총지대액을 결정하기 때문에 불완전한 지대 추정이 이루어지고, 이는 막대한 재정수입 유실을 초래하게 된다. 다섯째, 이러한 상황들이 총체적으로 결합해 부동산투기를 부추기게 된다. 현재 급속한 경제성장세를 보이고 있는 중국 부동산시장의 이면에는 앞서 언급한 다섯 가지 문제점이 모두 노출되고 있다.

(2) 토지연조제의 뿌리: 산둥성 자오저우만의 지대조세제[3]

뒤에서 살펴볼 헨리 조지(Henry George, 1839~1897)는 그의 저서인 『진보와 빈곤』을 통해 공공토지임대제의 이론적 기초를 제공했다. 또한 토지사유화가 진행된 국가에서는 토지소유권은 그대로 둔 채 지대를 조세로 환수하는 지대조세제를 실시하면 된다는 구체적인 처방책까지 제시했다. 그의 이론은 중국에서 가장 먼저 실현되었다.

헨리 조지가 주장한 '지대조세제'가 전 세계에서 가장 처음 실시된 곳은 중국 산둥성 자오저우만(胶州湾)[4] 일대이다. 청조(淸朝) 말이자 헨리 조지 사후 1년 뒤인 1898년, 독일의 조차지(租借地)였던 산둥성 자오저우만 일대에서 지대조세제가 실시되었다. 이 제도는 독일이 청나라와 조약을 체결해 자오저우만 일대 1036km²를 99년간 조차한 1898년부터 자오저우만이 일본에 점령당한 1914년까지 약 16년간 실시되었다.

이를 주도하고 구체화한 인물은 독일인 슈라마이어(Ludwig Wilhelm Schrameier, 1859~1926)로, 그는 '토지 및 조세에 관한 법률(Land and Tax Statute)'을 입안했으며, 이 법률은 이후 자오저우만 일대의 토지제도와 조세제도의 근거가 되었다. 중요 내용은 다음과 같다. 첫째, 연간 토지세액은 토지소유자가 가한 개량물 가치를 제외한 지가의 6%로 한다. 둘째, 지가는 정기적으로 재평가한다. 셋째, 지가 상승에 대해서 토지양도 시 또는 25년마다 과세

---

3 본 내용은 김윤상, 『토지정책론』(2002)의 사례를 주로 참고했다.
4 칭다오 기차역 주변은 현재 칭다오의 대표적인 해변 관광지이자 지대조세제가 실시되었던 자오저우만 중심 지역이다. 이곳에는 지대조세제 실시 당시 독일 양식으로 건축된 독일총독부와 건축물, 교회 및 구시가지가 여전히 남아 있다(〈사진 10-1〉 참고).

사진 10-1 **독일의 조계지였던 칭다오 구시가지 전경. 오른쪽 뒤로 멀리 독일총독부로 쓰였던 건물이 보인다.** (2010년 1월 26일 촬영)

한다. 넷째, 25년 동안 토지양도가 없을 경우에는 지가 차액의 3분의 1을 징수한다.

이 법률이 시행된 초기에는 토지세 이외의 징수액이 거의 없어 단일세제에 가까웠으며, 후에 관세가 추가되었을 뿐이다. 이 제도는 매우 성공적이어서 그 영향으로 독일 의회가 1914년 5월 13일 카메룬 식민지에서도 이 법을 실시할 것을 결정한 바 있다.

(3) 경제특구 토지연조제 실험

헨리 조지의 공공토지임대제 이론은 홍콩과 싱가포르에도 영향을 주었는데, 중국이 개혁·개방 이후 토지사용제도를 개혁하면서 이들의 경험을 참고했다. 아쉽게도 토지출양제가 주도적인 방식으로 자리 잡았지만, 토지연조제 역시 초기부터 중요한 정책으로 다루어졌다.

2003년 통계에 따르면, 중국은 전국 1000여 곳에서 토지연조제를 실험하고 있다.[5] 토지연조제의 출발도 개혁·개방 이후 토지유상사용 실험을 처음으로 시도한 선전시 경제특구에서 시작되었다. 중국 국무원은 1980년 7월 선전경제특구에서의 토지유상사용을 위해 '중외합영기업 건설용지에 관한 임시규정(国务院关于中外合营企业建设用地的暂行规定)'에서 처음으로 중외합영기업을 대상으로 매년 5~300위안/m²의 장소사용비(场地使用费)를 규정했고, 동시에 매년 일시불로 납부할 수 있도록 허용했다. 이후 같은 해 12월 9일 국무원은 '전국 도시계획업무회의 기요(全国城市规划工作会议纪要)'의 발표를 통해 토지사용세(土地使用税)라는 명칭으로 도시계획 범위 내의 토지사용에 대해 매년 지대를 납부하는 연조제 방식을 확대 적용한다고 발표했다. 이러한 정부의 근거규정 발표에 힘입은 선전시는 1981년 12월 24일 '선전경제특구 토지관리 임시규정(深圳经济特区土地管理暂行规定)'을 공포하고 본격적으로 토지의 유상사용을 실시하기 시작했다. 이때 토지의 용도별 연간 지대를 공업용지 10~30위안/m², 상업용지 70~200위안/m², 상품주택용지 30~60위안/m², 관광건축용지 60~100위안/m²으로 규정하면서 동시에 동 규정 제18조에서 일시불 납부가 가능하다는 규정을 추가했다. 그러나 지대를 매년 납부한다고 규정했음에도 불구하고 1987년 9월 9일 일시불 방식인 협의출양방식을 통해 처음으로 토지사용권을 유상출양하게 되었고, 이후 일시불 토지출양방식이 통용되게 되었다.

여기서 주목할 점은, 출양제 방식과 연조제 방식의 지대수입 차이이다. 협의방식을 통해 토지사용권을 처음 출양한 주택용지 사례의 경우, 토지면적은 5412m², m²당 출양금은 200위안, 토지사용 기간은 50년으로 해 토지

---

5   국무원의 '국유토지임대 규범화에 관한 약간의 의견(规范国有土地租赁若干意见)'(1999. 7.27) 발표 이후, 상하이시(1999), 산둥성(2001), 허베이성(2002), 장쑤성(2003), 저장성(2003), 랴오닝성(2007)이 각각 구체적인 '성급 토지연조제 실시조례'를 공포했다.

표 10-1 **실제 출양제 방식과 연조제 방식의 지대총액 비교**

유상양도방식		면적 (m²)	표준 (위안/년)	기간 (년)	지대총액 (만 위안)	차이 (만 위안)
협의출양방식 (실제)		5,412	200/50	50	108.24 (A)	—
연조제 방식 (가정)	주택용지 최저 기준	5,412	30/1	50	811.8 (B)	703.56 (B-A)
	주택용지 최고 기준	5,412	60/1	50	1,623.6 (C)	1,515.36 (C-A)

자료: 조성찬(2010: 117).

출양금 총액은 108만 2400위안이었다. 이 사례에 동 규정의 연조제 납부 방식을 적용할 경우, 최저 사용료 기준인 30위안/m²을 적용하면 50년 동안의 총액이 811만 8000위안이며, 최고사용료 기준인 60위안/m²을 적용하면 같은 기간 동안 총액이 1623만 6000위안이 된다. 따라서 계산상의 금액과 실제로 납부한 금액 사이에 큰 차이를 보인다(〈표 10-1〉 참고). 이는 하나의 사례에 불과하며, 지금까지 중국에서 출양으로 공급된 모든 필지에 대해 이런 식으로 계산해 더하면 그 총액은 더욱 커질 것이다. 이처럼 일시에 막대한 지대수입을 가져다주는 것처럼 보인 출양제 방식은 착시효과에 불과했다.

1988년 1월 3일 선전시가 제정한 '선전경제특구 토지관리 조례(深圳经济特区土地管理条例)'에서 통일적으로 출양방식을 통해 토지를 유상양도하며(제8조), 매년 토지사용료를 납부한다(제13조)고 규정해, 전까지 두 방식 중 하나를 선택할 수 있었던 규정에서 벗어나 '토지출양-토지사용료 납부'라는 방식을 규정하기에 이르렀다. 이런 원칙은 1999년 7월 27일 국무원이 발표한 '국유토지임대 규범화에 관한 약간의 의견(规范国有土地租赁若干意见)'에서 재차 확인되었다. 그리고 1988년 9월 27일 국무원이 공포한 '도시국유토지사용세 임시조례(城镇国有土地使用税暂行条例)'와 1989년 3월 25일 광둥성이 공포한 '광둥성 도시토지사용세 실시세칙(广东省城镇土地使用税实施细则)'

에 따라 토지사용료에서 토지사용세로 명칭이 바뀌어 지금까지 이어져 오고 있다.

중국에서 '토지임대(土地租賃)'라는 명칭으로 본격적인 토지연조제 실험을 실시한 것은 '국유토지임대 규범화에 관한 약간의 의견'과 1998년 개정된 '토지관리법 실시조례'에서 토지연조제 방식을 합법적인 토지사용권 유상양도 방식의 하나로 인정하면서부터이다.[6] 그런데 토지사용료(후의 토지사용세) 납부의 오랜 경험을 축적한 선전시는 2000년 10월 20일에 '선전시 연간 토지임대료 조례(深圳市年地租条例)' 초안을 통과시켰으나, 내부의 의견 불일치로 최종 확정되지는 못했으며, 현재는 토지출양제의 문제점으로 나타난 '국유기업 개혁 과정 중의 토지자산 처리 문제', '행정배정된 토지 위에 지은 주택의 사용권 기간 만료 및 연장 문제' 및 '임시용지와 임시건축물 관리 문제'를 해결하기 위해 부분적으로 연조제 방식을 적용하고 있다.[7]

선전경제특구 외에도 토지연조제를 실험적으로 실시하고 있는 대표적인 경제구로 상하이 푸둥신구(1999.5.31)와 장쑤성 쑤저우공업원구(2004.8.20)가 있다. 이 중 상하이시 푸둥신구의 토지연조제 체계는 적용 대상을 확대했다는 점에서 가장 모범적인 사례에 해당한다.

위에서 언급한 세 개 경제특구의 토지연조제 체계를 정리하면 〈표 10-2〉와 같다. 상하이 푸둥신구의 토지연조제 적용 범위가 행정배정토지 및 임시용지 외에도, 법규상 출양방식으로 공급해야 하는 상품주택용지를 제외한 건설용지까지 포함하고 있어, 적용 범위가 3개 경제특구 중 가장 넓다. 사용권 기한에 대해서도 용도별로 구분해 기본 50년으로 설정했으며, 사용권 분

---

6   중국 관련 법에서는 '임대(租賃)'의 개념을 토지출양제와 토지연조제를 아우르는 광의의 개념이 아닌 토지연조제만을 의미하는 협의의 개념으로 사용하고 있다. 그러나 엄밀한 의미에서 토지출양도 토지임대의 일종으로 보는 견해가 지배적이다.

7   각 개별 법의 명칭은 다음과 같다. '我市国有企业改制中土地资产管理若干意见'(2003.6. 2), '深圳市到期房地产续期若干规定'(2004.4.23), '深圳市临时用地和临时建筑管理规定' (2006.5.1).

표 10-2 **3개 경제구의 토지연조제 체계 비교**

체계	선전경제특구	푸둥신구	쑤저우공업원구
근거 법	深圳市到期房地产续期若干规定 深圳市临时用地和临时建筑管理规定	上海市国有土地租赁暂行办法	苏州工业园区国有土地租赁实施细则(试行)
적용 범위	• 행정배정토지의 사용 기간 만료 주택 • 임시용지	• 상품주택용지 이외의 기타 건설용지 • 행정배정방식 취득 토지 • 임시용지	• 행정배정 용지 범위에 부합하지 않는 기존 토지
물권적 성질	• 행정배정 용지 등기 • 토지사용권 연장등기 • 부동산등기 금지	• 임대토지사용권 등기 • 부동산권리증서 등기	• 토지등기 • 토지사용권증서 등기
사용권 기한	• 최장 사용 기간에서 이미 사용한 기간을 제한 나머지 • 임시건설용지: 2년 • 만기 후 1회 1년에 한해 재연장 가능	• 공업용지: 50년 • 교육, 과학기술, 문화 등 용지: 50년 • 상업, 여행오락용지 40년 • 기타 용지: 50년	• 단기: 5~10년 • 장기: 출양 최고 사용 기한을 넘겨서는 안 됨
지대 결정 방식 및 기준	• 협의를 통한 결정 • 시 국토관리부문이 정기적으로 공표 • 협의를 통한 결정 • 임시사용토지계약서에서 결정	• 협의, 입찰, 경매로 결정 • 지대는 최저기준보다 낮아서는 안 됨 • 지대는 임대 토지 지역 표준지 지가의 할인액을 최저 기준으로 삼음 • 상위 규정 외에, 지대는 상하이시 외상투자기업 토지사용료 기준을 최저기준으로 삼음	• 경쟁 조건이 갖추어진 용지: 입찰, 경매, 공시 • 단기임대는 입찰, 경매, 공시 방식 미적용 • 기준지가와 표준지가를 기초로 해, 해당 토지의 시장가격 평가액을 참조해, 지대보호가격을 결정 • 장기임대: 수익 자본화공식 채택 • 단기임대: 지역에 따라 동일한 용도의 토지지대의 50~80% 적용
지대 재평가 주기	• 국토관리부문이 정기적으로 표준을 공표	• 지대 최저표준 조정 시 • 용도 변경 시 • 양도 시	• 단기임대: 3년에 한 번 • 장기임대: 5년에 한 번
사용권 처분	• 규정 없음 • 매매, 저당, 교환, 증여 불가	• 양도, 사용권 분할, 건축물 등의 저당 및 임대	• 양도, 재임대, 저당

토지사용세 관계	• 규정 없음	• 지대 중에서 도시토지사용 세 공제	• 규정 없음
출양방식 전환	• 재계약 시 두 가지 중 하나 선택	• 규정 없음	• 토지사용자 출양방식으로 우선구매권

자료: 조성찬(2010: 157).

배 및 지대 결정 방식도 협의를 포함한 입찰, 경매 등 시장경쟁 방식을 적용하고 있다. 지대 재평가도 정기적(지대 최저 기준 조정 시)·부정기적(용도 변경 및 양도 시)으로 실시하고 있으며, 사용권 처분도 자유롭다. 그리고 이미 지대를 납부한 토지사용자에게는 도시토지사용세를 공제해주고 있다.[8] 한편 다른 두 경제특구가 토지연조제 방식에서 토지출양제 방식으로 선택할 수 있는 가능성을 열어놓고 있는 반면,에 상하이 푸둥신구는 그 가능성을 봉쇄하고 있다. 토지연조제는 토지출양제의 연착륙을 위한 효과적인 대안 정책으로 활용할 수 있기에 오히려 상반되는 규정이 필요할 것이다. 실제로 '선전시 만기 도달 부동산의 기간 연장에 관한 약간의 규정(深圳市到期房地产续期若干规定)'에서는 사용권 기한이 만료된 토지출양방식의 토지사용권을 토지연조제 방식으로 전환할 수 있도록 규정하고 있다. 토지출양제에서 토지연조제로의 '갈아타기'는 향후 중국 토지사용권 개혁의 중요한 내용이 될 것이다.

---

8 도시토지사용세도 결국 지대의 일종이기 때문에, 이러한 방식이 지대원리에서 제시한 근로소득세 및 법인세 등을 대상으로 하는 조세 대체 방식(제4원리)에 부합하지는 않으나, 중요한 것은 두 방식 모두 동일한 방법론을 적용하고 있다는 사실이다. Phang(2000)의 연구에 따르면, 홍콩에 국제금융 및 기업 투자와 활발한 소비시장이 형성된 이유 중 하나는 경제활동에 부담을 주는 다른 세금을 줄여주는 조세대체정책을 실시하고 있기 때문이다. 한국의 법인세가 27.5%인 반면, 홍콩의 법인 수익세율이 16.5%이고, 비법인 수익세율은 15%이다. 게다가 44%의 노동자들은 임금에 대해 어떤 세금도 내고 있지 않다(Phang, 2000: 343~344).

2. 북한의 토지개혁 과정

1) 토지개혁 연혁

북한이 추진한 토지개혁 과정도, 중요한 맥락과 본질적인 문제에서는 중국과 같은 성격을 가지며, 큰 틀에서 비슷한 방식과 절차를 거쳤다. 즉, 해방 이후에 북한 지역에서 진행된 토지개혁 과정은, ① 일정 규모 이상의 개인 소유 토지 무상몰수 및 무상분배, ② 매우 짧은 기간 동안 토지사유권 인정, ③ 농업집단화 사업을 통한 국가토지소유제 확립으로 요약된다.

1946년부터 북한 지역에서 추진된 토지개혁 과정에서 토지에 대한 사유권(私有権)을 완전히 부인하지는 않고, 일정 면적(5정보) 이상의 개인 소유 토지만을 대상으로 무상으로 몰수하고 무상으로 분배했다. 1946년 3월 5일 북조선인민위원회가 '토지개혁에 관한 법령'을 공포해 즉시 토지개혁을 단행하고, 1946년 3월 8일에는 '토지개혁법령에 관한 세칙'을 공포하며 1946년 3월 말까지 토지개혁을 완료하도록 요구해, 20여 일 만에 무상몰수 방법으로 토지개혁을 완료했다(김상용, 2006). 이후 1954년부터 시작한 '농업 집단화 사업'을 1958년에 완성함으로써, 북한 지역 내에서 토지사유권을 완전히 소멸시키고 사회주의적 토지소유제를 확립했다. 토지에 대한 사유권을 착취적인 소유권으로 간주해 소멸시키고, 토지소유제를 국가소유권과 협동단체소유권으로 구분한 것은 중국의 전민 소유 및 집체 소유와 그 구조가 같다.

토지개혁 후에 농업을 집단화해 토지에 대한 사회주의적 토지소유제를 확립했고, 또한 토지개혁에서 제외된 토지에 대해 강제 몰수, 또는 강압적인 분위기 아래서 그 소유자로 하여금 자발적으로 소유권을 포기하게 하거나 협동농장에 기부하게 한 것도 중공이 추진한 토지개혁 당시의 분위기와 방식 등 모든 면에서 본질적으로 같다고 할 수 있다. 또한 이 같은 토지개혁을 혁명운동의 일환으로 먼저 실행하고 나서 추후에 제도적으로 추인하는 방식으로 진행된 점도 중국의 상황과 같다. 즉, 북한공산당도 토지개혁과 사회주의적 토지소유제를 실질적으로 확립한 후 1963년에 '토지법'을 제정했고, 1972년에는 '헌법'에서 다시 추인했다. 1977년에는 '토지법'을 제정해,[9] 토지를 혁명의 고귀한 전취물로 규정하고(제1조), 모든 토지는 국가 및 협동단체 소유로 규정하며(제9조 제1항), 토지에 대한 매매를 금지했다(제9조 제2항). 그리고 '민법'에서 토지에 대한 국가소유권과 사회협동단체소유권만을 규정하고 있으며, 토지의 용익 및 담보로서의 활용에 관한 규정은 없다.

2) 개혁과 개방을 위한 토지제도 변화

북한 조선노동당도 중공과 같이 개혁과 개방을 위한 시도를 시작했다. 첫 시도는 1984년에 외국인 투자를 유치하기 위해 '합영법'을 제정한 것이다. 그 후 1992년에 '외국인투자법'을 제정·공포하고, 제15조에서 외국의 투자기업 또는 개인투자자에게 토지이용권 설정 가능성을 인정했다. 토지부문 개혁에서 가장 중요한 변화는 1993년에 '토지임대법'을 제정(1999년 개정)한 것과 이에 근거한 토지이용권의 인정이라 할 수 있다. 토지이용권 제도는 사회주의적 토지소유제에 의해 이념적으로는 토지소유권이 국가 또는 협동단체에 속하지만, 외국 기업이 장기간 토지이용권을 설정받아 토지를 사용할 수 있는 권리를 보장해주는 것이다. '임대'라고 부르지만 실제적으로는 '토지이용권'의 설정이라고 할 수 있다. 그리고 북한에 투자하는 외국의 기업과 개인 및 합영·합작기업에 출자하려는 북한의 기관, 기업소, 단체는 토지이용권을 설정받을 수 있도록 했다('토지임대법' 제2조, 제5조). 그 전제로,

---

9 "1963년에 '토지법'을 제정"했으므로, 1977년에는 '개정'이라고 표현해야 정확하겠지만, 북한이 발간한 자료에 '제정'으로 표기되어 있어 이를 그대로 사용한다.

'합영법'을 개정해 토지이용권을 합영기업에 출자할 수 있도록 했다('합영법' 제11조). 토지이용권은 토지관리기관과의 임대계약에 의해 최장 50년까지 설정할 수 있다.

북한은 1992년 '헌법' 개정 이후, 1998년에 다시 '헌법'을 개정해 개혁과 개방을 좀 더 넓게 추진할 수 있는 헌법적 기초를 마련했다. 1998년 개정 '헌법'에서는, 생산수단의 소유주체를 종래에는 국가와 협동단체로만 인정했던 것을 국가와 사회협동단체로 확대했으며, 도로와 해상운송 분야의 건설 및 운영사업에 외국인 또는 외국 기업이 진출할 수 있도록 하기 위해 교통부문에서 국가 소유의 대상을 철도와 항공 운수로 제한했고, 중국의 경제특구와 같은 '특수경제지대' 창설을 위한 헌법적 근거를 마련했다.

북한이 추진하고 있는 개혁·개방정책의 핵심은, 중국이 추진했던 큰 틀의 경제체제 개혁보다는, 당면한 경제적 난관을 벗어나기 위해 외자를 유치하기 위한 차원에서 대외 개방에 치중하고 있다는 점이다. 이러한 이유로 토지사용권 유상사용은 주로 경제특구(개발구 포함) 내에서 이루어지고 있다. 한편, 2002년 7월 1일에 발표된 '7·1 경제관리 개선조치'와, 같은 해 7월 31일에 '토지사용료 납부 규정'이 발표된 이후, 농민들이 농업생산물 중 일부를 지대로 국가에 납부하는 현물지대 납부 방식의 토지유상사용이 초보적으로 적용되기 시작했다.

3) 경제특구 토지제도의 특징

북한 토지제도의 변화는 경제특구 및 개발구 설치와 함께 변화해갔다. 먼저 경제특구의 변화 과정을 개관해보자. 이종규(2015: 38~50)에 따르면, 북한 경제특구는 전체적으로 네 개의 시기로 구분이 가능하다. 제1기(1991~2000)는 중국과 일본이 북한 대외무역의 중심이던 시기다. 이때 나진·선봉 지역을 중심으로 경제특구가 처음으로 시도되었다. 제2기(2001~2008)는 남치 문제(2002년), 봉수호 사건(2003년) 등으로 대일(對日) 교역에 차질이 빚어지면서 중국과 한국을 대상으로 한 경제특구정책들이 시도되었다. 이에 따라 신의주특별행정구, 금강산관광지구, 개성공업지구 등 세 개 특구가 새롭게 추진되었으며, 2002년 '7·1 경제관리 개선조치'와 맞물리면서 과감한 정책이 소개되기도 했다. 그런데 세 개의 경제특구는 현재 모두 중단된 상태다. 제3기(2009~2012)는 핵실험으로 인한 국제사회의 제재 강화, 한국의 5·24조치 등으로 대중(對中) 무역의존도가 높아진 시기로, 중국 국경에 근접해 있는 라선경제무역지대와 황금평·위화도경제지대에서 추진되었으나, 라선경제무역지대만 상대적으로 안정적으로 발전하고 있을 뿐, 황금평·위화도경제지대는 사업이 진척되지 않고 있다. 끝으로 제4기(2013년 이후)는 새로 정권을 잡은 김정은 정부가 특수경제지대정책 및 지방 중심의 경제개발구정책을 본격적으로 추진하고 있다(이종규, 2015: 38~50).

이러한 경제특구의 변화 과정에서 토지제도는 기본 원칙과 방식에 큰 변화는 없었다. 기본적으로 북한 경제특구의 토지제도는 토지의 국유를 유지하면서 토지이용권만을 분리해 유상으로 설정해주는 방식이다. 이는 앞에서 고찰한 중국의 '토지사용권 출양'과 유사한 성격이라고 할 수 있다. 단, 북한은 아직까지는 '토지이용권의 설정'을 전면적으로 허용하지 않고, 라선경제무역지대, 신의주특별행정구, 개성공업지구, 금강산관광지구 같은 특구와, 최근 설립한 지방급 개발구에서만 허용하고 있으므로, 중국의 개혁·개방 초기 실험 단계를 크게 벗어나지 못하고 있다. 북한의 '토지임대법'은 특구가 아니라 하더라도 토지이용권의 설정이 가능하다고 규정하고 있다. 이와 같이 토지이용권을 확대 설정할 수 있는 법적 장치는 마련되어 있으나, 실질적인 토지이용권의 설정이 허용되고 있지 아니하며, 구체적인 토지이용권의 설정은 특구 및 개발구에서만 이루어지고 있다. 또한 외국 투자기업 및 외국의 개인 투자자를 주 대상으로 하고, 북한 내에서는 합영·합작기업에 출자하는 북한의 기관, 기업소 및 단체로 제한된다.

북한 토지이용권의 설정 및 양도, 임대, 저당 등의 토지이용권의 처분에 관한 일반법은 '토지임대법'이다. 그러나 신의주특별행정구, 개성공업지구, 금강산관광지구에서의 토지이용권 설정의 근거 법은 '신의주특별행정구기본법', '개성공업지구법', '금강산관광지구법'이다. 다만 라선경제무역지대에서 토지이용권 설정의 근거 법은 '토지임대법'이다. 이와 같이 북한에서는 토지이용권 설정의 근거 법이 각각 다르다. 그리고 토지이용권의 양도·임대·저당에 관한 세부적인 법 규정도, 라선경제무역지대에서의 토지이용권 처분에 대해서는 '토지임대법 시행 규정'(1994년 제정)이, 그리고 건물 처분에 관해서는 '자유경제무역지대 건물의 양도 및 저당 규정'(1995년 제정)이 적용되고, 금강산관광지구에서의 토지이용권 및 건물의 처분에 관해서는 '금강산관광지구 부동산 규정'(2004년 제정)이 적용되며, 개성공업지구에서의 토지이용권 및 건물의 처분에 관해서는 '개성공업지구 부동산 규정'(2004년 제정)이 적용된다. 이와 같이 토지이용권의 설정 근거 법이 각각 다를 뿐만 아니라, 토지이용권과 건물의 처분에 관한 근거규정도 각각 다르다.

그런데 최근 제정된 북한 '경제개발구법'(2013.5.29)은 기본적으로 '라선경제무역지대법', '황금평·위화도경제지대법'과 유사하지만, 하나의 지역만을 대상으로 한 것이 아니고, 향후 지정될 예정인 다른 지역을 고려한 특수경제지대의 일반법으로서 의미를 지닌다. '경제개발구법'은 기존 경제특구인 라선, 황금평·위화도, 개성, 원산·금강산에는 적용되지 않는다(부칙 제2조). 이러한 지역에는 원래 존재하던 법령이 각각 효력을 미치고, 중앙과 지방의 21개 경제개발구에는 공통적으로 '경제개발구법'이 적용되는 구조이다(이종규, 2015: 54~55).

북한 경제특구의 토지유상사용 방식을 핵심적으로 정리하면, 선전의 이전 모델인 '토지출양제(토지개발비 포함)+토지사용료 납부' 모델이라 할 수 있다. 즉, 50년 단위의 토지이용권을 매각하면서 일시에 임대료를 받고, 매년 토지사용료를 납부하는 방식이다. 구체적인 내용에서도 토지이용권 등기 등을 통해 물권적 규정을 두고 있는 점, 토지사용권 기한을 50년으로 비교적 충분한 기간을 설정하고 있다는 점, 토지사용권 계약은 일반적으로 협의방식을 적용하면서도 나진·선봉자유무역지구의 경우 입찰·경매 방식을 적용할 수 있는 점, 토지사용자의 권리를 보호하기 위한 규정을 두고 있는 점, 저당대출이 가능한 점 등 토지유상사용제도가 갖춰야 할 체계들을 나름대로 취하고 있다.[10] 또한 토지사용권 유상사용은 주로 외국 기업 및 외국인에게 국한되며, 용도 변경이 어렵다는 점, '토지법'이나 '토지임대법'에서 아직 토지사용권을 물권의 일종으로 명확하게 규정하고 있다는 점 등을 특징으로 한다.

4) 중국의 개혁·개방이 북한에 미친 영향

중국과 북한은 지리적으로 인접하고 있을 뿐만 아니라 두 나라 모두 사회주의를 표방하고 있고, 건국 이후 추진한 토지개혁 과정이 유사하며, 그 결과로서의 전민 소유와 집체 소유라는 토지소유제 구조도 유사하다. 또한 대외개방정책을 추진하기 위한 북한 경제특구의 토지사용 방식이, 중국의 1980년대 이후의 토지유상사용제도와 마찬가지로 토지소유권에서 토지사용권을 분리해 양도하는 제도를 실시하고 있다(박인성 외, 2007: 171~172).

이런 유사성은 우연한 것이 아니라 북한이 중국의 개혁·개방 및 토지개혁 모델을 참고하고 있기 때문이다. 실제로 북한은 제1차 7개년 계획(1961~1970)과 6개년 계획(1971~1976)이 실패하자 채무상환 부담이 없는 새로운 외자 유치를 위해 중국의 '중외합자경영기업법'을 모델로 구 '합영법'('최고인민회의 상설회의 결정' 제10호, 1984.9.8)을 제정했다(법원행정처 사법정책연구실, 1997: 71). 또한 북한이 나진·선봉자유경제무역지대를 설치할 때 중국

---

10 북한의 '토지임대법'에서는 중국의 '토지사용권'이라는 용어 대신 '토지이용권'이라는 용어를 사용하며, 대신 매년의 토지지대는 '토지사용료'라고 부르고 있다.

경제특구를 모델로 했으며, 사회주의 계획경제체제에 시장기제를 도입하기 위한 실험장 역할을 부여하려는 의도를 갖고 있었다(박인성, 2005: 131). 마지막으로 북한은 다른 분야의 법제와 마찬가지로 토지임대차제도에 대해 중국의 관련 법규를 원용해 이를 답습하고 있으나, '토지임대법'상 국가가 국토관리기관을 통해 업무를 통일적으로 담당하고, 외국 투자자에게 불리한 규정이 많다는 점이 다르다. 특히 외국 투자자에게 불리한 규정은 토지이용권 판매 시 북한 당국이 무조건 우선구매권을 가지는 점, 토지개발비를 임대료에 포함시켜 임대료가 높게 책정된 점, 임대 기간 종료 시 토지이용권만이 아니라 건축물과 기타 부착물도 무상으로 북한 당국에 반환되는 점 등이다(이계만, 1996: 445~447).

5) 최근 토지사용제도 변화 및 지대추구 동향

주지하다시피, 북한 내에는 이미 빠른 속도로 시장이 확산되고 있다. 북측 정부가 주민들의 시장 활동을 억제하지 않을 뿐만 아니라, 포전담당제, 기업경영책임제 등으로 시장 기능을 활용하는 정책을 구사하고 있다는 분석도 있다(동용승, 2017: 53).

북한은 김정일 정부 이래로 협동농장을 공동경작하는 방식에서 탈피해 소수의 작업반 단위로 경작하는 포전담당제를 시행해오고 있다. 김정은 정권은 기존 방식을 더욱 발전시켜, 자기 땅이라는 인식을 주지 못하는 윤번제 방식 대신에 농가마다 담당 토지를 분배하고 생산물을 평균 30(국가) : 70(농가)으로 분배하는 방식을 도입했다. 생산물 분배 비율이 최초에는 국가가 60%였으나 30%로 크게 줄어든 것이고, 국가에 납부하는 이 30%를 '지대'라고 부른다. 관련 분석에 따르면, 농지마다 수년에 걸쳐 생산성을 측정해, 각 토지생산성에 따라 분배 비율이 달라지도록 조정했다. 이로 인해 농민들은 자기 땅이라는 인식을 가지게 되면서 텃밭보다는 협동농장의 자기 땅을 경작하는 데 주력하는 현상이 확산되고 있다. 농민들은 농장단위 또는 작업반 단위로 종자와 비료를 확보하기 위해 노력하고 있으며, 그 결과 농업생산성도 올라가고 있다. 가령, 2015년 알곡 생산량은 589만 1000톤으로, 2001년에 비해 142만 톤이 증가했다(동용승, 2017: 55; ≪내일신문≫, 2017.6.15).

이러한 원리는 그대로 공장기업소에도 적용되고 있다. 오늘날 북한 정부가 시행하는 경영원리는 기업경영책임제이다. 전에는 모든 것을 국가가 책임지고 임금 및 식량을 지급했다면, 이제는 각각의 기관과 공장기업소가 자체경영을 통해 노동자에게 월급을 지급하고 식량과 생필품을 배급해주는 방식으로 전환하고 있다. 기업소는 농지와 동일하게 생산액의 30%를 국가에 납부하고 있는데, 이는 기업소가 국가로부터 생산수단을 임대 사용하는 것에 대한 사용료를 지불하는 성격이며, 협동농장의 지대와 같은 성격이다. 현재 각 기관이나 기업소들은 성과를 더 내기 위해 외국 자본을 유치하거나 새로운 상품을 개발하기 위해 분주하게 움직이고 있다(동용승, 2017: 55~56).

한편, 현재 북한에서도 지대추구와 부동산투기가 진행되고 있다. 즉, 시장이 형성 및 활성화되면서 소위 '돈주'라는 자본가가 형성되었는데, 이들이 급기야 정부 관료와 결탁해 아파트 등 부동산개발을 통해 막대한 부를 창출하고 있다(문홍안, 2017; 2017 서울도시건축비엔날레 '평양전'). 핵-민생경제 병진 노선을 채택한 김정은 정권은 미래과학자거리와 려명거리를 새롭게 개발하면서 아파트 신축 등 건설사업을 활발하게 추진하고 있는데, 이때 해당 부서에서 자체적으로 자재를 조달하고 건설을 책임지는 방식을 적용하고 있다. 그러다 보니 해당 단위들은 자재 확보를 위해서 지하자원을 수출하거나 다른 사업을 전개하기도 한다. 여기에 더해 소위 '돈주'들에게 이권을 보장하는 식으로 주택건설사업 등 대형 사업에 투자하도록 유도하고 있다(동용승, 2017: 53; 임을출, 2016). 현재 북한 내에서 가장 수익성이 높은 사업은 아파트 건축사업과 부동산임대 사업이라는 이야기가 돌고 있다. 법률상 주택 매매가 불법이지만 '돈주'들이 정부 관료와 결탁하는 방식으로 매매를 하고 있으며, 막대한 투기적 이익을 향유하고 있다.

3. 북한 토지사용제도 개혁 관련 쟁점

1) 개혁 이론 기초: 헨리 조지의 지대공유론과 공공토지임대제[11]

헨리 조지는 그의 저서인 『진보와 빈곤』을 통해 진보 속의 빈곤 문제를 해결하기 위해 지대조세제를 주창했다. 지대조세제란 토지소유자에게서 시장임대료에 해당하는 지대를 매년 조세로 징수해 가장 우선적인 정부 수입으로 삼는 제도를 말한다. 그런데 헨리 조지가 지대조세제를 주장하기에 앞서 보다 근본적인 처방책으로, 사유화된 토지를 공유로 되돌린 후 토지사용권을 최고지대 청약자에게 분배하는 공공토지임대제를 실시해야 한다고 주장한 점은 잘 알려져 있지 않다.[12] '공공토지임대제' 이론은 오늘날 중국과 북한 같은 경제체제 전환국의 토지유상사용제도 개혁을 위한 핵심적인 이론을 제공하고 있다.

헨리 조지는 '토지의 사적 소유를 인정하지 않고 국가나 시 정부가 모든 토지를 소유하면서 토지사용자로부터 지대를 징수하는 공공토지임대제를 실시할 경우 토지사용 및 개량이 제대로 이루어질 수 있을 것인가'라는 일반적인 염려에 대해 다음과 같이 대답함으로써, 토지사용 및 그 결과물의 확실한 보장을 강조했다.

---

11 지대조세제 이론에 관해서는 조지(1997), 이정우 외(2005), 이정전(1999), 전강수·한동근(2000) 등을 참고할 것.

12 "빈곤을 타파하고 임금이 정의가 요구하는 수준, 즉 노동자가 벌어들이는 전부가 되도록 하려면 토지의 사적 소유를 공동소유로 바꾸어야 한다. 그 밖의 어떤 방법도 악의 원인에 도움을 줄 뿐이며, 다른 어떤 방법도 희망이 없다"(조지, 1997: 313~314).

토지사용에 필요한 것은 토지의 사적 소유가 아니라 개량물에 대한 보장이다. 토지의 경작과 개량을 유도하기 위해서 '이 땅은 당신의 것'이라고 할 필요가 없다. 단지 '이 땅에서 당신이 노동과 자본을 들여 생산한 것은 당신의 것'이라고 하면 족하다(조지, 1997: 384).

토지를 선점한 사람에게 방해받지 않는 토지사용을 인정하면서 지대를 환수해 사회 전체의 이익을 위해 사용하면, 토지개량을 위해 필요한 확실한 토지사용권의 보장을 이룩하면서 토지사용에 대한 모든 사람의 평등권도 완전하게 인정하게 된다(조지, 1997: 330).

헨리 조지의 지대공유론을 정리하면, 토지사유제가 완성된 나라에서는 행정 편의상 지대를 조세의 일종으로 다루어 환수하는 지대조세제를 실시하며, 토지가 공유인 나라에서는 지대를 임대료로 파악해 '공공토지임대제'를 실시하는 것이다. 두 제도 모두 지대의 공적 환수라는 핵심에서는 동일하다. 단지 적용 방법에 차이가 있을 뿐이다. 두 가지를 핵심 수단으로 하는 헨리 조지의 지대공유론은 통일한국의 토지개혁 방향을 제시해준다. 김윤상(2002)은 이러한 구도를 '지공주의'로 제시했다.

지금까지의 논의에 근거해, 보다 구체적인 정책 수립을 위한 실행 원칙인 토지원리와 지대원리를 제시할 수 있게 되었다. 김윤상(2002)은 토지원리의 도출을 위해 인간의 평등을 전제하는 가운데, 재산권의 근거를 마련한 존 로크(John Locke, 1632~1704)로부터 출발한다. 로크는 그의 저서 『정부론(Two Treatises of Government, Second Treatise)』에서 자신의 노동이 자신의 것이기에 자연 상태에 자신의 노동을 투입해 얻은 생산물도 당연히 자신의 소유가 된다고 주장했다. 또한 그는 토지에 대한 재산권의 취득도 다른 물자의 경우와 마찬가지로 동일하다고 주장했다. 그런데 그는 여기서 재산권 인정의 조건으로서 중요한 단서를 붙였다. 이른바 '로크의 단서(Lockean

Proviso)'로 잘 알려진, "적어도 그에 못지않은 질의 충분한 양이 다른 사람에게도 공동의 것으로 남아 있는 경우라면(at least where there is enough, and as good left in common for others)"(Locke, 1689: 섹션 27)이라는 단서이다. 그런데 역설적이게도 재산권을 인정하기 위한 근거로 제시한 이 단서는 오히려 토지의 사적 소유의 정당성을 인정하지 않는 근거로 해석된다. 현재 어느 나라에서도 동질의 토지가 다른 사람에게도 충분히 공동의 것으로 남아 있지 않기 때문이다. 로크가 그 단서를 '자신 있게' 제시할 수 있었던 배경에 대해 로크의『정부론』에 대한 유럽중심주의적 해석에서는, 영국이 미국 식민지를 개척하던 당시 영국의 입장에서 미국 신대륙에 광활한 땅이 끝없이 펼쳐져 있었기 때문이었다고 분석하기도 한다(강정인, 1998: 63~71).

이어 김윤상(2002: 172)은 "모든 인간은 평등한 자유를 누린다"는 '평등한 자유의 공리'에 기초해 '토지원리'를 도출했다. 다만 '평등한 자유의 공리'는 노동의 결과가 아닌 자연물에 대한 사적 우선권의 근거가 될 수 없다는 점을 분명히 했다. 토지원리는 다음과 같다.

제1원리: 토지에 대해서는 모든 인간이 평등한 권리를 가진다.

제2원리: 사회적 필요성이 있으면 사회적 합의를 통해 사인(私人)에게 토지에 대한 우선권을 인정할 수 있다.

제3원리: 토지에 대한 사적 우선권을 인정하려면 다음과 같은 조건이 충족되어야 한다.

① 취득 기회 균등의 조건: 토지에 대한 사적 우선권을 취득할 기회를 모든 주민에게 균등하게 보장해야 한다.

② 특별이익 환수의 조건: 토지에 대한 사적 우선권 즉 타인을 배제하는 권리로 인해 다른 구성원에 비해 특별한 지대(地租) 이익을 얻는다면, 그 특별이익을 공동체에 환원시켜야 한다.

③ 사회적 제약의 조건: 토지에 대한 사적 우선권은 사회적 합의에 의해 인정되

는 권리이므로, 그렇게 합의한 취지에 맞게 행사해야 한다. 즉, 토지에 대한 사적 우선권의 행사는 생산물의 경우보다 더 강한 사회적 제약을 받는다.

이 토지원리는 제3원리에서 개인에 대한 토지의 사적 우선권을 인정하면서도, 제1원리인 모든 인간의 평등한 토지사용권(평균지권)을 만족시키기 위해 제3원리의 첫 번째 조건에서 '취득 기회 균등의 조건'을 제시한다. 이때 두 번째 조건인 '특별이익 환수의 조건'은 지대의 환수를 통해 형식적이 아닌 '실질적인' 의미의 평균지권을 만족시키는 가장 핵심적인 수단이 된다. 이러한 조건에 더해 세 번째 조건에서는 외부성이 강한 토지의 특성을 감안해 토지는 도시계획적인 규제와 개발의 대상이 되어야 함을 강조하고 있다.

앞서 제시된 토지원리를 기초로 리카도와 헨리 조지의 차액지대론을 검토한 후 공공토지임대제의 실천 원리인 지대원리를 제시하면 다음과 같다.[13] 이러한 지대원리는 북한의 토지개혁을 평가하고, 더 나아가 북한의 향후 토지개혁 방향을 제시하는 데 중요한 이론적 근거가 된다.

제1원리: 지대는 총토지생산물에서 노동과 이자를 제외한 나머지이다. 이러한 차액지대의 사유는 불로소득에 해당한다.

제2원리: 토지사용권은 가장 효율적으로 이용할 수 있는 능력이 있는 사용자에게 돌아가야 한다. 따라서 시장경쟁 방식인 경매와 입찰 등의 방법을 사용해 토지사용권을 분배한다.

제3원리: 장기적이고 안정적인 토지사용계약을 맺은 토지사용자는 '매년' 토지소유자인 국가나 지방정부에 지대를 납부한다.

제4원리: 정부는 지대수입을 가장 우선적인 정부 수입으로 삼는다. 이때 정부는 토지사용자가 납부한 지대만큼 근로소득세와 법인세 등에서 세액공제를 한다.

---

13 지대원리의 도출 과정과 결론은 赵诚赞(2010: 24~37)을 참조할 것.

헨리 조지와 그의 저서 『진보와 빈곤』

부동산문제 해결을 위한 핵심 이론을 제공한 지대조세제(Land Value Taxation)의 주창자 헨리 조지는 미국 펜실베이니아주 필라델피아에서 영세한 인쇄업자의 아들로 태어났다. 정규교육도 제대로 받지 못한 채 선원, 식자공, 광부 등을 전전했고, 절망적인 빈곤을 체험했다. 식자공 일을 통해 철자를 익히고 꾸준히 책을 읽으며 사회문제에 관심을 기울였고, 독학으로 경제학을 자신의 삶과 연결해 터득한 후 1866년 11월 5일부터 캘리포니아주 샌프란시스코의 ≪타임스(Times)≫에서 언론인 및 사회평론가의 삶을 시작했다. 그 후 29세의 나이(1868년)에 또 다른 언론사인 ≪헤럴드(Herald)≫의 뉴욕 지부 설립 업무로 뉴욕에 파견되는 기회를 갖게 되었다. 이때 그는 거대한 도시인 뉴욕에 존재하는 부와 빈곤의 공존을 보며, 경제사회의 진보에도 불구하고 빈곤의 문제가 결코 해결되지 않는 이유를 고민하기 시작했다. 이러한 고민의 결과가 바로 1879년 4월 20일에 출간된 『진보와 빈곤(Progress and Poverty)』이다(이정우 외, 2005: 1~36).

그는 『진보와 빈곤』에서 사회가 눈부시게 발전함에도 불구하고 극심한 빈곤이 사라지지 않는 이유로 사회 전체가 생산한 지대를 토지소유자가 독점하는 부정의한 부의 분배를 핵심 원인으로 보았으며, 또한 토지투기를 주기적으로 경제불황을 초래하는 주된 원인으로 지목했다. 그리고 해결책으로 지대조세제(혹은 토지가치세제)를 제시했다. 그는 리카도의 차액지대론에서 '지대법칙'을 도출해, "토지의 가치는 노동에 의해 창출된 부를 차지할 수 있도록 하는 토지소유권의 힘에 달려 있으며, 토지가치의 증가는 언제나 노동의 가치를 희생시킴으로써 이루어진다. 그러므로 생산력이 증가한다고 해서 임금이 증가하는 것이 아니며, 그 이유는 토지가치가 증가한다는 사실에 있다. 지대는 모든 이득을 흡수하며, 빈곤이 진보에 동반한다"라고 주장했다. 그러면서 그는 "가장 비참하고 가장 무기력하고 절망적인 상태의 인간을 보려면 울타리 없는 초원지대나 숲 속 신개척지의 통나무집이 아니라, 한 뼘의 땅을 소유해도 큰 재산이 되는 대도시에 가야 한다"고 말했다(조지, 1997: 214).

헨리 조지의 『진보와 빈곤』은 정치경제사상계에 큰 영향을 끼쳤다. 우선 그의 책은 당시 8개국 언어로 번역되었으며, 긴 세월에 걸쳐 오늘날까지 전 세계적으로 수백만 부가 팔린 장기 베스트셀러 중의 하나로 꼽는다. 토지경제학자 이정전(1999)에 따르면, 토지세 이론의 보급 및 현실적 적용과 관련해 인류 역사상 가장 큰 영향력을 행사한 경제학자로 헨리 조지를 첫 번째로 꼽았다. 그의 이러한 평가의 배경에는 "이미 독학으로 모든 경제이론을 그의 생활 체험과 연결해 터득한 헨리 조지의 가장 큰 장점이, 다른 창백한 경제이론가나 몽상적 이상주의자와는 다른 점"이라고 평가한 20세기 전반의 대표적 경제학자인 슘페터(Joseph Alois Schumpeter, 1883~1950)가 있고, 또한 "플라톤으로부터 시작해서 인류 역사상 가장 위대한 사상가의 한 사람으로 헨리 조지를 꼽는다"라고 말한 미국의 사상가이자 교육가였던 존 듀이(John Dewey, 1859~1952)의 평가가 자리하고 있다(이정전, 1999: 579~580). 이러한 평가에 걸맞게 헨리 조지의 이론은 중국의 국부 쑨원의 삼민주의와 평균지권 사상, 그리고 타이완의 토지세 제도, 홍콩과 싱가포르의 토지제도에 기초를 제공해주었다. 또한 영국의 전원도시운동을 이끈 에버니저 하워드(Ebenezer Howard, 1850~1928)와 영국 전원도시협회 형성 및 개발권의 공유를 담은 '도시농촌계획법(The Town and Country Planning Act, 1944년)' 제정에도 영향을 주었고(하워드, 1980: 11~38), 호주의 신수도 캔버라 건설 당시 토지정책의 근간을 제공했다. 당시 러시아 문호인 톨스토이도 자신의 소설 『부활』(1899)에서 헨리 조지의 사상을 소개했다.

한편, 헨리 조지의 사상이 토지사유제를 실시하고 있는 남한과 토지공유제를 실시하고 있는 북한, 그리고 통일한국에 주는 의의는 토지사유제 및 토지공유제의 단점을 극복하고 장점을 살린 제3의 길을 제시하고 있다는 점이다. 이러한 점에 관해 헨리 조지는 그의 책 서문에서 "……나의 견해는 스미스-리카도 학파가 인식한 진리를 프루동-라살레 학파가 인식한 진리에 통합시켜주며, (진정한 의미의) 자유방임이 사회주의의 숭고한 꿈을 실현할 수 있는 길을 열어준다"고 언급했다(『진보와 빈곤』, 저자 서문, 1880년 제4판, XVI]. 이러한 맥락에서 『진보와 빈곤』(1997)을 번역한 김윤상(2002)은 자본과 토지라는 생산요소의 사유를 바탕으로 하는 자본주의, 두 생산요소의 공유를 바탕으로 하는 사회주의를 각각 정(正)과 반(反)이라고 한다면, 헨리 조지의 경제사상은 이를 지양하는 합(合)으로서 '자본사유, 토지공유'의 제3의 이데올로기를 제공한다고 평가한다. 김윤상(2002: 339)은 제3의 이데올로기를 '지공주의'로 명명했다.

2) 토지사용제도 개혁의 일반 원칙

북한에서 지속 가능한 발전을 도모하기 위해서는 먼저 토지사용제도 개혁을 위한 일반 원칙을 확립할 필요가 있다. 현재 진행되고 있는 불로소득 추구행위를 용인하게 되면 사회적으로 이러한 현상이 관성화되어 제어하기 힘들어진다. 따라서 도시 지역 내에서 일반인 및 일반 기업을 대상으로 토지사용제도 개혁을 진행하면서, 지대 불로소득 추구를 제어할 수 있는 장치들을 도입해야 한다. 그래야만 건강하고 지속 가능한 발전이 가능하다.

이러한 관점에서 토지 및 지대에 대해 사회적으로 타당한 원칙을 제시하고자 한다. 앞서 살펴본 이론에서 제시한 지대원리에 기초하고, 중국의 토지연조제 실험 성과를 참조해 북한의 현행 경제특구를 포함해 도시 지역에 대한 토지사용제도 개혁 원칙을 제시해보면 다음과 같다.[14] 물론 이러한 원칙들을 농촌 협동농장에 적용할 때는 해당 농촌 지역의 상황에 맞도록 재조정할 필요가 있다.

① 핵심 원칙

모든 사람(후대를 포함)은 평등한 토지사용권을 가진다.

② 토지사용권의 분배 및 이용 원칙

㉠ 시장경쟁 방식을 통한 토지사용권 분배

토지의 가장 효율적인 이용을 위해서 경매, 입찰 등 시장경쟁 방식을 통해 토지사용권 분배를 실시한다. 이때 매년 납부할 지대를 결정하게 된다.

㉡ 용익물권 성질의 토지사용권 처분

토지사용권은 용익물권의 일종으로, 토지사용자는 자신의 토지사용권과 지상개량물을 양도·재임대·저당·증여·상속할 수 있다.

㉢ 재산권 보호

공공이익 또는 도시계획상의 필요를 제외하고, 개인, 기업 및 공동체의 합법적인 토지사용권을 보호한다. 불가피하게 회수하게 되는 경우, 남은 사용권 기한과 건축물의 가치에 합당한 보상을 실시한다.

---

14 북한 경제특구를 위한 토지연조제 개혁 원칙의 도출 과정과 내용은 조성찬(2010) 참고.

ㄹ **토지사용권 기한**

토지사용권 기한은 해당 지역 또는 경제특구의 도시계획 수립 주기에 맞
추어 그 배수로 설정한다. 가령 20년마다 도시계획을 수립하는 경우, 토지
사용권 기한은 20년, 40년, 60년이 될 수 있다.

ㅁ **토지사용권 연장**

기존 토지사용자가 토지를 계속 사용하고자 할 경우와 정부의 토지사용권
회수의 필요가 없는 경우에는 재평가되었거나 재조정된 시장지대를 납부한
다는 조건하에 기존 토지사용자에게 계속 사용할 수 있는 권리를 부여한다.

③ 토지연조제 실시 원칙

㉠ **지대 납부 주체**

개인과 기업 및 공공기관 모두 상응하는 지대를 납부한다. 다만 공공기관
의 경우는 회계상 지대를 납부하도록 한다. 이는 경제 전체에서 지대총액의
규모를 파악하고 토지의 효율적인 이용을 도모하기 위한 것이다.

㉡ **매년 지대 징수**

도시경영의 수요를 만족시키고 부동산투기와 부동산 거품을 예방하기 위
해 시장경쟁 방식으로 결정된 '시장지대'를 매년 징수한다.

㉢ **조세 대체**

토지사용자가 매년 지대를 납부하는 동시에, 납부자가 부담해야 할 근로
소득세나 법인세 또는 상품간접세 등에서 이미 납부한 지대를 공제한다.

ㄹ **토지출양제에서 토지연조제로의 전환**

이전에 토지출양방식으로 토지사용권을 취득한 경우, 토지사용권 연장 시 토지연조제 방식으로 전환한다.

ㅁ **지대의 재평가**

최초 입찰이나 경매 등을 통해 결정된 시장지대는 매년 재평가한다. 재평가는 지대에 생계비지수 또는 물가상승률, 경제성장률 중 최적의 지표를 연동해 재조정하는 방식으로 한다.

3) 공공토지임대제 세부 적용 모델

(1) 전원도시안이 주는 함의

전원도시(Garden City)안은 영국의 도시계획가인 에버니저 하워드가 대도시 런던이 처한 도시문제를 해결하기 위한 대안으로 제시한 모델이다. 전원도시는 기본적으로 자족 기능을 갖춘 계획도시로, 주변은 그린벨트로 둘러싸여 있고, 주거·산업·농업 기능이 균형을 갖추도록 했다. 이 도시 모델이 채택한 가장 중요한 원칙, 그러나 이후의 자본주의 신도시 건설에서 무시되어 온 원칙이 토지의 공유 및 임대 방식이었다. 이러한 원칙은 흥미롭게도 헨리 조지의 영향을 받은 것이다. 당시 헨리 조지는 1881년에 『아일랜드의 토지문제』라는 책을 쓰고, 《아이리쉬 월드》 신문의 특파원으로 아일랜드와 영국에 파견되어 1년간 강의를 하게 된 것이 계기가 되어 영국 내에 헨리 조지의 주장을 따르는 단체가 생겨나게 되었다. 하워드도 이러한 단체에 참여해 토지문제의 중요성을 인식할 수 있었다.

하워드의 전원도시안은 전 세계의 신도시 건설에 지대한 영향을 주었다. 1899년에 전원도시협회(Garden City Association) 결성을 시작으로, 영국 허트포드셔에 레치워스(Letchworth, 1903)와 웰윈(Welwyn, 1920)이라는 타운

이 건설되었고, 1944년 영국의 '도시및지역계획법(The Town and Country Planning Act)'이 제정되는 데 중요한 기여를 했다. 이 법을 통해 토지의 공유화 및 개발허가제를 영국 국가단위에서 실시하게 되었다. 이후에도 지속적으로 전 세계 자본주의 국가의 신도시 및 위성도시 건설에 영향을 주었다. 그러나 하워드가 강조했던 토지의 공유 및 임대 방식은 제외되었다.

이후에 하워드의 전원도시계획안은 볼셰비키 혁명 후 소비에트의 수도 모스크바의 도시건설에 큰 영향을 미쳤다. 산업화 도시의 문제를 해결하기 위해 제시된 전원도시 개념이 사회주의자들에게 가장 이상적인 개념으로 받아들여졌던 것이다. 전원도시안은 1935년 '모스크바 재건을 위한 계획'에서 마이크로디스트릭트(mikrorayon)로 재탄생했다(Zhao, 2006. 임동우, 2011: 44~45에서 재인용). 그리고 헨리 조지의 영향을 받은 전원도시안은 러시아를 거쳐 중화인민공화국 도시공간 구조와 북한의 평양 수도 건설에도 큰 영향을 주었다. 당시 이는 너무도 당연한 일이었다. 마이크로디스트릭트 개념을 중국에서는 단위대원(单位大院)이라는 형태로, 북한에서는 '주택소구역계획'이라는 명칭으로 새롭게 해석해 도입했다(乔永学, 2004; 임동우, 2011: 76~77). 단, 러시아나 중국 및 북한이 주목한 것은 적정 도시 규모, 녹지공간 확보, 직주 근접 등이었고, 자본주의 신도시 건설처럼 토지의 공동소유 및 개인 임대 원리는 배제되었다.

현재 북한 '헌법'은 "생산수단은 국가와 사회협동단체가 소유한다"(20조)라고 규정하고 있다. 그리고 '토지임대법'을 통해 일반 지역에서 일반인과 기업들도 토지사용권을 확보할 수 있다고 규정하고 있다. 그렇다고 해서 경제특구나 개발구처럼 강력한 보호 수준의 토지사용권이 부여되고 있지는 않다. 따라서 도시 내에서 토지의 공유 및 임대 원리를 구체화한 '토지사용제도 개혁의 일반 원칙들'을 적용한다면, 하워드가 제시했던 전원도시 원리를 지금이라도 얼마든지 실천해낼 수 있을 것이다.

(2) 관광산업에 기초한 '토지사용료 순환형 경제발전 모델'[15]

앞서 제시한 토지사용제도 개혁의 일반 원칙에 기초해 작동하는 경제발전 모델을 고민해보자. 그러기 위해서는 현재 북한에서 진행되고 있는 산업부문별 토지 관련 개혁조치들을 검토하고 체계화할 필요가 있다.

현재 북한에서는 점진적으로 산업부문별 토지사용 개혁이 진행되고 있다. 1차 산업인 농업의 경우, 협동농장에서 포전담당제를 중심으로 농민이 일정한 분량을 납부한 후 나머지에 대한 처분권을 부여하는 개혁조치를 추진 중이다. 2차 산업의 경우, 지방정부 주도로 경제개발구를 추진하고 있으며, 향후 활성화된다면 북한 내 기업소들도 적극적으로 참여할 수 있다. 3차 산업의 경우, 주택 사용이나 장마당처럼 도시공간을 사용하는 주체들에게 부동산 사용료를 부과·징수하고 있다. 이들 조치들의 공통점은 토지 등 부동산을 독점적이고 배타적으로 사용하는 것에 대해 토지사용료, 부동산사용료, 자릿세, 살림집사용료 등의 형식으로 '지대'를 수취한다는 점이다. 이러한 방식은 토지 등 부동산 사용주체의 재산권을 인정 및 보호하면서, 이들의 생산의욕을 끌어올려 지방정부의 재정수입을 확대할 수 있다는 점에서 긍정적이다. 따라서 이러한 흐름과, 북한이 현재 주력하고 있는 생태관광에서 발생하는 수입[16]을 체계화해 재투자하는 방식으로 지속 가능한 경제발전 모델을 구상할 수 있다.

북한 역시 경제발전을 위해서는 외자도 유치해야 하고, 해외로부터 다양한 물품도 수입해야 한다. 일종의 '마중물'이 필요하다. 이러한 점에서 큰 투자 없이도 상당한 부가가치를 기대할 수 있는 관광산업이 의미가 있으며, 북한이 취할 수 있는 최선의 경제 회생 전략으로 보인다. 따라서 관광산업에서 발생하는 수입을 기초로 해 '농업발전→서비스업 발전 및 도시화→제조업 발전'으로 추진할 수 있다.

---

15 본 내용은 조성찬(2015: 277~307)에서 일부를 인용했다.

16 생태관광 수입도 일종의 자연을 누리는 대가에 해당하기 때문에 지대로 볼 수 있다.

앞으로 북한은 관광사업 외에도, 산업별 개혁조치로 인해 개발구의 설치 및 운영, 운영자율권을 획득한 기업소와 협동농장 및 도시공간을 점유하는 다양한 경제활동으로부터 일정한 재원을 마련할 수 있을 것이다. 그런데 지방정부가 주도하는 이러한 사업들에는 한 가지 공통점이 존재한다. 바로 이용주체가 토지 및 자연자원을 독점적이고 배타적으로 사용하는 권리를 향유하는 대신, 그 대가인 사용료를 지방정부에 납부한다는 사실이다. 관광 역시 자연자원 향유 및 관광 인프라 이용에 대한 대가를 부담한다. 이러한 사용료는 조세가 아니기 때문에 경제를 왜곡하지 않으면서 정부 재정수입을 지속적으로 창출한다. 바로 이러한 구조가 지속 가능성의 본질이며, 그 핵심에 생태관광이 자리하고 있다. 북한이 관광산업에서 더 큰 수입 창출 능력을 갖추게 되면 이러한 재원을 활용해 농업, 경공업 및 다른 영역의 서비스산업의 성장을 지원할 수 있게 될 것이다.

이와 같은 내용을 고려해 제시한 경제발전 모델이 〈그림 10-1〉의 '토지사용료 순환형 경제발전 모델'이다. 지방정부를 중심으로 구상한 본 모델은, 지방정부는 필요한 기반시설을 공급하고, 중앙정부는 지방정부가 감당하기 어려운 기반시설을 제공하게 된다면, 보다 실질적인 '경제발전 모델'이 될 수 있을 것이다. 또한 은행을 중심으로 지역 내에서 창출되고 순환되는 가치들의 흐름을 적절히 제어하는 지역 가치 순환체계를 함께 고려한다면, 보다 완성된 경제발전 모델을 구축할 수 있을 것이다. 이러한 모델은 '도시계획'과 '시장경제'의 조화를 도모할 수 있을 것이다.

그림 10-1 **'토지사용료 순환형 경제발전 모델'의 개념도**

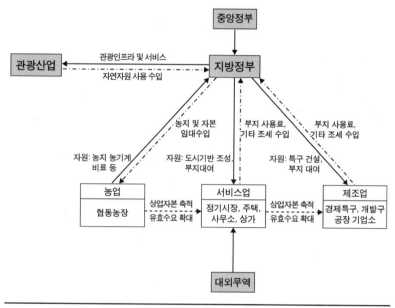

자료: 조성찬(2015).

4. 통일 과정과 남북한 토지제도 개혁

독일의 통일 과정에서 '구동독 지역 토지의 사유화' 정책이 가장 큰 정책 실패 중의 하나라는 점에 이의를 제기할 사람은 없을 것이다. 통일독일은 '통화·경제·사회 통합을 위한 국가조약'(1990.5.18) 및 '통일조약'(1990.8.31) 에 기초해, 빠른 시일 내에 구동독의 경제 수준을 구서독 수준으로 끌어올 리기 위해 구서독의 자본주의 제도를 거의 그대로 받아들여 '국유토지의 급 속한 사유화 원칙', '국유토지의 직접매각 원칙', '구동독 시절 몰수 토지에 대한 구재산권 원소유자 반환 원칙'을 사유화의 기본 원칙으로 하여 추진했 다. 그러나 구동독 시절 몰수 토지에 대한 구재산권 원소유자 반환 원칙으로 인해 토지재산권 반환청구소송이 물밀듯 일어났다. 그리고 소송이 지연되면서 초래된 미해결 재산권 문제는 토지이용과 관련된 여러 관계 요소들의 법적 지위를 불확정 상태로 만들었다. 그 결과 토지의 취득이나 이용을 기피하는 현상이 초래되어, 경제 회복 과정에도 부정적 요인으로 작용했다.

통일독일의 사례에서 알 수 있듯이, 우리 역시 통일 전후로 북한 토지에 대해 사유화 원칙을 적용할 경우에, 남한이 겪고 있는 토지투기 문제뿐만이 아니라 통일독일과 유사한 구재산권 원소유자 반환소송이 물밀듯 일어나 통일 과정의 순조로운 진행을 방해하게 될 것이다. 따라서 관건은 '통일한국에서 남한과 북한의 토지제도를, 특히 토지소유제도를 어떻게 다룰 것이냐'이다.

1990년에 미국의 저명한 경제학자들이 구소련 대통령인 고르바초프에게 보낸 공개서한[17]은 북한의 토지제도 개혁 방향과 관련해 시사하는 바가 크다. 공개서한의 핵심 내용은 토지를 사유화하지 말고 매년 지대를 납부하는 방식의 '공공토지임대제'를 실시하라는 것이다. 경제학자들은 명료한 경제이론에 기초해 '공공토지임대제'의 실시는 '선택'이 아닌 '필수'임을 강조하고 있다. 이 공개서한과 앞에서 살펴본 중국의 토지유상사용제도 개혁 경험은, 흡수통일 방식이냐, 느슨한 연방제 방식이냐에 상관없이 북한 지역에서 공공토지임대제를 견지해야 함을 강조하고 있다.

이제 남한과 북한은 정치·경제적인 통일에 앞서, 각자 '지대공유'를 향해 토지제도를 개혁해나갈 필요가 있다. 남한에서는 통일 이전부터 사유토지를 대상으로 토지보유세를 더욱 강화해나가면서, 공공토지임대제 확대 적

---

17 이 서한은 니컬라우스 티드먼(Nicolaus Tideman)과 메이슨 개프니(Mason Gaffney) 등 미국의 조지스트 경제학자들과 프랑코 모딜리아니(Franco Modigliani), 제임스 토빈(James Tobin), 로버트 솔로(Robert Solow), 윌리엄 비크리(William Vickrey) 등 노벨경제학상 수상자 4명을 포함한 30명의 경제학자들이 연대 서명해 고르바초프 대통령에게 보낸 것이다. 우리말로 번역된 공개서한의 전체 내용은 전강수·한동근(2000: 229~234)을 참조할 것.

용을 적극적으로 고민할 필요가 있다. 가령, 택지 개발, 산업단지 개발, 도시재생 등의 사업 추진을 위해 정부와 LH공사, 지자체 산하 공사 등이 토지를 수용해 추진하는 경우, 현행 '토지개발 후 토지소유권 분양 방식'이 아닌 소유권을 그대로 정부 소유로 유지한 채 개인과 기업에 임대하는 방안을 적극적으로 모색해 볼 수 있다. 북한에서는 경제특구에서부터 시작된 공공토지임대제를 일반 도시 및 농촌 지역으로 확대해나갈 수 있을 것이다. 물론 토지사용료를 환수하는 방식은 중국의 출양제(出让制) 방식이 아닌 연조제(年租制) 방식이 바람직하다.

남한과 북한이 각자 이러한 방향으로 토지개혁을 추진해나간다면, 그동안 남한의 토지사유제가 가져온 폐단을 극복하고, 북한의 토지국공유제가 가져온 정부의 토지 독점과 토지이용 효율성 저하 등의 문제를 해결할 수 있을 것이다. 그렇게 되면 남한과 북한이 통일을 이행하는 데도 유리한 조건을 형성할 수 있을 것이다.

중국의

토지정책과

북한

참고문헌

국문 자료

강정인. 1998. 「로크 사상의 현대적 재조명: 로크의 재산권 이론에 대한 유럽중심주의적 해석을 중심으로」. ≪한국정치학회≫, 제32권 3호.

국토연구원. 2001. 「한·중 토지정책」. 국토연구원·중국 절강대학 동남토지관리학원 공동주최 워크숍 자료집(2001.5).

김상용. 2006. 「개성공단에서의 부동산 법제」. 국제고려학회 발표 논문(2006.8.25).

_____. 2004. 「북한의 사회주의 토지제도의 변천과 통일 후의 북한 토지의 처리방안」. 북한법연구회. ≪북한법연구≫, 제7권.

_____. 2017. 『토지정의론』. 법과 성서와 역사연구소.

김성한. 1999. 『중국 토지제도사 연구: 중세의 균전제』. 신서원.

김윤상. 2002. 『토지정책론』. 경북대학교출판부.

류해웅·박인성·박헌주. 2001. 『개혁·개방 이후 중국의 토지정책에 관한 연구』. 국토연구원.

박인성. 2000. 『중국 선전 경제특구의 토지관리개혁에 관한 연구』. 국토연구원.

_____. 2002. 「중국 토지사용권시장의 형성배경 및 구조」. ≪토지연구≫, 2002년 봄호.

_____. 2004. 『중국의 건설 및 부동산시장 구조 및 동향연구』. 한국건설산업연구원.

_____. 2009. 『중국의 도시화와 발전축』. 도서출판 한울.

_____. 2010. 「개혁·개방 이전 중국의 토지개혁경험연구」. 경남대학교 인문과학연구소. ≪인문논총≫, 제25집.

_____. 2011. 「고대 중국의 토지 국유제 쇠락과 사유권 확장과정 고찰」. 국토연구원. ≪국토연구≫, 제69권.

_____. 2017. 「도시화를 통해 본 개혁기 중국」. 『도시로 읽는 현대중국』. 역사비평사.

박인성·문순철·양광식. 2000. 『중국경제지리론』. 도서출판 한울.

법원행정처 사법정책연구실. 1997. 『북한의 부동산제도』. 한양당.

안치영. 2007. 「문화대혁명에 대한 연구자료 안내」. ≪현대중국연구≫, 제8권 2호.

엄수원. 2002. 『통일한반도 북한의 국토정책 및 토지제도』. 한국토지공사 토지연구원.

이정전. 1999. 『토지경제학』. 박영사.

이정우 외. 2005. 『헨리 조지 100년만에 다시 보다』. 경북대학교출판부.

이종규. 2015. 「북한의 경제특구·개발구 추진과 정책적 시사점」. KDI 정책연구시리즈 2015-13.

임동우. 2011. 『평양 그리고 평양 이후』. 효형출판.

전강수. 2012. 『토지의 경제학』. 돌베개.

─── . 2007. 「북한지역 토지제도 개혁 구상」. ≪통일문제연구≫, 2007년 하반기호(통권 제48호).

전강수·한동근. 2000. 『토지를 중심으로 본 성경적 경제학』. CUP.

정희남 엮음. 1996. 『중국의 도시토지 개혁과 토지시장』. 국토개발연구원.

조성찬. 2015. 「북한의 관광산업에 기초한 토지사용료 순환형 경제발전 모델 연구」. ≪북한 연구학회보≫, 제19권 1호.

─── . 2016. 「중국의 도시화와 공공토지 사유화」. ≪역사비평≫, 통권 제116호(가을).

조지, 헨리(Henry George), 1997. 『진보와 빈곤』. 김윤상 옮김. 비봉사.

천웨이(陈玮)·박인성(朴寅星). 1996. 「중국의 도시토지사용권 상품화와 토지시장에 관한 연구」. 『중국의 도시토지 개혁과 토지시장』. 국토개발연구원.

하워드, 에베니저(Ebenerzer Howard). 1980. 『내일의 전원도시』. 이현주 옮김. 형제사.

중문 자료

张曙光. 2011. 『博弈: 地权的细分, 实施和保护』. 北京: 社会科学文献出版社.

邓大才. 2010. 『土地政治: 地主, 佃农与国家』. 北京: 中国社会科学出版社.

塝玉廷·张改枝 主编. 2010. 『新中国土地制度建设60年—回顾与思考』. 北京: 中国财政经济出版社.

韩俊 主编. 2009. 『调查中国农村』. 北京: 中国发展出版社.

吴次芳·靳相木 编着. 2009. 『中国土地制度改革三十年』. 科学出版社.

张志勇. 2009. 『中国往事30年』. 北京: 经济日报出版社.

白希. 2009. 『开国大土改』. 北京: 中共党史出版社.

林蕴晖. 2009. 『国史礼记: 史论篇』. 上海: 东方出版中心.

彭森·陈立 等. 2008. 『中国经济体制改革重大事件(上, 下)』. 北京: 中国人民大学出版社.

林蕴晖. 2008. 『国史礼记: 事件篇』. 上海: 东方出版中心.

周江. 2007. 『城市土地管理』. 北京: 中国发展出版社.

吴玲. 2007. 『新中国农村产权制度变迁与创新研究』. 北京: 中国农业出版社.

刘佐. 2006. 『中国房地产税收』. 北京: 中国财政经济出版社.

汪利娜. 2006.7. 『中国城市土地产权制度研究』. 北京: 社会科学文献出版社.

黄小虎 主编. 2006.4. 『中国土地管理研究(上, 下)』. 北京: 当代中国出版社.

赵冈·陈钟毅. 2006.『中国土地制度史』. 北京: 新星出版社.

刘小玲. 2005.7.『制度变迁中的城乡土地市场发育研究』. 广州: 中山大学出版社.

王昉. 2005.『中国古代农村土地所有权与使用权关系』. 上海: 复旦大学出版社.

李文治·江太新. 2005.『中国地主制经济论』. 北京: 中国社会科学出版社.

曹毓英. 2005.『井田制研究』. 武汉: 华中师大.

靳共元·陈建设. 2004.『中国城市土地使用制度探索』. 北京: 中国财经经济出版社.

盛乘懋. 2004.12.『海峡两岸房地产比较研究』. 东南大学出版社.

曾赛丰. 2004.6.『中国城市化理论专题研究』. 湖南人民出版社.

长野郎(日). 2004.『中国土地制度的研究』. 强我译 译. 北京: 中国政法大学出版社.

刘传江 等. 2004.5.『城镇化与城乡可持续发展』. 科学出版社.

赵云旗. 2002.『唐代土地买卖研究』. 北京: 中国财经经济出版社.

陈佳骆. 2002.5.『小城镇建设管理手册』. 中国建筑工业出版社.

欧阳安蛟 主编. 2002.1.『中国城市土地收购储备制度: 理论与实践』. 经济管理出版社.

浙江大学东南土地管理学院. 2001.『中·韩土地政策研究』, 浙江大学东南土地管理学院·国
    土研究院 공동주최 연토회 자료집(2001.9). 杭州: 浙江大学.

张敬淦. 2001.1.『北京规划建设五十年』. 中国书店.

李进都. 2000.『房地产税收理论与实务』. 北京: 中国税务出版社.

陆洪生·王秀蘭. 2000.『土地管理学』. 北京: 中国经济出版社.

葉艳妹·吴次芳. 2000.『土地利用管理』. 北京: 地质出版社.

束克欣·葉艳妹. 2000.『土地管理基础』. 北京: 地质出版社.

吴次芳 主编. 2000.『土地利用规划』. 北京: 地质出版社.

禹来. 2000.『房地产税收与保险』. 武汉: 华中理工大学出版社.

王诚尧. 1999.『税收理论与实践』. 北京: 中国财政经济出版社.

于凤桐 主编. 1999.『土地利用规划』. 北京: 中国大地出版社.

袁緒亚. 1999.『土地市场理论研究』. 上海: 復旦大学出版社.

钱忠好. 1999.『中国农村土地制度变迁创新研究』. 北京: 中国农业出版社.

中国浙江省杭州市土地管理局. 1999.『土地管理政策法规选编』. 杭州.

中国浙江省杭州市人民政府法制局 等. 1995, 1998.『土地管理文件选编』. 杭州.

周诚. 1997.『土地经济问题』. 广州: 华南理工大学出版社.

沈亨理 主编. 1996.『农业生态学』. 北京: 中国农业出版社.

杨重光·吴次芳. 1996.『中国土地使用制度改革10年』. 北京: 中国大地出版社.

梁祖灵·张星华 等. 1996.『中国土地管理史』. 天津: 天津人民出版社.

钟祥财. 1995.『中国土地思想史稿』. 上海: 上海社会科学出版社.

吴次芳·葉艳妹 等. 1995.『土地科学导论』. 北京: 中国建材工业出版社.

许牧·张小华. 1995. 『中国土地管理利用史』. 北京: 中国农业科技出版社.

李永贵. 1995. 『土地增值税讲解』. 北京: 中国商业出版社.

刘维新. 1994. 『中国土地租税费体系研究』. 北京: 中国大地出版社.

杨继瑞. 1994. 『中国城市用地制度创新』. 四川: 四川大学出版社.

张琦 等. 1994. 『中国农村土地制度改革与体系建设模式』. 中国财政经济出版社.

钱宝荣. 1994. 『新税制实用业务手册』. 北京: 中国税务出版社.

成汉昌. 1994. 『20世纪前半期中国土地制度与土地改革』. 北京: 中国档案出版社.

金德群. 1994. 『民国时期农村土地问题』. 北京: 红旗出版社.

邓小平. 1993. 『邓小平文选第三卷』. 北京: 人民出版社.

黄小虎. 2006. 『新时期中国土地管理研究(上卷)』. 北京: 当代中国出版社.

毕宝德 主编, 2006. 『土地经济学』. 北京: 中国人民大学出版社.

辽宁省人民政府, 2005. 『辽宁省人民政府公报』. ≪国发≫ 第33号.

中国社会科学院 财贸经济研究所外. 1992. 『中国城市土地使用与管理』, 北京: 经济科学出版社.

马洪 刘国光外. 1992. 『中国改革全书-土地制度改革卷』, 辽宁: 大连出版社.

深圳市城市规划设计研究院. 1998. 『研究报告选集』. 深圳.

卢新海. 2008. 『中国城市土地储备制度研究』. 北京: 科学出版社.

龙胜平·方奕 编者. 2006. 『房地产金融与投资概论』. 北京: 高等教育出版社.

徐东. 2008. 「关于中国现行规划体系的思考」. ≪经济问题探索≫, 第10期.

曹清华. 2008. 「构建科学的空间规划体系」. ≪资源论坛≫, 第7期.

张浩·于睿冬·关宏达·吴迪. 2009. 「我国土地储备制度存在的问题及其完善对策」. ≪国土资源≫, 第6期.

宋佐军·李向峰. 2009. 「房地产金融改革开放三十年回顾」. ≪中国房地产金融≫, 第1期.

林增杰·严星 主编. 1990. 『土地管理概论』. 北京: 中国国际广播出版社.

岳琛. 1990. 『中国土地制度史』. 北京: 中国国际广播出版社.

王先进. 1990. 『土地法全书』. 长春: 吉林教育出版社, pp. 1338~1373.

陈荷夫. 1988. 『土地与农民: 中国土地革命的法律与政治』. 沈阳: 辽宁人民出版社.

樊树志. 1988. 『中国封建土地关系发展史』. 北京: 人民出版社.

赵淑德. 1988. 『中国土地制度史』. 台北: 现象文化事业有限公司.

张永泉·赵泉钧. 1985. 『中国土地改革史』. 武汉: 武汉大学出版社.

赵俪生. 1984. 『中国土地制度史』. 济南: 齐鲁书社.

薛暮桥. 1936. 『中国农村经济常识』. 北京: 新知书店.

赵诚赞. 2010. 『中国城市土地年租制及其对朝鲜经济特区的适用模型研究』. 北京: 中国人民大学 博士学位论文.

朴寅星. 1997. 『土地市场及土地政策的中韩比较研究』. 北京: 中国人民大学 博士学位论文.

胡俊. 2010. 「规划的变革与变革的规划-上海城市规划与土地利用规划"两规合一"的实践与思考」. ≪城市规划≫. 2010年 第6期, pp. 20~25.

何芳. 2009. 「发展完善中国公示地价体系研究」. ≪中国土地科学≫, 2009(9), pp. 30~35.

文贯中. 2008. 「尽快改革导致市场畸形发育和社会冲突的现行土地制度」. 『改革30年: 经济学文选(下册)』(新望主编. 2008). 北京: 三联书店.

于忠祥. 2008. 「世纪之初: 我国土地利用总体规划的回顾与展望」. 『2008年中国土地学会学术年会论文集』, 中国土地学会 [회의 자료].

中国城市规划协会. 2008. 「温家宝主持召开国务院常务会议审议幷塬则通过'全国土地利用总体规划纲要'(2006~2020年)」. ≪城市规划通讯≫, 2008(16).

严金海. 2006. 「中国的房价与地价: 理论, 实证和政策分析」. ≪数量经济技术经济研究≫, 2006年 01期.

吴次芳·郑娟尔·罗罡辉. 2006.6. 「平均地权思想回顾及其启示」. ≪中国土地科学≫, 2006年 第3期, pp. 61~64.

张超. 「土地改革与国共政权之浮沉(1927~1937)」. ≪浙江社会科学≫, 2004(3).

李政辉. 2004. 「土地使用权期限届满后的法律路径」. ≪国土资源≫, 2004.6.

胡昱东·吴宇哲. 2003. 「土地使用权期限与房屋所有权完整性的探讨」. ≪江西农业大学学报(社会科学版)≫, 2003.2(3).

廖光珍. 2003. 「1949年前国民党土地政策述评」. ≪贵州社会科学≫, 2003(1), pp. 102~104.

李元. 2001. 「21世纪中国土地可持续利用与管理」. ≪中国土地科学≫, 2001(1).

姜爱林. 2001. 「略论解放战争时期我党的土地政策」. ≪北华大学学报(社会科学版)≫, 2001, pp. 23~25.

吴次芳. 2001a. 「中国의 土地制度 50年」. 『한·중 토지정책』. 국토연구원, pp. 23~35.

———. 2001b. 「中国의 土地使用制度」. 『中·韩 土地政策』. 杭州: 浙江大学, pp. 277~295.

张尉文. 2001a. 「中国土地税收制度研究」. 『한·중 토지정책』. 국토연구원, pp. 165~187.

———. 2001b. 「中国土地税制的在讨论及中韩比较」. 『中·韩土地政策研究』. 杭州: 浙江大学, pp. 425~439.

葉艳妹. 2001. 「中国的土地市场与地价管理政策」. 『한·중 토지정책』. 국토연구원, pp. 121~140.

雷根强. 2000. 「试论我国财产课税制度的改革和完善」. ≪财政研究≫, 第3期.

刘守英. 2000. 「土地制度与农民权利」. ≪中国土地科学≫, 第3期.

王小映. 2000. 「土地制度变迁与土地承包权物权化」. ≪中国农村经济≫, 2000(1).

张天犁. 2000. 「关于房地产税制改革若干对策思路研究」. ≪财政研究≫, 第3期.

李三谋·李震. 2000. 「民国前中期土地租佃关系的变化」. ≪农业考古≫, 2000(1), pp. 149~

154.

雷爱先. 1999. 「論解决我国闲置土地问题的财税对策」. ≪中国土地科学≫, 第1期.

谭术魁. 1999. 「进一步改革我国土地税制的基本设想」. ≪中国土地科学≫, 第6期.

玉秀兰 等. 1999. 「现代企业制度与土地产权关系」. ≪中南财经大学学报≫, 1999(2). pp. 72~75.

张文忠. 1999. 「我国城市化过程中应注意土地资源减少的几个问题」. ≪中国人口≫, 资源与环境, 1999(1).

张飞虎. 1999. 「国有土地使用权配置方式的现状与完善」. ≪中国土地科学≫, 1999(2).

曾国祥 等. 1999. 「論税收四塬则」. ≪财贸经济≫, 第12期.

丛屹. 1999. 「存量入市: 城市用地制度尚需进一步创新」. ≪中国土地科学≫, 1999(4).

赫晋明·短瑞娟. 1999. 「土地用途管制下的动态土地利用总体规划」. ≪中国土地≫, 1999(9).

甘藏春 等. 1998. 「我国土地管理体制改革的目标塬则和内容」. ≪中国土地科学≫, 1998(1).

孔凡文. 1998. 「論农地制度改革与农村经济发展」. ≪农业经济≫, 1998(5).

吴赛珍. 1998. 「上海市土地使用制度改革实践的回顾和建议」. ≪中国土地科学≫, 1998(1).

胡景北. 1998. 3. 「中国经济长期发展的一种可能机制」. ≪经济研究≫, 1998年 第3期, pp. 23~30, p. 57.

朱有志 等. 1997. 「中国农地制度变迁的历史启示」. ≪中国农村经济≫, 1997(9).

尖晓红. 1996. 「孙中山早期'平均地权'纲领若干问题再探」. ≪历史教学≫, 1996(6), pp. 10~13.

杨继良. 1995. 「美国企业税负研究」. ≪经济学动态≫, 第3期.

朱才斌. 1994. 「城市总体规划与土地利用总体规划的协调机制」. ≪城市规划匯刊≫, 1999(4).

林毅夫. 1994. 「集体化与中国1959~1961年的农业危机」. 新望主 编. 2008. 『改革30年: 经济学文选(下册)』. 北京: 三联书店, pp. 743~751.

郭德宏. 1980. 「第二次土地革命战争时期党的土地政策的演变」. ≪中国社会科学≫, 1980年 第6期.

张跃庆, 1987. 「关于城市土地使用费的两个理論问题」. ≪城市问题』≫, 1987年 第4期.

中华人民共和国统计局, 『1991~1994年浙江统计年鑑』, 北京: 中国统计出版社.

恩格斯. 1956. 『反杜林论』. 北京: 人民出版社.

王春雷 主编, 2009. 『税法』, 经济科学出版社.

齐春宇. 2009. 「农村改革: 创新农村土地管理制度一'中共中央关于推进农村改革发展若干重大问题的决定'之土地制度评析」≪调研世界≫. 2009(1). pp. 29~31.

马克思·恩格斯. 1974. 『马克思恩格斯全集』(第三十五卷). 北京: 人民出版社.

国家土地管理局. 1990, 1994. 『中国土地管理文件匯编』. 北京: 中国大地出版社.

朱铁臻·张载伦. 1987. 『中国城市手册』. 北京: 经济科学出版社.

北京大学中国经济研究中心宏观组. 2007. 『中国物业税研究: 理论, 政策与可行性』, 北京大学
  出版社.

≪中国日报≫. 2016.4.17. "住宅土地使用权到期 续期按房产价格三分之一缴费".

영문 자료

Chi-Man Hui, Eddie, Vivian Sze-Mun Ho and David Kim-Hin Ho. 2004. "Land Value
  capture mechanisms in Hong Kong and Singapore." *Journal of Property Invest-
  ment & Finance*. Vol. 22, No. 1, pp. 76~100.

Phang, Sock-Yong. 2000. "Hong Kong and Singapore." in R. V. Andelson(ed.).
  Land-Value Taxation Around the World. Oxford: Blackwell Publishers.

Zhao, Liang. 2006. *Modernizing Beijing: Moments of Political and Spatial Centrality*.
  ProQuest Dissertations and Theses.

부록 1: 중화인민공화국 토지관리법

(2004년 8월 28일 제10기 전국인민대표대회 상무위원회 제11차 회의에서 통과)

제1장 총칙

제1조 토지관리의 강화와 토지의 사회주의 공유제 유지, 토지자원의 보호 및 개발, 토지의 합리적 이용, 경작지의 보호, 사회주의 경제의 지속적인 발전을 위해 헌법에 근거해 본 법을 제정한다.

제2조 중화인민공화국은 토지의 사회주의 공유제를 실시하며, 이는 전민소유제(全民所有制)와 집체소유제(集体所有制)이다.

　전민 소유는 국가가 토지소유권을 소유하는 것으로, 국무원이 국가를 대표해 소유권을 행사한다.

　어떤 직장단위나 개인도 토지를 침범, 매매 혹은 기타 비합법적인 방법으로 양도할 수 없다. 토지사용권은 법에 의거해 양도할 수 있다.

　국가는 공공이익을 위해서 법에 의거해 집체 소유의 토지를 징수(徵收)하거나 징용(徵用)하고 보상할 수 있다.

　국가는 법에 의거해 국유토지의 유상사용제도를 실시한다. 그러나 법률이 규정한 범위 내에서 행정배분된 국유토지사용권은 유상사용제도의 대상에서 제외된다.

제3조 토지를 소중히 여기며 합리적으로 이용하고, 경작지를 보호하는 것은 중국의 기본 국가정책이다. 각급 인민정부는 마땅히 정책을 마련하고, 전면적으로 계획하고, 엄격히 관리하며, 토지자원을 보호·개발해 토지를 불법 점용하는 행위를 방지해야 한다.

제4조 국가는 토지용도관리제도를 실행한다.

국가는 토지이용총체계획을 세우고, 토지용도를 규정해 농경지, 건설용지 및 미이용지로 구분한다. 농경지가 건설용지로 전환되지 않도록 엄격히 제한하고, 건설용지 총면적을 제어해, 농경지에 대해 특별한 보호정책을 취한다.

농업용지는 농업생산에 직접 사용되는 토지를 말하며, 이는 경작지·임지·초지·농업수리용지·양식용 공유수면 등을 포함한다. 건설용지는 건축물·구조물 등을 건설하는 토지를 말하며, 이는 도시와 농촌의 주택 및 공공시설용지·공업과 광업용지·교통과 수리시설용지·관광용지, 군사시설용지를 포함한다. 미이용지는 농업용지와 건설용지 이외의 토지를 말한다.

토지를 사용하는 단위나 개인은 반드시 토지이용총체계획이 확정한 토지용도를 엄격히 준수해야 한다.

제5조 국무원 토지행정 주관부문은 전국 토지의 관리와 감독업무를 통일되게 책임진다.

현(县)급 이상의 지방인민정부 토지행정 주관부문의 설치와 직책은 성(省)·자치구·직할시 인민정부가 국무원의 유관 규정에 의해 확정한다.

제6조 직장단위나 개인은 모두 토지관리 법률과 법규의 의무를 준수하며, 토지관리 법률과 법규를 위반하는 행위에 대해 고발 또는 기소할 권리를 가진다.

제7조 토지자원의 보호와 개발, 합리적인 이용 및 과학적 연구 등에서 뚜렷한 성과를 나타낸 직장단위나 개인에 대해서는 인민정부가 표창한다.

제2장 토지소유권과 사용권

제8조 도시 지역의 토지는 국가 소유이다.

농촌과 도시 외곽 토지 중 법률이 정한 국가 소유 이외의 토지는 농민집체 소유이다. 택지와 자류지(自留地), 자류산(自留山)은 농민집체 소유이다.

제9조 국유토지와 농민집체 소유의 토지는 법 규정에 의해 직장단위 혹은 개인에게 사용을 부여한다. 토지를 사용하는 직장단위와 개인은 토지를 보호·관리 및 합리적으로 사용할 의무가 있다.

제10조 농민집체 소유의 토지가 법 규정에 의해 촌민집체 소유에 속하는 경우, 이는 농촌집체경제조직 혹은 촌민위원회가 경영·관리한다. 이미 각각 농촌 내 2개 이상 농촌집체경제조직의 농민집체 소유에 속하는 경우, 농촌 내 해당 농촌집체경제조직 또는 촌민소조(小组)가 경영·관리한다. 이미 향(진) 농민집체 소유인 경우, 향(진) 농촌집체경제조직이 경영·관리한다.

제11조 농민집체 소유의 토지는 현급 인민정부가 등기부를 작성하고, 증명서를 심사발급하며, 소유권을 확인한다. 농민집체 소유의 토지가 법 규정에 의해 비농업용 건설용지로 사용되는 경우, 현급 인민정부가 등기부를 작성하고, 증명서를 심사발급하며, 건설용지사용권을 확인한다.
  직장단위와 개인의 법 규정에 의해 사용하는 국유토지는 현급 이상의 인민정부가 등기부를 작성하고, 증명서를 심사발급하며, 사용권을 확인한다. 그중에서 중앙국가기관이 사용하는 국유토지의 구체적인 등기와 증명서 발급기관은 국무원이 확정한다.
  임지·초원의 소유권 또는 사용권 확인, 공유수면·간석지의 양식사용권 확인은 각각 '중화인민공화국 삼림법', '중화인민공화국 초원법'과 '중화인민공화국 어업법'의 유관규정에 따라 처리한다.

제12조 법에 의해 토지권속과 용도를 변경하고자 하는 경우, 토지변경등기 수속을 해야 한다.

제13조 법에 따라 등기된 토지소유권과 사용권은 법률의 보호를 받으며, 어떤 직

장단위나 개인도 침범해서는 안 된다.

제14조 농민집체 소유의 토지는 본 집체경제조직의 구성원이 도급경영하며, 농업·임업·목축업·어업생산에 종사한다. 토지도급경영의 기한은 30년으로 한다. 도급권자나 피도급자는 도급계약을 설정하며, 쌍방의 권리와 의무를 약정한다. 토지를 도급받아 경영하는 농민은 도급계약에서 약정된 용도에 따라 토지를 합리적으로 이용할 의무를 진다. 농민의 토지도급경영권은 법적 보호를 받는다.

토지도급경영 기한 내에 개별 도급경영자 간 도급 토지에 대해 적당한 조정을 할 경우, 반드시 촌민회의 구성원의 3분의 2 혹은 촌민 대표의 3분의 2 이상의 동의를 얻어야 하며, 동시에 향(진) 인민정부와 현급 인민정부 농업행정 주관부문에 보고하고 비준을 받아야 한다.

제15조 국유토지는 직장단위나 개인이 도급경영을 할 수 있으며, 농업·임업·목축업·어업생산에 종사한다. 농민집체 소유의 토지는 본 집체경제조직 이외에 직장단위나 개인이 도급경영을 할 수 있으며, 농업·임업·목축업·어업생산에 종사한다. 도급권자나 피도급권자는 도급계약을 설정해야 하며, 쌍방의 권리와 의무를 약정한다. 토지도급경영의 기한은 도급계약 약정으로 정한다. 도급경영 토지의 직장단위와 개인은 도급계약의 약정된 용도에 따라 토지를 합리적으로 이용할 의무를 진다.

농민집체 소유 토지를 본 집체경제조직 이외의 직장단위 혹은 개인이 도급경영할 경우, 반드시 촌민회의 구성원의 3분의 2 이상, 촌민 대표의 3분의 2 이상의 동의를 얻어야 하며, 동시에 향(진) 인민정부에 보고하고 비준을 받아야 한다.

제16조 토지소유권과 사용권의 분쟁은 당사자들이 협의해 해결한다. 협의가 이루어지지 않을 경우에는 인민정부가 처리한다.

직장단위 간의 쟁의는 현급 이상의 인민정부가 처리한다. 개인 간 혹은 개인과 직장단위 간의 분쟁은 향급 인민정부 혹은 현급 이상의 인민정부가 처리한다.

당사자들이 관련 인민정부의 처리 결정에 불복할 경우, 처리 결정 통보를 받은 날로부터 30일 이내에 인민법원에 제소할 수 있다.

토지소유권과 사용권의 분쟁이 해결되기 전까지는 어느 일방도 토지 상태를 변경시켜서는 안 된다.

제3장 토지이용총체계획(土地利用总体规划)

제17조 각급 인민정부는 국민경제사회발전계획, 국토정리와 자원 환경 보호의 요구, 토지공급 능력 및 각종 건설의 토지수요에 근거해 토지이용총체계획을 수립한다.

　토지이용총체계획의 계획 기간은 국무원이 규정한다.

제18조 하급 토지이용총체계획은 상급의 토지이용총체계획에 의거하여 수립해야 한다.

　지방 각급 인민정부가 수립한 토지이용총체계획 중, 건설용지총량은 상급 토지이용총체계획이 확정한 제한지표를 초과해서는 안 되며, 농경지 보유량은 상급 토지이용총체계획이 확정한 제한지표보다 낮아서는 안 된다.

　성·자치구·직할시 인민정부가 수립한 토지이용총체계획은 행정구역 내의 농경지총량이 감소하지 않도록 해야 한다.

제19조 토지이용총체계획은 아래와 같은 원칙하에 수립한다.

　1. 기본농지를 엄격히 보호하며, 비농업건설용지의 농경지 점용을 규제한다.

　2. 토지이용률을 제고한다.

　3. 각종 유형 용지와 구역 용지를 종합적으로 배치한다.

　4. 생태환경을 보호 및 개선하며, 토지의 지속 가능한 이용을 보장한다.

　5. 경지점용과 경지개간이 서로 평형을 이룬다.

제20조 현급 토지이용총체계획은 토지이용구역을 구획하고, 토지용도를 명확히 해야 한다.

　향(진) 토지이용총체계획은 토지이용구역을 구획해야 하고, 토지사용 조건에 근거해 각 필지의 토지용도를 확정하고 공고한다.

제21조 토지이용총체계획은 각급별로 심사비준한다.

성·자치구·직할시의 토지이용총체계획은 국무원에 보고해 비준을 받는다.

성·자치구 인민정부가 소재한 시와 인구가 1백만 명 이상인 도시 및 국무원이 지정한 도시의 토지이용총체계획은 성·자치구 인민정부의 심사·동의를 거친 후, 국무원에 보고해 비준을 받는다.

본 법의 2조와 3조 규정 이외의 토지이용총체계획은 각급의 상급 성·자치구·직할시 인민정부에 보고해 비준을 받는다. 그중, 향(진) 토지이용총체계획은 성급 인민정부의 권한을 받은 구(區)의 시(市)·자치주(自治州) 인민정부가 비준한다.

토지이용총체계획은 일단 비준을 거치면 반드시 엄격히 집행되어야 한다.

제22조 도시건설용지의 규모는 국가가 규정한 표준에 부합되어야 하며, 현재 소유하고 있는 건설용지를 충분히 이용하도록 해, 농경지를 점용하지 않거나 최소한으로 점용해야 한다.

도시총체계획, 촌(村庄)및집진(集镇)계획은 토지이용총체계획에 부합되어야 하며, 도시총체계획, 촌및집진계획 중 건설용지 규모는 토지이용총체계획이 확정한 도시·촌 및 집진의 건설용지 규모를 초과해서는 안 된다.

도시계획구역, 촌및집진계획구역 내에서, 도시와 촌 및 집진의 건설용지는 도시계획·촌및집진계획에 부합해야 한다.

제23조 강·호수 종합정리개발이용계획은 토지이용총체계획에 부합해야 한다. 강·호수·저수지의 관리 및 보호 범위 내지 홍수조절구역 내에서, 토지이용은 강·호수 종합정리개발이용계획에 부합해야 하며, 하천·호수의 홍수 유입, 홍수의 저장 및 배수요건에 부합해야 한다.

제24조 각급 인민정부는 토지이용계획 관리를 강화해야 하며, 건설용지총량 규제를 실시해야 한다.

연도별 토지이용계획은 국민경제사회발전계획·국가산업정책·토지이용총체계획 내지 건설용지와 토지이용의 실제 상황에 근거해 수립한다. 연도별 토지이용계획의 수립·심사 과정과 토지이용총체계획의 수립·심사 과정은 동일하며, 심사비준되어 하달되면 반드시 엄격히 집행한다.

제25조 성·자치구·직할시 인민정부는 연도별 토지이용계획의 집행 상황을 국민경제사회발전계획의 집행 상황에 포함해야 하며, 동급 인민대표대회에 보고해야 한다.

제26조 비준을 거친 토지이용총체계획의 수정은 반드시 원래 비준기관이 재비준해야 한다. 재비준을 거치지 않고 토지이용총체계획이 확정한 토지용도를 변경해서는 안 된다.

국무원의 비준을 거친 대형 에너지·교통·수리 등의 기초시설건설용지에 관한 토지이용총체계획을 개정하려는 경우, 국무원의 비준문건에 의거해 토지이용총체계획을 수정한다.

성·자치구·직할시 인민정부의 비준을 거친 에너지·교통·수리 등 기초시설건설용지에 관한 토지이용총체계획을 개정하려는 경우, 그리고 성급 인민정부 토지이용총체계획의 비준권한 내에 속하는 경우, 성급 인민정부의 비준문건에 의거해 토지이용총체계획을 수정한다.

제27조 국가는 토지조사제도를 수립한다.

현급 이상의 인민정부 토지행정 주관부문은 동급의 유관 부문과 토지조사를 진행할 수 있다. 토지소유자 또는 사용자는 조사에 협조해야 하며, 동시에 유관 자료를 제공해야 한다.

제28조 현급 이상의 인민정부 토지행정 주관부문은 동급의 유관 부문과 함께 토지조사의 결과, 계획 용도 및 국가가 제정한 표준에 근거해 토지등급을 평가한다.

제29조 국가는 토지통계제도를 수립한다.

현급 이상의 인민정부 토지행정 주관부문과 동급의 통계 유관 부문은 공동으로 통계조사방안을 제정해 법에 의해 토지통계를 진행하며, 정기적으로 토지통계자료를 발표한다. 토지소유자 또는 사용자는 유관 자료를 제공해야 하며, 허위 보고·기만 보고·보고 거부·보고 지체를 해서는 안 된다.

토지행정 주관부문과 통계부문이 공동 발표한 토지면적 통계자료는 각급 인민정부가 토지이용총체계획을 수립하는 근거가 된다.

제30조 국가는 전국 토지관리정보체계를 수립하고, 토지이용 상황에 대해 동태적 모니터링을 진행한다.

제4장 경지보호

제31조 국가는 경지를 보호하고, 비농경지로의 전환을 엄격히 제한한다.

국가는 경지점용보상제도를 실시한다. 비준을 거쳐 비농업건설 목적으로 경지를 점용할 경우, "점용 면적에 따라 동일한 면적만큼 개간하는" 원칙에 따라 경지점용 단위가 이미 점용한 경지의 수량 및 면적과 동일한 경지를 개간하는 책임을 진다. 개간 조건이 결여되어 있거나, 개간한 경지가 요구에 부합되지 않을 경우, 성·자치구·직할시의 규정에 따라 경지개간비를 납부해야 하며, 이 납부금은 전적으로 새로운 경지개간에만 사용되어야 한다.

성·자치구·직할시 인민정부는 경지개간계획을 제정해야 하며, 경지점용 감독단위는 경지개간계획 또는 계획조직에 따라 경지를 개간하며, 동시에 검사를 진행한다.

제32조 현급 이상의 지방 인민정부는 경지점용 단위에 대해 점용한 경지의 경작층 토양을 새로운 개간지, 열등지 또는 기타 경작지의 토양 개량에 쓰이도록 요구할 수 있다.

제33조 성·자치구·직할시 인민정부는 토지이용총체계획과 연도별 토지이용계획

을 엄격히 집행하며, 필요한 조치를 취하고, 해당 행정구역 내 경지총량이 감소하지 않도록 해야 한다. 경지총량이 감소하는 경우, 국무원은 규정된 기한 내에 감소한 경지의 수량과 질에 상응하는 경지를 개간하도록 명령하고, 동시에 국무원 토지행정 주관부문은 농업행정 주관부문과 함께 검사한다. 개별 성·직할시는 토지예비자원 부족을 확인하고, 건설용지를 새롭게 증가시킨 후, 새로 개간한 경지의 수량이 부족해 점용한 경지의 수량을 보상하는 경우에는 반드시 국무원에 보고해 비준을 거친 후에 해당 행정구역 내 개간 경지의 수량을 감면하고, 토지를 변경해 개간한다.

제34조 국가는 기본농지보호제도를 실시한다. 아래의 경지는 토지이용총체계획에 근거해 기본농지보호구역에 편입시키고, 엄격히 관리한다.

　1. 국무원 유관 부문 또는 현급 이상 지방 인민정부의 비준을 거친 후 확정된 양식·면화·원유 생산기지 내의 경지

　2. 양호한 수리(水利) 및 수토(水土)유지시설이 있는 경지, 토지개량계획을 실시하고 있거나 개량할 수 있는 중·저급 생산지

　3. 채소생산기지

　4. 농업과학연구·학습을 위한 실험용 경지

　5. 국무원 규정에 의해 기본농지보호구역으로 편입되는 기타 경지

　각 성·자치구·직할시가 획정한 기본농지는 해당 행정구역 내의 경지 중 80% 이상이 되어야 한다.

　기본농지보호구역은 향(진)을 단위로 해 경계를 구분하며, 이는 현급 인민정부 토지행정 주관부문이 동급의 농업행정 주관부문과 함께 실시할 수 있다.

제35조 각급 인민정부는 필요한 조치를 취해 배관공정시설을 유지·보호하며, 토양을 개량하며, 지력을 제고하며, 토지의 황폐화, 염분화, 수토 유실 및 토양오염을 방지해야 한다.

제36조 비농업건설은 반드시 토지를 절약해 사용해야 하며, 황무지를 이용할 수 있을 경우, 경지를 점용해서는 안 된다. 열등지를 이용할 수 있을 경우, 우등지를 점

용해서는 안 된다.

경지를 점용해 굴을 파거나 묘를 세우는 것을 금지하며, 경지 내에 임의로 주택을 건설하거나 모래, 석재, 광물, 토양 등의 채취를 금지한다.

기본농지를 점용해 임업·과수업을 하고 연못을 파서 양식업을 하는 것을 금지한다.

제37조 어떤 직장단위나 개인도 경지를 방치하거나 황무지화 하는 것을 금지한다. 이미 농경지 점용의 심사비준 수속을 완료한 비농업건설이 경지를 점용했으나 1년 내에 사용하지 않고, 또한 점용경지가 경작과 수확이 가능한 경우, 원래 그 경지를 경작한 집체 또는 개인이 다시금 경작해야 하며, 또한 용지단위조직이 경작할 수 있다. 1년 이상 건설을 착공하지 않은 경우, 성·자치구·직할시의 규정에 따라 한치비(閑置費)를 납부해야 한다. 2년 이상 사용하지 않을 경우, 원래 비준한 기관의 비준을 거쳐, 현급 이상 인민정부는 용지단위의 토지사용권을 무상으로 회수한다. 회수된 토지가 원래 농민집체 소유인 경우, 농촌집체경제조직에 제공해 경작을 시작해야 한다.

도시계획구역 범위 내에서, 출양방식으로 취득한 토지사용권으로 부동산개발을 진행하는 유휴토지는 '중화인민공화국 도시부동산관리법'의 유관 규정에 따라 처리한다.

도급경영 경지의 단위 또는 개인이 연속 2년간 농경지를 경작하지 않을 경우, 도급경영을 준 단위는 도급계약을 중지하고, 도급한 경지를 회수해야 한다.

제38조 생태환경의 보호와 개선, 수토 유실과 토지황폐화의 방지라는 전제하에서, 국가는 단위와 개인이 토지이용총체계획에 따라 미이용 토지를 개발하도록 장려한다. 개발지가 농용지로 적합할 경우, 우선적으로 농용지로 개발해야 한다.

국가는 법 규정에 따라 개발자의 합법적 권익을 보호한다.

제39조 미이용 토지의 개간은 토지이용총체계획이 획정한 개간 가능한 구역 내에서 반드시 과학적 연구와 평가를 거치고, 법에 의해 비준을 받은 후에 진행한다. 삼

림과 초원을 훼손하는 방식의 경지개간을 금하며, 호수를 둘러싸는 농지 조성과 하천 사주의 침범을 금한다.

생태환경을 파괴해 개간·간척한 토지는 토지이용총체계획에 근거해 계획적이고 순차적으로 경지를 삼림·목장·호수로 되돌린다.

제40조 사용권이 아직 확정되지 않은 국유 산지·황무지·사주(荒滩) 등을 개발해 농작물 경작·임업·목축업·어업생산에 이용하고 있는 경우, 현급 이상의 인민정부는 법에 따라 비준한 후 개발단위나 개인이 장기간 사용하도록 확정할 수 있다.

제41조 국가는 토지정리를 장려한다. 현·향(진) 인민정부는 농촌집체경제조직을 구성한 후, 토지이용총체계획에 따라 농지·수면·도로·임야를 종합적으로 정리하고, 경지의 질을 향상시키고, 유효 경지면적을 증가시키며, 농업생산 조건과 생태환경을 개선해야 한다.

지방 각급 인민정부는 필요한 시책을 채택해 중·저생산지를 개선하며, 유휴지와 버려진 토지를 정리해야 한다.

제42조 토지를 훼손하는 경우, 용지단위와 개인은 국가의 유관 규정에 따라 개간할 책임을 져야 한다. 아무 이유 없이 개간하지 않거나 개간한 토지가 요구에 부합하지 않을 경우, 토지개간비를 납부해야 하며, 이 비용은 오직 토지개간에만 사용되어야 한다. 개간된 토지는 우선적으로 농업용지로 사용되어야 한다.

제5장 건설용지

제43조 어떤 단위나 개인이 건설사업을 위해 토지사용이 필요한 경우, 반드시 법규정에 따라 국유토지사용을 신청해야 한다. 그러나 향진기업과 농촌주택의 건설 또는 향(진)촌 공공시설과 공익사업의 건설을 위해 농민집체 소유 토지의 사용을 비준받는 경우는 제외한다.

위의 조항에서 말한 국유토지는 국가 소유의 토지 또는 원래 농민집체 소유의 토지였으나 국가가 징수해 국가에 귀속된 토지를 말한다.

제44조 건설로 인한 토지점용으로 인해 농용지를 건설용지로 전용할 필요가 있는 경우, 농용지 전용을 위한 심사비준 수속을 해야 한다.

성·자치구·직할시 인민정부가 비준한 도로·수로 사업 및 대형 기초시설 건설사업과 국무원이 비준한 건설사업이 토지를 점용해 농용지를 건설용지로 전용할 필요가 있는 경우, 국무원이 비준한다.

토지이용총체계획이 확정한 도시·촌장(村庄)·집진(集鎮) 건설용지 규모의 범위 내에서, 해당 계획을 실시하기 위해 농용지를 건설용지로 전용하는 경우, 연도별 토지이용계획에 따라 분류해 원래 토지이용총체계획을 비준한 기관이 비준한다. 이미 비준한 농용지의 전용 범위 내에서, 구체적인 건설항목 용지는 시·현 인민정부가 비준할 수 있다.

본 조 제2항과 제3항 규정 이외의 건설항목이 토지를 점용해 농용지를 건설용지로 전용하게 되는 경우, 성·자치구·직할시 인민정부가 비준한다.

제45조 아래의 토지를 징수하는 경우, 국무원이 비준한다.

1. 기본농지
2. 기본농지 이외의 경지로, 35ha를 초과하는 경우
3. 기타 토지로, 70ha를 초과하는 경우

위항의 규정 이외의 토지를 징수하는 경우, 성·자치구·직할시 인민정부가 비준하며, 국무원에 보고해 등기한다.

농용지를 징수하는 경우, 본 법 제44조 규정에 따라 먼저 농용지 전용 심사비준을 거쳐야 한다. 그중 국무원의 비준을 거쳐 농용지를 전용하는 경우, 동시에 토지징수 심사비준 수속을 하고, 별도의 토지징수 심사비준 수속은 하지 않는다. 성·자치구·직할시 인민정부를 거쳐 토지징수 비준권한 내에서 농용지 전용을 비준하는 경우, 동시에 토지징수 심사비준 수속을 하고, 별도의 토지징수 심사비준 수속은 하지 않으며, 만일 토지징수 비준권한을 넘어서는 경우에는 본 조 제1항의 규정에 따

라 토지징수 심사비준을 별도로 해야 한다.

제46조 국가가 토지를 징수하는 경우, 법정 순서에 따라 비준을 거친 후, 현급 이상 지방 인민정부가 공고하고 실시한다.

토지를 징수당한 소유권자·사용권자는 공고의 규정 기간 내에 토지권속증서를 가지고 해당 지방 인민정부 토지행정 주관부문에 가서 징수에 따른 보상등기를 한다.

제47조 토지를 징수하는 경우, 징수된 토지의 원래 용도에 따라 보상한다.

징수된 경지의 보상비용은 토지보상비, 안치(安置)보조비 내지 지상부착물 및 풋곡식에 대한 보상비를 포함한다. 징수된 경지의 토지보상비는 해당 경지가 징수되기 이전 3년 동안의 연평균 생산가치의 6배에서 10배까지 보상한다. 징수된 경지의 안치보조비는 안치가 필요한 농업인구수에 따라 계산한다. 안치가 필요한 농업인구수는 징수된 경지수량에서 징수 전 징수단위의 개인 평균 점유 경지의 수량에 따라 계산한다. 안치가 필요한 농업인구의 안치보조비 각각의 표준은 해당 경지가 징수되기 전 3년 동안의 연평균 생산가치의 4배에서 6배이다. 그러나 매 ha당 징수된 경지의 안치보조비 최고 한도는 징수 전 3년 동안의 연평균 생산가치의 15배를 초과해서는 안 된다.

기타 토지의 징수에서 토지보상비와 안치보조비 표준은 성·자치구·직할시가 징수된 경지의 토지보상비와 안치보조비 표준규정을 참조한다.

징수된 토지상의 부착물과 풋곡식에 대한 보상 표준은 성·자치구·직할시가 규정한다.

도시 근교의 채소용지를 징수하기 위해서는 용지단위가 국가 유관 규정에 따라 신(新)채소용지 개발건설기금을 납부해야 한다.

본 조 제2항의 규정에 따라 토지보상비와 안치보조비를 지급할 때, 안치가 필요한 농민이 이전의 생활수준을 유지할 수 없게 되는 경우는 성·자치구·직할시 인민정부의 비준을 거쳐, 안치보조금을 높일 수 있다. 그러나 토지보상비와 안치보조비 총액은 토지가 징수되기 전 3년 동안의 연평균 생산가치의 30배를 초과해서는 안 된다.

국무원은 사회·경제 발전 수준에 근거해, 특수한 상황하에서 징수경지의 토지보상비와 안치보조비 표준을 높일 수 있다.

제48조 유관 인민정부는 징수 경지 보상 및 안치방안을 확정한 후에 이를 공고해야 하며, 동시에 징수 토지의 농촌집체경제조직과 농민의 의견을 청취해야 한다.

제49조 경지가 징수된 농촌집체경제조직은 징수 토지 보상비용의 지출 상황을 해당 집체경제조직 구성원에게 공포해야 하며, 감독을 받아야 한다.
　징수된 토지단위의 보상비용과 기타 유관 비용의 착복·유용을 금한다.

제50조 지방의 각급 인민정부는 토지가 징수된 농촌집체경제조직과 농민이 개발경영에 종사하고, 기업을 설립하도록 지원해야 한다.

제51조 중대형 수리·수력발전공정건설 징수 토지의 보상비표준과 안치 방법은 국무원이 별도로 규정을 마련한다.

제52조 건설항목의 추진 가능성 연구 및 토론 시, 토지행정 주관부문은 토지이용총체계획·연도별 토지이용계획과 건설용지표준에 근거해 건설용지 유관 사항에 대한 심사를 진행할 수 있으며, 동시에 의견을 제출한다.

제53조 비준을 거친 건설항목이 국유건설용지 사용을 필요로 하는 경우, 건설단위는 법률·행정법규가 규정한 유관 문건을 가지고 비준권이 있는 현급 이상의 인민정부 토지행정 주관부문에 건설용지신청서를 제출하고, 토지행정 주관부문의 심사를 거쳐 본급 인민정부에 보고해 비준을 받아야 한다.

제54조 건설단위가 국유토지를 사용하려면 출양 등의 유상사용 방식으로 취득해야 한다. 그러나 아래의 건설용지는 현급 이상의 인민정부가 법에 따라 비준한 후, 행정배정방식으로 취득할 수 있다.

1. 국가기관용지와 군사용지

2. 도시기초시설용지와 공익사업용지

3. 국가 중점 지원 에너지·교통·수리 등의 기초시설용지

4. 법률·행정법규가 규정한 기타 용지

제55조 출양 등의 유상사용 방식으로 국유토지사용권을 취득한 건설단위는 국무원이 규정한 기준과 방법에 따라 토지사용권출양금 등 토지유상사용비와 기타 비용을 납부한 후, 토지를 사용할 수 있다.

본 법의 실행일로부터 새로 증가한 건설용지의 토지유상사용비는 100분의 30을 중앙재정에 납부하고, 100분의 70을 유관 지방 인민정부에 남기며, 모두 경지개발에만 쓰인다.

제56조 건설단위가 국유토지를 사용하는 경우, 토지사용권 출양 등 유상사용계약의 약정이나 토지사용권 행정배정 비준문건의 규정에 따라 토지를 사용해야 한다. 해당 토지의 건설용도를 꼭 변경해야 하는 경우, 유관 인민정부 토지행정 주관부문의 동의를 거쳐 원래 비준한 인민정부에 보고해 비준을 받아야 한다. 그중 도시계획구역 내에서 토지용도를 변경하는 경우, 보고해 비준받기 전에 먼저 유관 도시계획행정 주관부문의 동의를 거쳐야 한다.

제57조 건설항목의 시공과 지질조사로 인해 국유토지 또는 농민집체 소유의 토지를 임시로 사용할 필요가 있을 경우, 현급 이상의 인민정부 토지행정 주관부문이 비준한다. 그중 도시계획구역 내에서의 임시토지사용은, 보고 및 비준 전에 우선 유관 도시계획행정 주관부문의 동의를 받아야 한다. 토지사용자는 마땅히 토지권속에 근거해, 유관 토지행정 주관부문 혹은 농촌집체경제조직·촌민위원회 등과 임시토지사용계약을 체결해야 하며, 동시에 계약서의 약정에 따라 임시토지사용보상비를 지불한다.

임시토지사용자는 임시토지사용계약서에서 약정된 용도로 토지를 사용해야 하며, 영구적인 건축물을 건설해서는 안 된다.

임시토지사용 기한은 일반적으로 2년을 초과하지 않는다.

제58조 아래의 상황 중 하나에 해당하는 경우, 유관 인민정부 토지행정 주관부문이 원래 토지사용을 비준한 인민정부나 비준권이 있는 인민정부에 보고해 비준을 받은 뒤 국유토지사용권을 회수(收回)할 수 있다.

1. 공공이익을 위해 토지를 사용할 필요가 있을 경우

2. 도시계획을 실시해 노후 도시계획구역의 재개발을 추진하기 위해 토지사용을 조정할 필요가 있을 경우

3. 토지출양 등의 유상사용계약서가 약정한 사용 기간이 만료되었지만 토지사용자가 기한 연장을 신청하지 않았거나 또는 기한연장 신청이 비준을 받지 못하는 경우

4. 단위가 철거 또는 이주 등의 이유로 행정배정된 국유토지의 사용이 정지되는 경우

5. 도로·철로·비행장·광산 등이 심사비준을 거쳐 폐기되는 경우

위의 1항과 2항의 규정에 의해 국유토지사용권을 회수할 경우, 토지사용권자에게 적당한 보상금을 지급해야 한다.

제59조 향진기업, 향(진)촌 공공시설, 공익사업, 농촌촌민주택 등의 향(진)촌 건설은 촌계획과 집진계획에 따라 합리적으로 배치하고, 종합적이고 연계적으로 개발해야 한다. 건설용지는 향(진) 토지이용총체계획과 연도별 토지이용계획에 부합해야 하며, 또한 본 법 제44·60·61·62조의 규정에 따라 심사비준 수속을 한다.

제60조 농촌집체경제조직이 향(진) 토지이용총체계획이 확정한 건설용지를 사용해 기업을 설립하거나 또는 기타 단위·개인과 함께 토지사용권 주식제나 연합경영등의 형식으로 공동으로 기업을 설립할 경우, 유관 비준문건을 가지고 현급 이상의 지방 인민정부 토지행정 주관부문에 신청하고, 성·자치구·직할시가 규정한 비준권한에 따라 현급 이상의 지방 인민정부가 비준한다. 그중 농용지를 점용하게 되는 경우, 본 법 제44조의 규정에 따라 심사비준 수속을 한다.

위 항의 규정에 따라 기업을 설립하는 건설용지는 반드시 엄격히 규제한다. 성·

자치구·직할시는 향진기업의 상이한 업종과 경영 규모에 따라 개별적으로 용지표준을 규정할 수 있다.

제61조 향(진)촌 공공시설·공익사업건설이 토지사용을 필요로 하는 경우, 향(진) 인민정부의 심사를 거쳐 현급 이상의 지방 인민정부 토지행정 주관부문에 신청서를 제출하고, 성·자치구·직할시가 규정한 비준권한에 따라 현급 이상의 지방 인민정부가 비준한다. 그중 농경지를 점용하게 되는 경우, 본 법 제44조의 규정에 따라 심사비준 수속을 한다.

제62조 농촌 촌민 1가구당 1개의 주택지만을 가지며, 그 주택지 면적이 성·자치구·직할시가 규정한 표준을 초과해서는 안 된다.
　농촌 촌민의 주택건설은 향(진) 토지이용총체계획에 부합해야 하며, 최대한 원래의 택지와 촌내의 빈터를 사용해야 한다.
　농촌 촌민의 주택용지는 향(진) 인민정부의 심사를 거쳐 현급 인민정부가 비준한다. 그중 농용지를 점용하게 되는 경우, 본 법 제44조의 규정에 따라 심사비준 수속을 한다.
　농촌 촌민이 주택을 매도하거나 임대한 후 다시 주택지를 신청하는 경우, 비준하지 않는다.

제63조 농민집체 소유의 토지사용권은 출양·전양 또는 임대해 비농업건설에 사용해서는 안 된다. 그러나 토지이용총체계획에 부합하며, 법에 따라 건설용지를 취득한 기업이 파산·합병 등의 상황으로 인해 토지사용권이 법에 따라 이전되는 경우는 예외로 한다.

제64조 토지이용총체계획이 제정되기 전에 이미 건설된 건축물이나 구조물이 토지이용총체계획이 확정한 용도에 부합하지 않을 경우, 재건축이나 확장 건축을 해서는 안 된다.

제65조 아래의 상황 중 하나에 해당하는 경우, 농촌집체경제조직이 원래 용지를 비준한 인민정부에 보고하고 비준을 받은 후에 토지사용권을 회수할 수 있다.

　　1. 향(진)촌 공공시설과 공익사업건설을 위해 토지사용이 필요한 경우

　　2. 비준된 용도대로 토지를 사용하지 않는 경우

　　3. 철거·이주 등의 원인으로 토지사용을 정지하는 경우

　　본 조 제1항의 규정에 따라 농민집체 소유의 토지를 회수하는 경우, 토지사용권자에게 적당한 보상을 지급해야 한다.

제6장 감독 및 조사

제66조 현급 이상의 인민정부 토지행정 주관부문은 토지관리 법률과 법규를 위반한 행위에 대해 감독과 조사를 진행한다.

　　토지관리의 감독과 조사 인원은 토지관리 법률과 법규를 숙지해야 하고, 직분과 공무집행에 충실해야 한다.

제67조 현급 이상의 인민정부 토지행정 주관부문이 감독·조사의 직책을 이행할 시, 아래의 조치를 취할 권리가 있다.

　　1. 조사를 받는 단위나 개인에게 유관 토지권리의 문건과 자료를 요구하고, 열람하거나 복사한다.

　　2. 조사를 받는 단위나 개인에게 토지권리와 관련된 문제의 설명을 요구한다.

　　3. 조사를 받는 단위나 개인이 불법적으로 점용한 토지현장에 들어가 측량한다.

　　4. 불법적으로 토지를 점용한 단위나 개인으로 하여금 토지관리 법률·법규를 위반하는 행위를 중지하도록 한다.

제68조 토지관리 감독·조사 인원이 직책을 수행할 시, 현장에 진입해 측량을 하거나 유관 단위 또는 개인에게 문건이나 자료와 설명 등을 요구하는 경우, 토지관리 감독·조사 증명서류를 제시해야 한다.

제69조 유관 단위와 개인은 현급 이상의 인민정부 토지행정 주관부문이 토지위법 행위에 대해 감독과 조사를 진행하는 때에는 지지하고 협조해야 하며, 동시에 업무 상의 편리를 제공해야 하며, 토지관리 감독·조사 인원의 법에 따른 직무집행을 거 절하거나 방해해서는 안 된다.

제70조 현급 이상의 인민정부 토지행정 주관부문이 감독과 조사업무 중 국가공무 원의 위법행위를 발견해 법에 따라 행정처분을 내려야 하는 경우, 법에 따라 처리해 야 한다. 만일 처리권이 없을 경우, 동급 혹은 상급의 인민정부 행정감찰기관에 행 정처분건의서를 제출해야 하고, 유관 행정감찰기관은 법에 따라 처리해야 한다.

제71조 현급 이상의 인민정부 토지행정 주관부문은 감독과 조사업무 수행 중 토지 위법행위가 범죄를 구성하는 경우, 안건을 유관 기관에 이송하고, 법에 따라 형사책 임을 추궁해야 한다. 범죄를 구성하지 않을 경우, 법에 따라 행정처벌에 처한다.

제7장 법률 책임

제73조 매매 또는 기타 형식으로 불법적으로 토지를 전양하는 경우, 현급 이상의 인민정부 토지행정 주관부문은 위법 소득을 몰수한다. 토지이용총체계획을 위반해 임의로 농용지를 건설용지로 전환하는 경우에 대해서는, 불법 전양된 토지 위에 새 로 건축한 건축물과 기타 시설을 기한 내에 철거해 원상회복하고, 토지이용총체계 획에 부합된 경우에는 불법 전양된 토지 위에 새로 건축된 건축물과 기타 시설을 몰 수하고 벌금에 처할 수 있다. 직접적인 책임을 지는 주관부문 담당자와 기타 직접적 인 책임을 지는 담당자에 대해서는 법 규정에 따라 행정처분에 처한다. 만일 범죄를 구성하는 경우, 법에 따라 형사책임을 추궁한다.

제74조 본 법의 규정을 위반해 경지를 점용해 굴을 파거나, 묘를 세우거나, 임의로 경지 위에서의 주택건설·채사·채석·채광·채토 등 경작 조건을 훼손하는 경우, 또

는 토지개발로 인해 토지의 황폐화·염분화를 야기할 경우, 현급 이상의 인민정부 토지행정 주관부문은 기한 내에 시정 또는 정리하도록 명령을 내리고, 벌금에 처할 수 있다. 범죄를 구성하는 경우, 법에 따라 형사책임을 묻는다.

제75조 본 법의 규정을 위반해 토지개간의무를 불이행하는 경우에는 현급 이상의 인민정부 토지행정 주관부문은 기한 내에 시정하도록 명령하고, 기간을 초과해 시정하지 않는 경우에는 개간비를 납부하도록 명령하고, 이 납부금은 토지개간에만 사용하며, 벌금에 처할 수 있다.

제76조 비준을 거치지 않았거나 사기 수법으로 비준을 받아 불법으로 토지를 점용하는 경우, 현급 이상의 인민정부 토지행정 주관부문은 불법 점용 토지의 반환을 명령하고, 토지이용총체계획을 위반해 임의로 농용지를 건설용지로 전용한 것에 대해 불법 점용된 토지 위에서 신축된 건축물과 기타 시설을 기한 내에 철거해 원상회복하도록 명령하며, 만일 토지이용총체계획에 부합하는 경우에는 불법 점용된 토지 위에서 신축된 건축물과 기타 시설을 몰수하고, 벌금에 처할 수 있다. 불법으로 토지를 점용한 단위의 직접적인 책임자와 기타 직접적인 책임자에 대해서는 법에 따라 행정처분에 처한다. 범죄를 구성하는 경우, 법에 따라 형사책임을 묻는다.

　비준된 수량을 초과해 토지를 점용한 경우, 초과 점용한 토지는 불법 점용 토지로 간주해 처리한다.

제77조 농촌 촌민이 비준을 거치지 않거나 사기 수법으로 비준을 받아 불법으로 토지를 점용해 주택을 건설하는 경우, 현급 이상의 인민정부 토지행정 주관부문이 불법 점용 토지의 반환을 명령하고 기한 내에 불법 점용 토지 위에 신축한 주택을 철거하도록 한다.

　성·자치구·직할시가 규정한 표준을 초과해 점용한 토지는 불법 점용 토지로 간주해 처리한다.

제78조 징수비준권·토지사용권이 없는 단위 또는 개인이 불법으로 비준해 토지를

점용하는 경우, 비준권한을 초과해 불법으로 비준해 토지를 점용하는 경우, 토지이용총체계획이 확정한 용도에 따라 용지를 비준하지 않는 경우, 또는 법률이 규정한 순서를 위반해 토지를 점용·징수하는 경우, 그 비준문건은 무효이며, 불법으로 징수를 비준해 토지를 사용하게 한 직접적인 책임자나 기타 직접적인 책임자는 법에 따라 행정처분에 처한다. 만일 범죄를 구성하는 경우, 법에 따라 형사책임을 묻는다. 불법으로 비준해 사용한 토지는 회수해야 하며, 유관 당사자가 회수를 거부할 경우, 불법 점용 토지로 간주해 처리한다.

불법으로 징수를 비준해 사용된 토지로 인해 당사자에게 손실을 주는 경우, 법에 따라 배상책임을 져야 한다.

제79조 징수된 단위의 토지보상비와 기타 유관 비용을 착복하거나 유용해 범죄를 구성하는 경우, 법에 따라 형사책임을 묻는다. 만일 범죄를 구성하지 않는 경우, 법에 따라 행정처분을 내린다.

제80조 법에 따라 국유토지사용권을 회수하는데 당사자가 토지납부를 거부하는 경우, 임시토지사용 기한이 만료되었으나 토지납부를 거부하는 경우, 또는 비준된 용도에 따라 국유토지를 사용하지 않는 경우, 현급 이상의 인민정부 토지행정 주관부문은 토지의 반환을 명령하고, 벌금에 처한다.

제81조 임의로 농민집체 소유의 토지사용권을 출양·전양 또는 임대해 비농업건설에 사용하는 경우, 현급 이상의 인민정부 토지행정 주관부문은 기한 내에 시정하도록 명령하고, 위법 소득을 몰수하며, 벌금에 처한다.

제82조 본 법의 규정에 따라 토지변경등기를 하지 않는 경우, 현급 이상의 인민정부 토지행정 주관부문이 기한 내에 처리할 것을 명령한다.

제83조 본 법의 규정에 의해 불법 점용 토지 위에 신축한 건축물과 기타 시설을 기한 내에 철거하도록 명령받은 경우, 건설단위 또는 개인은 즉시 시공을 중지하고,

자발적으로 철거해야 한다. 계속해서 시공하는 경우, 처벌 결정을 내린 기관이 시공을 제지할 권한이 있다. 건설단위 또는 개인이 기한 내에 철거 명령에 불복하는 경우, 철거 결정 명령을 접수한 날로부터 15일 이내에 인민법원에 기소할 수 있다. 기한이 되어 기소하지도 않고 자발적으로 철거하지도 않을 경우, 처벌 결정을 내린 기관이 법에 따라 인민법원에 강제집행을 신청하고, 비용은 위법자가 부담한다.

제84조 토지행정 주관부문 직원이 직무를 태만하거나, 직권남용·개인의 친분에 의한 행위·사리사욕의 부정행위를 범해 범죄를 구성하는 경우, 법에 따라 형사책임을 묻는다. 범죄를 구성하지 않는 경우, 법에 따라 행정처분에 처한다.

제8장 부칙

제85조 중외합자(中外合資)경영기업, 중외합작(中外合作)경영기업, 외자기업이 토지를 사용하는 경우, 본 법을 적용한다. 법률에 예외규정이 있으면 그 규정을 따른다.

제86조 본 법은 1999년 1월 1일부터 시행한다.

부록 2: 중화인민공화국 토지관리법 실시조례

(1998년 12월 24일, 국무원 제12차 상무회의에서 통과, 1999년 1월 1일부터 시행)

제1장 총칙

제1조 '중화인민공화국 토지관리법'(이하 '토지관리법')에 근거하여 본 조례를 제정한다.

제2장 토지소유권과 사용권

제2조 아래의 토지는 전민 소유, 즉 국가 소유에 속한다.

1. 도시 시내의 토지

2. 농촌과 도시 근교 지역 중 이미 법에 따라 몰수·징수·국가구매(徵購)에 의해 국유로 된 토지

3. 국가가 법에 의해 징용한 토지

4. 법에 의해 집체 소유에 속하지 않는 임지(林地)·초지·황무지·갯벌 및 기타 토지

5. 원래는 집체 소유에 속한 토지였으나, 농촌집체경제조직의 전체 구성원이 도시주민이 된 경우, 원래 그 구성원에 속했던 집체 소유의 토지

6. 이민이나 자연재해 등의 원인으로 인해 집체가 이전한 후 다시는 사용하지 않는 원래 농민집체 소유였던 토지

제3조 국가는 법에 따라 토지등기증명발급제도를 실시한다. 법에 따라 등기된 토지소유권과 토지사용권은 법률의 보호를 받으며, 어떤 단위나 개인도 침범해서는 안 된다.

토지등기 내용과 토지권속증명서 양식은 국무원 토지행정 주관부문이 통일적으로 규정한다.

토지등기 자료는 공개해 조회·문의할 수 있다.

임지·초지의 소유권 혹은 사용권의 확인, 공유수면과 갯벌의 양식사용권 확인은 각각 '삼림법', '초원법'과 '어업법'의 유관 규정에 따라 처리한다.

제4조 농민집체 소유의 토지는 토지소유자가 토지소재지의 현급 인민정부 토지행정 주관부문에 토지등기신청서를 제출하면 현급 인민정부가 등기등록하고, 집체토지소유증명서를 심사발급하며, 소유권을 확인한다.

농민집체 소유의 토지가 법에 따라 비농업건설에 사용되는 경우, 토지사용자는 토지소재지의 현급 이상 인민정부 토지행정 주관부문에 토지등기신청서를 제출하며, 현급 인민정부가 등기등록하고, 집체토지사용권증서를 심사발급하며, 건설용지 사용권을 확인한다.

구(区)가 설치된 시(市)의 인민정부는 시 직할구 내의 농민집체 소유 토지에 대해 통일적으로 등기를 실시할 수 있다.

제5조 단위와 개인이 법에 따라 국유토지를 사용하게 되어, 토지사용자가 토지소재지의 현급 이상 인민정부 토지행정 주관부문에 토지등기신청서를 제출하면, 현급 이상의 인민정부는 등기등록하고, 국유토지사용권증명서를 심사발급하고, 사용권을 확인한다. 그중 중앙국가기관이 사용하는 국유토지의 등기 및 발급은 국무원 토지행정 주관부문이 책임을 지며, 구체적인 등기 및 발급 방법은 국무원 토지행정 주관부문이 국무원 기관사무관리국 등의 유관 부문과 함께 제정할 수 있다.

사용권이 미확정된 국유토지는 현급 이상의 인민정부가 등기등록하며, 보호관리의 책임을 맡는다.

제6조 법에 의거해 토지소유권과 사용권을 변경하는 경우와 법에 의거해 지상건축물·구조물 등의 부착물이 토지사용권의 이전을 초래하는 경우에는, 반드시 토지소재지의 현급 이상 인민정부 토지행정 주관부문에 토지변경신청서를 제출해야 하며,

원래의 토지등기기관은 법에 따라 토지소유권·사용권 변경등기를 한다. 토지소유권·사용권의 변경은 변경등기일로부터 효력이 발생한다.

　법에 따라 토지용도를 변경할 경우, 반드시 비준문건을 가지고 토지소재지의 현급 이상 인민정부 토지행정 주관부문에 토지변경등기신청서를 제출하면, 원래의 토지등기기관이 법에 따라 변경등기를 한다.

제7조 '토지관리법' 유관 규정에 따라 토지이용단위의 토지사용권을 회수하는 경우, 원래의 토지등기기관이 토지등기를 말소한다.

　토지사용권 유상사용계약이 약정한 토지사용 기한이 만료가 되는 때에, 토지사용자가 기한 연장을 신청하지 않았거나 기한 연장을 신청했더라도 비준받지 못하면 원래의 토지등기기관이 토지등기를 말소한다.

제3장 토지이용총체계획

제8조 전국의 토지이용총체계획은 국무원 토지행정 주관부문이 국무원 유관 부문과 함께 수립할 수 있으며, 국무원에 보고해 비준받는다.

　성·자치구·직할시의 토지이용총체계획은 성·자치구·직할시 인민정부가 본급(本級)의 토지행정 주관부문과 기타 유관 부문을 조직해 수립 후 국무원에 보고해 비준받는다.

　성, 자치구 인민정부 소재지의 시, 인구 100만 이상의 도시 및 국무원이 지정한 도시의 토지이용총체계획은 각 시 인민정부가 본급 토지행정 주관부문과 기타 유관 부문을 조직해 수립하며, 성·자치구 인민정부의 심사·동의를 거친 후, 국무원에 보고해 비준받는다.

　본 조의 제1·2·3항 규정 이외의 토지이용총체계획은 유관 인민정부가 본급 토지행정 주관부문과 기타 유관 부문을 조직해 수립하며, 급에 따라 상급의 성·자치구·직할시 인민정부에 보고해 비준받는다. 그중 향(진) 토지이용총체계획은 향(진) 인민정부가 수립하고, 급에 따라 상급의 성·자치구·직할시 인민정부 또는 성·자치구·직할시 인민정부의 권한을 이임받은 구(区)가 설치된 시(市)·자치주 인민정부에 보고해 비준받는다.

제9조 토지이용총체계획의 기한은 일반적으로 15년이다.

제10조 '토지관리법' 규정에 따라, 토지이용총체계획은 토지를 농용지·건설용지와 미이용지로 구분해야 한다.

현급과 향(진) 토지이용총체계획은 수요에 근거해 기본농지보호구역, 토지개간구역, 건설용지구역 및 개간금지구역 등으로 나뉜다. 그중 향(진) 토지이용총체계획은 토지사용 조건에 근거해, 매 필지 토지의 용도를 확정해야 한다.

토지분류 및 토지이용지구 획정에 관한 구체적인 방법은 국무원 토지행정 주관 부문이 국무원 유관 부문과 함께 수립할 수 있다.

제11조 향(진) 토지이용총체계획은 법 규정에 따라 비준을 거친 후, 향(진) 인민정부가 본 행정구역 내에서 공고해야 한다.

공고는 다음과 같은 내용을 포함해야 한다.

1. 계획 목표
2. 계획 기한
3. 계획 범위
4. 필지 용도
5. 비준기관과 비준일자

제12조 '토지관리법' 제26조 제2항과 제3항의 규정에 따라 토지이용총체계획을 수정하는 경우, 원래의 수립기관이 국무원 또는 성·자치구·직할시 인민정부의 비준 문건에 근거해 수정한다. 수정 후의 토지이용총체계획은 원래의 비준기관에 보고하고 비준받아야 한다.

상급의 토지이용총체계획을 수정한 후에 하급의 토지이용총체계획을 수정하는 경우, 상급 인민정부가 하급 인민정부에 통지해 상응한 수정을 하도록 하며, 원래의 비준기관에 보고해 등록한다.

제13조 각급 인민정부는 연도별 토지이용계획 관리를 강화해야 하며, 건설용지총량규제를 실시해야 한다.

연도별 토지이용계획이 일단 비준을 거쳐 하달되면, 반드시 엄격하게 집행해야 한다.

연도별 토지이용계획은 아래의 내용을 포함해야 한다.

1. 농용지전용 계획지표
2. 경지보유량 계획지표
3. 토지개발정리 계획지표

제14조 현급 이상 인민정부 토지행정 주관부문은 동급의 유관 부문과 함께 토지조사를 진행해야 한다.

토지조사는 아래의 내용을 포함해야 한다.

1. 토지권속
2. 토지이용 현황
3. 토지 조건

지방 토지이용현황의 조사 결과는 본급 인민정부의 심사를 거쳐 상급 인민정부에 보고해 비준을 받은 후, 사회에 공포해야 한다. 토지조사에 관한 규정은 국무원 토지행정 주관부문이 국무원 유관 부문과 함께 제정할 수 있다.

제15조 국무원 토지행정 주관부문은 국무원 유관 부문과 함께 토지등급평가표준을 제정할 수 있다.

현급 이상 인민정부 토지행정 주관부문은 동급의 유관 부문과 함께 토지등급평가표준에 근거해 토지등급에 대해 평가를 진행할 수 있어야 한다. 지방 토지등급평가 결과는 본급 인민정부의 심사를 거치고, 상급 인민정부 토지행정 주관부문에 보고해 비준을 받은 후, 사회에 공포해야 한다.

국민경제와 사회발전 상황에 근거해 토지등급은 6년마다 한 번씩 조정한다.

제4장 농경지 보호

제16조 토지이용총체계획이 확정한 도시·촌장(村庄)·집진(集镇) 건설용지 범위 내에서 도시계획과 촌장계획 및 집진계획 실행을 위해 경지를 점용하고, 또한 토지이용총체계획이 확정한 도시건설용지 범위 외의 에너지·교통·수리·광산·군사시설 등의 건설항목이 경지를 점용하는 경우, 각각의 시·현 인민정부·농촌집체경제조직과 건설단위가 '토지관리법' 제31조의 규정에 따라 경지개간을 책임진다. 개간 조건이 없거나 또는 개간한 경지가 요구에 부합하지 않을 경우, 성·자치구·직할시의 규정에 따라 경지개간비를 납부해야 한다.

제17조 단위와 개인이 토지이용총체계획이 확정한 개간금지구역에서 토지개발 활동에 종사하는 것을 금지한다.

토지이용총체계획이 확정한 토지개간구역 내에서, 토지사용권이 아직 확정되지 않은 국유 황산(荒山)·황무지·갯벌을 개발해 농업·임업·목축업·어업생산에 종사하는 경우, 토지소재지의 현급 이상 인민정부 토지행정 주관부문에 신청서를 제출하고, 비준권이 있는 인민정부에 보고해 비준받아야 한다.

토지사용권이 아직 확정되지 않은 국유 황산·황무지·갯벌의 일회성 개발이 600ha 이하인 경우, 성·자치구·직할시가 규정한 권한에 따라 현급 이상의 지방 인민정부가 비준한다. 600ha 이상을 개발할 경우, 국무원에 보고해 비준받는다.

토지사용권이 아직 확정되지 않은 국유 황산·황무지·갯벌 등을 개발해 농업·임업·목축업·어업생산에 종사하는 경우, 현급 이상 지방 인민정부의 비준을 거친 후 확정해 개발단위 또는 개인에게 장기간 사용하도록 할 수 있으며, 사용 기한은 최장 50년을 초과하지 못한다.

제18조 현·향(진) 인민정부는 토지이용총체계획에 따라 농촌집체경제조직을 구성해 토지정리방안을 제정하고, 실시한다.

지방의 각급 인민정부는 필요한 조치를 실시해야 하며, 토지이용총체계획에 따라 토지정리를 추진한다. 토지정리사업으로 인해 새로 증가한 경지면적의 60%는 건설로 인해 점용된 경지의 보상지표로 사용할 수 있다.

토지정리에 소요되는 비용은 이익을 얻는 사람이 비용을 부담하는 원칙에 따라 농촌집체경제조직과 토지사용자가 공동으로 부담한다.

제5장 건설용지

제19조 건설로 인해 토지를 점용해 농용지를 건설용지로 전환하게 되는 경우, 토지이용총체계획과 연도별 토지이용계획 중 확정한 농용지 전용지표에 부합해야 한다. 도시와 촌장·집진 건설로 인해 토지를 점용해 농용지를 전용하게 되는 경우, 도시계획과 촌장·집진계획에 부합해야 한다. 규정에 부합하지 않는 경우, 농용지의 건설용지로의 전용을 비준해서는 안 된다.

제20조 토지이용총체계획이 확정한 도시건설용지의 범위 내에서 도시계획 실시를 위해 토지를 점용하게 되는 경우, 아래의 규정에 따라 처리한다.

1. 시·현 인민정부는 연도별 토지이용계획이 입안한 농용지전용방안·경지보충방안·토지징용방안에 따라, 순서를 나누어 급에 따라 비준권이 있는 상급 인민정부에 보고해 비준받는다.

2. 비준권이 있는 인민정부 토지행정 주관부문은 농용지전용방안·경지보충방안·토지징용방안 등에 대해 심사를 진행해 심사의견을 제출한 후, 비준권이 있는 인민정부에 보고해 비준받는다. 그중 경지보충방안은 농용지전용방안을 비준한 인민정부가 농용지전용방안을 비준할 때 같이 비준한다.

3. 농용지전용방안·경지보충방안·토지징용방안이 비준을 거친 후, 시·현 인민정부조직이 시행하며, 구체적인 건설항목에 따라 나누어 용지를 공급한다.

토지이용총체계획이 확정한 촌장·집진 건설용지 범위 내에서 촌장·집진계획을 실시하기 위해 토지를 점용하는 경우, 시·현 인민정부가 농용지전용방안과 경지보충방안을 입안하고, 위에서 규정한 순서에 따라 처리한다.

제21조 구체적인 건설항목이 토지를 사용해야 할 필요가 있을 경우, 건설단위는 건설항목 종합설계 1차 신청에 근거해 건설용지 심사비준 수속을 한다. 분기로 건설하는 항목은 추진 가능성 연구보고서가 확정한 방안에 근거해 건설용지를 분기로 신청하고, 건설용지 유관 심사비준 수속을 분기로 처리한다.

제22조 구체적인 건설항목이 토지이용총체계획이 확정한 도시건설용지 범위 내의 국유건설용지를 점용하는 경우, 아래의 규정에 따라 처리한다.

1. 건설항목의 추진 가능성에 대해 연구논증 시, 토지행정 주관부문이 건설용지의 유관 사항에 대해 조사를 진행하며, 건설항목용지 예비심사보고를 제출한다. 추진 가능성 연구보고를 비준할 때, 반드시 토지행정 주관부문이 작성한 건설항목용지 예비심사보고를 첨부해야 한다.

2. 건설단위는 건설항목의 유관 비준문건을 가지고 시·현 인민정부 토지행정 주관부문에 건설용지신청서를 제출하고, 시·현 인민정부 토지행정 주관부문은 이를 심사하고 용지공급방안을 수립한 후 시·현 인민정부에 보고해 비준받는다. 상급 인민정부의 비준이 필요한 경우, 상급 인민정부에 보고해 비준받아야 한다.

3. 용지공급방안이 비준을 받은 후, 시·현 인민정부는 건설단위에 건설용지비준서를 발부한다. 국유토지를 유상사용하는 경우, 시·현 인민정부 토지행정 주관부문과 토지사용자는 국유토지 유상사용계약서를 체결한다. 국유토지를 행정배정하는 경우, 시·현 인민정부 토지행정 주관부문은 토지사용자에게 국유토지 행정배정결정서를 심사발급한다.

4. 토지사용자는 법에 따라 토지등기를 신청해야 한다.

입찰이나 경매방식을 통해 국유건설용지사용권을 부여하는 경우, 시·현 인민정부 토지행정 주관부문은 유관 부문과 함께 추진 방안을 수립할 수 있으며, 시·현 인민정부에 보고해 비준을 받은 후 시·현 인민정부 토지행정 주관부문이 추진하고, 동시에 토지사용자와 토지유상사용계약을 체결한다. 토지사용자는 법에 따라 토지등기를 신청해야 한다.

제23조 구체적인 건설항목이 토지사용을 필요로 하는 경우, 반드시 법에 따라 토

지이용총체계획이 확정한 도시건설용지 범위 내의 국유건설용지 사용 신청을 해야한다. 에너지·교통·수리·광산·군사시설 등의 건설항목이 토지이용총체계획이 확정한 도시건설용지 범위 외의 토지를 꼭 사용하게 되어 농용지에 미치는 경우, 아래의 규정에 따라 처리한다.

1. 건설항목 추진 가능성 연구논증 시, 토지행정 주관부문은 건설항목용지 유관사항에 대해 심사를 진행하며, 건설항목용지 예비심사보고를 제출한다. 추진 가능성 연구보고 비준 시, 반드시 토지행정 주관부문이 작성한 건설항목용지 예비심사보고를 첨부해야 한다.

2. 건설단위가 건설항목의 유관 비준문건을 가지고 시·현 인민정부 토지행정 주관부문에 건설용지신청서를 제출하면, 시·현 인민정부 토지행정 주관부문이 심사해 농용지전용방안·경작지보충방안·토지징용방안·용지공급방안(국유 농용지인 경우 토지징용방안을 수립하지 않음)을 입안하고, 시·현 인민정부의 심사·동의를 거친 후, 급에 따라 비준권이 있는 상급의 인민정부에 보고하고 비준받는다. 그중, 경작지보충방안은 농용지전용방안을 비준한 인민정부가 농용지전용방안을 비준할 때 함께 비준한다. 용지공급방안은 토지징용을 비준한 인민정부가 토지징용방안을 비준할 때 함께 비준한다(국유농지인 경우, 용지공급방안은 농용지전용을 비준한 인민정부가 농지전용방안을 비준할 때 함께 비준한다).

3. 농용지전용방안·경지보충방안·토지징용방안·용지공급방안이 비준을 받은 후에, 시·현 인민정부가 실시하며, 건설단위에 건설용지비준서를 발부한다. 국유토지를 유상사용하는 경우, 시·현 인민정부 토지행정 주관부문이 토지사용자와 국유토지 유상사용계약서를 체결한다. 국유토지를 행정배정하는 경우, 시·현 인민정부 토지행정 주관부문은 토지사용자에게 국유토지 행정배정결정서를 심사·발부한다.

4. 토지사용자는 법에 따라 토지등기를 신청해야 한다.

건설항목이 불가피하게 토지이용총체계획이 확정한 도시건설용지 범위 외의 토지를 사용하게 되어 그 범위가 농민집체 소유의 미이용지에 미치는 경우에는 토지징용방안과 용지공급방안만을 보고해 비준받는다.

제24조 구체적인 건설항목이 토지이용총체계획이 확정한 국유 미이용지를 점용할

필요가 있는 경우, 성·자치구·직할시의 규정에 따라 처리한다. 그러나 국가 중점 건설항목·군사시설과 성·자치구·직할시 행정구역을 넘는 건설항목 및 국무원이 규정한 기타 건설항목의 용지는 국무원에 보고하고 비준받아야 한다.

제25조 토지징용방안이 법에 따라 비준 받은 후, 징용되는 토지가 소재한 시·현 인민정부가 추진하며, 동시에 토지징용기관·비준번호·징용 토지의 용도·범위·면적 및 징용보상표준·농민의 안치(安置) 방법과 징용에 따른 보상 기한의 처리 등을 징용되는 토지가 소재한 향(진)·촌에 공고한다.

징용되는 토지의 소유권자·사용권자는 공고에서 규정한 기한 내에 토지권속증서를 가지고 공고에서 지정한 인민정부 토지행정 주관부문에 가서 징용 토지의 보상 등기를 한다.

시·현 인민정부 토지행정 주관부문은 비준을 거친 토지징용방안에 근거해 유관부문과 함께 징용보상·안치방안을 입안할 수 있으며, 징용되는 토지가 소재한 향(진)·촌에 공고해 징용되는 토지의 농촌집체경제조직과 농민의 의견을 듣는다. 징용보상·안치방안을 시·현 인민정부에 보고해 비준을 받은 후, 시·현 인민정부 토지행정 주관부문이 실시한다. 보상표준에 대해 쟁의가 있을 경우, 현급 이상의 지방 인민정부가 조정한다. 조정이 실패한 경우, 토지징용을 비준한 인민정부가 판결한다. 징용보상과 안치에 대한 쟁의는 토지징용방안의 실시에 영향을 미치지 않는다.

토지징용 각 항목의 비용은 징용보상·안치방안이 비준된 날로부터 3개월 내에 전액 지불해야 한다.

제26조 토지보상비는 농촌집체경제조직의 소유로 귀속시킨다. 지상부착물 및 풋곡식 보상비는 지상부착물 및 풋곡식 소유자의 소유로 귀속시킨다.

징용 토지의 안치보조비는 반드시 본 목적에만 사용되어야 하고, 다른 목적으로 유용되어서는 안 된다. 안치가 필요한 농민을 농촌집체경제조직이 안치하는 경우, 안치보조비를 농촌집체경제조직에 지급하고, 농촌집체경제조직이 이를 관리하고 사용한다. 기타 단위가 안치할 경우, 안치보조비를 안치단위에 지급한다. 통일적으로 안치할 필요가 없을 경우, 안치보조비를 이주민 개인에게 지급하거나 혹은 이주민의 동의를 거친 후 이주민의 보험 비용 지급에 사용된다.

시·현과 향(진) 인민정부는 이주보조비의 사용 상황에 대해 감독을 강화해야 한다.

제27조 위험이나 재난으로부터 구조하기 위해 토지를 긴급히 사용할 필요할 있는 경우, 우선적으로 토지를 사용할 수 있다. 그중 임시로 토지를 사용하는 경우, 재난이 끝난 후에 원상회복해 원래 토지사용자에게 반환해야 하며, 토지사용 심사비준 수속은 하지 않는다. 영구적인 건축물이 토지를 사용하는 경우, 재난 상황이 끝난 6개월 이내에 건설단위는 건설용지 심사비준 수속을 신청해 사후에 처리해야 한다.

제28조 건설항목의 시공과 지질조사를 위해 경지를 임시로 점용해야 하는 경우, 토지사용자는 임시토지사용 기한의 만료일로부터 1년 이내에 파종할 수 있도록 여건을 회복시켜야 한다.

제29조 국유토지의 유상사용 방식은 다음을 포함한다.
    1. 국유토지사용권의 출양
    2. 국유토지의 임대
    3. 국유토지사용권으로 출자하거나 주식 참여

제30조 '토지관리법' 제55조 규정의 새로 증가한 건설용지의 토지유상사용비는 국가가 새로 증가한 건설용지 중에서 취득해야 하는 평균 토지순수익을 말한다.

제6장 감독, 조사

제31조 토지의 관리감독 및 조사 담당자는 교육 과정을 거쳐야 하며, 심사를 거쳐 합격한 후에야 토지의 관리감독과 조사업무에 종사할 수 있다.

제32조 토지행정 주관부문이 감독·조사업무를 수행할 때, '토지관리법' 제67조에

서 규정한 조치 이외에, 아래의 조치들을 취할 수 있다.

　1. 위법 안건의 당사자·혐의자·증인을 심문한다.

　2. 피조사자의 직장단위나 개인이 불법적으로 점용한 토지현장에 진입해 사진이나 비디오 촬영을 진행한다.

　3. 당사자에게 명령해 진행 중인 토지위법행위를 중지시킨다.

　4. 토지위법 혐의가 있는 단위나 개인에 대해, 유관 토지에 대한 심사비준·등기 수속 처리를 중지한다.

　5. 위법 혐의가 있는 당사자가 조사 기간 중에 사건과 유관한 재산을 변칙 매매·이전하지 못하도록 명령한다.

제33조 '토지관리법' 제72조 규정에 따라 행정처분을 내릴 경우, 행정처벌 결정을 내리도록 명령하거나, 또는 직접 행정처벌 결정을 부여하는 상급 인민정부 토지행정 유관 부문이 행정처벌을 결정한다. 경고·과실·중대과실의 행정처분 결정에 대해, 상급의 토지행정 주관부문이 직접 행정처벌을 결정할 수 있다. 강등·면직·해고의 행정처분 결정에 대해, 상급의 토지행정 주관부문이 국가유관인사관리권과 처리 절차 규정에 따라 유관 기관에 행정처분건의서를 제출하면 유관 기관이 법에 따라 처리한다.

제7장 법률 책임

제34조 본 조례 제17조 규정을 위반해 토지이용총체계획이 확정한 개간금지구역 내에서 개간을 진행할 경우, 현급 이상의 인민정부 토지행정 주관부문은 기한 내에 시정할 것을 명령한다. 기한을 넘겨 시정하지 않을 경우, '토지관리법' 제76조 규정에 따라 처벌한다.

제35조 임시로 사용하는 토지 위에 영구적인 건축물·구조물을 건축하는 경우, 현급 이상 인민정부 토지행정 주관부문은 기한 내에 철거할 것을 명령한다. 기한을 넘

겨도 철거하지 않을 경우, 처벌 결정을 내리는 기관이 법에 따라 인민법원에 강제집행을 신청한다.

제36조 토지이용총체계획 수립 이전에 이미 건설되었으며, 토지이용총체계획이 확정한 용도에 부합하지 않는 건축물·구조물과 재건축 또는 건축물 확장에 대해, 현급 이상의 인민정부 토지행정 주관부문은 기한 내에 철거할 것을 명령한다. 기한을 넘겨도 철거하지 않을 경우, 처벌 결정을 내리는 기관이 법에 따라 인민법원에 강제집행을 신청한다.

제37조 토지행정 주관부문 직원의 적법한 직무수행을 방해하는 경우, 법에 따라 치안관리처벌을 하거나 또는 형사책임을 묻는다.

제38조 '토지관리법' 제73조 규정에 따라 벌금을 부과하는 경우, 벌금액은 불법 소득의 50% 이하로 한다.

제39조 '토지관리법' 제81조 규정에 따라 벌금을 부과하는 경우, 벌금액은 불법 소득의 5% 이상, 20% 이하로 한다.

제40조 '토지관리법' 제74조 규정에 따라 벌금을 부과하는 경우, 벌금액은 경지개간비의 2배 이하로 한다.

제41조 '토지관리법' 제75조 규정에 따라 벌금을 부과하는 경우, 벌금액은 토지개간비의 2배 이하로 한다.

제42조 '토지관리법' 제76조 규정에 따라 벌금을 부과하는 경우, 벌금액은 불법 점용 토지의 m²당 30위안 이하로 한다.

제43조 '토지관리법' 제80조 규정에 따라 벌금을 부과하는 경우, 벌금액은 불법 점

용 토지의 m²당 10위안 이상, 30위안 이하로 한다.

제44조 본 조례의 제28조 규정을 위반해 기한을 넘겨 경작 여건을 회복하지 않는 경우, 현급 이상의 인민정부 토지행정 주관부문은 기한 내에 시정할 것을 명령하고, 경지개간비의 2배 이하의 벌금을 부과할 수 있다.

제45조 토지관리법률·법규 규정을 위반해 국가건설을 위한 토지징용을 방해하는 경우, 현급 이상의 인민정부 토지행정 주관부문은 토지납부를 명령한다. 토지납부를 거부하는 경우, 인민법원에 강제집행을 신청한다.

제8장 부칙

제46조 본 조례는 1999년 1월 1일부터 시행한다. 동시에 1991년 1월 4일 국무원이 반포한 '중화인민공화국 토지관리법 실시조례'는 폐지한다.

용어 해설

(국유토지사용권의) 행정배정(划拨)

토지사용자가 현(县)급 이상 인민정부의 법적 비준을 거쳐 무상취득 혹은 보상, 안치(安置) 등 비용 납부 후 무기한의 국유토지사용권을 취득하는 것을 가리킨다. 여기서 보상·안치 비용은 토지사용단위가 집체 소유 토지를 징용 또는 행정배정(行政划拨)방식으로 기타 단위가 이미 사용 중인 행정배정토지를 취득할 때 농민 또는 원토지 사용단위에 지불하는 것이며, 국가에 납부하는 것이 아니다. 행정배정의 특성은 다음과 같다. 첫째는 국가에 토지사용료를 지급하지 않고 무상으로 권리를 취득한다는 점이며, 둘째는 법정 기한이 있는 경우 외에는 사용 기한이 없다는 점이다. 이러한 기초 위에서 또 하나의 특성은 권리의 거래에 대한 제한이다. 행정배정국유토지사용권은 단독으로 재양도(转让)·임대(出租)·저당(抵押)할 수 없다. 만일 토지사용자가 행정배정토지를 거래하려고 하면, 국가토지 관리부문의 비준을 거쳐서 국유토지사용권을 출양(出让)받아야 한다. 행정배정국유토지사용권에 딸린 지상건축물과 부착물(附着物)을 재양도 또는 기타 방식으로 거래할 경우에 그 토지수익은 국가에 상납해야 한다.

법에 의해 행정배정토지사용권을 취득할 수 있는 용지는 다음과 같다.

1. 국가기관용지와 군사용지
2. 도시기초시설용지와 공익사업용지
3. 국가가 중점 지원하는 에너지, 교통, 수리(水利) 등 항목용지
4. 법률 및 행정법규에 부합하는 기타 조건의 용지

토지사용권의 출양(出让)

국가가 국유토지의 사용권을 토지소유자의 자격으로 토지사용자에게 유상양도(出

让)하고, 토지사용자는 국가에 토지사용권의 대가인 출양금을 지불하는 행위를 말한다. 토지사용권의 출양은 국유토지에 한해서 이루어지며, 집체 소유의 토지는 국유토지로 전환시킨 후에 출양이 가능하다. 지하의 각종 자연자원, 광산 및 매장물과 시 정부의 공용시설 등의 토지사용권은 출양할 수 없다. 토지사용권 출양의 주체는 토지의 국가소유권을 대표하는 현(县)·시(市) 인민정부이다.

협의출양은 출양자(出让方)가 출양받을 자(受让方)를 선택하고, 용지의 조건과 대금을 절충해 협상 방식을 통해 토지사용권을 출양하는 것이며, 주로 공업, 공익사업, 비영리사업 및 정부의 경제구조 조정과 산업정책 실시를 위해 필요한 건설용지에 적용된다. 이 방식에 의한 토지사용권 출양금은 국가 규정에서 정한 최저가격 이상이어야 한다.

입찰출양은 규정된 기한 내에, 출양받을 수 있는 조건에 부합하는 단체나 개인이 출양자가 제출한 조건에 따라 경쟁을 통해 토지사용권을 출양하는 방식이다. 주로 대형 사업이나 주요 발전계획과 투자 규모가 비교적 큰 토지사용권 출양 시에 적용한다.

경매출양은 경쟁투표라고도 부른다. 토지소유자에 의해 지정된 시간·장소에서 토지사용권을 출양받으려는 조건에 부합하는 사람들이 토지출양금액을 공개적으로 불러 경쟁입찰하고, 가장 높은 금액을 제시한 사람에게 토지사용권을 출양하는 방식이다. 투자 환경이 좋거나 이윤이 크고 경쟁성이 강한 상업, 금융업, 여행업과 오락용지, 특히 위치 조건이 좋고 교통이 편리한 도시 번화가의 토지출양 시에 적용된다.

국유토지사용권의 재양도(转让)

출양방식을 통해서 토지사용권을 취득한 토지사용자가 재양도계약 및 관련 법률에 의거해 토지사용권을 단독 또는 지상건축물, 기타 부착물의 소유권과 함께 다른 사람에게 양도하는 것을 말한다. 이때 토지사용권 출양계약서와 등기서류에 명시된 권리와 의무도 양도인에게 넘어간다. 행정배정방식으로 취득한 토지사용권의 재양도는 반드시 토지가 소재한 시·현 인민정부의 토지관리부서에 토지양도보충계약을 신청하고, 토지양도금 납부 및 토지양도의 등기 수속을 끝낸 후 토지사용증을 바꾸어 취득해야 합법적으로 재양도의 권리를 취득할 수 있다. 토지사용권의 재양도에는 매각(出售), 교환, 증여의 세 가지 방식이 있다.

국유토지의 임대(租赁)

토지사용자가 현급 이상의 인민정부 토지관리부서와 토지임대계약을 체결하고, 임대금을 지불하는 행위를 말한다. 즉, 토지소유자가 토지소유권을 유지하면서, 토지의 사용권과 경영권을 일정한 기간 동안 임차인(承租人)에게 빌려주고 임대료를 받는 행위이다. 일반적으로 임대 기간은 길지 않고, 임대 기간 내에는 매년 토지소유자에게 임대료를 납부하므로, 토지연조제(土地年租制)라고 부른다.

토지사용권의 임대(出租)

토지사용권자가 임대인(出租人)으로서 토지사용권과 함께 지상건축물, 기타 부착물을 임차인(承租人)에게 임대해 사용하게 하고, 임차인은 임대인에게 임대료를 지불하는 행위를 말한다. 토지임대는 일반적으로 건물임대와 결합되며, 단순한 토지만의 임대행위가 전체 임대시장에서 차지하는 비율은 매우 낮다. 토지사용권의 임대로 인해 토지사용권 및 지상건축물, 기타부착물의 소유권 이전은 발생하지 않는다. 임차인은 임대료 지급의 대가로 토지 및 지상건축물과 기타 부착물을 일정한 기간 동안 사용할 수 있는 권리를 취득한다. 임대 기간은 통상적으로 짧고, 임대인은 임차인이 지급한 임대료를 통해 투자비를 회수할 수 있으므로 토지사용권의 임대는 상당히 보편화되어 있고 형식도 매우 다양하다. 예컨대 판매용 선반, 각종 상업좌판, 주택의 임대 등이 포함된다.

토지사용권의 저당

토지사용자가 합법적으로 취득한 토지사용권을 저당재산으로 삼고, 채권자에게 채무로 담보설정을 해주는 행위이다. 토지사용권을 저당할 때는 지상건축물 및 기타 부착물도 함께 저당된다. 또한 지상건축물 및 기타 부착물을 저당할 때에는 사용 범위 내의 토지사용권도 저당된다. 만약 채무자가 대출계약의 만기 후에도 대출금을 갚지 못할 경우, 토지사용권은 채권자의 소유로 넘어가거나, 채권자가 법정 절차에 따라 처리할 수 있다.

지령성 계획(指令性計划)

경제의 각 분야에서 전체 국민경제의 균형과 발전을 위해서 필수적으로 달성해야 하는 계획을 말하며, 반드시 달성해야 하는 구속성, 국가 의지를 표현하는 권위성, 국가가 직접 관리·통제하는 직접규제성 등의 특성을 가지고 있다. 개혁·개방 이전에는 전체 경제 운용은 물론이고, 생산, 물자 관리, 재정금융, 외환 등 경제의 모든 분야가 지령성 계획의 대상이었다. 그러나 집권적 국가권력의 직접적인 통제하에 있기 때문에 경직성을 면하기 어려운 단점이 있다. 개혁·개방 이후에는 경기변동이나 수급변동, 가격변동에 대한 적응력이 떨어지는 문제점이 돌출하면서 지령성 계획의 범위는 축소되고 지도성(指导性) 계획의 범위가 확대되고 있다.

지도성 계획(指导性计划)

경제 상황 변화 등을 감안해 목표 달성 범위를 정해주기 때문에 계획 시행주체가 상당한 정도의 재량권을 가질 수 있는 계획이다. 개혁·개방 이전에는 정부의 분배 관리 대상 등급 제2류 물자나 부동가격 등 중요도가 다소 떨어지는 분야를 대상으로 했으나, 개혁·개방 이후에는 시장경제적 요소가 확대되면서 다양하고 복잡한 환경 변화에 대한 통제가 갈수록 어려워짐에 따라, 보다 유연하게 운용할 수 있는 지도성 계획의 활용이 확대되고 있다.

쌍궤제(双轨制)

정부의 국유토지사용권 출양방식이 개혁·개방 이전부터 시행해온 무상행정배정방식과 개혁·개방 이후부터 시행하기 시작한 유상출양(有偿出让) 방식이 병존하는 것을 가리킨다. '쌍궤제'라는 용어는 원래 농산물 가격분야에서 시행된 '가격 쌍궤제' 개념에서 비롯된 것이라고 할 수 있다. 1980년에 식량, 면화, 돼지고기 등 농산물에 대해 정부 수매 초과분(농가별 할당 생산량 초과분)을 생산자인 농민이 직접 시장에 내다 팔 수 있도록 허용하면서부터, 국가통일가격과 생산자가 시장에서 결정한 가격이 병존하게 된 상황을 가리킨다. 이는 가격 결정의 재량권을 생산자 농민에게 부여한 획기적인 개혁조치였으며, 추후에 공산품으로까지 확대 실시되었다.

산품(産品)

생산요소의 결합에 의해 생산된 물자를 말하며, 이 산품이 화폐 또는 다른 물건과 교환될 때 상품(商品)이 된다. 따라서 산품이 상품과 구별되는 것은 교환에 의한 유통 과정이 배제된다는 점에 있다. 즉, 산품경제하에서는 물자의 생산과 분배는 존재하지만, 교환에 따른 화폐의 흐름은 존재하지 않는다. 산품경제하에서의 경제행위는 이윤 추구라는 동기에서 이루어지는 것이 아니고, 모든 구성원이 여타 부문의 수요를 충족시키려는 동기에서 경제행위를 한다고 본다. 개혁·개방 이후 중국이 자국 경제의 기본 성격을 "사회주의 산품경제"가 아닌 "사회주의 상품경제"라 규정한 것은, 개혁·개방 이전의 중국 경제에 대한 관점이 좌경착오(左傾錯誤)였다는 비판과 반성을 근거로 한다. 즉, 경제발전 단계는 '자본주의 시장경제→사회주의 상품경제→공산주의 산품경제'의 순으로 나아가는데, 아직 생산력이 미약한 사회주의 초급 단계의 중국 경제를 "사회주의 산품경제"라고 규정한 것은 생산관계만을 중시한 좌경적 오류임을 인정한 것이다.

1·2·3류 물자(物資)

중국이 1953년 제1차 5개년 경제계획(一五計划, 1953~1957)을 시작하면서, 공업생산력을 증대하고, 물자의 수급 균형을 맞추며, 국민의 생필품을 조직적으로 관리하기 위해 생산자료를 중요도에 따라 세 종류로 분리한 것이다. 제1류 물자는 국민 생활과 산업 발전에 긴요한 물자로 국가계획위원회가 관장하는 국가의 통일분배물자(統配物資)인 철강재, 유색금속, 목재, 석탄, 중유, 식량 등 23종이 포함된다. 제2류 물자는 중앙정부의 공업 관련 부처가 관리하는 물자로서, 한정된 지역에서 생산되지만 전국에 공급해야 하는 물자, 또는 광범위한 지역에서 생산되지만 수요는 일부 지역에 한정된 물자, 또는 수출에 긴요한 물자 등으로, 방직기자재 및 설비 등 293종이 있다. 제3류 물자는 1류와 2류 물자를 제외한 기타 생산자료로, 지방정부가 관리하는 물자이다.

정식(定息)

용어 개념상으로는 일정한 이자나 배당이라는 의미이다. 1956년 업종별 공사합영화 후에 취한 개인출자자본에 대한 고정이자를 의미한다. 그 비율은 원칙적으로 연 5%이고, 지불되는 기간은 1956년부터 7년간으로 되어 있었다. 이 제도에 의해서 자본가의 생산수단소유권은 본질적으로 변화해 종전의 직접 점유, 사용, 처분의 개념은 소멸되었다.

이개세(利改稅, 以稅代利)

국유기업이 국가에 이윤을 납부하던 방식을 개혁·개방 이후 법에 규정된 조세 형태로 납부하고, 남은 이윤은 기업이 재량껏 처분하도록 한 기업 개혁의 주요 수단을 말한다. 개혁·개방 이전인 1979년까지는 국유기업의 이윤 전부를 국가에 상납하고 시설 개선, 설비 확장, 운영관리비 등은 국가 예산에서 지급받아 사용하는 예산회계제도를 운영해왔었다. 그러나 이 같은 제도가 기업의 생산 능률과 적극성을 떨어뜨린다는 문제점이 돌출·심화되면서, 기업의 자주권을 확대하기 위한 개혁조치의 일환으로 이 제도가 도입되었다. 1979년부터 18개 성급(省級) 지방정부의 456개 기업을 대상으로 이개세 제도를 시험 실시하게 되었고, 1983년 6월에는 국유기업 이윤의 55%를 세금으로 납부하는 국유기업소득세가 신설되었다. 1984년 10월에는 산품세, 영업세, 증치세, 염세, 자원세, 건물재산세, 토지사용세, 자동차선박사용세(車船使用稅), 도시보호건설세, 기업소득세, 조절세 등 11종의 세금이 신설되었다. 이같은 제도하에 국유기업은 이윤의 약 70%(기업소득세 55%, 기타 세금 15%)를 국가에 납부하고, 나머지 30%는 생산발전기금, 직공복리기금, 신제품개발비, 비축자금, 상여금 등으로 사용할 수 있다.

인민공사(人民公社)

농업은 물론 공업, 상업 등을 종합적으로 관리할 뿐만 아니라, 교육과 문화 활동, 그리고 민병대의 조직까지 담당하는 총체적인 생활단위이며, 동시에 과거의 향(乡) 정부의 기능까지 수행하는 정사합일(政社合一)의 조직체였다. 중국공산당은 반봉건상태에서 공산주의 단계로의 진입 과정을 단축한다는 급진적이고 유토피아적인 목표하에 1958년부터 '대약진운동'을 추진했고, 이에 따라 농업생산의 비약적인 발전을 위해 전국의 농촌생산조직을 대규모적이고 농(农)·공(工)·상(商)·학(学)·병

(兵)이 상호 결합되어 있는 정사합일의 인민공사로 재편했다.

연산도급책임제(聯産承包責任制)

농민이 생산 결과에 책임을 지고 생산량에 따라 보수를 받는 생산책임제를 말한다. 즉, 농민이 각 지역 생산대(生産队)와 생산에 대한 계약을 하고, 생산에 필요한 토지를 분배받고 생산도구를 임대한 후 자율적으로 영농을 하며, 계약상의 생산물 납부 의무를 완수한 후 잉여생산물은 임의로 처분할 수 있다.

향진기업(乡镇企业)

중국 농촌 지역에 있는 집체기업들을 총칭하는 것으로서, 농민들의 자본과 노동력을 기초로 향촌 정부나 개인 혹은 다양한 합작 형태 등에 의해 설립 운영되는 집체기업이다. 개혁·개방정책의 실시에 따라, 1970년대 말부터 농가책임생산제가 본격적으로 추진되었고, 이에 따라 농민들의 생산 의욕이 고취되면서 농업생산량과 농가 소득이 증대되었다. 또한 인민공사가 해체되면서 인민공사체제 내에 잠재되어 있던 농촌의 잉여노동력이 표출되고 농민들의 소득 및 저축이 증가하면서, 이들을 농촌 공업화에 투자하도록 해야 할 필요성이 증가했다. 이와 함께 중앙정부가 단행한 재정개혁에 따라 지방정부의 재정자율권이 확대되었고, 향촌정부의 재정수입 확대 요구와 농민들의 수입 증대 욕구가 맞물리면서 향진기업이 본격적으로 발전하기 시작했다. 향진기업은 "토지는 떠나되 농촌은 떠나지 않는다(離土不離乡)"는 농촌 공업화 모델이기도 하다. 향진기업 발전이 가장 활발했던 지역은 "쑤난(苏南)"이라 불리는 장쑤성(江苏省) 남부지구였으며, 향진기업 발전의 전성기였던 1992년 장쑤성 전성(省) 공업생산액 중 향진기업이 차지하는 비중이 53.9%에 달했다.

무(亩)

중국에서 상용되는 면적 단위로, 환산 공식은 1500무=1km², 혹은 1무=667m²(200坪)이다.

지은이

박인성 (朴寅星)

현재 한성대학교 부동산대학원 교수, 토지+자유연구소 연구위원, 저장공상대학(浙江工商大学) 토지관리학과 객좌교수, 중국경제지리학회 이사

학력 및 주요 경력: 서울시립대학교 건축공학과 졸업, 서울대학교 환경대학원 졸업(도시설계 전공), 중국인민대학 지역및도시경제연구소(区域与城市经济研究所) 졸업(경제학박사: 지역경제 전공), 저장대학 토지관리학과/도시관리학과 교수, 국토연구원 연구위원, 충남연구원 중국연구팀장, 중국인민대학 지역및도시경제연구소 초빙교수

주요 저서 및 논문: 『중국의 토지개혁 경험』(공저, 2011, 대한민국학술원 우수학술도서), 『중국의 도시화와 발전축』(2009, 대한민국학술원 우수학술도서), 『중국경제지리론』(공저, 2000, 문화체육관광부 우수학술도서), 「개혁기 중국의 도시화 경험」(≪역사비평≫, 2016), 「고대 중국의 토지국제 쇠락과 사유권 확장 과정 고찰」(≪한중사회과학연구≫, 2011) 등

조성찬 (赵诚赞)

현재 토지+자유연구소 북중연구센터장

학력 및 주요 경력: 서울시립대학교 도시공학과 졸업, 서울대학교 환경대학원 졸업(도시 및 지역계획 전공), 중국인민대학 토지관리학과 졸업(관리학박사: 토지관리 전공), 인천발전연구원 연구원, 국토연구원 연구원, 제2회 김기원 학술상 수상(2017.11.21)

주요 저서 및 논문: 『중국의 토지개혁 경험』(공저, 2011, 대한민국학술원 우수학술도서), 『상생도시』(2015), 『특구: 국가의 영토성과 동아시아의 예외공간』(공저, 2017), 「중국의 도시화와 공공토지 사유화」(≪역사비평≫, 2016), 「북한의 관광산업에 기초한 토지사용료 순환형 경제발전 모델 연구」(≪북한연구학회보≫, 2015), 「북한 경제특구 공공토지임대제 모델 연구」(≪동북아경제연구≫, 2014) 등

한울아카데미 2087

중국의 토지정책과 북한

ⓒ 박인성·조성찬, 2018

지은이 박인성·조성찬
펴낸이 김종수 ㅣ **펴낸곳** 한울엠플러스(주)
편집책임 최규선 ㅣ **편집** 임혜정

초판 1쇄 발행 2011년 6월 20일 ㅣ **개정판 1쇄 발행** 2018년 7월 31일

주소 10881 경기도 파주시 광인사길 153 한울시소빌딩 3층
전화 031-955-0655 ㅣ **팩스** 031-955-0656 ㅣ **홈페이지** www.hanulmplus.kr
등록번호 제406-2015-000143호

Printed in Korea.
ISBN 978-89-460-7087-5 93320 (양장) ㅣ 978-89-460-6510-9 93320 (학생판)

※ 책값은 겉표지에 있습니다.
※ 이 도서는 강의를 위한 학생판 교재를 따로 준비했습니다.
강의 교재로 사용하실 때는 본사로 연락해주십시오.